高等职业教育轨道交通类铁道供电技术特色专业系列教材
全国行业紧缺人才、关键岗位从业人员培训推荐教材

接触网工技能培训教程

主　编　赵文飞　周书念
副主编　程　洋　陈志勇

西南交通大学出版社
·成　都·

图书在版编目（CIP）数据

接触网工技能培训教程 / 赵文飞，周书念主编. —
成都：西南交通大学出版社，2022.7
高等职业教育轨道交通类铁道供电技术特色专业系列
教材 全国行业紧缺人才、关键岗位从业人员培训推荐教
材
ISBN 978-7-5643-8790-7

Ⅰ. ①接… Ⅱ. ①赵… ②周… Ⅲ. ①电气化铁道－
接触网－高等职业教育－教材 Ⅳ. ①U225

中国版本图书馆 CIP 数据核字（2022）第 132848 号

高等职业教育轨道交通类铁道供电技术特色专业系列教材
全国行业紧缺人才、关键岗位从业人员培训推荐教材
Jiechuwanggong Jineng Peixun Jiaocheng
接触网工技能培训教程

主　编 / 赵文飞　周书念
责任编辑 / 何明飞
封面设计 / 吴　兵

西南交通大学出版社出版发行
（四川省成都市金牛区二环路北一段 111 号西南交通大学创新大厦 21 楼　610031）
发行部电话：028-87600564　028-87600533
网址：http://www.xnjdcbs.com
印刷：成都蜀雅印务有限公司

成品尺寸　185 mm × 260 mm
印张　19.75　　字数　479 千
版次　2022 年 7 月第 1 版　　印次　2022 年 7 月第 1 次

书号　ISBN 978-7-5643-8790-7
定价　55.00 元

课件咨询电话：028-81435775
图书如有印装质量问题　本社负责退换

前　言

在新时代深入落实《国家职业教育改革实施方案》的背景下，如何积极推动产教融合及“三教”改革成为职业院校面临的难题。“三教”改革中，教材改革有着重要的地位，适合职业教育特点的教材必须是理论与实践相结合，并能适应行业不断发展的要求的。本书是一本根据教育部高等职业教育《铁道供电技术专业教学标准》及中国国家铁路集团公司《铁路职业技能培训规范 接触网工》校企结合编写而成的教材，具有以下特色：

（1）全书分为六个项目，项目一主要讲述接触网工需要掌握的接触网相关图纸、零部件及工器具等基础知识。项目二至项目六以接触网基本组成结构为项目单元，以接触网工典型工作任务为实现任务，讲述接触网具体设备的检修知识。

（2）围绕中国国家铁路集团公司发布的《铁路职业技能培训规范 接触网工》中，接触网中级工的培训规范，以接触网工种典型作业任务为中心展开，打破原有的学科体系，根据任务实施的需求来讲授理论知识。

（3）整个编写全过程突出体现“产教融合、校企合作”的理念，每个任务的实施由教学经验丰富的校内教师和行业专家、一线技术骨干共同参与开发编写，既符合学校教学的要求又符合企业职工的培训要求。

本书由柳州铁道职业技术学院和中国铁路南宁局集团有限公司柳州供电段联合主编，其中柳州铁道职业技术学院赵文飞和柳州供电段周书念担任主编，程洋、陈志勇担任副主编，参与编写的人员有柳州铁道职业技术学院杜伟静、余现飞，柳州供电段刘创龙、黎光泽、李明。本书在编写过程中参考了多位专家发表的文章和企业的技术资料，编者在此对他们表示诚挚感谢。

本书在编写过程中，得到了有关人士的帮助和指导，特别是南宁局集团有限公司相关领导、专家和现场从事接触网维修和运营技术人员的大力支持并提出许多中肯建议，在此表示衷心的感谢。

由于时间仓促，加上编者水平有限，书中不足之处在所难免，敬请读者批评指正，以便再版时修订、补充，不断完善。

编　者

2021 年 3 月

目　录

项目一 接触网工技能基础

任务一　接触网零件的认识

【任务描述】

接触网零部件是组成接触网的部件设备。零部件的性能应满足其运行工作要求，安装应符合接触网的设计规定。接触网的动态设计应对零部件的运行工况进行准确预测，并对零部件的检验提供科学依据。在役零部件的失效分析应结合零部件制造、接触网维修、接触网施工与接触网动态设计等各因素综合考虑。

【任务目标】

掌握接触网常用零部件的外观、作用及基本用途。

【任务实施】

一、作业准备

（1）人员：1人。
（2）工具：纸、笔等。
（3）材料：常用基本零件若干。

二、作业步骤

接触网零件的代号通常用“接零”两字汉语拼音的第一个字母来表示，即“JL”，后面表示为：数字名称代号—设计定型年份。如“JL38—89”，表示1989年设计定型的38号零件。随着电气化铁路的发展，接触网大部分零件已经纳入原铁道部颁布标准（TB），常见零件名称、实物图及用途见表1-1-1。

表 1-1-1　接触网常见零件名称、实物图及用途

序号	名称	实物图	用途
1	横承力索线夹，代号 JHJL23—96		用于软横跨单横承力索安装吊线及下部定位绳安装直吊线
2	双横承力索线夹，代号 JHJL24—96	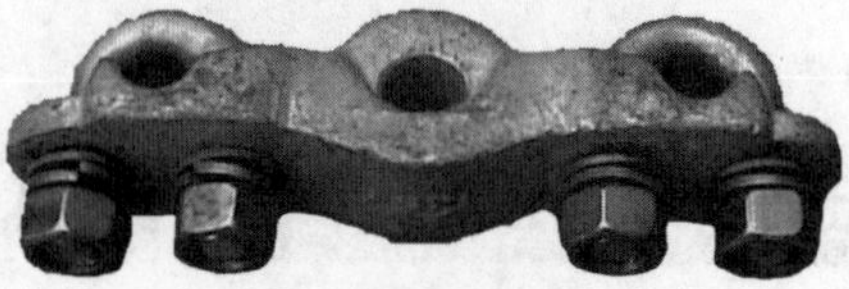	用于软横跨双横承力索安装直吊线
3	定位环线夹，代号 JHJL21（Ⅱ）—96		用于安装软横跨定位器及上部定位绳安装斜拉线或悬吊滑轮
4	承力索电连接线夹，代号 JHJL05（T70A）—2004		用于连接 THJ-70 承力索和 RTJ-95 电连接线
5	接触线电连接线夹（该零件为压接式）		用于连接接触线与电连接线
6	接触线接头线夹	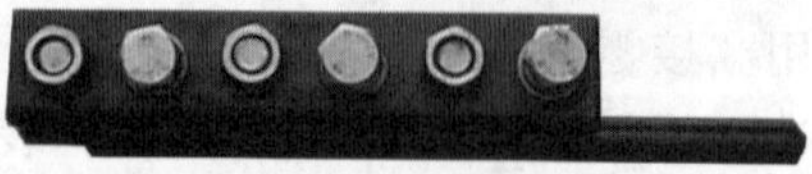	用于接触线接头
7	承力索接头线夹	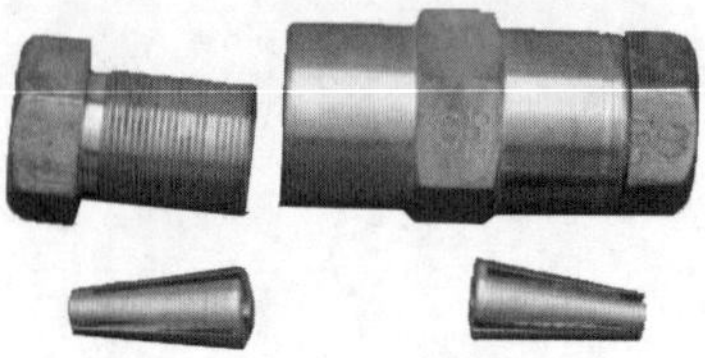	用于承力索接头

续表

序号	名称	实物图	用途
8	接触线中心锚结线夹，代号 JHJL03—2004	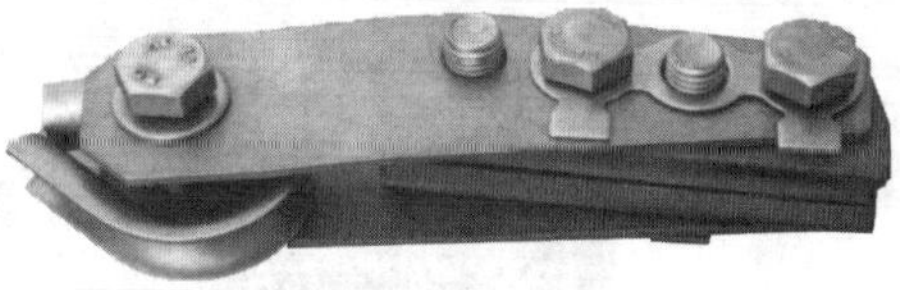	用于区间两跨式中心锚结及站场防窜中心锚结接触线上
9	三跨式接触线中心锚结线夹，代号 8WL-4647-1c（CTHA120）	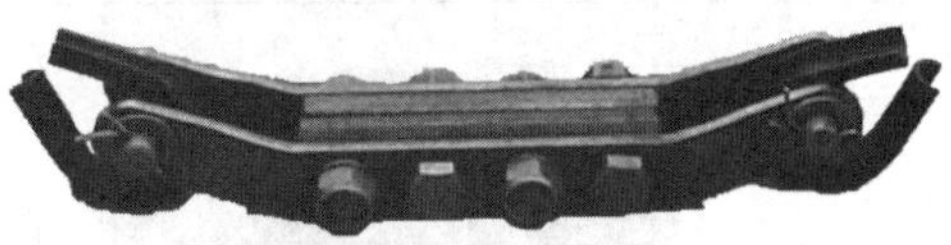	一般用于车站正线或隧道防断三跨式中心锚结，位于跨距中间，呈 V 形
10	承力索中心锚结线夹，代号 JHJL03—2004	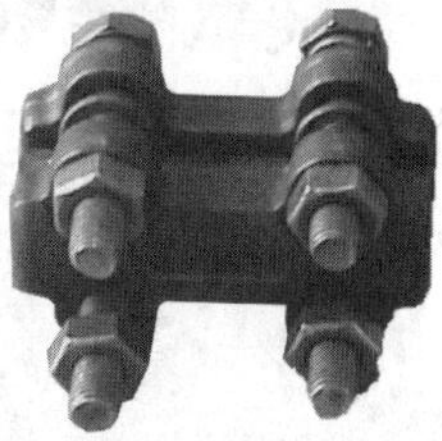	用于承力索上固定承力索及接触线中心锚结绳
11	线岔，代号 JHJL49—89		用于交叉道岔处，当道岔处有一支为正线时选用 700 型（长 1 710 mm），两支均为站线时选用 500 型（长 1 510 mm）
12	锚板 U 螺栓	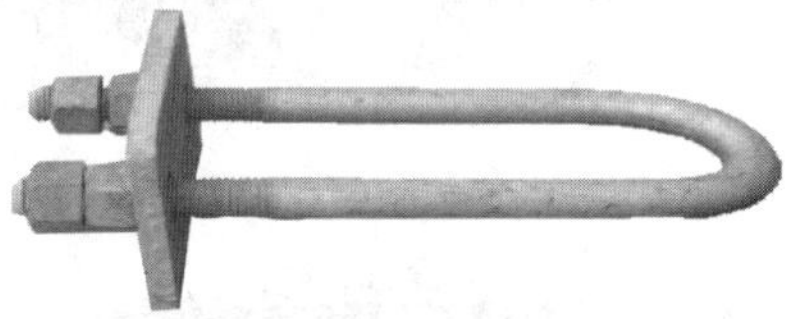	安装在锚板上，以便安装拉线棒（或锚杆）
13	LV 型联板，代号 LC-0712	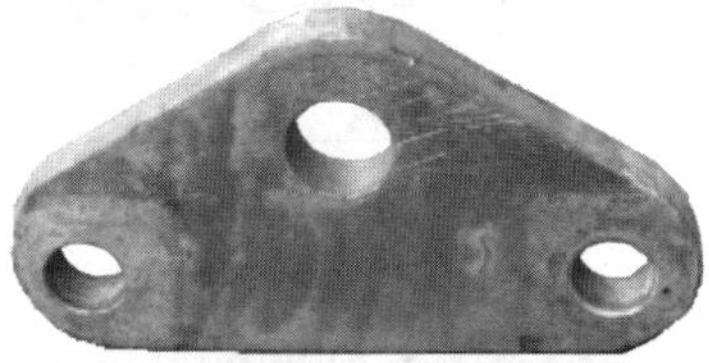	一般用于单支（或单件）与双支的转换处，如软横跨双横承力索
14	锚支定位卡子，代号 JL40—98		用于转换柱固定非工作支接触线

续表

序号	名称	实物图	用途
15	B-42 型并沟线夹（异径），代号 SD1-021-62		在 LGJ-185 回流线上连接固定接地跳线
16	JB-3 型并沟线夹（等径），代号 GB2335.1—85		用于两支 150 mm^2 铝线并接
17	D 型承力索座，代号 JHJL0318	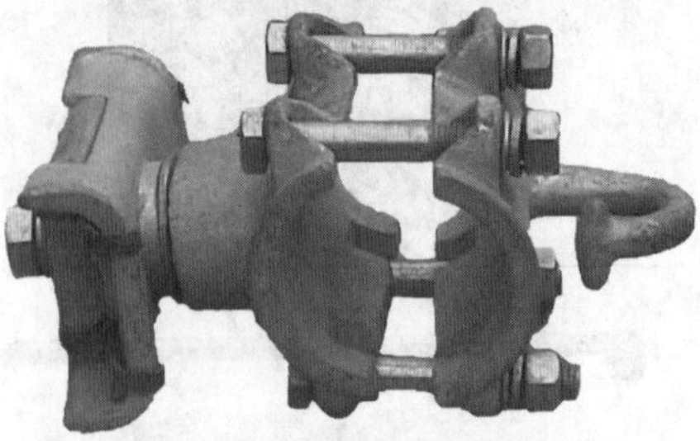	安装在水平腕臂上，用于固定承力索。其中一槽安装承力索，另一槽安装一段与承力索同规格的附线，承力索安装在拉出侧槽内
18	腕臂用套管双耳，代号 JHJL14（G）—95	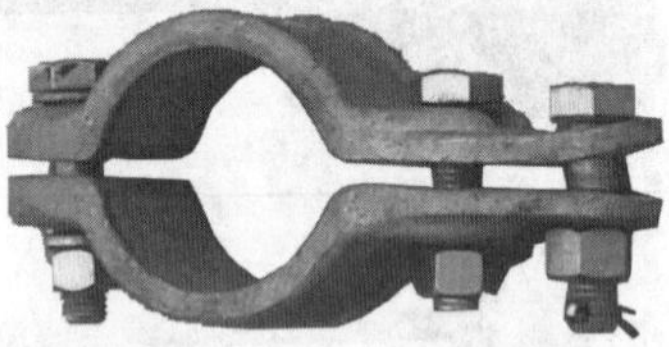	用于安装水平腕臂与斜腕臂上的腕臂支撑和定位管支撑
19	OU 型调整螺栓		用于混凝土软横跨柱，进行横向承力索、上下部定位绳调整，两端与双耳件连接
20	接地线夹，代号 JL33（P60）—89		适用于接地线与钢轨连接或接地线通过火花间隙与钢轨连接。P60 用于 60 kg/m 钢轨。P50 用于 50 kg/m 钢轨
21	预绞式护线条		安装在软横跨悬吊滑轮装置处的承力索上，以防承力索直接与滑轮相磨

续表

序号	名称	实物图	用途
22	D型连接板		与两端连接的零件为双耳件
23	球型垫块，代号JL30—89		用于钢柱软横跨上下部定位绳的软横跨固定角钢处，安装时球面贴软横跨固定角钢，平面在垫片、螺母侧
24	角型垫块，代号JL31—89		一般用于杵头杆或耳环杆有角度的处所，如软横跨横承力索钢柱上、回流线跨越的增高接头上
25	JK-2型钢线卡子		常用于钢绞线等的并接，其规格根据线材选用，JK-2用于GJ-70型钢绞线并接
26	定位管卡子，代号JL35（1.5）—89		用于48型定位管安装定位管斜拉线。一般用于反定位管上安装斜拉线
27	Y型双耳连接器，代号JL32（Y）—89		用于两端与单耳环件连接。Y型为带销钉，W型为不带销钉

续表

序号	名称	实物图	用途
28	48 型定位环，代号 TB/T 2075.24—2002		安装在 48 型定位管或定位立柱上，用于安装普通定位器
29	48 型长定位环，代号 TB/T 2075.25—2002		安装在 48 型定位管上，用于安装普通反定位的定位器
30	NUT-2 型楔型线夹，代号 GB 2320.5—85		用于拉线下端与拉线环连接，NUT-2 型适用于 LXGJ-80 mm^2 拉线线材
31	NX-2 型楔型线夹		用于拉线上端与承、线锚角钢连接。适用于 LXGJ-80 mm^2 拉线线材
32	80 型双耳楔型线夹，代号 JHJL27（T）—2004		其本体与接触线、承力索终端锚固线夹及 50 型双耳楔型线夹相同，仅楔子不同
33	Z 型接触线终端线夹，代锚固号为 JHJL27（Z）—89	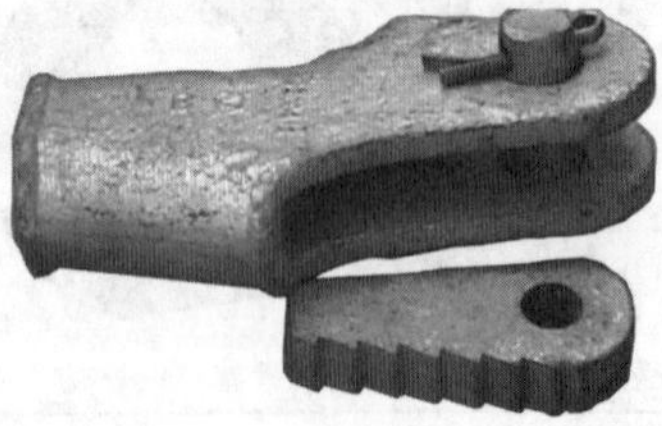	用于线终端下锚。其本体与承力索终端锚固线夹、80 型双耳楔型线夹、50 型双耳楔型线夹相同，仅楔子不同
34	T1 型特型定位器，代号 JHJL9106（T1）—2002		适用于绝缘四跨中心柱等需跨越另一支接触线时定位器安装。要求任何部位距另一支带电体满足设计要求

续表

序号	名称	实物图	用途
35	铝合金矩形管定位器，代号 JHJL63—2004	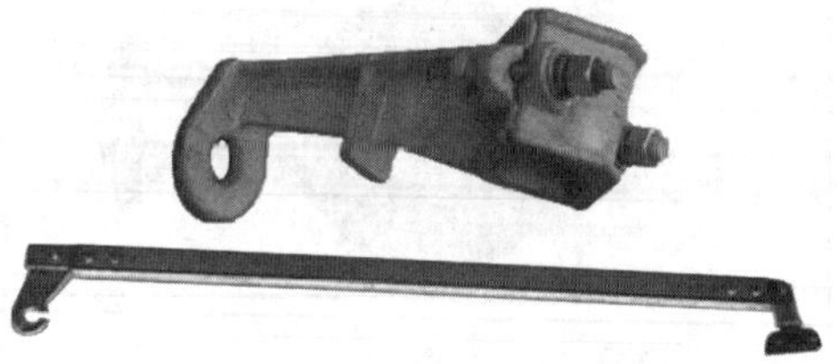	适用于正线定位器安装，它由定位器支座和定位器组成
36	1 型长支持器，代号 TB/T 2075.15（1）—2002		与 1 型定位管、定位线夹组成一组定位器。一般用于双支站线上面一支接触线定位，如节点 6 上支
37	夹环		一般用于非支抬高接触线、承力索的定位，如节点 11、12、15 等处的接触线定位
38	400 型耳环杆，代号 JL54（400）—89		用于混凝土软横跨柱上安装横向承力索。该零件为孔内安装
39	250 型双环杆，代号 JL55（250）—89		适用于与双耳件连接，如双耳连接器，双耳楔型线夹等。其规格较多，应根据需要选用
40	600 型杵头杆，代号 JL43（600）—89		一般用于软横跨钢柱上横承力索与钢柱连接及回流线在腕臂柱上增高接头跨越。安装时，须在钢柱或增高接头上安装角型垫块
41	焊接杵环，代号 JL39-01—89	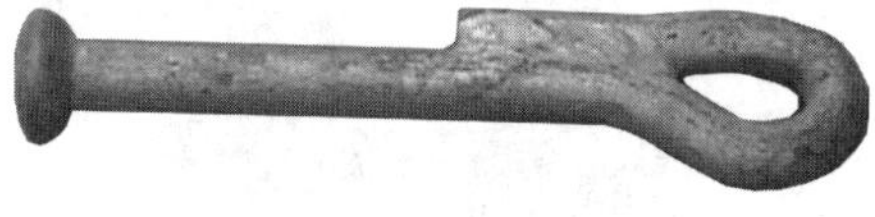	适用于与双耳及杵座零件连接，如双耳连接器、悬式绝缘子等

续表

序号	名称	实物图	用途
42	QP-7 球头挂环		与焊接杵环用途相当
43	防风拉线	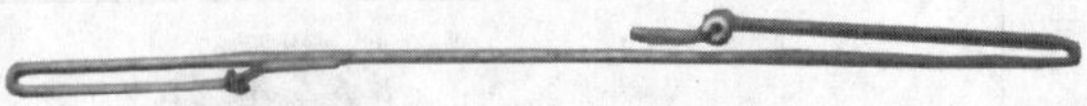	用于正线限位定位器处，本零件将定位器与定位管相连，起防风作用
44	D1 型连接器，代号 TB 2075.23—2002		用于下锚处，一端与双耳零件连接，另一端与耳环件连接
45	U 型挂环，代号 GB 2325—85		适用于与 U 型或环状的零件连接。如拉线基础上用的该零件一端与下拉环、另一端与下锚拉环连接。U 型挂环的型号很多，常用的有 U-7、U-10、U-25 等
46	Z-7 型直角挂板，代号 GB 2327—85	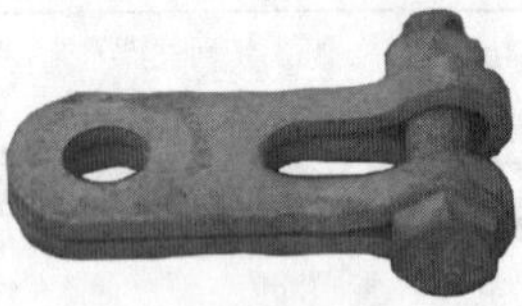	它的用途相当于 D1 型连接器
47	长吊环，代号 JL38—89	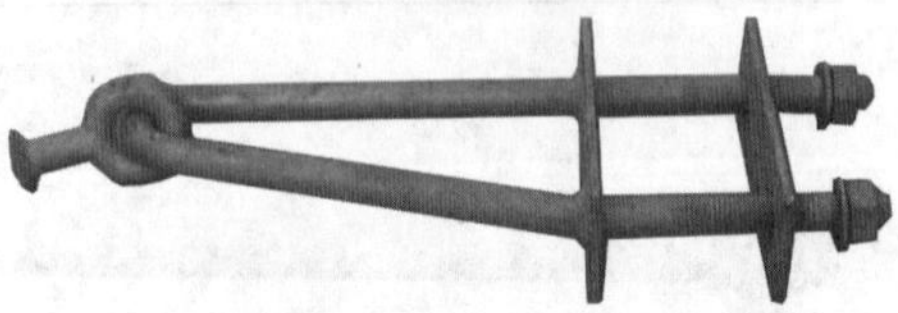	适用于 5°～20°转角时悬挂悬式绝缘子。它的安装具有方向性，斜边为受拉侧
48	H60 型承锚角钢，代号 JL51（60）—89	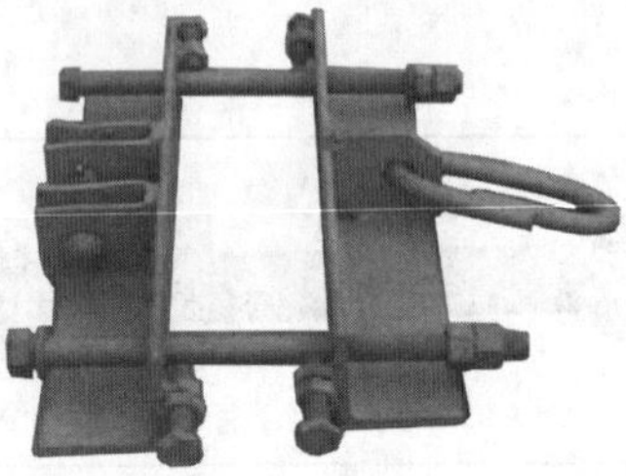	安装于 H60～H93 下锚柱上，一边与拉线连接，另一边与下锚补偿连接

序号	名称	实物图	用途
49	钢锚角钢，代号 TB 2075.64—90		根据支柱类型和安装位置可分为 730 型、850 型。一般用于钢柱承力索下锚、中心锚结下锚及附加线下锚。还须配 2 套 130 型或 165 型钩螺栓。安装完毕将两端顶紧螺栓顶住钩螺栓
50	铝合金腕臂支撑		用于平腕臂和斜腕臂之间或斜腕臂和定位管之间的防风支撑管的连接固定
51	铝合金套管单耳	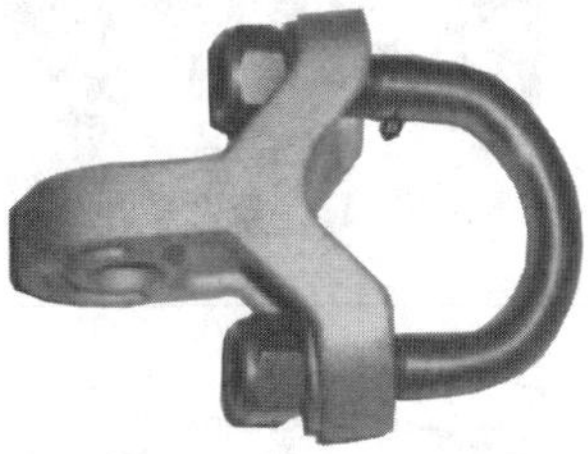	安装在腕臂或定位管上，用于防风支撑管与腕臂或定位管的连接与固定
52	矩形管铝合金定位器		安装于定位管上，用于将接触导线定位在工作范围
53	定位线夹	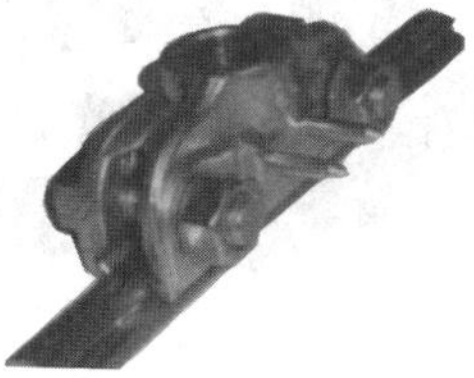	安装于定位管上，用于将接触导线定位在工作范围
54	定位管		安装在斜腕臂上，用于将定位器固定在一定的高度与工作范围
55	腕臂底座	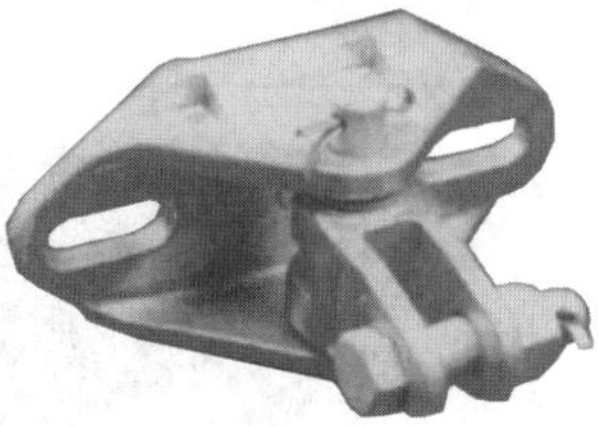	安装在支柱上，将腕臂固定在支柱的一定高度

续表

序号	名称	实物图	用途
56	接触线电连接线夹		用于电连接线和接触导线之间的连接和固定
57	承力索电连接线夹		用于电连接线和接触导线之间的连接和固定
58	棘轮补偿装置		用于承力索或接触导线的终端下锚，依靠大小轮直径不同形成不同的传动比，给接触悬挂施加不同的张力
59	滑轮组下锚装置	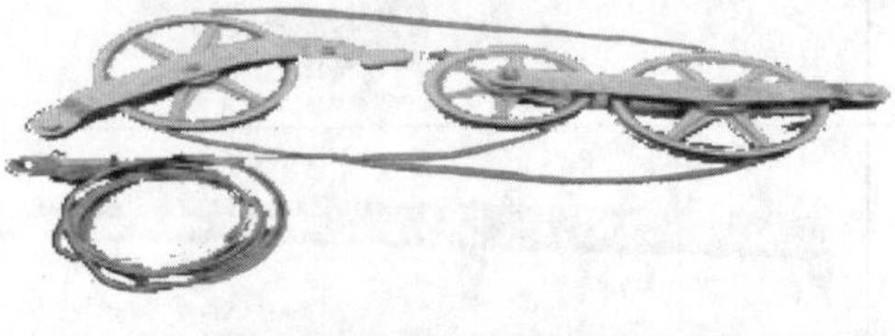	用于承力索或接触导线的终端下锚，依靠滑轮组的传动比，给接触悬挂施加不同的张力
60	正线 150 型接触线终端锚固线夹	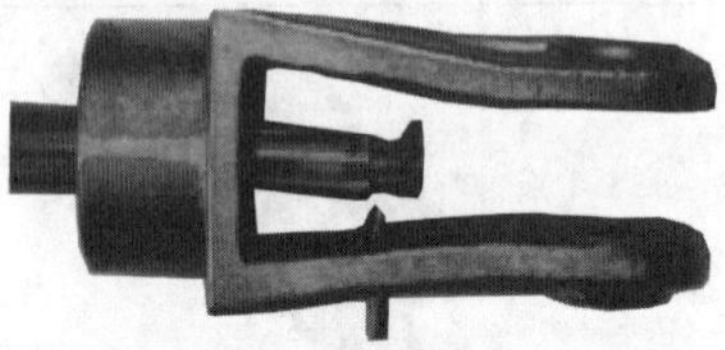	安装在接触导线端头，用于导线终端下锚和下锚绝缘子或耳环杆的连接
61	120 型及 85 型接触线终端锚固线夹		安装在接触导线端头，用于导线终端下锚和下锚绝缘子或耳环杆的连接
62	承力索终端锚固线夹		适用于铜及铜合金绞线终端锚固处。安装在承力索端头，用于承力索终端下锚和下锚绝缘子或耳环杆的连接

续表

序号	名称	实物图	用途
63	弹性吊索装置		安装在接触悬挂的承力索上，用于弹性吊索及承力索之间的固定

【评价反馈】

考核评价时，随机取20个零件让学员识别，评价学员对接触网零部件的认识情况，评价标准可参考表1-1-2。

表1-1-2 考核评价表

项目及配分		考核内容及评分标准						扣分因素及扣分	得分
考核方式		随机抽取20个零件进行识别考核，不能正确认识一个零件（含数据）名称或作用的扣5分							
零件识别	100分（5分/个）	编号	1	2	3	4	5		
		名称或作用							
		编号	6	7	8	9	10		
		名称或作用							
		编号	11	12	13	14	15		
		名称或作用							
		编号	16	17	18	19	20		
		名称或作用							
		每一个零件回答时间为1 min，超时扣2分/个							
合计	100分								

任务二 常用工器具的认知与使用

【任务描述】

接触网施工与检修过程中会用到各种功能的工器具，熟悉各种工器具的工作特性，并在各种施工和维修场合中能熟练使用工器具进行作业是接触网工必备的技能。本任务主要让学员认知各种接触网常用工器具的名称及训练使用方法，通过练习，学员能熟练掌握各种接触网常用工器具的名称及功能，能够掌握各种常用工器具的使用方法。

【任务目标】

（1）掌握接触网各种工具的名称及功能。
（2）掌握接触网常用工具的使用方法。

【任务实施】

一、作业准备

（1）人员：2～3人配合。
（2）工具：手扳葫芦、紧线器、预置式扭力扳手等。
（3）材料：常用基本零件若干。

二、作业步骤

1. 手扳葫芦的使用

铝合金链条式手扳葫芦各部件结构如图 1-2-1 所示。

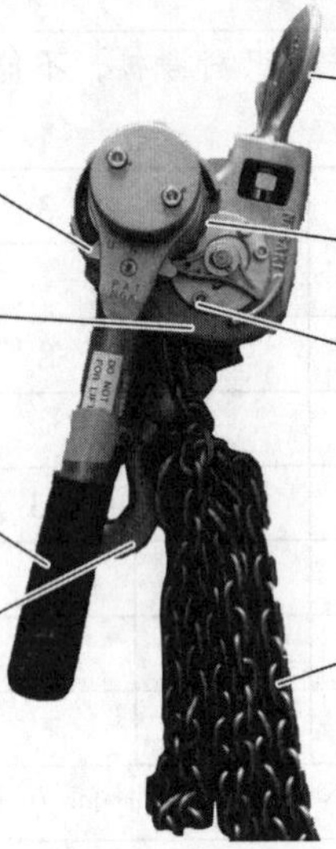

图 1-2-1　铝合金链条式手扳葫芦各部件结构

1）外观检查

（1）铝合金链条式手扳葫芦本体。

使用前应对手扳葫芦本体进行外观检查，各组装件无缺失，各部件无变形及松动情况。受力工具安全合格证齐全，且在规定安全使用期限内。

（2）手扳葫芦本体及链条挂钩。

使用前，检查手扳葫芦本体及链条挂钩转动灵活无卡滞，手扳葫芦本体挂钩与链条处挂钩的挂钩挡板用手按压后，放开能自动弹回原位，不能自动弹回时禁止使用，如图 1-2-2 所示。

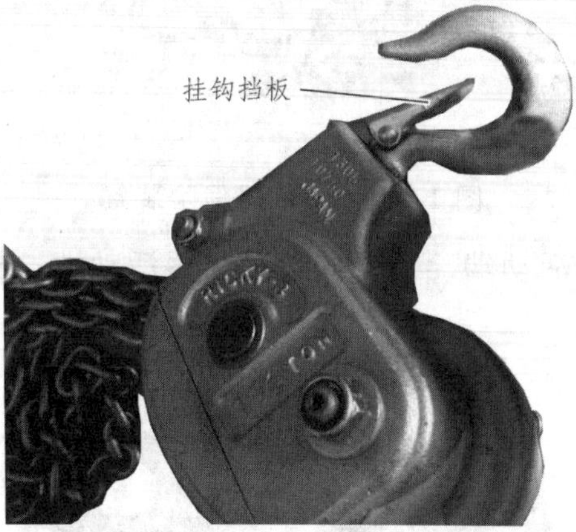

图 1-2-2　手扳葫芦本体挂钩

（3）手扳葫芦操作手柄。

检查手扳葫芦操作手柄无变形，且操作手柄 360°转动灵活、无卡滞。

（4）手扳葫芦挡位控制装置。

检查手扳葫芦挡位控制装置状态良好，“U”“N”“D”3 挡位能操作正常无卡滞情况。检查齿轮掣止器是否灵活，无卡滞。

2）使用方法

当需使用手扳葫芦进行作业时，需确认所采用的手扳葫芦安全负荷选型是否与两端张力负荷是否相符，是否能达到要求。具体操作如下：

（1）自由挡：将切换棘爪放置于“N”位置（即水平放置），并放开制动爪，同时手指按住防逆棘爪，链条可来回自由拉动。

（2）提升或拉紧：将切换棘爪放置于“U”位置，并将制动爪置于棘轮齿轮处（用手柄进行操作）。

（3）卸载：将切换棘爪放置于“D”位置，并使用手柄进行操作。

2. 紧线器的使用

1）外观检查

检查紧线器本体状态良好，无裂纹；安全标识齐全；保险装置（安全防护板）状态良好，处于锁闭状态，如图 1-2-3 所示。

图 1-2-3　紧线器外观检查

2）使用方法

（1）使用时，先将保险装置打开，如图 1-2-4 所示。

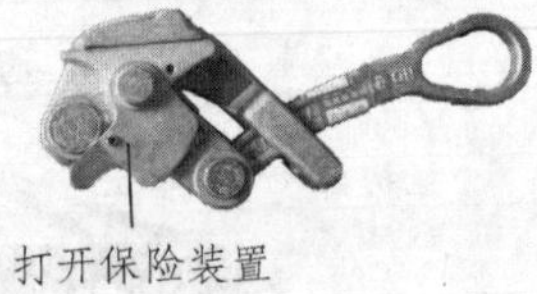

图 1-2-4　紧线器保险装置

（2）一手扶着紧线器非活动端，一手扶着紧线器活动端，相向用力，使得紧线器钳口张开，如图 1-2-5 所示。

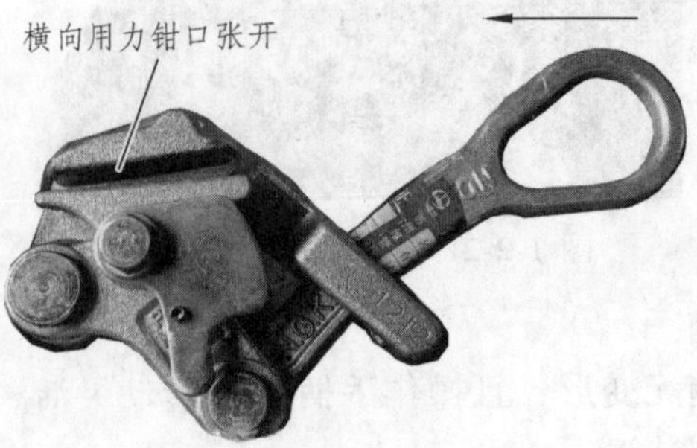

图 1-2-5　紧线器钳口张开

（3）将紧线器卡在相应的线索上，松开双手，如图 1-2-6 所示。

图 1-2-6　紧线器钳口卡入线索

（4）关闭保险装置，用手微微拉动紧线器活动端，使紧线器受力，如图 1-2-7 所示。

图 1-2-7　关闭紧线器钳保险装置

3. 数显力矩扳手的使用

1）外观检查

检查力矩扳手本体状态良好，无裂纹；标识、零部件齐全，刻度盘清晰，如图 1-2-8 所示。

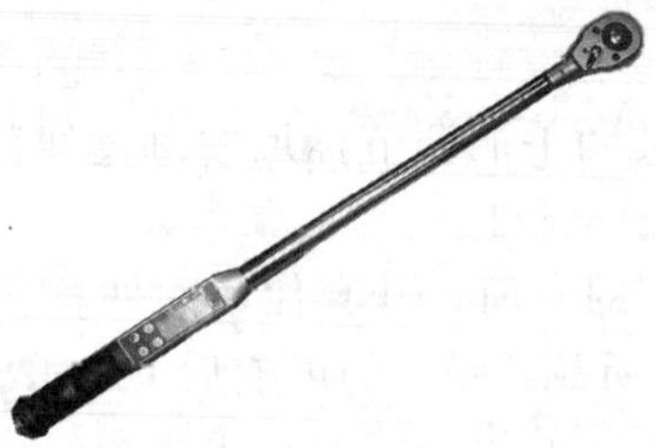

图 1-2-8　数显力矩扳手

2）使用方法

（1）逆时针旋转取下后盖，按电池正极向里的方向装好电池，恢复并旋紧后盖。

（2）开启电源：按“复位/开”键，液晶显示器先显示“DF”，15 s 后显示“0.0”，即可使用。

（3）单位选择：根据使用要求，按“单位”键，选择扭矩单位“N · m”。

（4）预置：按“模式”键，使工作状态变为预置状态，根据检测扭矩值的大小，用“选择”键、“设定”键和“单位”键预置扭矩值。预置结束后，按一下“模式”键，退出预置状态，回到跟踪状态。若在峰值状态下工作，再按一下“模式”键，即可进入预置状态。

（5）校零：扳手自然水平放置状态下，按“复位/开”键，液晶显示器显示“DF”后显示“0.0”，即可使用。在显示“DF”时不允许加力。

（6）测量：将换向板扳到相应的位置，将套筒套在方榫上，扳动手柄，当预置报警灯点亮同时报警声响起时，表示紧固力矩已经达到预置值，停止加力。

（7）关机：自动关机，未检测扭矩值，3 min 后自动关机；手动关机，同时按压“设定”和“选择”键即可手动关机。

4. 预置式扭力扳手使用方法

1）外观检查

力矩扳手本体结构如图 1-2-9 所示。检查力矩扳手本体状态良好，无裂纹，标识、刻度盘清晰，如图 1-2-10 所示。

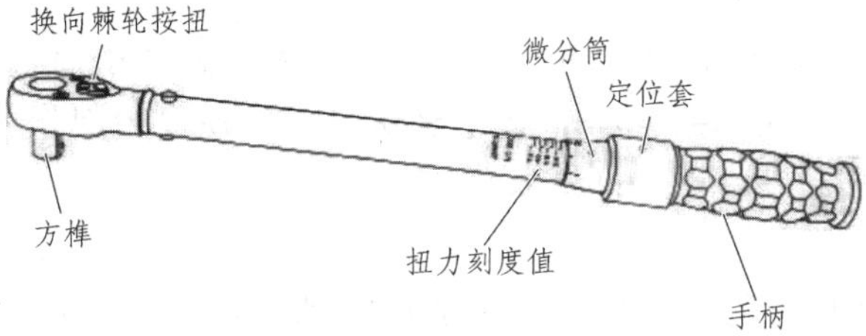

图 1-2-9　预置式扭力扳手

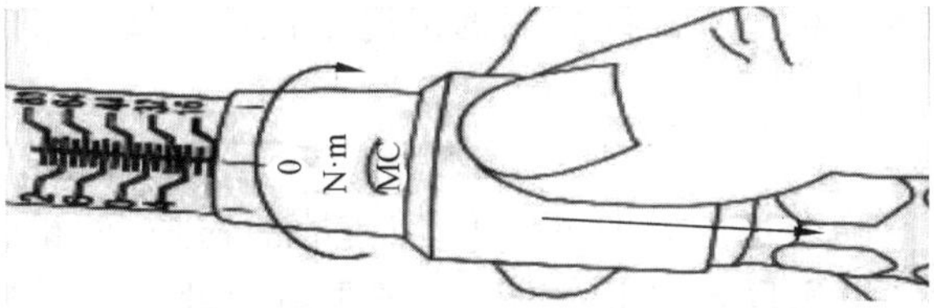

图 1-2-10　刻度调整（16 N · m）示意图

2）使用方法

（1）拉下手柄的定位套，转动手柄调节标尺主刻度线数值至所需预设扭力值，松开定位套让其自动复位，使手柄与壳体锁住。

（2）在扳手方榫上装上相应的套筒，并套住紧固件。

（3）在手柄上缓慢用力，当听到“嗒”的声响后（表示已达到预设扭矩值），停止加力。

（4）小扭力的扭力扳手，在较低扭力值时报警声很轻微，有打滑的手感时，就已到了所设定的扭力值。

4. 激光接触网检测仪的使用

DJJ-8 型激光接触网检测仪各部件结构如图 1-2-11 所示。

图 1-2-11　激光接触网检测仪各部件结构

1）准备工作

（1）仪器放置标准。

将测量架放置于待测目标下方的轨道面上，拨动测量架右端的轨距手柄，使测量架两端的固定测脚和活动测脚都紧靠钢轨内沿。保持测量架与轨道基本垂直。将主机放置于测量架的定位盘上，并使旋紧旋钮处于旋紧状态。

（2）开机。

打开电源开关，按下键盘上“启动”按钮，显示屏出现“请向右旋转主机”，根据提示用手轻轻旋转主机头（严禁快速旋转），直至显示屏上出现视频图像，即表示仪器进入正常测量状态，可以开始测量。

（3）瞄准。

仪器的显示屏中央有白色十字丝，通过前后挪动测量架和旋转主机头，使十字丝中心与待测目标完全重合。瞄准时，可先用手转动主机头进行粗调，然后根据需要可旋转微调旋钮进行微调，直到对准目标。在光线较弱的情况下也可以按“长光”键打开长光，用眼睛观察红色激光点辅助瞄准。

（4）测量。

在正常测量状态下，瞄准目标后即可按下相应功能键进行测量，并显示测量结果。如果没有瞄准目标则提示“进入盲区或未对准目标请重新测量”。

2）参数测量

（1）标准模式测量。

正常测量状态下瞄准目标后，按下“测量”键，即可显示结果，如图 1-2-12 所示。

07年09月16日10：58
导　高：6023.0 mm
拉出值：+300.0 mm
轨　距：1435.0 mm
超　高：+002.0 mm

图 1-2-12　标准模式测量

（2）红线标高、侧面限界测量。

将仪器按“仪器放置标准”放置，正常测量状态下瞄准支柱上的红线（没标注红线时瞄准目测近似点即可），按下“红线”键，即可显示结果，如图 1-2-13 所示。

红线标高
+005.0 mm
侧面限界
2758.0 mm

图 1-2-13　红线标高、侧面限界测量

（3）500 mm 处高差测量。

将仪器按“仪器放置标准”放置于“500 mm 处”下方的任意一对钢轨上，正常测量状态下按下“500 mm”键，进入 500 mm 除高差测量模式，仪器提示“请测量第一点”，瞄准第一条接触线后按下“测量”键，仪器提示“请测量第二点”，瞄准第二条接触线，按下“测量”键，即可显示结果，如图 1-2-14 所示。

500 mm高差
高度1：6100.0 mm
线 距 ：+502.0 mm
高 差 ：+015.0 mm

图 1-2-14　500 mm 处高差测量

（4）承力索、接触线高差测量。

将仪器按“仪器放置标准”放置，正常测量状态下按下键盘上“承力索”键，仪器提示“请测量第一点”，瞄准承力索后按下“测量”键，仪器提示“请测量第二点”，瞄准接触线，按下“测量”键，按下“确认”键，即可显示结果，如图 1-2-15 所示。

承力索高差
高度1：9000.0 mm
高度2：6000.0 mm
高 差 ：3000.0 mm

图 1-2-15　承力索、接触线高差测量

（5）自由测量。

将仪器按“仪器放置标准”放置，在正常测量模式按下“自由测” 键即可显示结果，如图 1-2-16 所示。

距离测量
水平距：31786.6 mm
垂直距：28897.3 mm

图 1-2-16　自由测量

（6）非支测量。

将仪器按“仪器放置标准”放置，正常测量状态下按下键盘上“非支”键，仪器提示“请先测量工作支”，瞄准工作支后，按下“测量”键，仪器提示“请测量非支”，瞄准非支后，按下“测量”键，按下“确认”键即可显示结果，如图 1-2-17 所示。

非支抬高：–0010.0 mm
非支偏离：0030.0 mm
工支导高：60000.0 mm
工支拉出：–0300.0 mm

图 1-2-17　非支测量

（7）定位器坡度测量。

将仪器按“仪器放置标准”放置，正常测量状态下，按下“定位器”键，仪器提示“请测量第一点”，瞄准定位器的近端即线夹点位置，按下“测量”键，仪器提示“请测量第二点”，瞄准定位器的远端即定位环位置；按下“测量”键，按“确认”键，即可显示结果，如图 1-2-18 所示。

定位器坡度：1：10.0
高　差：0300.0 mm

图 1-2-18　定位器坡度测量

（8）支柱跨距测量。

将仪器放置在两支柱中间位置（可以不用测量架），确保仪器在两支柱的连线上，即仪器发出的激光分别向左向右都能照在支柱上，正常测量状态下，按下“跨距”键，仪器提示“请测量第一个支柱”，瞄准第一个支柱后按“测量”键，仪器提示“请测量第二个支柱”，旋转主机瞄准第二个支柱后按“测量”键，按“确认”键，即可显示结果，如图 1-2-19 所示。

支柱跨距：045.326 m

图 1-2-19　支柱跨距测量

（9）线岔中心测量。

将仪器按“仪器放置标准”放置在任意一对钢轨上，瞄准岔心后，按下“岔心”键，仪器提示“请输入内轨距”，根据测量架上的内轨距刻度尺，正确输入内轨距，按“确认”键，按“测量”键，即可显示结果，如图 1-2-20 所示。

线岔中心
导　高：6225.0 mm
偏离值：+010.0 mm
内轨距：0780.0 mm

图 1-2-20　线岔中心测量

（10）支柱垂直度测量。

将仪器按“仪器放置标准”放置，按下“菜单”键，再按下“岔心”键，进入支柱垂直度测量模式，仪器提示“请测量第一点”，瞄准支柱的高端按下“测量”键，仪器提示“请测量第二点”，瞄准支柱的低端，按下“测量”键，按“确认”，即可显示结果，如图 1-2-21 所示。

支柱垂直度：0003.9‰

图 1-2-21　支柱垂直度测量

3）数据保存

任何一个参数测量完成后都可以进行数据保存。保存的数据为当前杆号下的已测量参数，包括杆号、导高、拉出值、轨距、超高、线岔中心导高、线岔中心偏离值、定位器坡度、定位器高差、红线标高、侧面限界、非支抬高、非支间距、工作支导高、工作支拉出值、500 mm 处高差、承力索高差、自由测量水平距、自由测量垂直距离、支柱跨距、支柱垂直度等。保存时，先按下“保存”键，显示屏提示“请输入杆号”，输入杆号后按下“确认”键即完成。

5. 接地线的使用

1）地线各部件结构

地线各部件结构如图 1-2-22 所示。

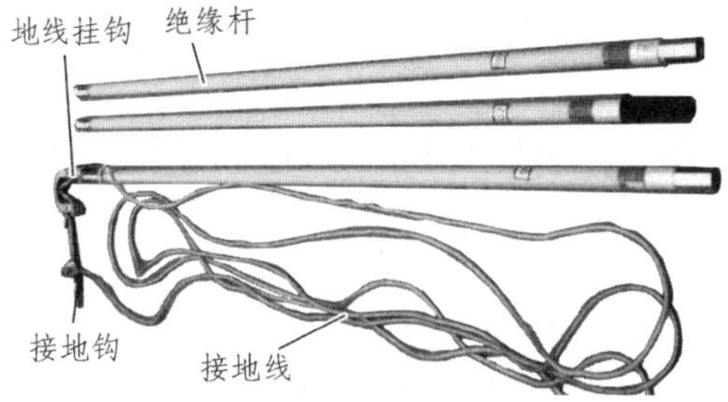

图 1-2-22　接地线各部件结构

（1）地线绝缘杆。

绝缘杆每次使用前，须认真检查有无损坏，绝缘杆末端密封是否良好，各连接部分是否良好。用清洁干燥的抹布擦拭有效绝缘部分后，用 2 500 V 兆欧表分段测量（电极宽 2 cm，极间距 2 cm）有效绝缘部分的绝缘电阻，不得低于 100 MΩ，或测量整个有效部位的绝缘电阻不低于 10 000 MΩ，如图 1-2-23 所示。绝缘杆上粘贴绝缘试验有效验合格证，效验信息应清晰准确，且在有效期内。

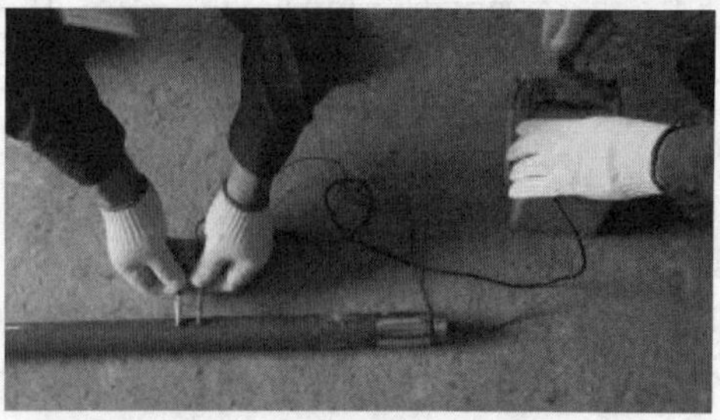

图 1-2-23　对绝缘杆进行绝缘测试

（2）接地线。

接地线应使用截面积不小于 25 mm^2的裸铜绞线制成并有透明护套保护，不得有断股、散股和接头，压接处牢固、无破损露线。

（3）地线挂钩。

接地线挂钩外表不应有裂纹、损伤，与绝缘杆连接牢固，固定地线螺栓无缺失，线钩内置弹片弹力正常，如图 1-2-24 所示。

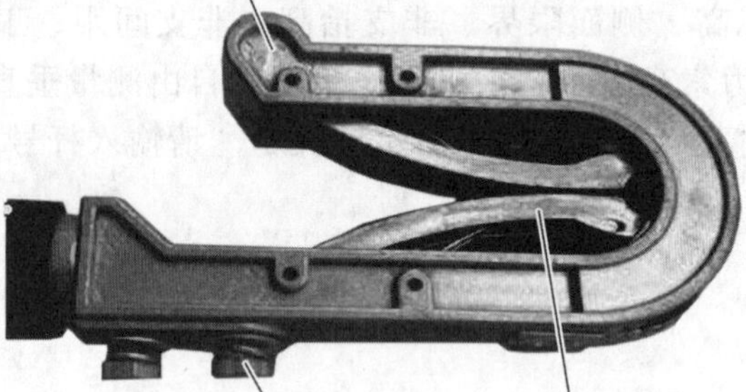

图 1-2-24　地线挂钩

（4）接地钩。

接地钩表面无裂纹、损伤，无明显变形，螺丝无滑丝、缺失，与接地线连接牢固。

2）使用方法

（1）地线组装。

当线路封锁以后，开始进行地线组装工作，依次把上、中下三节地线绝缘杆连接在一起，并确保其连接牢固。

（2）接地钩（针）安装。

用钢丝刷对所要安装接地钩位置的钢轨进行彻底除锈，将接地钩连接到钢轨上，并用活口扳手拧紧螺母，保证接地钩与钢轨接触牢固密贴。采用接地针时进行接地时，要避开道床及硬化路面，保证其入地长度达到 500 mm，同时注意避开地下光缆、电缆。

（3）地线接挂。

操作人穿戴好绝缘靴、绝缘手套，面对来车方向，举起地线后，将地线钩挂在腕臂上，确认安装牢固。地线接挂时不得触及人体。当在较高的附加导线上进行接挂时，因地线杆长度不够，需要登杆进行接挂。

（4）防风摆措施。

地线接挂完毕后，用绝缘小绳固定在附近的支柱（钢轨）上，做好防风摆措施，防止侵入建筑限界。

（5）拆除。

作业完毕，拆除地线前撤除防风摆措施，操作人穿戴好绝缘靴、绝缘手套，按照接挂地线的相反顺序拆除地线，先拆可能来电的停电设备上地线，再拆除钢轨上接地钩或接地针。拆除完毕，地线按要求缠好。

【相关知识】

一、检测类接触网工具

1. 数显式接触网腕臂定位角度测量仪

数显式接触网腕臂定位角度测量仪（图 1-2-25）是一种数字显示的角度测量仪器，比一般刻度指示式角度尺读数更方便准确。它主要用于接触网支柱、腕臂安装和定位器调整等角度的测量和设定，也可以用作一般的水平尺，快速测量被测物体的水平和垂直度，还能实现机械锁定，即保持画线和测量过程中角度恒定不变。其测量范围为 0 ~ 225°，按 0.1°连续递增（减）。

图 1-2-25　数显式接触网腕臂定位角度测量仪

2. 数显式接触网腕臂定位测斜尺

数显测斜尺（图 1-2-26）具有绝对角度与相对角度测量、角度锁定、偏角补偿、多个工作面等功能。角度尺有三种角度测量模式：角度测量模式、百分比模式、相对角度模式，可根据实际测量需要，使用不同的模式。数显式测斜尺使用方法简便，只需将该测斜尺贴合到测量对象上，即可定量显示实际测量角度。这种测量方式替换了传统水泡式测量方法，能实现角度与倾斜度切换，角度数据反应快，具有 0°、45°、90°特殊角度声音提示功能，提高了测量精度。

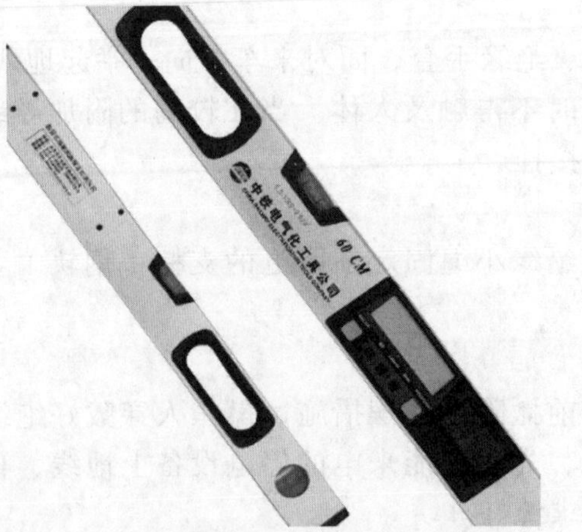

图 1-2-26　数显式接触网腕臂定位测斜尺

3. 激光测距仪

激光测距仪（图 1-2-27）可用于以下测量：测量阳光下和远距离目标；将仪器放在目标上测量倾斜角；间接倾斜角测量；高度和距离测量，测量难以接近的部位。其测量范围为 0.05 ~ 200 m，精度达到±1.5 mm，广泛应用于电气化限界、杆距支柱斜率等测量，测量快速方便，安全实用，可减少人力。

图 1-2-27　激光测距仪

4. 超声波限界测量仪

用超声波测量钢轨侧面限界，无须测量线路中心到钢轨的距离，直接将超声波测距仪（图 1-2-28）卡在钢轨上，采用激光定位，对准立杆，显示读数即为侧面限界值，测量准确方便。

图 1-2-28　超声波限界测量仪

5. 全站仪

全站仪（图 1-2-29），即全站型电子测距仪，是一种集光、机、电为一体的高技术测量仪器，是集水平角、垂直角、距离（斜距、平距）、高差测量功能于一体的测绘仪器系统。因其只需一次安置仪器就可完成该测站上全部测量工作，所以称之为全站仪。

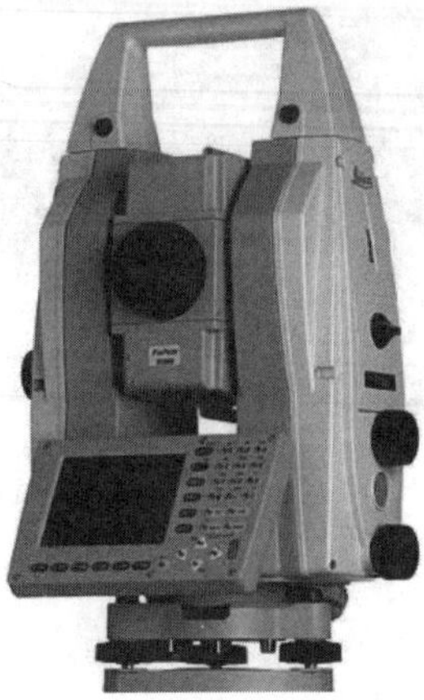

图 1-2-29　全站仪

6. 经纬仪

经纬仪（图 1-2-30）是测量水平角和竖直角的仪器，是根据测角原理设计的。目前，最常用的电子经纬仪部分采用光栅增量式数字角度测量系统，使用微型计算机技术进行测量、计算、显示、存储等多项功能。因此电子经纬仪可用于较高精度的角度坐标测量和定向准直测量场合，主要应用于接触网电力变电的测量。

图 1-2-30 经纬仪

7. 水准仪

水准仪（图 1-2-31）是建立水平视线测定地面两点间高差的仪器。它的原理为根据水准测量原理测量地面点间高差。高精度自动安平水准仪，是用于测量、工程和工业技术领域的精密水准仪。它囊括了水准仪应有的所有优点：高精度、专业化，每千米往返测量误差不大于 0.7 mm；配有 GPM3 平行玻璃板测微器，精度可达 0.3 mm；测量性能稳定；配有进口 GST20 脚架，进一步提高了稳定性；防霉、防振、防水设计，坚固耐用；操作快捷、精密补偿器，自动安平视准线，测量工作快捷高效；无限位螺旋，操作方便；采用粗、精调聚焦技术，目标清晰准确；采用顶级光学器件，人眼不易疲劳。其用途广泛，主要应用于接触网、电力变电系统的测量。

图 1-2-31　水准仪

8. 导线曲率测量尺

导线曲率测量尺（图 1-2-32）有 1.5 m、2 m 两种规格，精度可达到 0.001 mm，使用时配以高精度塞尺，实现准确检测导线曲率情况，从而保证接触线曲率设计要求。目前，它已广泛应用到北京、郑州、成都、沈阳等各大铁路局集团公司及各高速铁路施工现场。塞尺厚度有 0.02 ~ 1.0 mm 各种规格。

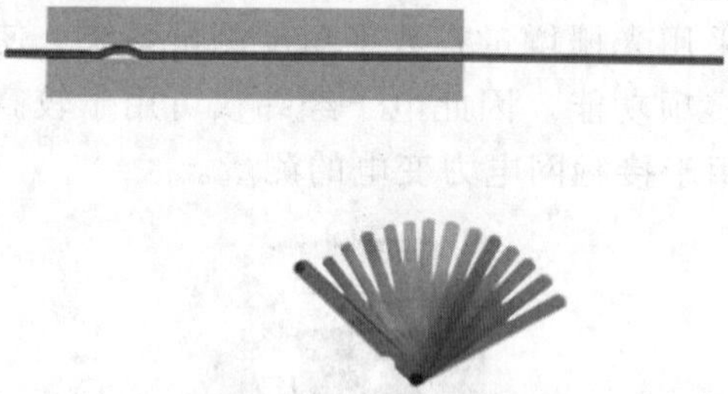

图 1-2-32　导线曲率测量尺

9. 丁字限界尺

丁字限界尺由高强度不锈钢材料制成，重量轻，携带方便，直接读取数据限界尺寸，无须计算，适用于接触网界限测量，如图 1-2-33 所示。

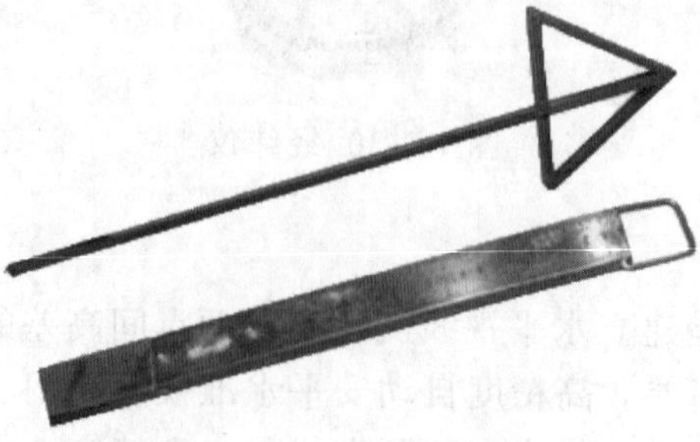

图 1-2-33　丁字限界尺

10. 轨距尺

轨距尺适用于铁路线路轨距测量，重量轻，携带方便，使用操作简单，如图 1-2-34 所示。

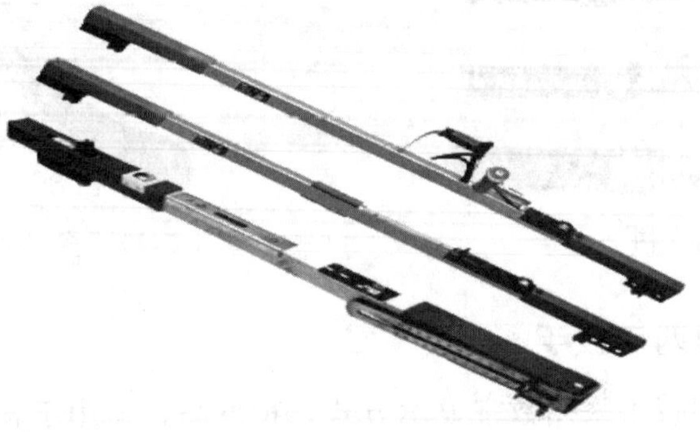

图 1-2-34　丁字限界尺

二、扳手类接触网工具

1. 电气化专用棘轮扳手

电气化专用棘轮扳手主要应用于电气化钢柱高速铁路 H 型钢柱的螺栓紧固，亦可紧固所有钢轨螺栓，解决了 H 型钢柱螺栓紧固的难题，本产品已获国家专利，广泛应用于首条 350 km/h 京津城际铁路，合宁、合武、武广、郑西、甬台温等客运专线铁路施工中。其结构简单、轻便、省力、省时、效率高。其外观如图 1-2-35 所示。

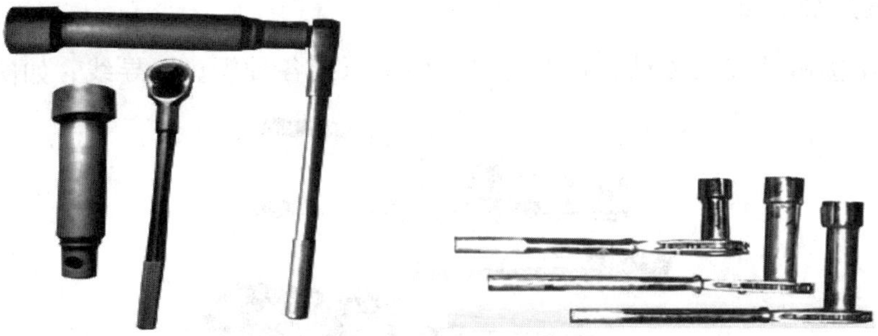

图 1-2-35　电气化专用棘轮扳手

2. 扭力扳手

扭矩扳手（图 1-2-36）也叫扭力扳手。力矩就是力和距离的乘积。在紧固螺丝、螺栓、螺母等螺纹紧固件时需要控制施加的力矩大小，既保证螺纹紧固又不至于因力矩过大而破坏螺纹。使用时，首先设定好一个需要的扭矩上限值，当施加的扭矩达到设定值时，扳手会发出“咔嗒”声响，表示已经紧固到位，后续继续紧固也不再加力了。

3. 多功能电气化专用扳手

如图 1-2-37 所示，多功能电气化专用扳手是一种多功能、多用途的电气化专用设备，一端为棘轮扳手可减少拧动时的旋转角度，有助于提高效率；另一端附加带凹槽的锤头，可用来敲击，凹槽可包在接触线上自由滑动，方便调整线夹位置，又不会损伤接触线体表面。

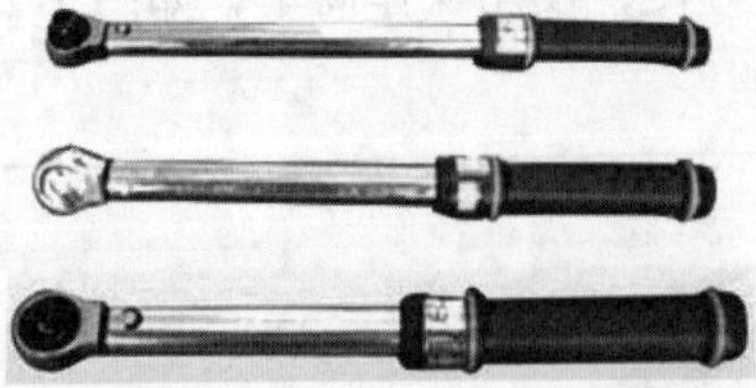

图 1-2-36　扭力扳手

图 1-2-37　多功能电气化专用扳手

4. 棘轮/扭矩数显两用扳手

棘轮/扭矩数显两用扳手采用数字显示方式，精度高，适用于各种对力矩精度要求高的安装工作，如图 1-2-38 所示。

图 1-2-38　棘轮/扭矩数显两用扳手

三、钳子类工具

1. 整体液压压接钳

整体液压压接钳带液压传动，省力省时，用于压接各种铜、铝导线，如图 1-2-39 所示。

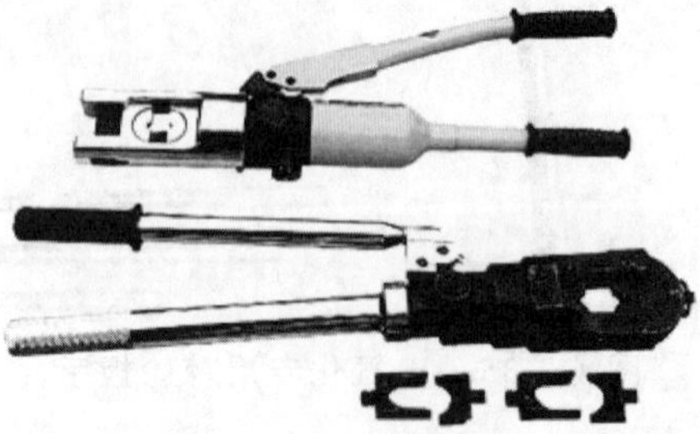

图 1-2-39　整体液压压接钳

2. 分体液压压接钳

分体液压压接钳为分体式结构，使用轻便，适用于压接铜、铝、钢芯导线，如图 1-2-40 所示。

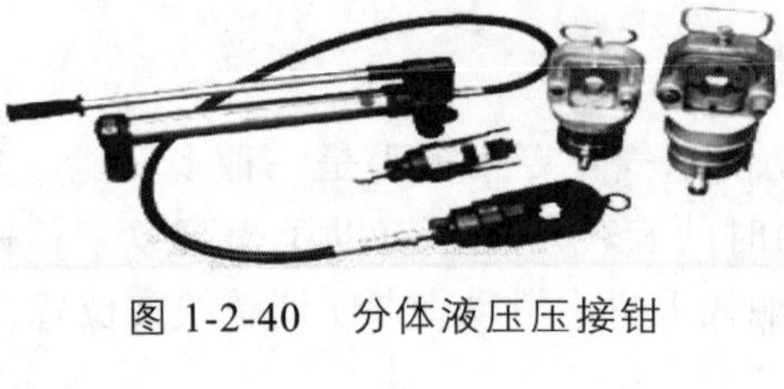

图 1-2-40　分体液压压接钳

3. 液压剪切、压接两用钳

液压剪切、压接两用钳功能多，适用于压接、剪切铝、钢绞线，如图 1-2-41 所示。

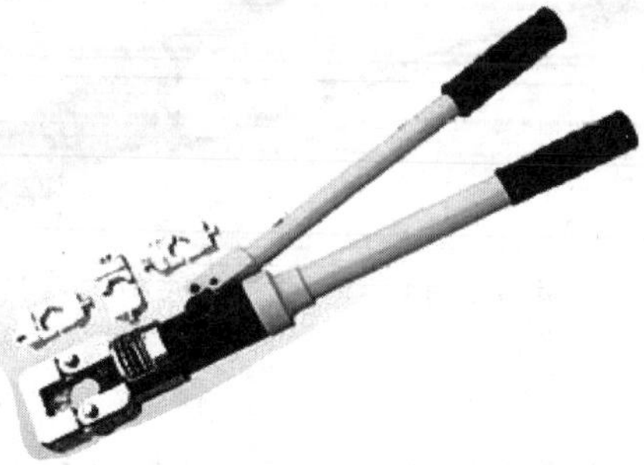

图 1-2-41　液压剪切、压接两用钳

4. 断线钳

断线钳轻巧灵活，剪切速度快，适用于剪切小截面导线。

5. 手动式导线压接钳

手动式导线压接钳压接压力大，适用于压接铝、钢芯导线，如图 1-2-42 所示。

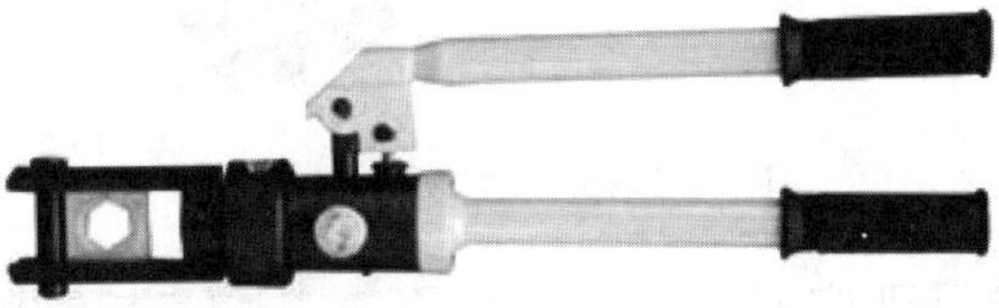

图 1-2-42　手动式导线压接钳

6. 机械式导线压接钳

机械式导线压接钳采用机械传动，压力传动进度可靠，压接压力便于控制，自重轻，操作轻便，便于维护，用于压接各种铜、铝导线，如图 1-2-43 所示。

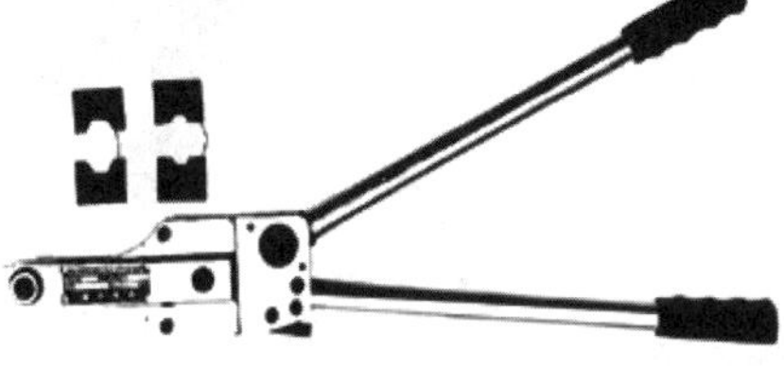

图 1-2-43　机械式导线压接钳

四、剪切类工具

1. 链条式断线剪刀

链条式断线剪刀适用于剪切各种绞线，如图 1-2-44 所示。

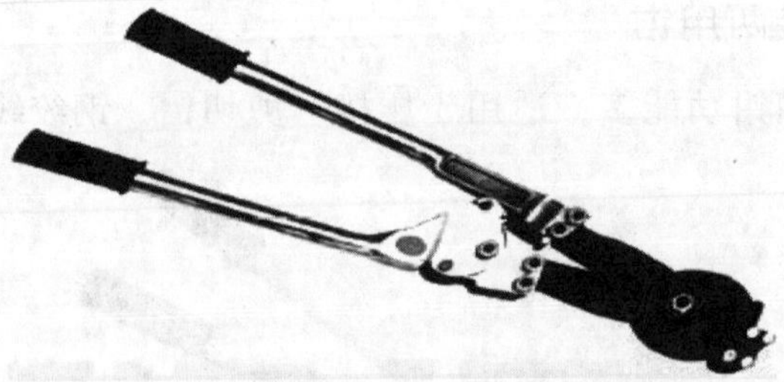

图 1-2-44　链条式断线剪刀

2. 齿式线缆剪刀

齿式线缆剪刀采用机械变速增力原理，适用于剪切各种电力线缆，如图 1-2-45 所示。

图 1-2-45　齿式线缆剪刀

3. 电缆（绝缘导线）剥皮刀

剥皮刀适用于电缆或者绝缘导线外绝缘层剥切，可以在任意位置剥切，如图 1-2-46 所示。

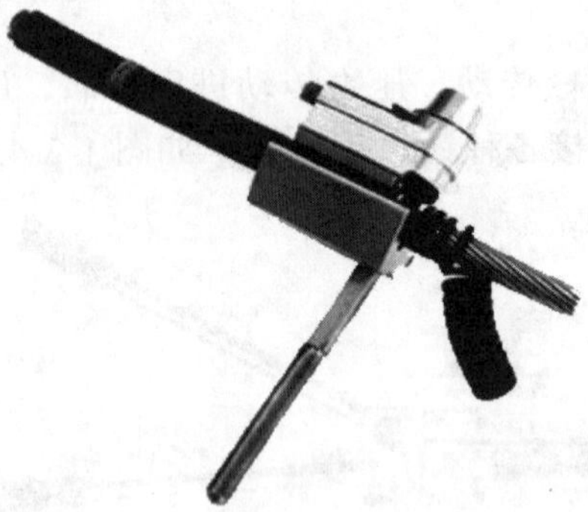

图 1-2-46　电缆（绝缘导线）剥皮刀

4. 电缆剥刀

电缆剥刀适用于电缆外绝缘层剥切，如图 1-2-47 所示。

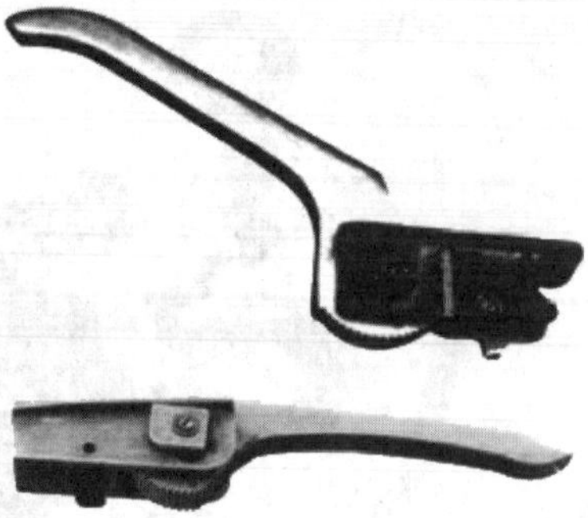

图 1-2-47　电缆剥刀

五、紧线器类工具

紧线器是在架空线路敷设施工中拉紧导线用的。使用时，先把紧线器上的钢丝绳或镀锌铁线松开，并固定在横担上，用夹线钳夹住导线，然后扳动专用扳手。由于棘爪的防逆转作用，逐渐把钢丝绳或镀锌铁线绕在棘轮滚筒上，使导线收紧。把收紧的导线固定在绝缘子上。然后先松开棘爪，使钢丝绳或镀锌铁线松开，再松开夹线钳，最后把钢丝绳或镀锌铁线绕在棘轮的滚筒上。常用紧线器类接触网工具如图 1-2-48 ~ 图 1-2-53 所示。

图 1-2-48　铝合金导线卡线器

图 1-2-49　KXQ Ⅰ 新型卡线器

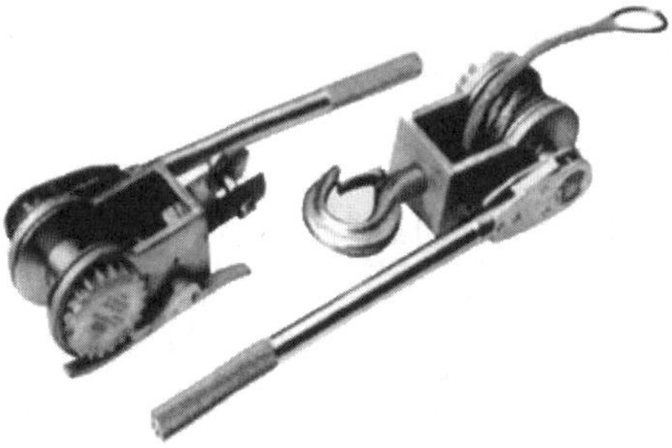

图 1-2-50　棘轮紧线器

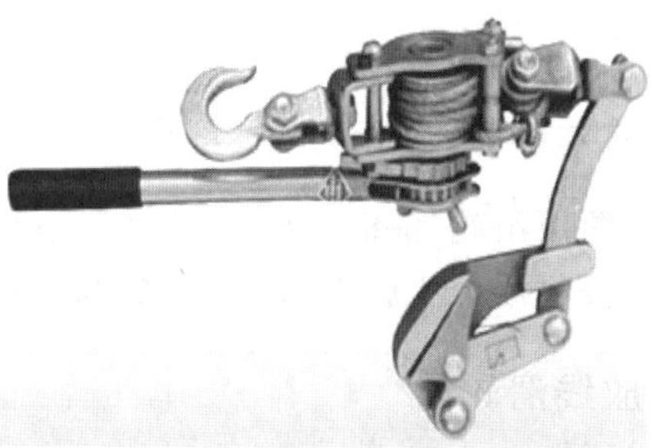

图 1-2-51　多功能紧线器

图 1-2-52　链条手拉葫芦

图 1-2-53　链条手扳葫芦

六、滑轮类工具

1. 起重滑轮

起重滑轮如图 1-2-54 所示，用于接触网、电力线缆施工中组立杆塔、架线、吊装设备及其他起重作业，能承受大负荷。

图 1-2-54　起重滑轮

2. 座挂两用滑轮

座挂两用滑轮如图 1-2-55 所示，用于延放小面积导线，可作挂钩使用，又可作大绳滑轮使用，按材质分为铝合金和尼龙两种。

3. 放线滑轮

放线滑轮如图 1-2-56 所示，直接固定在横担上，用于 240 mm^2 以下导线延放，又叫延放滑轮。

图 1-2-55　座挂两用滑轮

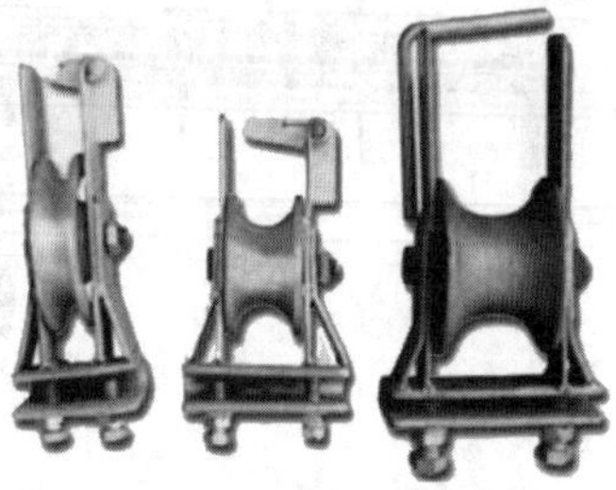

图 1-2-56　放线滑轮

4. 可调式地线滑轮

可调式地线滑轮如图 1-2-57 所示，用于延放地线，利用丝杆升降安装附件。

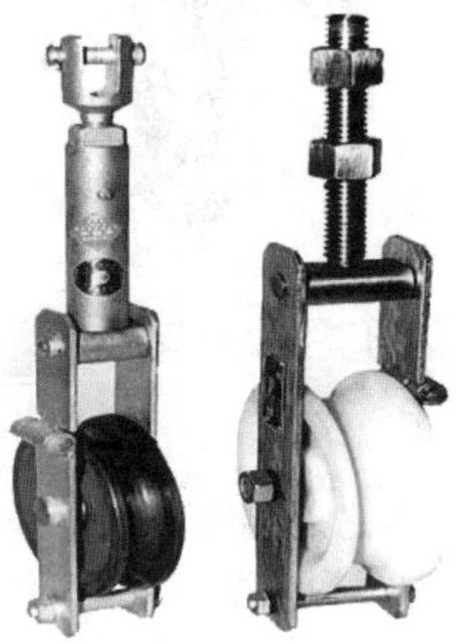

图 1-2-57　可调式地线滑轮

七、直弯器类工具

1. 导线直弯器

导线直弯器如图 1-2-58 所示，利用品字排列的滑轮，沿导线滚动对接触线进行校直。其校直精度高，不伤线面，校直力大小可通过人工自行调节，方便省力；有三轮、五轮、七轮等型号区别。

2. 液压直弯器

液压直弯器如图 1-2-59 所示，适用于对接触网导线及承力索局部硬点进行整正，其结构简单，方便有效。

（a）七轮

（b）五轮

图 1-2-58　导线直弯器

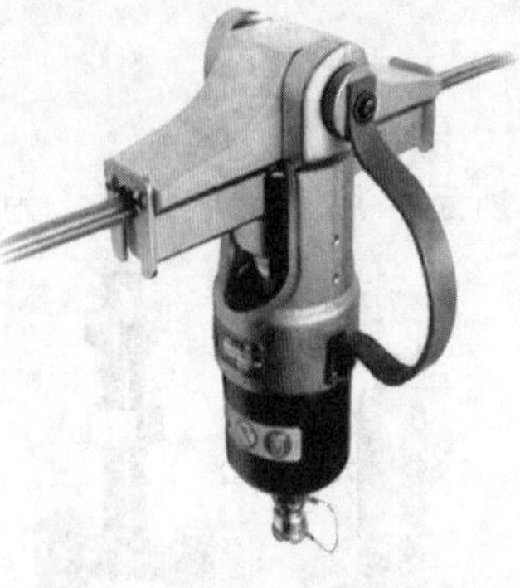

图 1-2-59　液压直弯器

3. 接触线煨弯器

接触线煨弯器如图 1-2-60 所示，它是接触线煨弯的专用工具，可以煨制任意角度，保证不扭曲线面，不伤线；设计了增力机构，操作有力，使用简便。

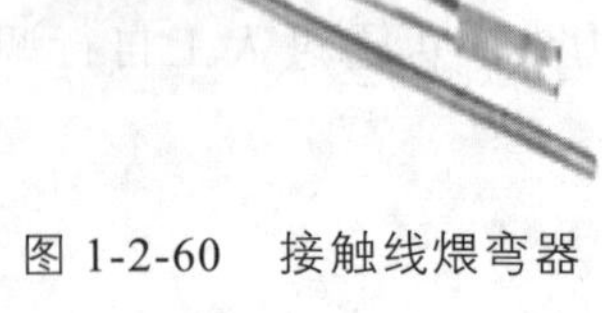

图 1-2-60　接触线煨弯器

4. 导线扭（拧）面器

导线扭（拧）面器如图 1-2-61 所示，接触线在放出后会出现线面扭曲现象，造成线面不正，导致吊弦线夹不正，可能出现打弯现象。导线扭（拧）面器可以将不正的线面扭正，确保不出现线夹打弯现象。

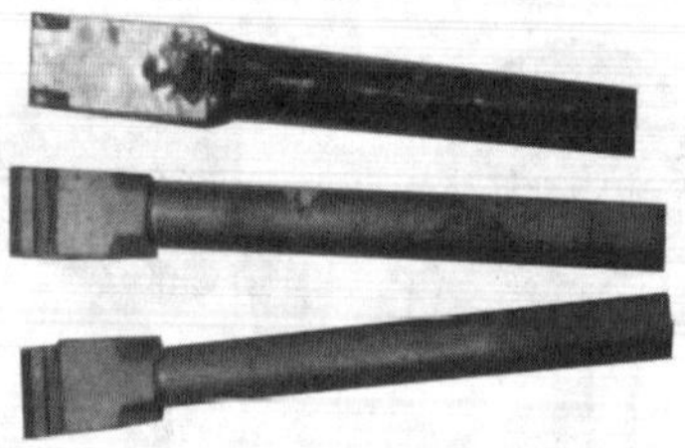

图 1-2-61　导线扭（拧）面器

八、梯子类工具

1. 电气化专用梯车

电气化专用梯车是一种具有防倾倒、防静电等多种功能的电气化专用登高作业用梯车，如图 1-2-62 所示。梯车操作台两翼可以放平作为平台使用，增大操作空间。平台下部有支撑，较为稳定可靠。梯车设有标定装置，可以准确便捷地测量导高、拉出值。梯车底部常采用绝缘车轮，可防止短接轨道电路。

2. 绝缘伸缩梯

绝缘伸缩梯又叫挂梯，一端有挂钩，可以直接挂在承力索上，直接进行登高作业，如图 1-2-63 所示。其材质为绝缘材料，轻便，收缩自如，运输使用方便。

图 1-2-62　电气化专用梯车

图 1-2-63　绝缘伸缩梯

九、登高工具类工具

1. H 型钢柱专用脚扣

H 型钢柱专用脚扣是主要针对高速铁路客运专线开发的 H 型钢柱攀爬工具。其结构简单、轻便、结实、耐用，不损伤 H 型钢柱油漆，有可调式和固定式两种，如图 1-2-64 所示。

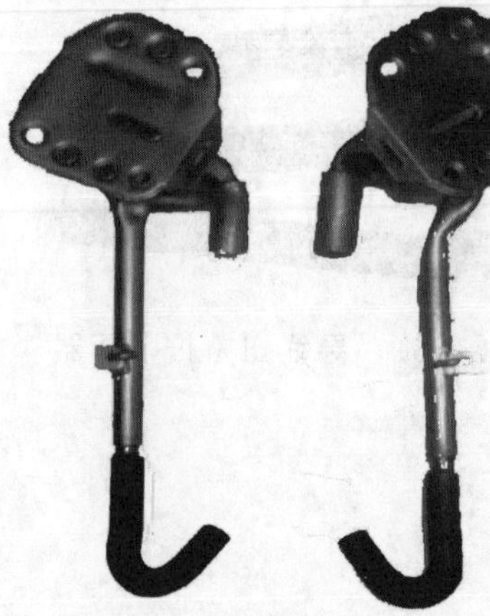

图 1-2-64　H 型钢柱专用脚扣

2. 圆杆脚扣

圆杆脚扣如图 1-2-65 所示，适用于电力线路圆形钢筋混凝土登杆作业。

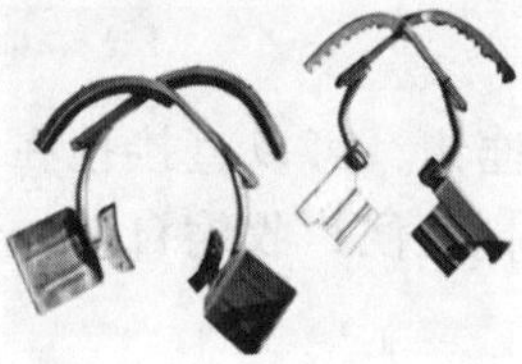

图 1-2-65　圆杆脚扣

十、支柱整正类工具

支柱整正类工具用于校正支柱，根据支柱类型不同，有圆形（见图 1-2-66）和方形两种。

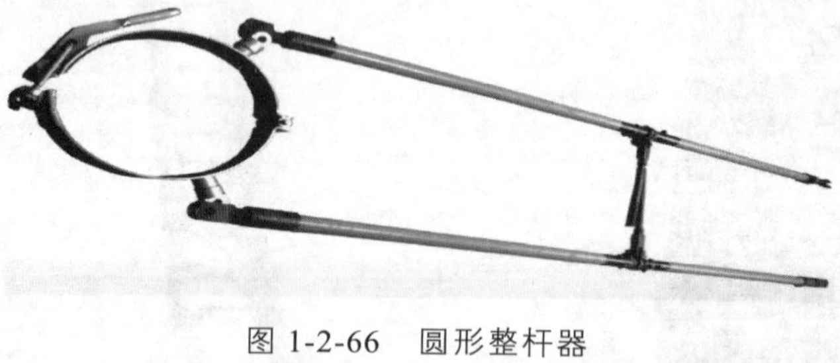

图 1-2-66　圆形整杆器

十一、放线架类工具

1. 线缆盘支架

线缆盘支架又叫人力放线架，如图 1-2-67 所示，双侧采用导轨形式，底盘可拉伸，稳定性高，可控制线盘转动的速度，节省人力。

图 1-2-67　线缆盘支架

2. 张力放线架

张力放线架常与作业车配合，如图 1-2-68 所示，采用组合式结构，扭力臂滑动调节部分可适用于不同线盘，张力系统使线盘匀速转动，可保证恒定张力，提高放线质量，减少线索损伤。

图 1-2-68　张力放线架

【评价反馈】

本任务的考核时，随机抽取几样工器具进行考核，具体评价指标主要包含对工器具的认识、外观检查及操作使用情况，评价标准可参考如下格式。

表 1-2-1　考核评价表

考核项目	____________________的使用			
内容	评分标准	操作情况	扣分情况	备注
工器具名称 10 分	报读工器具名称，不正确扣 10 分			
主要用途 10 分	举例简述主要用途，无法简述 10 分			

续表

内容	评分标准	操作情况	扣分情况	备注
外观检查或准备工作20分	（1）检查内容1，方法不正确或漏检扣5分			
	（2）检查内容2，方法不正确或漏检扣5分			
	（3）检查内容3，方法不正确或漏检扣5分			
	（4）检查内容3，方法不正确或漏检扣5分			
使用操作60分	（1）操作步骤1，操作不正确扣5分			
	（2）操作步骤2，操作不正确扣5分			
	（3）操作步骤3，操作不正确扣5分			
	（4）操作步骤4，操作不正确扣5分			
合计				

任务三　接触网平面图的识读

【任务描述】

接触网平面布置图是接触网施工的主要依据，它以图例的形式，反映了接触网布置情况，铁路线路情况，沿线地质情况，接触网设备的种类、类型、数量及其安装位置等。接触网平面布置图分为站场平面布置图、区间平面布置图、隧道平面布置图。本任务主要通过对某区段接触网平面图（部分）进行识读，了解以上内容。

【任务目标】

（1）握接触网平面图的常用图例。

（2）掌握接触网平面图的识读方法。

【任务实施】

一、作业准备

（1）人员：1人。

（2）工具：纸、笔等。

（3）材料：接触网平面图（部分）。

二、作业步骤

接触网平面布置图是按照一定的比例缩小的俯视图，一般车站按 1∶1000 的比例缩小，区间按 1∶2000 的比例缩小，接触网平面布置图是接触网最基本的图纸。从平面布置图里可以查到支柱的位置、支柱间的跨距、侧面限界、基础类型、支柱类型、悬挂类型、腕臂装配图号、下锚安装图号、附加导线安装图号、接地情况等。

1. 接触网平面图中表格栏项目内容

1）支柱编号

支柱的编号，上行为单号，下行为双号。

2）支柱侧面限界

支柱侧面限界是指轨平面处支柱内缘至相邻线路中心的距离，其值随线路曲线半径不同而变化，在任何情况下不得小于 2 440 mm。

3）支柱类型

支柱类型表示支柱的材质、型号、容量及数量，参见项目三相关内容。

4）地质情况和基础类型

地质情况表示支柱所在位置的地质状态，如土壤类型（砂性土、黏性土、碎石土或岩石地段等）及线路状态（挖方、填方）。不同的土壤种类，其承压力不同。在相同支柱容量情况下，所选择的基础类型（或横卧板的类型与数量）也有差异。土壤的承压力是指土壤承载能力的大小，如±200 kPa 中的负号“－”表示该区段挖方，正号“＋”表示该区段填方。

基础类型表示所选用的基础或横卧板类型及数量。在使用钢筋混凝土支柱时，为了增大支柱地面以下部分与土体的接触面积，提高土体对支柱的抗倾覆能力，应根据支柱容量和地质与线路情况加设横卧板。横卧板的类型分为Ⅰ型及Ⅱ型。Ⅰ型为 600 mm×800 mm×80 mm，孔距为 310 mm，孔径为 35 mm。Ⅱ型为 600 mm×1 000 mm×100 mm，孔距为 410 mm，孔径为 35 mm。对于钢筋混凝土软横跨支柱及锚支柱，为了增大基底接触面积，防止支柱下沉，一般还加设底板。

5）软横跨结点

软横跨结点表示的是各组软横跨的装配结构及状态。软横跨结点共有 14 种，要按照从上到下的原则进行填写，填写时应注意与相应的软横跨支柱和各股道定位对齐。

6）安装图号

设计单位都根据支柱工作状态的要求，绘制了各类支柱装配定型图，每一张装配图都编有相应图号。为便于施工参考及进行工程数量统计，在接触网平面示意图中都标有相应支柱装配图的图号。

7）附加导线

标注接触网附加悬挂，如回流线、供电线、正馈线、保护线等的安装高度和安装参考图号。

8）说明或附注

附注栏填写在平面图中出现特殊情况时的说明，如导线高度的变化值，支柱安装的特殊条件等。

2. 接触网平面图的常用图例

在接触网平面布置图中，将铁路线路及设备、接触网布置等用规定的图例符号来表示，其内容见表 1-3-1。

表 1-3-1　接触网平面布置图设备、布置等规定图例

序号	名　称	符　号
1	电化的正线（区间图中允许用中型线条）	————（粗）
2	电化的站线及段管线等	————（中）
3	非电化既有线路	—— —— —— ——（中）
4	预留线路	——·——·——（细）
5	接触悬挂非工作支，供电线及分区亭引出线	————（细）
6	加强线	——··——··——（细）
7	回流线	—┼—┼—┼—┼—┼—（细）
8	正馈线（AF 线）	——-——-——（细）
9	保护线（PW 线）	— — — — —（细）
10	架空地线（GW 线）	– – – – – –（细）
11	接触线硬锚，供电线及分区亭引出线下锚	
12	承力索硬锚	
13	接触线补偿下锚	
14	承力索补偿下锚	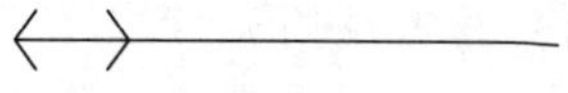
15	链形悬挂硬锚	

续表

序号	名　　称	符　　号
16	半补偿链形悬挂下锚	
17	全补偿链形悬挂下锚	
18	加强线下锚	
19	回流线下锚	
20	正馈线（AF 线）下锚	
21	保护线（PW 线）下锚	
22	架空地线（GW 线）下锚	
23	区间曲线及头尾： *R*—曲线半径（m）　*L*—曲线全长（m）　*l*—缓和曲线长（m）	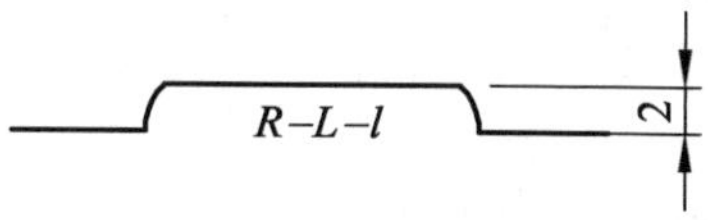
24	站场曲线及头尾： *R*—曲线半径（m）　*L*—曲线全长（m）　*l*—缓和曲线长（m）	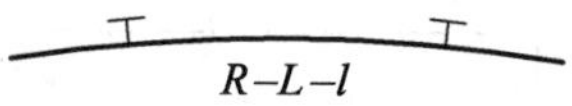
25	拉出值 300 mm，书写位置即为拉出方向；也可不注“300”，用半箭头表示，箭头指向即为拉出方向	
26	拉出值 150 mm（除“300”允许用半箭头表示，其余均应写出数值），书写位置即为拉出方向	
27	区间单线腕臂钢筋混凝土柱	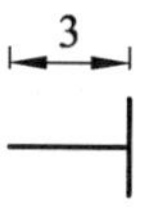
28	区间单线腕臂钢柱	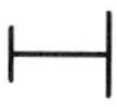
29	站场单线腕臂钢筋混凝土柱	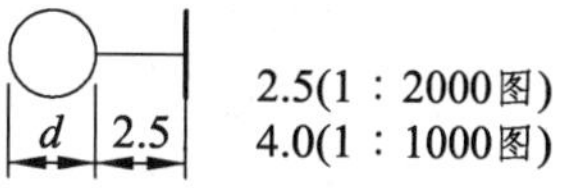

续表

序号	名　　称	符　　号
30	站场单线腕臂钢柱	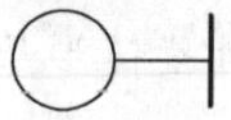
31	站场单线定位钢筋混凝土柱	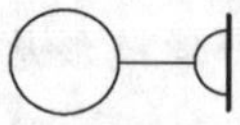
32	站场双线腕臂钢柱	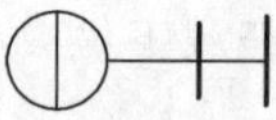
33	站场钢筋混凝土柱软横跨	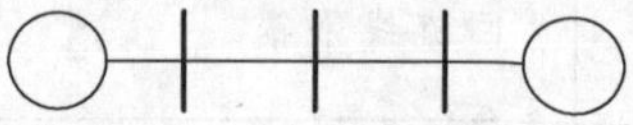
34	站场钢柱软横跨	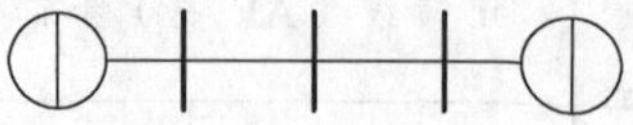
35	站场钢柱硬横跨	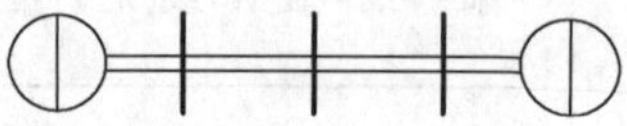
36	非绝缘锚段关节	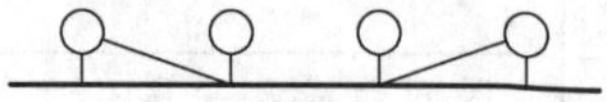
37	绝缘锚段关节	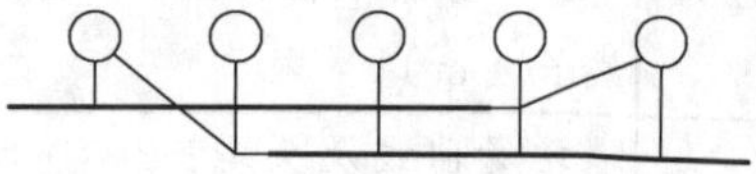
38	半补偿链形悬挂中心锚结、简单悬挂中心锚结	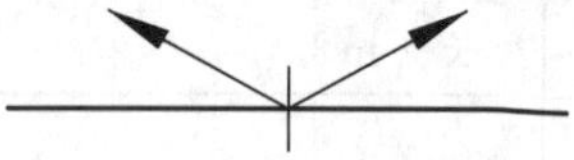
39	区间全补偿链形悬挂中心锚结	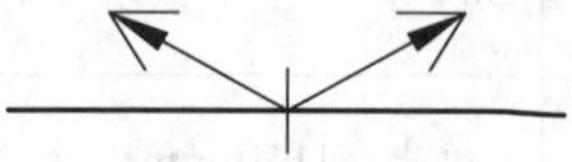
40	站场全补偿链形悬挂中心锚结（虚线为锚结绳）	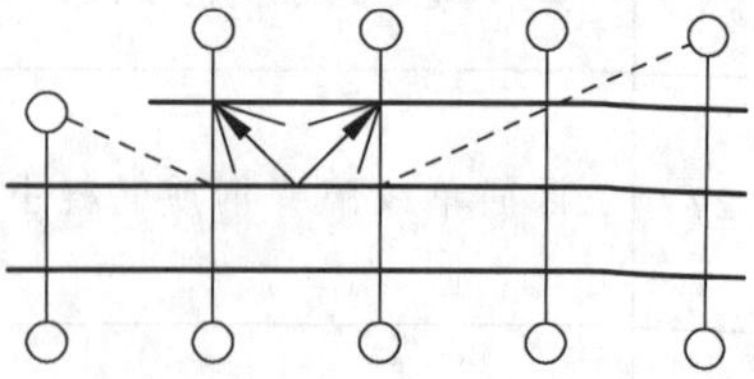
41	分段绝缘子串	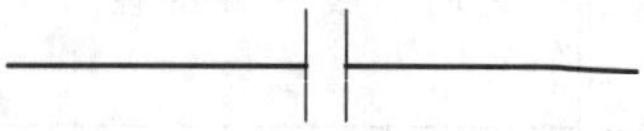
42	分段绝缘器	

续表

序号	名　称	符　号
43	分相绝缘器	
44	股道间电连接	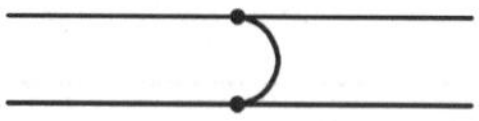
45	常分隔离开关	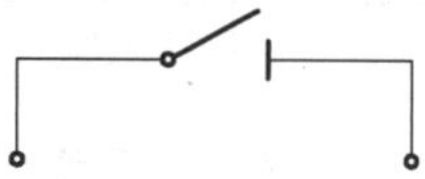
46	常合隔离开关	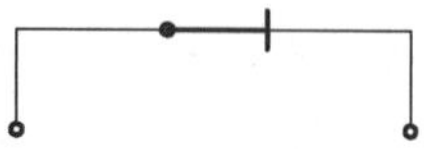
47	常分的带接地闸刀的隔离开关	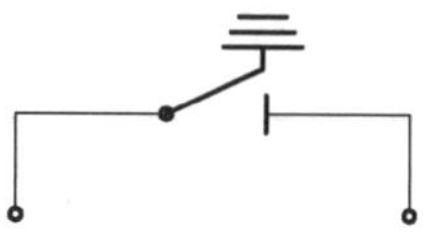
48	常合的带接地闸刀的隔离开关	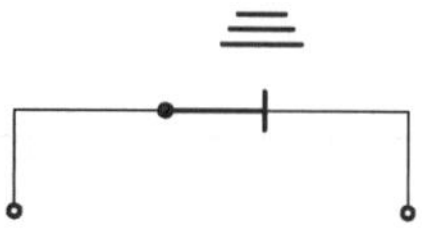
49	管形避雷器	
50	区间隧道	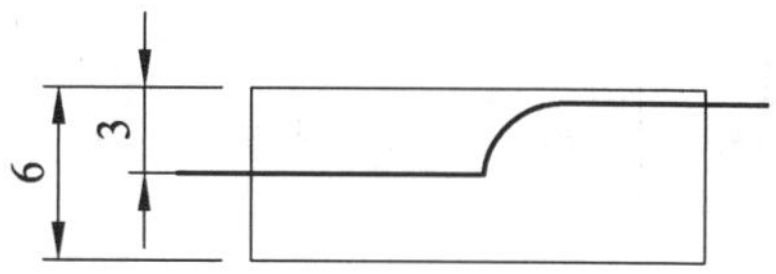
51	站场隧道	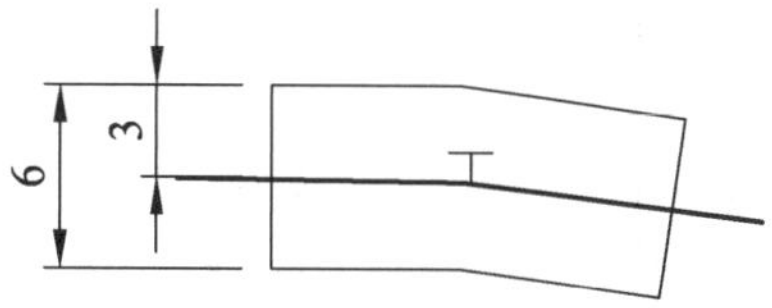
52	隧道内非绝缘关节（全补偿链形悬挂下锚）	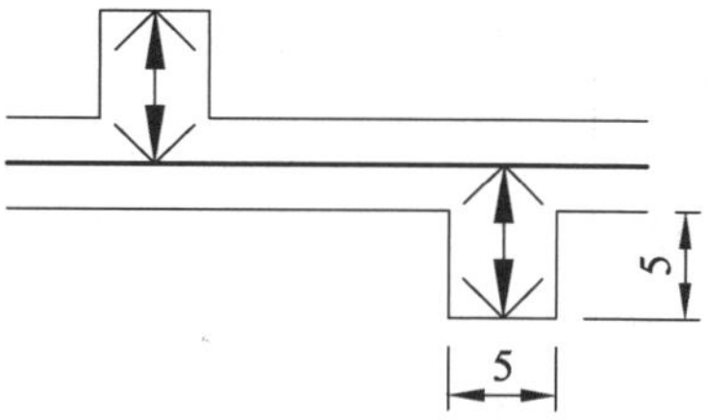

续表

序号	名称	符号
53	隧道内绝缘关节（全补偿链形悬挂下锚）	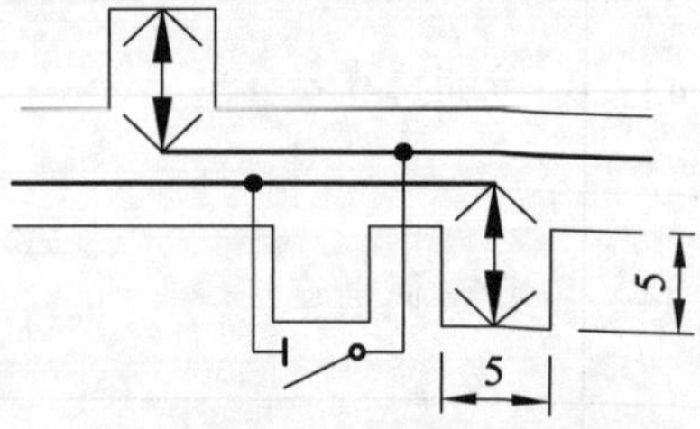
54	上承式桥梁及设计电化线路在上面的立交桥、拱桥等	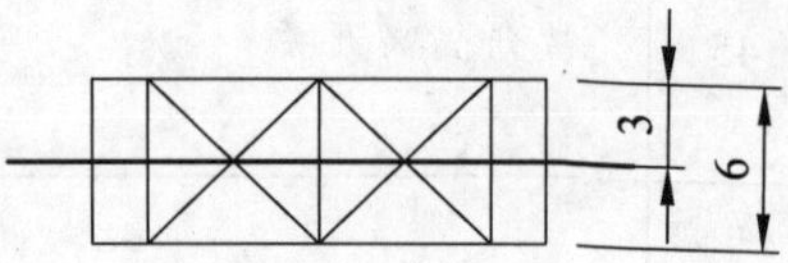
55	下承式栓焊桥梁	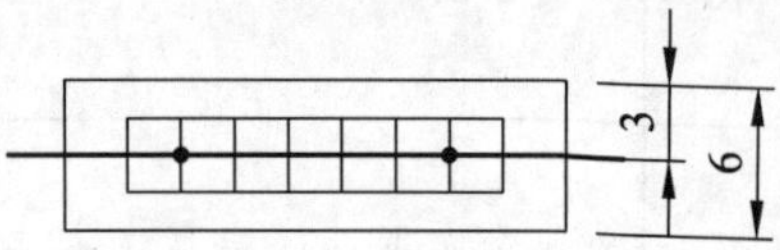
56	小桥、涵洞	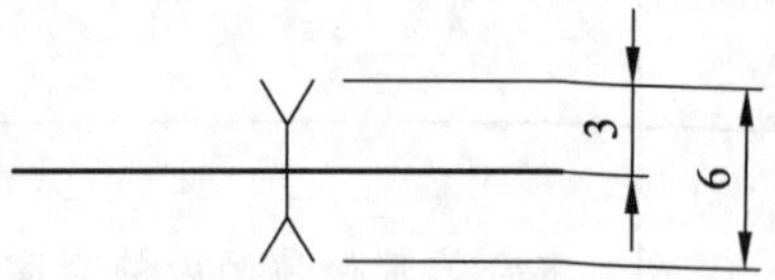
57	设计电化线路在下面的立交桥	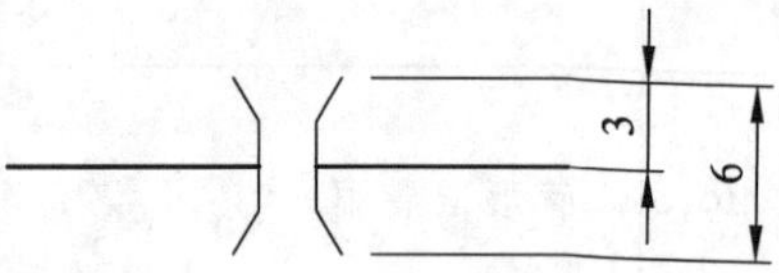
58	架空水槽、水管	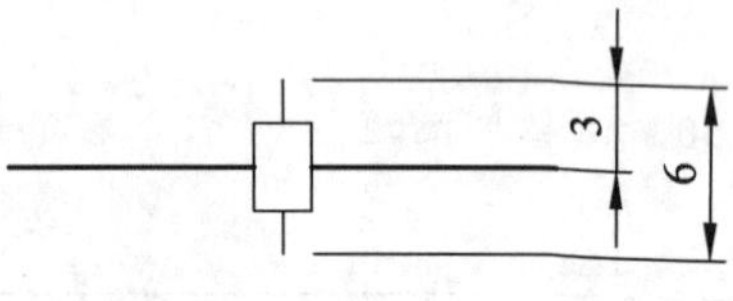
59	天桥	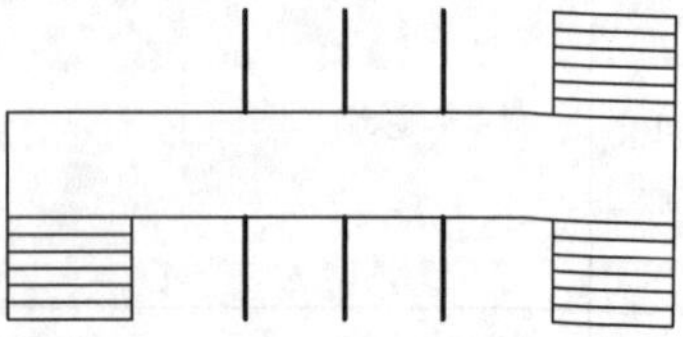
60	地道	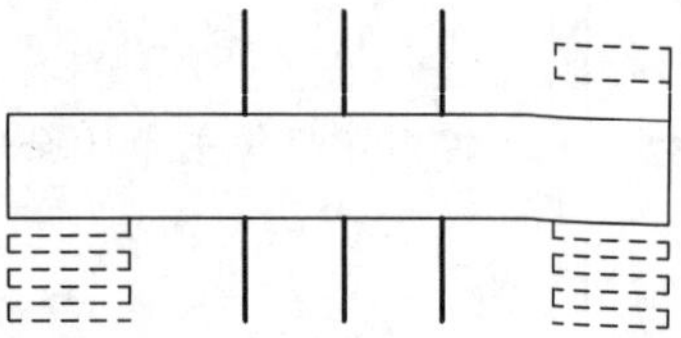

续表

序号	名　　称	符　　号
61	渗沟	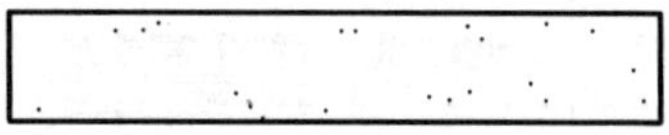
62	雨棚	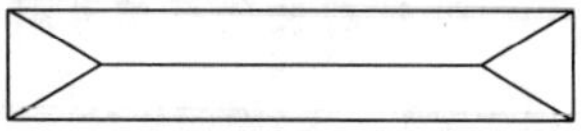
63	仓库	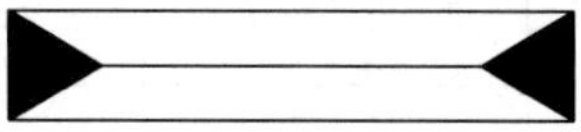
64	站房	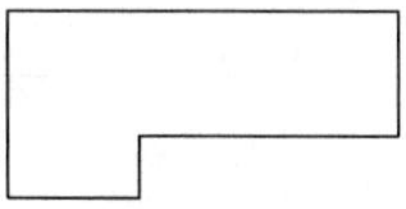
65	路肩挡墙	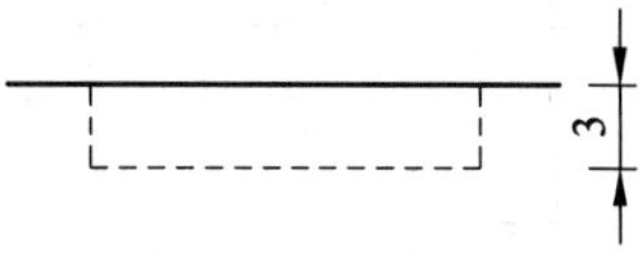
66	托盘式路基墙	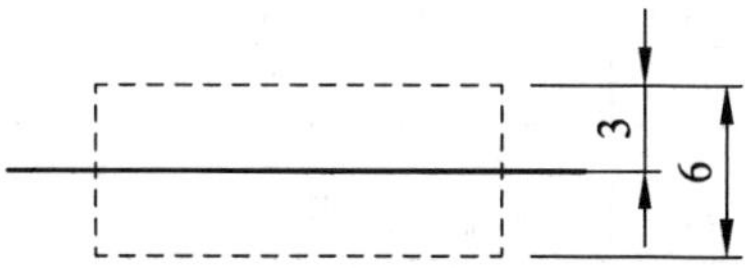
67	有限界门的平交道	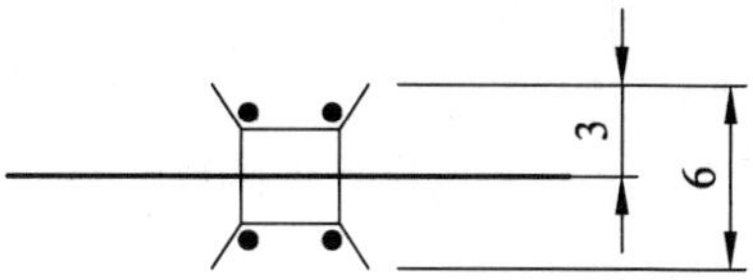
68	区间长（短）链标记	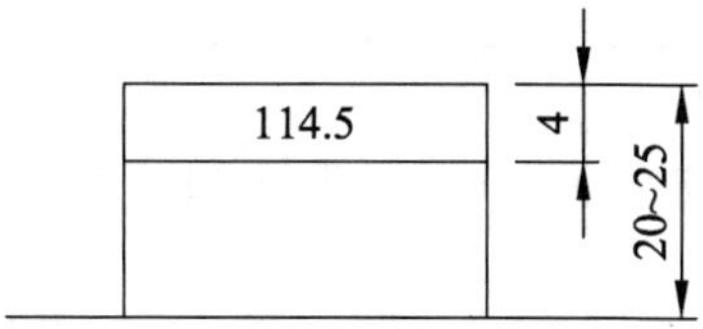
69	回流线跨越接触悬挂	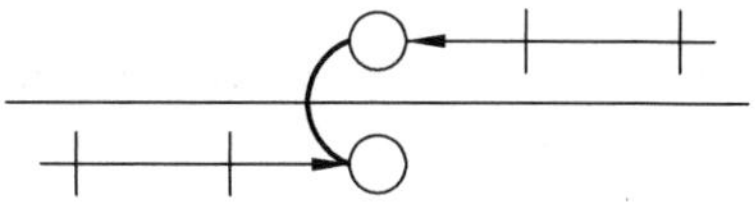
70	吸上线位置	
71	吸流变压器	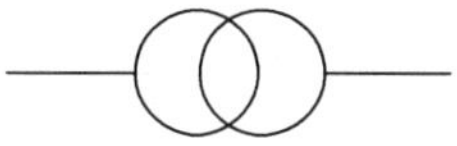
72	水鹤	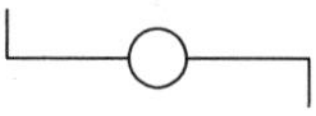

续表

序号	名　　称	符　　号
73	进站高柱色灯信号机	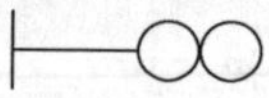
74	通过高柱色灯信号机	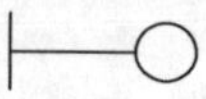
75	区间公里标	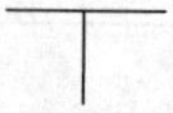
76	机车检查坑	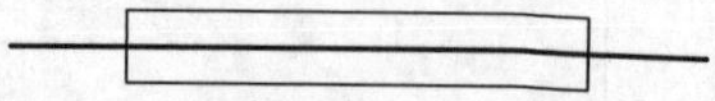
77	接触网起测点	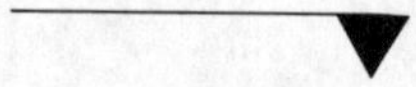
78	接触网工区	
79	区间横向电连接	
80	扼流变压器	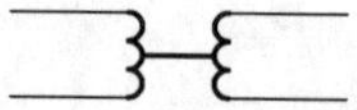
81	AT 区段双极隔离开关	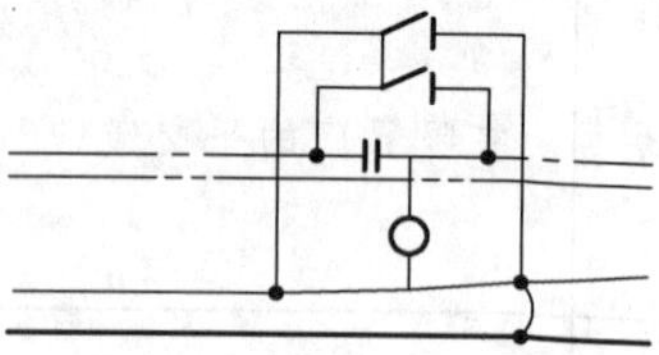
82	AT 区段区间 AF、PW 线在钢柱悬挂	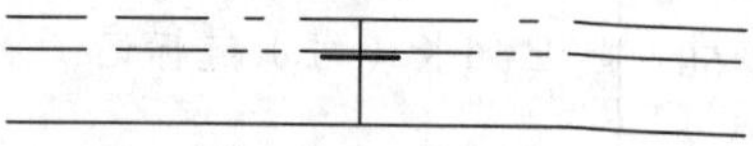
83	AT 区段站场 AF、PW 线在钢筋混凝土柱悬挂	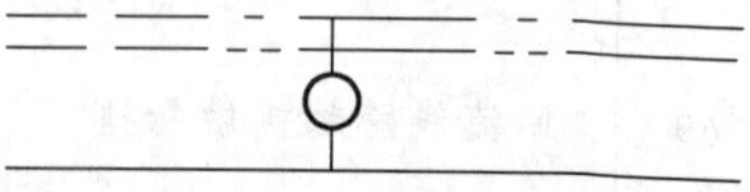
84	AT 区段区间 AF、PW 线在钢筋混凝土柱悬挂	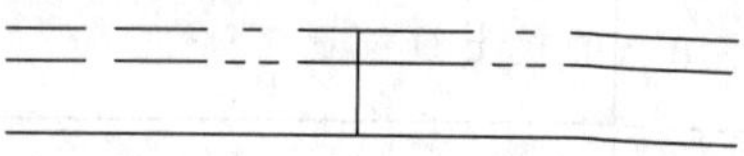
85	架空线在站场钢筋混凝土柱悬挂	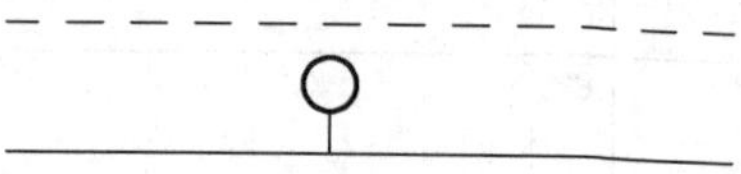

续表

序号	名　称	符　号
86	AT 区段 AF、PW 线在钢筋混凝土支柱下锚 AF_1—2380.00：AF_1 表示馈线第一锚段；2380.00 表示锚段长度 PW_1—2380.00：PW_1 表示保护线第一锚段；2380.00 表示锚段长度	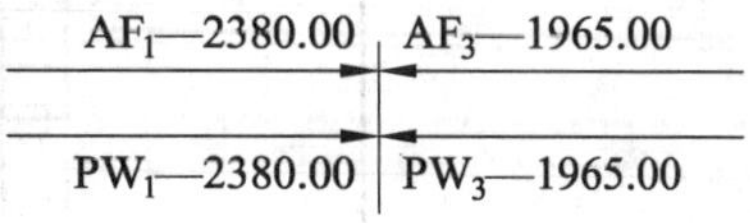
87	接触悬挂锚段下锚 4：锚段号 1286.08：锚段长度/m	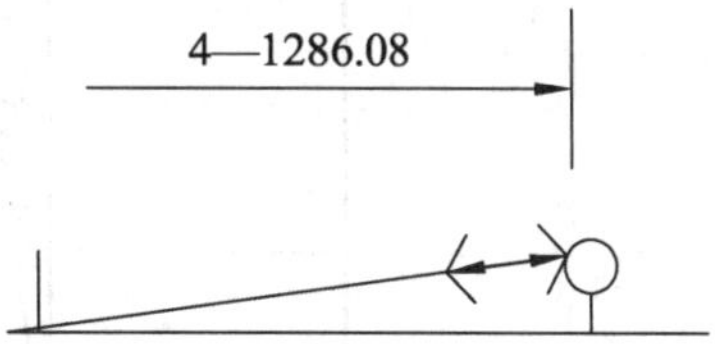
88	道岔编号及型号 5—38	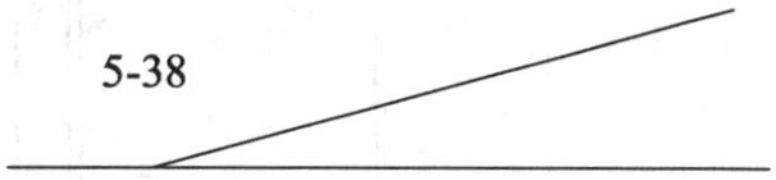
89	跨距长度/m	65
90	土壤安息角	30°
91	土壤承压力/MPa	200
92	火花间隙	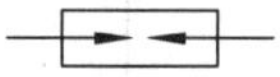
93	放电器	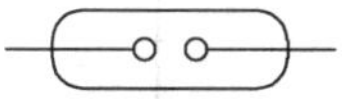
94	接地极	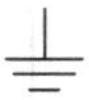

注：1. 本标准适用于一般的站场及区间接触网平面。
2. 本标准采用的线条宽度规定为以下 3 种：
（1）粗型宽度为 0.9 mm。
（2）中型宽度为 0.6 mm。
（3）细型宽度为 0.3 mm。
3. 符号中所注尺寸均以毫米（mm）计，适用于比例尺 1∶1000 及 1∶2000 的接触网平面。

请根据以上所学内容，识读图 1-3-1 所示某区段接触网平面图（部分）。

接触网及线路平面图									

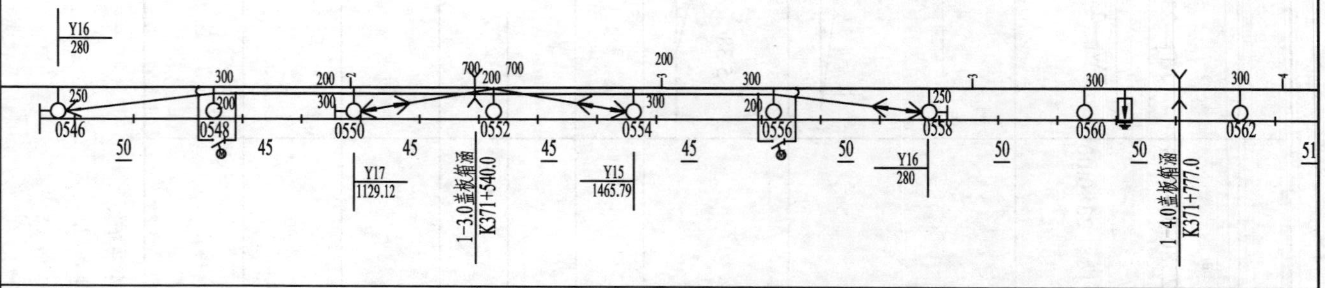

侧面限界/mm	3274	3275	3320	3215	3270	3173	3297	3156	3120
支柱类型	φ350(100/8.75+3)	φ350(100/8.75+3)	φ350(100/8.75+3)	φ350(140/8.75+3)	φ350(100/8.75+3)	φ350(100/8.75+3)	φ350(100/8.75+3)	φ350(100/8.75+3)	φ350(100/8.75+3)
基础类型/地质情况	+150 ← LZJ-1(Ⅱ)+DP8	DP6	LZJ-1(Ⅱ)+DP8	DP6	DP8+LZJ-1(Ⅱ)	DP6	DP8+LZJ-1(Ⅱ)	DP6	DP6
附加悬挂 NF线安装图号(桐木施网2019-)	8.0/13、19	8.0/13	8.0/13、19	8.0/13	8.0/13、19	8.0/13	8.0/13、19	8.0/13	8.0/13
安装参考图号(大辽(2019) 大辽(2019))	1006-Ⅰ-03S 1005-18S	1006-Ⅱ-25S	1006-Ⅱ-28S 1005-13S	1006-Ⅱ-27S 1006-Ⅰ-15S 1006-Ⅰ-14S	1006-Ⅱ-28S 1005-13S	1006-Ⅱ-25S	1006-Ⅰ-03S 1005-13S	1006-Ⅰ-04S	1006-Ⅰ-03S
附注				← 泄漏同轴电缆架挂区段 →					

图 1-3-1　某区段接触网平面图（部分）

【评价反馈】

考核评价时，随机取某区段接触网平面图进行考核评价，任意选取 20 处识读内容，评价学员对接触网平面图中各图例、文字、符号及其含义的认识情况，评价标准可参考表 1-3-2。

表 1-3-2　考核评价表

考核内容	评分标准	识读情况	扣分情况	备注
接触网平面图样识读（100 分）	1. 识读内容 1，不认识或解释不正确扣 5 分，解释不到位酌情扣 1～5 分			
	2. 识读内容 2，不认识或解释不正确扣 5 分，解释不到位酌情扣 1～5 分			
	3. 识读内容 3，不认识或解释不正确扣 5 分，解释不到位酌情扣 1～5 分			
	4. 识读内容 4，不认识或解释不正确扣 5 分，解释不到位酌情扣 1～5 分			
	5. 识读内容 5，不认识或解释不正确扣 5 分，解释不到位酌情扣 1～5 分			
	6. 识读内容 6，不认识或解释不正确扣 5 分，解释不到位酌情扣 1～5 分			
	7. 识读内容 7，不认识或解释不正确扣 5 分，解释不到位酌情扣 1～5 分			
	8. 识读内容 8，不认识或解释不正确扣 5 分，解释不到位酌情扣 1～5 分			
	9. 识读内容 9，不认识或解释不正确扣 5 分，解释不到位酌情扣 1～5 分			
	10. 识读内容 10，不认识或解释不正确扣 5 分，解释不到位酌情扣 1～5 分			
	11. 识读内容 11，不认识或解释不正确扣 5 分，解释不到位酌情扣 1～5 分			
	12. 识读内容 12，不认识或解释不正确扣 5 分，解释不到位酌情扣 1～5 分			
	13. 识读内容 13，不认识或解释不正确扣 5 分，解释不到位酌情扣 1～5 分			
	14. 识读内容 14，不认识或解释不正确扣 5 分，解释不到位酌情扣 1～5 分			
	15. 识读内容 15，不认识或解释不正确扣 5 分，解释不到位酌情扣 1～5 分			
	16. 识读内容 16，不认识或解释不正确扣 5 分，解释不到位酌情扣 1～5 分			

续表

考核内容	评分标准	识读情况	扣分情况	备注
接触网平面图样识读（100分）	17. 识读内容17，不认识或解释不正确扣5分，解释不到位酌情扣1~5分			
	18. 识读内容18，不认识或解释不正确扣5分，解释不到位酌情扣1~5分			
	19. 识读内容19，不认识或解释不正确扣5分，解释不到位酌情扣1~5分			
	20. 识读内容20，不认识或解释不正确扣5分，解释不到位酌情扣1~5分			
合计				

项目二

支柱和基础安装检修

任务一　基坑开挖

【任务描述】

接触网基坑主要用于埋设接触网的各种支柱，正确开挖基坑是保证支柱正确安装的基础，本任务主要学习基坑开挖和防护的方法。

【任务目标】

掌握接触网基坑开挖和防护的基本方法。

【任务实施】

一、准备工作

（1）人员：3～12人。

（2）工具：钢卷尺、铁锹、十字镐、钢钎、大锤、撬棍、木杠、钢丝绳套、小号水桶、大号水桶、小型发电机、冲击电锤、接触网作业车（轨道车、平板车）、空压机、风枪（带钻杆、钻头）、工具袋、防水劳保用品、安全防护用具等。

（3）材料：土篮、棕绳、木板、铁钉、防护板、木杠、混凝土防护圈、稻草填充物等。

（4）资料：钢柱基础图。

二、作业步骤

1. 开挖准备

（1）确认坑口测量标记，复核辅助桩侧面限界，复核坑口尺寸。

（2）清理坑口周围环境，排除障碍物。

（3）设置预防道砟下滑坑内的防砟挡板如图2-1-1所示。

（4）确定排土地点，采取防止道砟污染及排水沟堵塞措施。

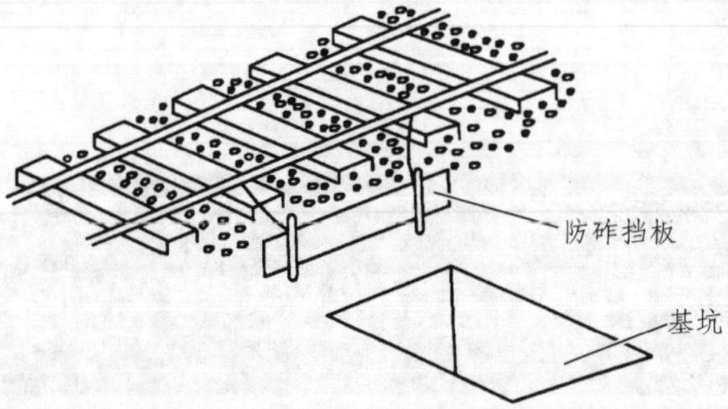

图 2-1-1　防砟挡板设置

2. 硬土质类基坑开挖

按照坑位测量标记，沿坑口用镐垂直地将地表皮刨开，再用铁锹将土铲去，弃土远离坑口（一般不小于 0.6 m）。开挖过程中，锹镐配合交替使用，每刨松一层（每层 150 mm 左右），就用锹清理 1 次。

当坑深小于 1.5 m 时，可由坑内人员直接排土，超过 1.5 m 时，由坑上人员用吊篮提土进行排土。当坑口较大，如基础坑开挖提土不便时，可采用撬杆进行排土，如图 2-1-2 所示。

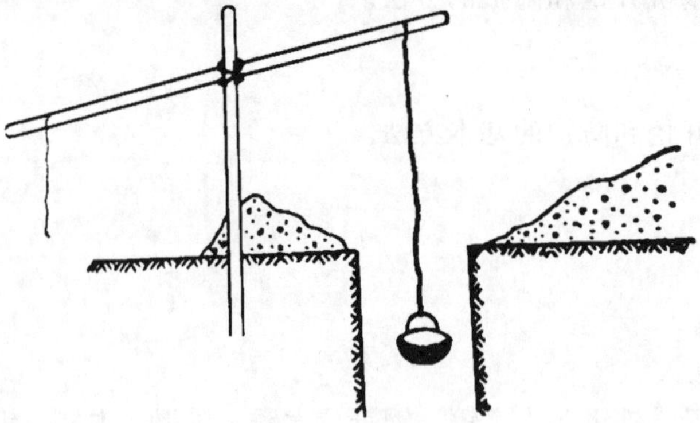

图 2-1-2　撬杆排土

每挖下几层土后，就应对基坑限界进行校核，修理坑壁，坑底尺寸应与坑口尺寸保持一致。

当坑口弃土堆积过多时，坑上人员应立即进行清理，弃土不可混入道砟，并随时做好水沟的疏通、排水工作。

基坑挖好后，坑下人员将坑底整平夯实，一切妥当后，等待交工验收。

3. 碎石类基坑开挖

碎石类基坑开挖方法与硬土质类基坑基本相同，在保证行车安全的前提下，坑口宜适当加大。

4. 基坑的支撑防护

1）一般支柱基坑套板防护

防护板一般采用 30 mm 厚、200 m 宽的松木或硬杂木板制成。腐朽及破裂多节的木材不得使用。防护板的安装步骤：

（1）根据基坑大小，预制防护板。

（2）修理坑壁，使之易于安装防护板。

（3）按坑口方向在基坑碎石层安装防护板。每挖下 200 mm 就安装一层防护板，形成一层木框，层与层之间的防护木框长宽边的固定方式要互相错开，交替使用（图 2-1-3 和图 2-1-4）。方框放好后，不应出现扭斜现象。

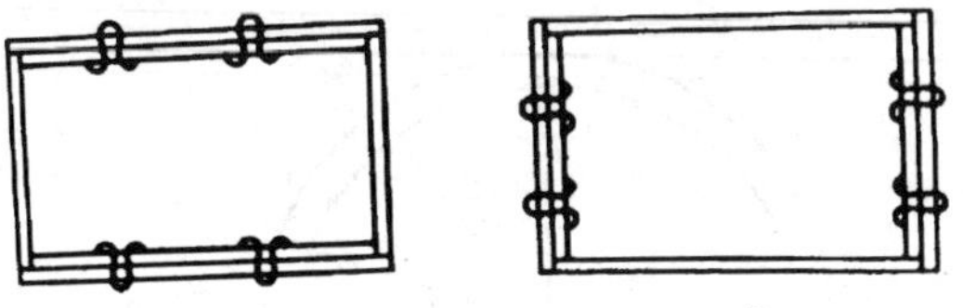

图 2-1-3 护板安装

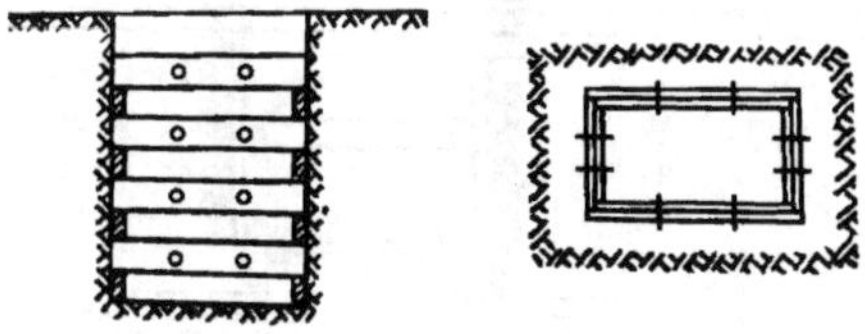

图 2-1-4 护板组合

（4）在防护板与坑壁的间隙处，用碎石、土填满挤紧，以便加强防护板的稳固性。

（5）复核限界。每下几层防护板之后，就要复核基坑限界、防护板安装位置，应能满足立杆要求。在基坑开挖过程中，应随时检查支撑结构的状态，除检查支撑是否变形、开裂外，可用小锤敲击，按音响判别受力大小，受力小者音钝，受力大者音脆，受力过大的松杉木能自发“咯咯”声。对于过度受力或变形的支撑，应预先加固，加固的方法是打紧受力较小部分的楔子增加立木及横撑等。

2）基础坑的防护

基础坑开挖一般采用水平支撑防护，如图 2-1-5 所示。基坑支撑防护选用见表 2-1-1。

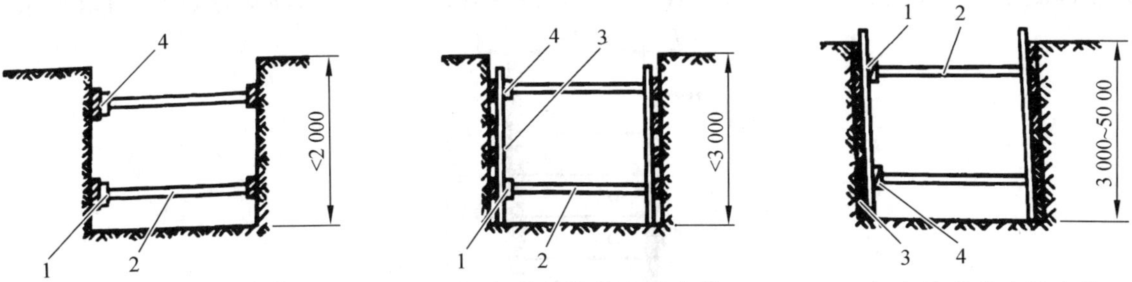

（a）断续的水平支撑 （b）带间隙的水平支撑 （c）连续的水平支撑

1—水平挡板；2—横撑；3—立楞木；4—木楔。

图 2-1-5 基础坑支撑防护

表 2-1-1 基坑支撑防护

序号	土的情况	基坑深度/m	支 撑
1	天然湿度的黏土类土，地下水很少	3 以下	不连续支撑
2	天然湿度的黏土类土，地下水很少	3 ~ 5	连续支撑
3	松散的和湿度很高的土	任何深度	连续支撑
4	松散的和湿度较高的土，地下水很多且有带走土粒的危险	任何深度	如未采取降低地下水位的措施，则用板桩加以支撑

3）混凝土软横跨柱基坑的防护

混凝土软横跨柱基坑可采用局部水平支撑防护和水平垂直混合支撑防护，如图 2-1-6 所示。为了节省木料，还可采用混凝土防护井圈进行施工，如图 2-1-7 所示。

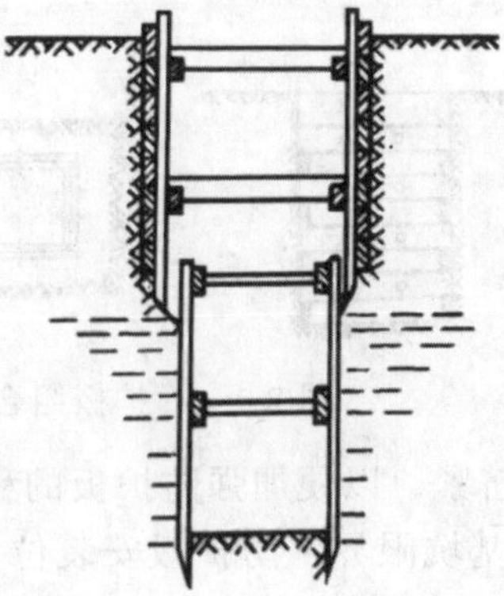

图 2-1-6　水平垂直混合支撑

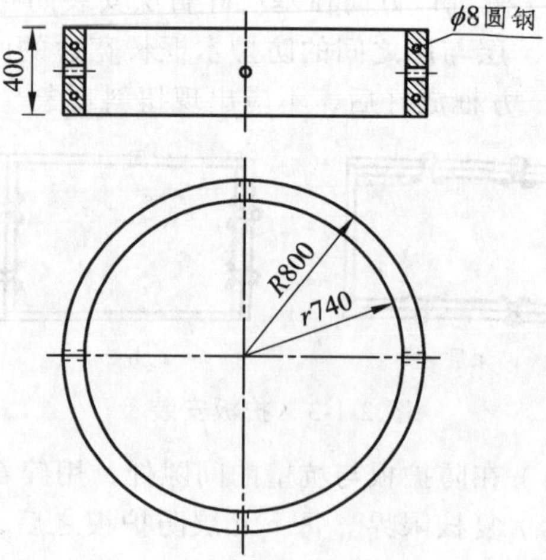

图 2-1-7　混凝土防护圈

5. 流沙类基坑开挖

对于流沙类基坑采用局部支撑防护板进行开挖的方法已不适宜，尤其是混凝土软横跨柱基坑，由于支撑面大，防护板容易变形、折断，而采用混凝土防护圈进行基坑防护，不仅保证了施工安全，还可节省大量的人力和木材。实践证明，在流沙地带开挖接触网支柱坑采用混凝土防护圈防护，是一种行之有效的防护措施。混凝土防护圈的安装如图 2-1-8 所示。

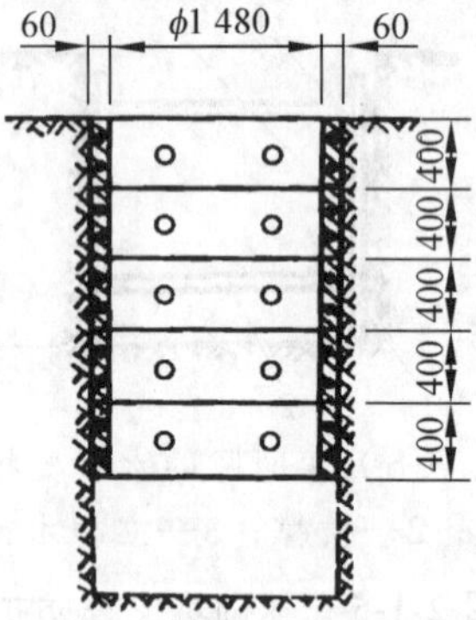

图 2-1-8　混凝土防护圈安装示意图

6. 石质基坑开挖

石质基坑一般采用分层打眼爆破进行开挖，每爆破一次，就需对基坑中的松动石、土进行一次清除。为了不致在爆破时损坏周围建筑物，接触网基坑一般采用控制爆破法。打眼的施工方法如下。

1）人工打眼

常用双人打眼法（一人扶针、一人打钎）使用一字形钢钎头，刃口可根据岩石软硬不同做成不同的形状（平行、内凹月牙形、外凸三角形）。对于坚硬的岩石，适合用较厚的刃口，针头两边比钢针直径宽 2～3 mm。对于较软岩石，适合用较薄的刃口，针头两边比钢钎直径可宽出 4～6 mm。打锤要准、狠，注意避免滑锤伤人。每打一下要提一次钎，同时转 30°，落钎时要稍用力冲击岩石（如果打干眼，只要转一下即可，不要提钎）。打完一段时间后，用掏勺将石粉掏出。

打眼应准确按设计布设的炮孔位置、深度和角度钻孔，不得任意改变，以保证爆破效果。在不能保证炮孔正确位置、角度和深度时，应及时通知设计人，修正药量和采取补救措施。在每一炮眼打好后，立即以旧水泥袋纸或废旧棉纱等物将炮眼口堵住，防止沙石掉入孔内。

2）机械打眼

机械打眼的主要工具为空气压缩机、风动凿岩机（也叫风枪）和内燃凿岩机，在石质基坑数量不多时，也使用电锤进行打眼。使用电锤进行打眼的方法。

（1）检查发电机，给注油机构注满润滑油，给汽油箱灌满汽油。

（2）启动发电机，运行 3 min，检查运行状态和电压，一切正常即可使用。

（3）检查冲击电锤，接通电源，观察运转状态，正常即可使用。

（4）安上钻头即可打眼作业。

7. 质量标准

（1）基坑位置应根据测量时在钢轨上标注的支柱号、限界、支柱类型及顺线路方向支柱中心位置来确定。如必须移动坑位，可按设计跨距允许误差-2～1 m 进行调整。调整后的跨距不得大于设计允许最大跨距，调整软横跨支柱基坑位置时，同一组软横跨支柱基坑应相应位移。单开道岔的标准定位支柱位置应符合设计要求。

（2）基坑挖好后，其坑口尺寸应能满足以下要求。

① 设有横卧板或底板的基坑，应留有安装余量。

② 能满足立杆、整杆的要求。

③ 基坑坑壁应根据土质情况设有一定的坡度，采取适当的基坑防护措施，保证路基的安全。

④ 基础坑采用原坑灌注时，各部尺寸不得小于基础外形尺寸；当采用支模板灌注基础时，坑口尺寸应考虑坑内的支模拆模的活动余地。

（3）各种支柱坑深和基础坑深见表 2-1-2 和表 2-1-3。

表 2-1-2　混凝土支柱坑深度　　单位：mm

支柱类型	支柱埋深	线路上部建筑高度	底板厚度	基坑深度	施工误差
H38	2 600	850		3 450	±100
H60-250 H78	3 000	850	100	3 950	±100
H9O-H170-250	3 500	850	100	4 350	±100

注：1. 坑深为线路中心线标高至坑底的垂直距离。
2. 基坑超深应填石渣，如回填土应夯实。
3. 位于站台上的软横跨混凝土支柱坑深以站台面算埋深为 3.5 m。
4. 线路上部建筑尺寸因线路等级不同而异。

表 2-1-3　基础坑深

基础标高	田野侧的基础：高出地面 100～200 mm，低于轨面 200～500 mm	
	两线间的基础：低于邻轨 200～500 mm，高出地面 100～200 mm	
	站台上的基础：高出站台面 100～200 mm	
坑　深	根据选定的基础标高和基础尺寸计算坑深	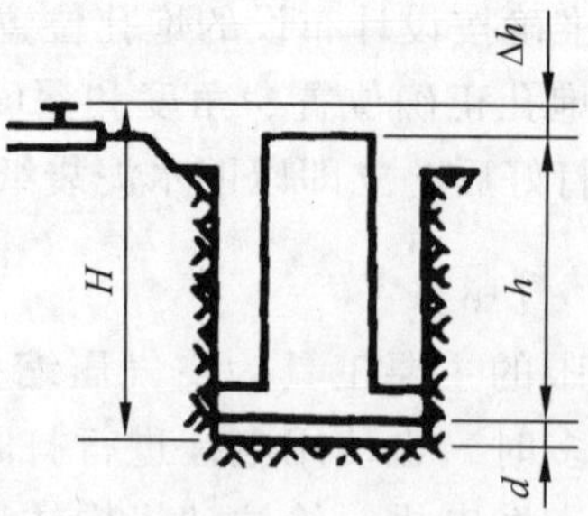 $H=h+\Delta h+d$ 式中　H——坑深； h——基础高度； Δh——基础面至轨面的距离； d——垫层厚度

三、注意事项

（1）开挖基坑，每处不得少于 2 人，坑内有人作业时，坑上必须有人防护。列车通过时，坑内不得有人。

（2）挖坑发现地下设施（如电缆、管道等）不能自行处理时，由施工负责人与有关单位联系处理。

（3）挖坑时必须注意路基的稳定性，不得使其受到破坏和减弱。挖坑作业遇到排水沟（盲沟）应做疏通改道排水工作，以免积水影响路基的稳固。

（4）挖坑时，坑边不得放置重物或工具。

（5）挖坑时，应随时注意坑壁的稳定情况，如有变化，应及时加强防护。

（6）挖坑地段必须设专人经常巡回检查，发现情况及时处理与上报。开挖的基坑，于收工前进行检查，确认路基稳固、坑壁坚固、无坍塌危险方能离开，必要时应设专人看守。

（7）在站内或有行人的地点挖坑时，应采取防止人畜坠落的安全措施，如设置桩绳防护栏，悬挂标示牌，用木板盖住坑口或设人防护，夜间应加设灯光防护，但需注意不得与行车信号混淆。

【评价反馈】

考核评价时，以硬土质类基坑开挖为例进行考核评价，评价学员对基坑开挖防护、开挖方法等的掌握情况，评价标准可参考表 2-1-4。

表 2-1-4 考核评价表

考核内容	评分标准	操作情况	扣分情况	备注
料具准备（10 分）	按要求准备相关工具，否则扣 10 分			
质量要求（60 分）	1. 坑口标记准确无误，标记不正确扣 10 分			
	2. 坑口表皮破土与标记一致，过大或过小，一处扣 5 分			
	3. 弃土正确，弃土距离坑口小于 0.6 m 扣 10 分			
	4. 根据开挖深度正确排土，方法错误扣 10 分			
	5. 挖掘尺寸控制，未及时校核基坑限界，及坑底尺寸应与坑口尺寸、修理坑壁，每错误一处扣 10 分			
	备注：扣完配分失格			
安全（20 分）	1. 作业中每出现一次一般违章现象扣 5 分			
	2. 积水处理不当扣 20 分			
	3. 坑壁坍塌一处扣 20 分			
文明作业（10 分）	1. 作业时必佩戴的个人工具、劳保用具、安全用具每缺一件扣 5 分			
	2. 作业中出现不文明语言或动作每次扣 5 分			
	3. 作业完毕，料具有一件不归位扣 2 分			

任务二 支柱整正

【任务描述】

接触网支柱的整正方法较多，支柱的类型不同，整正的方法也不同。目前，腕臂柱一般使用反正扣整正器整正；混凝土软横跨柱尺寸及限界比较大，可采用手扳葫芦进行整正；钢柱可在其底座正角钢下垫不同厚度的铁垫片进行整正。

【任务目标】

掌握接触网不同类型支柱常用整正的方法。

【任务实施】

一、作业准备

（1）人员：9 ~ 15 人。

（2）工具：反正扣整正器、线坠、丁字尺、水平尺、皮尺、撬杠、450 mm 活扳手、手扳葫芦、捣固锤、铁锹、十字镐、大锤、安全带、安全防护工具等。

（3）材料：扭杆圆木、垫木、抬杠、棕绳等。

（4）资料：接触网平面布置图。

二、作业步骤

1. 普通支柱的整正

1）整正器的安装

（1）首先将整正器的固定框架固定在支柱上，固定点不超过轨面以上 500 mm 处，以保证整正器安装好后，不致侵入基本建筑限界。

（2）将整正器的两个钢轨卡子分别固定在支柱两侧的钢轨上，钢轨卡子的安装位置应在整正器丝杠的活动范围内，一般各距离支柱 3 m 左右。

（3）根据钢轨卡子至框架间的距离，将整正器丝杠调至合适位置，丝杠两端露出的长度应相等。然后，将丝杠与钢轨卡子、框架进行连接，将销钉插好后，即可开始调整，如图 2-2-1 所示。

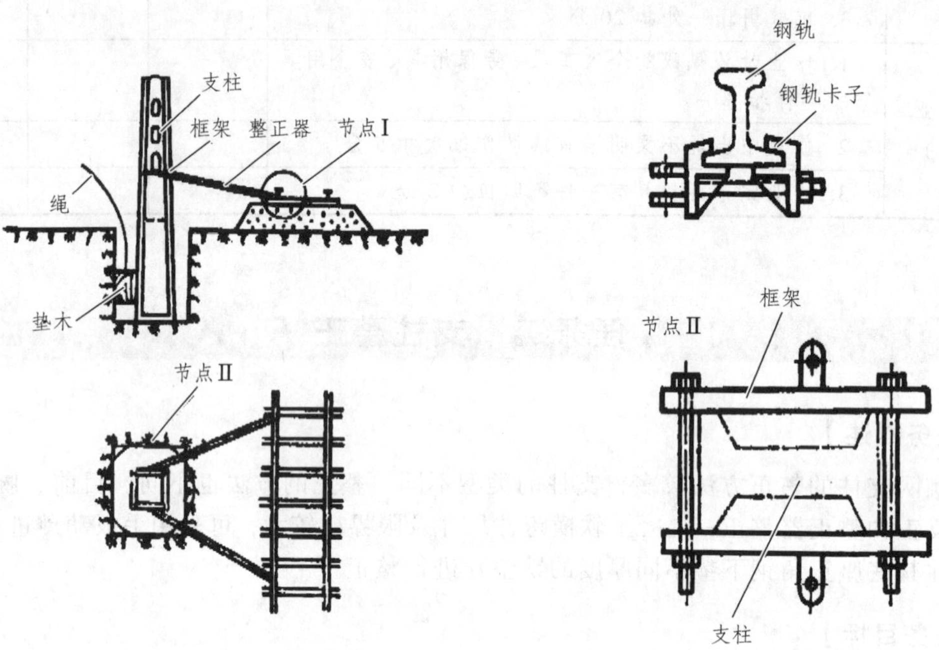

图 2-2-1　腕臂支柱整正

2）限界的调整

扳动整正器手柄调整丝杠长度，两整正器同时动作将支柱拉至直立，然后将丁字尺卡在钢轨上并使之水平，测量此时的支柱侧面限界。限界若小，将方垫木垫在支柱根部适当位置的内侧，操纵整正器使两调整丝杠同时拉动支柱，由于杠杆作用根部向后移。再使支柱直立，检查支柱侧面限界是否符合要求，若不符，则继续进行调整。限界若大，操作方法相反。

3）支柱扭斜的矫正

将丁字尺卡于钢轨内缘并用水平尺操平后，再将木杠插入杆子腹孔内进行拨动，直到支柱前后翼缘均贴于丁字尺为止，如图 2-2-2 所示。

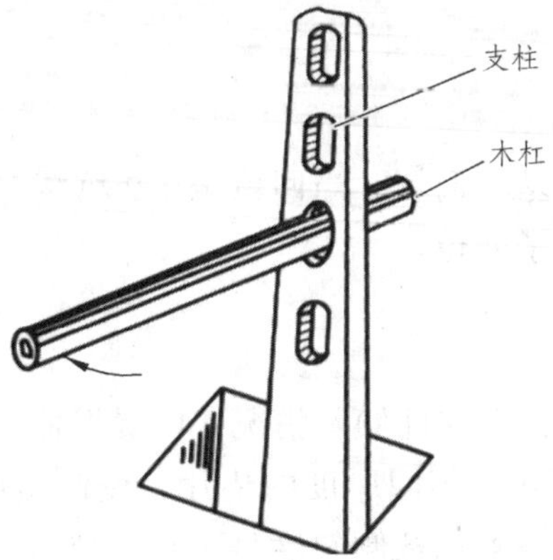

图 2-2-2　支柱扭斜整正

4）支柱倾斜度的调整

在支柱限界允许误差范围内，继续调整丝杠长度，使支柱在垂直线路方向及顺线路方向的倾斜度均符合要求。如不能同时满足支柱限界和倾斜度的要求时，应重新调整支柱侧面限界。

考虑到支柱受力后要向线路侧回倾，垂直线路方向的倾斜度宜适当加大。直线上的支柱，其倾斜度一般调至支柱外缘垂直于水平线或略向外侧倾斜。

5）横卧板的安装

当支柱调好后，立即按要求进行横卧板的安装与基坑回填。

2. 软横跨柱的整正

1）手扳葫芦的布置

3 个手扳葫芦大致互成 120°，其中两个通过临时地锚固定在田野侧，另一个固定在线路侧。在条件许可的情况下，可将两个手扳葫芦固定在线路侧，另一个固定在田野侧，如图 2-2-3 所示。挂手扳葫芦牵引绳钩的钢丝绳套应挂在距地面 15 m 左右的支柱孔中（田野侧的可适当挂高一些），以不侵入限界为原则。

图 2-2-3　软横跨支柱整正

2）混凝土软横跨柱的整正方法

混凝土软横跨柱整正工作是通过 3 个手扳葫芦的协调动作进行的。当线路侧手扳葫芦拉紧时，田野侧手扳葫芦就要放松，反之亦然。限界的调整、支柱倾斜度的调整和支柱扭斜的矫正方法与腕臂柱类似。

3）横卧板的安装

按规定进行横卧板安装与基坑回填，当回填至 1/2 坑深时，即可将手扳葫芦撤除。3 个手扳葫芦必须同时撤，以防杆子变位。

3. 钢柱整正

首先拧松基础螺母，然后根据支柱倾斜情况，用撬棍伸入钢柱底部与基础之间的缝隙，将主角钢撬起，在主角钢下面塞入不同厚度的垫片，使倾斜度达到标准，然后均匀地紧固地脚螺栓。调整后，应再一次检查钢柱倾斜度是否符合要求。钢柱整正时注意事项：

（1）每根主角钢加垫片数不宜过多，一般不超过 3 片，超过时，应用 300 级以上细石混凝土将钢柱底垫实。

（2）每块垫片的面积不宜小于 50 mm×100 mm，垫片表面必须平整，厚度要均匀。

（3）整正时，4 个角的地脚螺母只许拧松，不得卸下。

4. 横卧板的安装

钢筋混凝土腕臂柱横卧板分Ⅰ型和Ⅱ型两种，如图 2-2-4 所示（图示中括号内为Ⅱ型尺寸）。钢筋混凝土软横跨柱横卧板如图 2-2-5 所示。

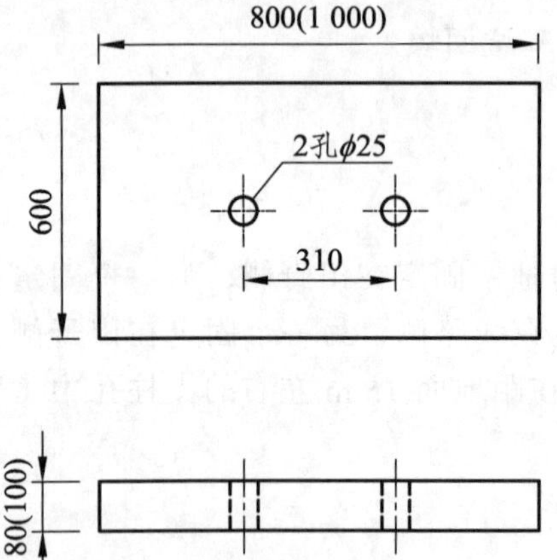

图 2-2-4　钢筋混凝土腕臂柱横卧板

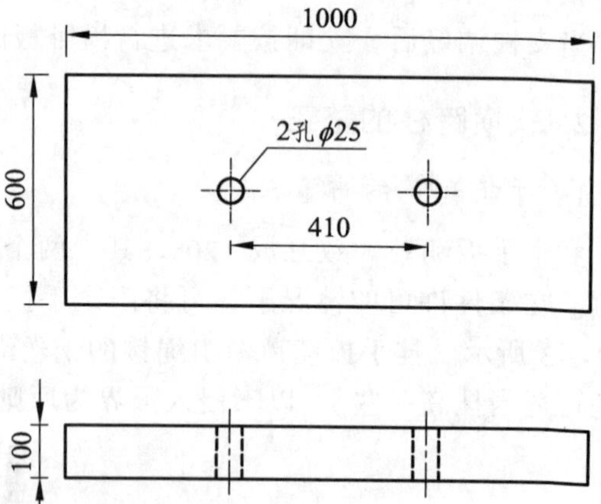

图 2-2-5　钢筋混凝土软横跨柱横卧板

横卧板安装如图 2-2-6 所示。安装时，可用绳子将横卧板系住，缓慢放入坑中，再由工作人员下坑将横卧板与支柱密贴，然后将螺栓上紧，如图 2-2-7 所示，下部横卧板与支柱底部相齐。上部横卧板应低于地面 100～300 mm。

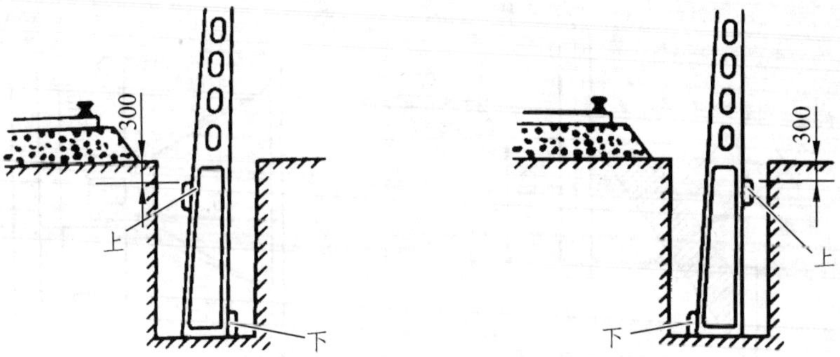

图 2-2-6　横卧板与支柱连接示意图

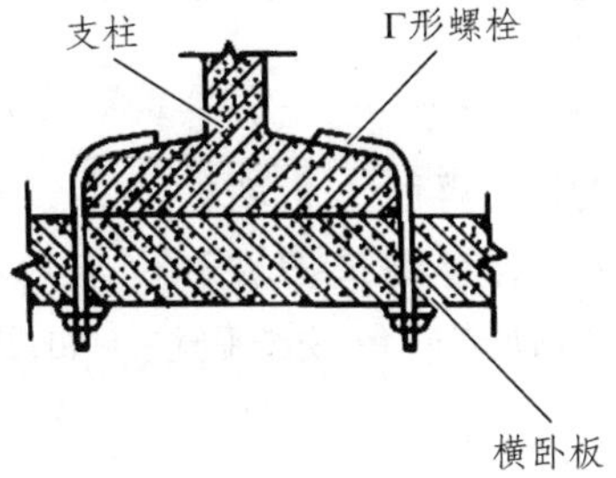

图 2-2-7　横卧板的安装位置

5. 锚板埋设

（1）首先检查拉线坑的深度、坑口尺寸、马道方向等是否符合技术标准。

（2）把 U 形螺栓穿入错杆中，再装到锚板上。此时要注意长短拉杆的位置。链形悬挂拉线应使短拉杆在上，长拉杆在下。

（3）用绳拉住锚板，慢慢放入坑内。检查锚杆对地角度是否达到 45°，不合适时，用钢钎、铁锹修整马道，使其达到标准。

6. 基坑回填

（1）支柱整正完毕后，立即回填。填土要分层夯实，每回填 300 mm 就夯实一次。支柱横卧板区还应加强夯实。

（2）遇有炉渣、碎石、块石或砂质土壤，必须掺有黏土拌和回填。

（3）冬季施工时，应将冻土块打碎并不得掺杂冰雪块

（4）回填应保证土层厚度不小于支柱规定埋深，小于规定值时，应进行培土。高填方培土困难时，可采取适当加固措施如砌石、打土围桩等。

7. 支柱培土

支柱培土应考虑回填后遇雨水上面下沉因素，因此培土面高度应高于支柱规定埋深位于填方处的支柱，其培土坡度应与原路基相同。

支柱位于路堤区段，其田野侧土层厚度应大于 0.5 m，宽度自支柱两翼缘向两侧各 0.5 m。

在高路堤区段为减少填方量，基础底面以下部分可埋设木桩。木桩直径为 0.1 ~ 0.15 m。间隔一般为 1 m 左右。护桩数量可根据实际需要设置，一般不宜超过 7 根，护桩间用木板作挡板。路堤区段支柱培土如图 2-2-8 所示。

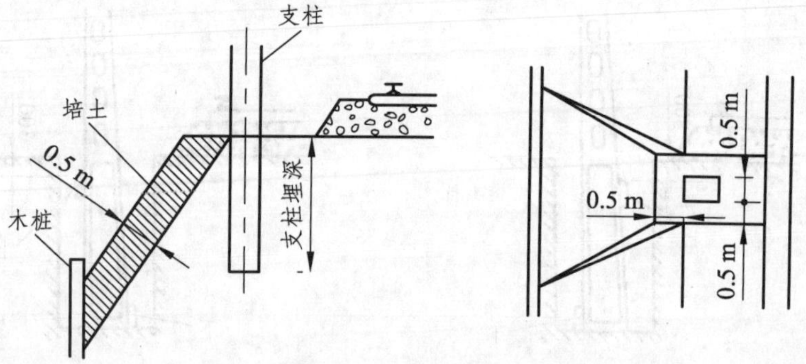

图 2-2-8　路堤区段支柱培土

8. 砌　石

砌石方式有浆砌片石和干砌片石两种。高填方支柱、基础回填加固多采用浆砌片石。接触网施工中常遇到的砌石作业主要有砌筑护坡和砌筑片石垛等。护坡砌石分单层铺砌与双层铺砌。砌筑片石垛采用分行列砌筑或龟纹缝砌法。如图 2-2-9 所示是护坡单层铺砌和双层铺砌。

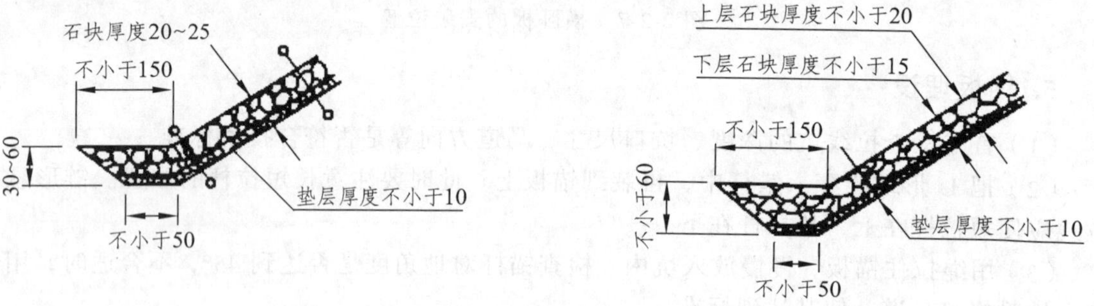

图 2-2-9　护坡单层铺砌和双层铺砌（单位：cm）

9. 侧沟改移

接触网支柱、基础在回填过程中经常和侧沟发生干扰，此时，应按原侧沟的断面形式、尺寸要求（侧沟一般底面宽度为 0.4 m，深度为 0.6 m）及加固方式进行侧沟改移，如图 2-2-10 所示。

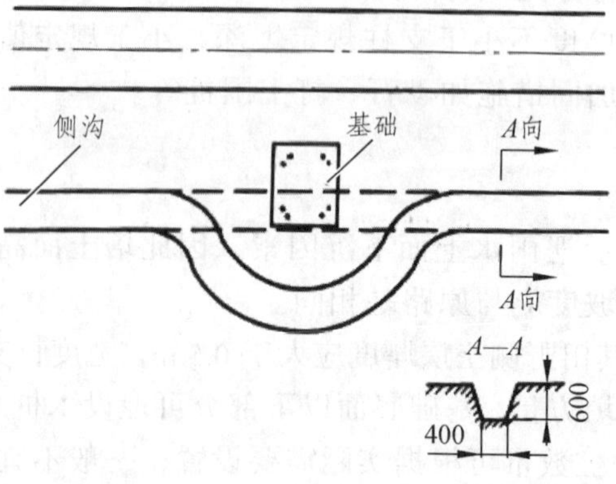

图 2-2-10　侧沟改移

三、质量标准

1. 支柱限界标准

支柱内缘至邻近铁路线路中心线的距离，任何情况下必须大于 2 440 mm（曲线区段还应加上规定的加宽值）。

支柱侧面限界应符合设计要求，允许施工误差（对设计位置而言）：向铁路内侧为 60 mm，向铁路外侧为 100 mm。在施工中应尽量避免小于设计支柱侧面限界。

2. 支柱埋深标准

钢筋混凝土支柱埋深的允许施工误差为±100 mm（从轨面算），入土部分的实际埋深不应小于设计值。

3. 支柱倾斜标准

顺线路方向：应直立，允许施工误差为±0.5%，但锚柱端部应向拉线侧倾斜 0 ~ 100 mm。

横线路方向：曲线外侧和直线上的支柱应直立，允许向外倾斜（钢柱为 0.5% ~ 1%，钢筋混凝土支柱为 0.5%至外缘垂直）。

两侧悬挂的支柱、安装隔离开关支柱、硬横跨支柱、曲线内侧支柱和位于直线上并与相邻锚柱同侧的转换支柱，均应直立，允许施工误差为：向受力的反方向倾斜 0.5%；无明显受力方向时为±0.5%。

软横跨支柱应向受力的反方向倾斜：钢筋混凝土支柱和 13 m 钢柱为 1%至外缘垂直，15 m 钢柱顶部可倾斜 150 ~ 300 mm。

4. 支柱扭斜标准

支柱扭斜不应超过 3°，每组软（硬）横跨支柱中心连线，应垂直于车站正线，偏差不应大于 3°。

5. 锚板埋设标准

拉线的方向应在下锚方向的延长线上。其偏移误差以出土点计算，一般允许+150 mm（田野侧），−0 mm（线路侧）。

拉线的角度要求为 45°，困难情况下不得大于 60°，锚杆在使用前应将地下部分涂沥青防腐处理，锚板埋深不少于 2 m。

四、注意事项

（1）整正器安放后应保证其各部分不得侵入机车车辆限界。在整正过程中支柱各部也不得侵入基本建筑限界。

（2）操作整正器时，用力要均匀，不得猛拉猛推，以防支柱折断。

（3）整正器安装完毕后方可进入坑内工作，坑内有人时，严禁移动支柱。

（4）钢筋混凝土软横跨柱整正时应向车站办理临近线路封闭手续，当利用列车间隔整正时，所有工具、材料均不得侵入基本建筑限界。

（5）调整支柱限界时，应用方垫木垫在支柱底部内、外坑侧，严禁用石头等硬物代替垫木。

（6）由坑口往下放横卧板时，坑内不得有人，应用绳索系住缓慢下放，放好后，方可下坑工作。

（7）拉线位于水沟或填方边坡地带应砌石加固，位于公路边时，应砌石保护。

（8）埋设锚板时，防止锚杆碰伤人。

（9）按规定设置行车防护。

【评价反馈】

考核评价时，以普通支柱整正为例进行考核评价，评价学员对支柱整正方法的掌握情况，评价标准可参考表 2-2-1。

表 2-2-1　考核评价表

考核内容	评分标准	操作情况	扣分情况	备注
料具准备（10 分）	按要求准备相关工具，否则扣 10 分			
质量要求（70 分）	1. 整正器安装正确，每错 1 处扣 10 分			
	2. 限界调整正确，方向及方法错误一处扣 10 分			
	3. 支柱扭斜矫正方法正确，每错一处扣 10 分			
	4. 支柱倾斜度调整正确，每错一处扣 10 分			
	5. 横卧板安装正确，每错一处扣 10 分			
	6. 基坑回填的方法及尺寸要求正确，每错一处扣 10 分			
	备注：扣完配分失格			
安全及文明作业（20 分）	1. 作业中出现一般违章现象每次扣 5 分，出现严重违章每次扣 10 分			
	2. 作业时必佩戴的个人工具、劳保用具、安全用具每缺一件扣 5 分			
	3. 作业中出现不文明语言或动作每次扣 5 分			
	4. 作业完毕，料具有一件不归位扣 2 分			
总分				

任务三　下锚拉线安装

【任务描述】

接触网下锚拉线是接触网张力的传导设备，是主要的受力部件。要求下锚拉线不得有断股、松股、接头和锈蚀，因此下锚的拉线的检修和更换是接触网重要的作业内容。

【任务目标】

掌握接触网下锚拉线的技术标准和更换方法。

【任务实施】

一、准备工作

（1）人员：3 ~ 5 人。

（2）工具（见表 2-3-1）。

表 2-3-1　工具列表

序号	工具名称	型号	单位	数量	备注
1	个人工具		套	1	含扳手、起子、夹钳、安全带等
2	作业工具包		套	1	含卷尺、水平尺、扭面器、扭力扳手、木槌等
3	手扳葫芦		把	1	
4	羊角紧线器		套	1	
5	断线钳		把	1	
6	手锤		把	1	
7	钢丝套		个	2	
8	皮尺		盒	1	

（3）材料（见表 2-3-2）。

表 2-3-2　材料列表

序号	材料名称	型号	单位	数量	备注
1	镀锌铁线	ϕ4.0	米	10	
2	棕绳		米	15	
3	绑扎线	ϕ1.8	米	10	
4	防腐油		瓶	1	
5	UT 型楔形线夹		个	1	
6	GJ-70 型钢绞线		米	30	
7	楔形线夹		个	2	

二、作业标准

（1）接触悬挂、附加导线下锚拉线基础宜采用钢筋混凝土浇筑基础，外形尺寸和位置应符合设计要求。拉线基础距锚柱距离允许偏差±200 mm，轨面处拉线基础距线路中心允许偏差 0 ~ 100 mm。基础中心线应与线路中心线垂直，偏差不大于 2%。

（2）拉线应绷紧，在同一支柱上的各拉线应受力均衡。与地面夹角一般为 45°，最大不得超过 60°。

（3）拉线应采取防腐措施且不得有断股、松股、接头及严重的锈蚀。

（4）UT 型楔形线夹螺纹外露长度不小于 20 mm 且不大于螺纹全长的 1/2。

（5）拉线及下锚零部件不得与回流线、保护线、地线间形成环流通路。

（6）基础周围 5 m 范围内不得取土，1 m 范围内应保持清洁，不得有积水和杂物。

（7）对道口两侧、经常有机动车辆运行的场所以及装卸货物站台上等易被碰撞的拉线，应采取防护措施。

三、作业步骤

受力下锚拉线更换安装如图 2-3-1 所示。

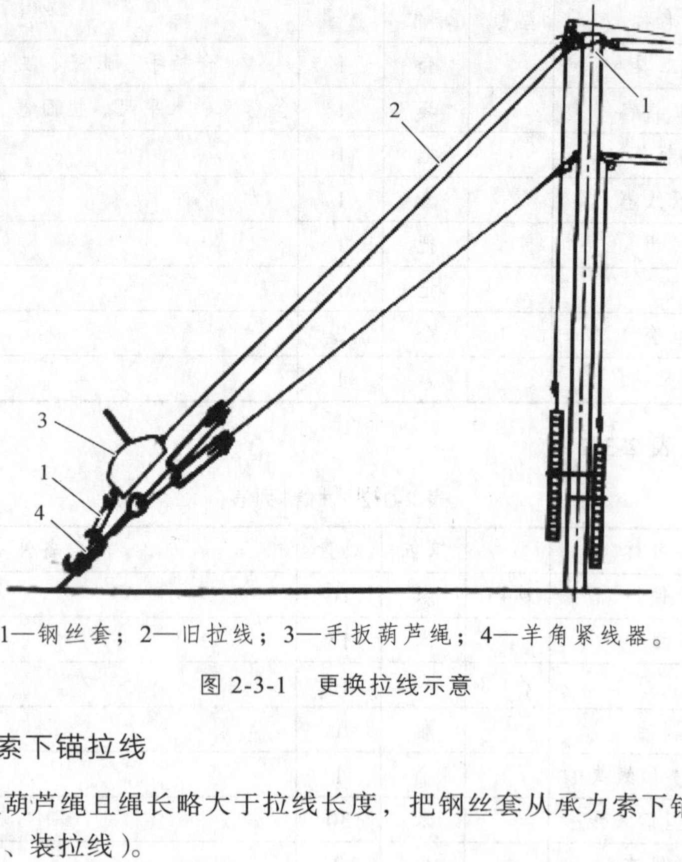

1—钢丝套；2—旧拉线；3—手扳葫芦绳；4—羊角紧线器。

图 2-3-1 更换拉线示意

1. 更换承力索下锚拉线

（1）松开手扳葫芦绳且绳长略大于拉线长度，把钢丝套从承力索下锚角钢上面套在支柱上（不得影响卸、装拉线）。

（2）用吊绳把手扳葫芦绳拉到钢丝套位置挂在钢丝套上，高处作业人员离开支柱。

（3）将卡线器安装在下锚拉杆上，挂上钢丝套、手扳葫芦（摇把应避开 UT 型线夹）。

（4）紧手扳葫芦，并同步紧导线下锚拉线的 UT 型线夹。

（5）待手扳葫芦受力使承力索下锚拉线不受力时，拆去旧拉线换上新拉线。

（6）紧承力索下锚新拉线使其受力，松手扳葫芦，同时松导线下锚拉线的 UT 型线夹，使两条拉线同时受力。

（7）调整拉线使锚柱回到标准位置。

（8）拆除工具。

2. 更换导线下锚拉线

方法与更换承力索下锚拉线相同。

四、注意事项

（1）紧手扳葫芦时注意支柱根部，防止出现支柱裂纹或断裂。
（2）严禁戴手套使用手锤。
（3）高处作业系好安全带。
（4）注意保持与带电体的安全距离。

【评价反馈】

以更换承力索下锚拉线为例进行，评价学员对更换承力索下锚拉线方法的掌握情况，评价标准可参考表 2-3-3。

表 2-3-3　考核评价表

内容	评分标准	操作情况	扣分情况	备注
料具准备（10 分）	要求工具符合要求，用前须做绝缘摇测，否则扣 10 分			
质量要求（70 分）	1. 作业前检查拉线基础情况，方法不正确或漏检扣 10 分			
	2. 手扳葫芦安装及使用方法错误一项扣 5 分			
	3. 羊角紧线器安装及使用方法错误一项扣 5 分			
	4. 钢丝套安装及使用方法错误一项扣 5 分			
	5. 新拉线安装正确，安装方法错误或漏装材料、零件每处扣 10 分			
	6. 旧拉线拆除方法正确，不正确扣 10 分			
	7. 拆除工具后，新拉线应绷紧，在同一支柱上的各拉线应受力均衡，与地面夹角一般为 45°，最大不得超过 60°，每错一处扣 10 分			
	备注：扣完配分失格			
安全及文明作业（20 分）	1. 作业中出现一般违章现象每次扣 5 分，出现严重违章每次扣 10 分			
	2. 作业时必佩戴的个人工具、劳保用具、安全用具每缺一件扣 5 分			
	3. 作业中出现不文明语言或动作每次扣 5 分			
	4. 作业完毕，料具有一件不归位扣 2 分			
总分				

项目三 支撑、定位装置安装检修

任务一 接触网支柱检修

【任务描述】

接触网支柱是接触网的支撑设备，用来承受接触悬挂及支持装置负荷，并将接触悬挂固定在规定高度。因此在接触网的日常检修中，应对支柱的安装位置、支柱本体、倾斜度、紧固情况以及基础和拉线等进行检查，通过检查发现安全隐患并进行及时处理。

【任务目标】

（1）掌握接触支柱（支柱基础、拉线）日常检修的内容及方法。

（2）了解接触网支柱的分类和要求。

（3）掌握钢筋混凝土支柱和钢支柱型号的含义。

（4）掌握各种支柱的基本用途。

【任务实施】

一、作业准备

（1）人员：8 ~ 12 人。

（2）工、机具：线坠、钢卷尺、大扳手、大锤、千斤顶、紧线器、钢丝套、手扳葫芦、钢丝刷、激光接触网检测仪、螺丝刀、钢丝钳。

（3）材料：砂布、除锈剂、黄油、拉线、绑线、支柱专用防腐漆（根据具体项目需要携带相应材料）。

二、作业标准

1. 支柱位置

支柱的侧面限界应符合设计规定，允许误差+50 mm、−0 mm。跨距误差±500 mm。

2. 支柱本体

支柱本体不得弯曲、扭转、变形，各焊接部分不得有裂纹、开焊；表面防腐层剥落面积不得超过 5%。

3. 支柱倾斜率

各类支柱承载后倾斜允许偏差见表 3-1-1。

表 3-1-1　支柱承载后倾斜允许偏差

项目	标准	允许偏差/%
支柱横线路方向	直立	0.5
支柱顺线路方向	直立	0.5
锚柱	向拉线侧倾斜	0 ~ 1
曲线外侧和直线腕臂柱横线路方向	向受力反侧倾斜	0 ~ 0.5
锚段关节中心柱、曲线内侧支柱及转换柱	向受力反侧倾斜	0 ~ 0.5
硬横跨钢柱顺、横线路方向	直立	0.5
两侧式悬挂支柱、安装隔离开关的支柱横、顺线路方向	直立	0.5
转角支柱的中心	向受力反方向侧倾斜 1%	0.5

（1）支柱横线路面应垂直于线路中心线，允许偏差不大于 2°。

（2）单腕臂、双腕臂和中心锚结支柱顺线路方向应直立，允许倾斜率为±0.2%；横线路方向，允许向受力反向的倾斜率为 0.5%。

（3）硬锚锚柱横线路方向，向受力反向的倾斜率为 0 ~ 0.5%，顺线路方向，向下锚拉线侧倾斜率为 0 ~ 0.5%。

（4）补偿下锚柱横线路方向，向受力反向的倾斜率为 0 ~ 0.5%，顺线路向下锚拉线侧倾斜率为 0 ~ 1%。

（5）曲线内侧的支柱、装设开关的支柱、双边悬挂的支柱、硬横跨支柱、均应直立，允许向受力的反向倾斜，其倾斜率不超过 0.5%。

（6）接触网各种支柱，均不得向线路侧和受力方向倾斜。

4. 支柱基础

支柱基础面应高出地面。基础帽完整无破损、无裂纹，支柱根部和基础周围应保持清洁，不得有积水和杂物。基础顶板与支柱底板间填充的砂浆应符合设计要求。

填方地段的支柱外缘距路基边坡的距离小于 500 mm 时应培土，其坡度应与原路基相同。高填方地段培土困难、流失严重或土质强度不够的，应采用干砌片石或砂浆砌石加固，片石应挤压紧密、堆砌整齐，砂浆应饱满、标号符合规定。

5. 支柱拉线及拉线基础

拉线与地面夹角一般情况下为 45°，最大不得超过 60°。拉线应绷紧，在同一支柱上的各拉线应受力均衡。拉线应有防腐措施，不得有断股、松股、接头及锈蚀。各部连接件、螺栓紧固良好。拉线基础周围不得有积水。

三、作业步骤

1. 支柱限界检查

（1）检查红线及字迹清晰度。红线及字迹不清时，要重新标画。一人按支柱上既有红线位置，在接触网支柱的线路侧水平放置好轨面红线模板，另一人用喷漆进行标识。

（2）测量检查轨面高度及侧面限界。测量实际轨面高度，要求实际高度与轨面标准线标高之差不大于±30 mm，侧面限界变化不大于±30 mm，外轨超高变化不大于±8 mm。特殊情况需调整轨面标准线时，由供电、工务部门共同确认，并经铁路局集团公司批准。

（3）检查测量轨面标准线。轨面标准线位置正确，标准线上缘在直线区段应与支柱邻轨顶面平齐，曲线区段与高轨顶面平齐，多股道区段与正线顶面平齐。

测量时，将测量仪按照规定放置于基准轨面上，如图 3-1-1 所示，调至水平，使红光点照在支柱上，红光点下减去激光发射点至基准轨面距离，即为轨面标准线位置。

当支柱限界不符合《铁路技术管理规程》（以下简称《技规》）要求时，与工务协调调整支柱限界，当无法调整限界时，应重新立柱，以保证支柱限界要求。

图 3-1-1　接触网支柱侧面限界测量

2. 支柱本体外观检查

钢支柱本体不得弯曲、扭转、变形，各焊接部分不得有裂纹、开焊；表面防腐层剥落面积不得超过 5%；预应力混凝土支柱表面应光洁平整，无混凝土脱落和漏筋现象，合缝处不得漏浆，不得有横向、斜向和纵向裂纹。

（1）检查金属支柱有无锈蚀，局部锈蚀用砂纸打磨至露出金属本色后喷锌。

（2）检查混凝土支柱有无裂纹、破损或露筋等。混凝土支柱裂纹、破损或露筋等不符合标准时用水泥砂浆修补或更换，操作方法如下：

修补，制作水泥砂浆；处理支柱破损部位，清除薄弱和风化的混凝土，用钢丝刷清理表面并刷出新茬；清理露筋表面的裂纹、油污和铁锈；用清水冲刷修补部位残渣并使其周围湿透，如有必要，安装模型板；破损面风干到表面无水时，进行修补，浇灌水泥砂浆并用钢钎或其他工具捣实、压平；养护应以表面经常湿润为原则；养护完毕后拆模、修整。

更换混凝土支柱，在该支柱顺线路方向 2 m 处立同型号新支柱，将接触网悬挂更换到新支柱上，悬挂调整，拆除旧支柱。

3. 支柱倾斜率测量

使用角度仪测量支柱顺线路方向及垂直线路方向的倾斜率。支柱倾斜率要求如下：

（1）接触网各种支柱，均不得向线路侧和受力方向倾斜。

（2）安装在曲线外侧及直线上的支柱，在垂直线路方向要向受力的反向倾斜。

腕臂柱的外倾斜率为 0 ~ 0.5%。软横跨支柱的倾斜率：高度 13 m 的支柱为 0.5% ~ 1%；高度 15 m 及以上的支柱为 1% ~ 2%。硬横跨支柱应保证垂直于地面。

（3）曲线内侧的支柱、装设开关的支柱、双边悬挂的支柱、硬横跨支柱、均应直立，允许向受力的反向倾斜，其倾斜率不超过 0.5%。

（4）支柱在顺线路方向应保持铅垂状态，其倾斜率不超过 0.5%。锚柱应向拉线方向倾斜，其倾斜率不超过 1%。

4. 基础检查

（1）基础帽完整无破损、无裂纹，支柱根部和基础周围应保持清洁，不得有积水和杂物。

（2）填方地段的支柱外缘距路基边坡的距离小于 500 mm 时应培土，其坡度应与原路基相同。高填方地段培土困难、流失严重或土质强度不够的，应采用干砌片石或砂浆砌石加固，片石应挤压紧密、堆砌整齐，砂浆应饱满、标号符合规定。

（3）金属支柱基础螺栓应用双螺母并涂油防护，螺栓紧固力矩符合标准，螺栓外露部分无锈蚀并采取必要的防腐措施。

5. 柱防护检查

检查下列处所支柱，按规定设置防撞设施。

（1）支柱外沿距公路边 10 m 以内且不符合下列条件的接触网支柱：相邻公路低于铁路路基 1.5 m 以上；公路和铁路间有深度大于 1.5 m 沟壑；供电支柱在工务的混凝土防护栏内；公路和铁路间公路两侧有标准防撞墙。

（2）站场、货台能够出入汽车处所的接触网支柱。

（3）限高低于 6 m 的铁路桥下能够满足汽车通行条件的接触网桥支柱及拉线。

（4）平交道口的限界门支柱。

（5）其他区段宜装支柱（如距线路较远的供电线支柱等）。

（6）金属支柱不宜采用外围砖砌、内填石渣或砂土的封闭防护方式，否则，应保证防护桩的防水处理质量，避免人为的防护桩内支柱锈蚀。

6. 拉线检查

（1）拉线应位于接触悬挂下锚支的延长线上（附加导线单独下锚时，应位于下锚导线的延长线上），在任何情况下不得侵入限界。拉线与地面夹角一般情况下为 45°，最大不得超过 60°。拉线应有防腐措施，埋入地下部分的地锚拉杆应涂防腐漆，不得有断股、散股、接头及锈蚀。

（2）拉线应绷紧，在同一支柱上的各拉线应受力均衡；锚板拉杆与拉线应成一条直线。

（3）各部连接件、螺栓紧固良好，拉线基础高于地面无积水，基础面处锚杆做红色标记拉线各部连接件、螺栓紧固良好，下锚角钢在支柱位置做红色标记。

（4）设在挡土墙、隧道口、桥墩、坚石地带及砂浆砌石护坡上等处打孔灌注的地锚杆，其埋入深度应符合规定。受力后其周围混凝土灌注部分不得有裂纹、破损及脱落现象。禁止将地锚杆设在孤石、风化石、次坚石上。

7. 支柱处理

1）支柱基础

（1）支柱基础附近积水：清除积水，并将水坑填至略高于周围或疏通排水设施。

（2）基础破损：修补，如破损体积较大，应用木板制模，对基础进行修复。

（3）基础坑塌陷：回填，并分层夯实。

（4）边坡不符合标准：培土或砌护坡。

2）支柱倾斜超标

（1）H型钢柱（锚柱除外）倾斜率超标。

支柱卸载，松动基础螺栓的螺母，调整支柱底板下的调节螺母，直至将杆整正到符合标准后，紧固基础螺栓的螺母。

（2）锚柱顺线路倾斜超标。

将本锚段两端下锚卸载，通过调整下锚拉线进行校正。调整方法为在UT线夹两侧合适位置安装紧线器、钢丝套，连接手扳葫芦后紧线，使UT线夹卸载，支柱整正后紧固支柱底板下的调节螺母和UT线夹螺栓。如调整UT线夹螺母超过丝扣的可调范围时，需要重新做拉线回头。最后拆除紧线机具。

3）支柱本体

（1）支柱弯曲度不符合标准时更换支柱。

（2）支柱锈蚀。局部锈蚀砂纸打磨至露出金属本色、刷防腐漆；锈蚀超标时应整体除锈、防腐。

（3）格构式钢柱副角钢弯曲。弯曲较轻的垫上木头用大锤砸直，弯曲较重的用千斤顶校正。

（4）格构式钢柱主角钢弯曲不符合标准时更换支柱。

4）支柱防护措施

支柱防护措施失效的重新采取防护措施。

5）拉　线

（1）拉线受力不均、松弛：调整UT线夹直至符合要求。用UT线夹调节时，调节至拉线受力后，观察支柱的倾斜率不超出标准时停止。

（2）如UT线夹不能调整到位，重新做回头。

（3）拉线有断股、锈蚀时应更换。

（4）拉线绑线、UT线夹锈蚀时应除锈、涂黄油。

（5）格构式钢柱下锚角钢下滑、偏斜时，先在拉线上安装紧线器，在支柱上安装钢丝套后安装紧线工具，交替配合紧线，使下锚角钢受力卸载，调整下锚角钢位置，然后安装拉线，配合使用紧线工具恢复拉线的工作状态，最后拆除紧线工具，检查拉线状态应良好。

四、注意事项

（1）作业前要认真检查工具状态，确保其性能良好。

（2）在支柱上部进行防腐处理时，还应使用安全带，支柱的防腐处理应按由上至下的顺序处理。

（3）当检查发现支柱焊接处脱焊、支柱发生永久性扭曲变形时，应做好临时处理措施后及时更换支柱。

（4）支柱调整或更换及调整拉线后必须测量相邻跨距的导高、拉出值，确保相关参数符合要求。

【相关知识】

一、支柱按材质分类

支柱是接触网结构中应用最广泛的支撑设备，接触悬挂被支柱支撑在线路上方，承担接触悬挂与支持装置的负荷。按照材质接触网支柱主要分为预应力钢筋混凝土支柱和钢支柱。

1. 预应力钢筋混凝土支柱

钢筋混凝土柱从外观形态上可分为矩形横腹杆式、等径圆支柱两种。横腹杆式支柱（图3-1-2）截面呈工字形，采用带腹孔的横腹结构。这种结构便于上下攀登，利于维修和检查。同时，针对接触网负载的方向性（一般垂直于线路方向承受一定方向弯矩），在支柱受拉一侧配筋多，提高了高强度钢筋的利用率，在各种支柱中造价较低。它的缺点是质量大、安装不便、外观不太美观，且其非工作面承载力较小。矩形横腹杆式混凝土支柱是我国电气化铁路使用最为广泛的支柱类型，主要用作腕臂柱和软横跨支柱。横腹杆式支柱都可兼作打拉线下锚柱使用，但悬挂方向的弯矩与由下锚所产生的悬挂方向附加弯矩之和应不大于支柱悬挂方向的标准设计弯矩。

等径圆钢筋混凝土支柱是一种上下直径相等的圆形支柱。该柱加工制造较容易，当支柱围绕自己的纵轴旋转，利用离心力的作用，混凝土浆喷洒到模型面上并能较好密实凝结。这种支柱表面平滑，便于运输，圆截面钢筋混凝土支柱的钢筋是按整个圆周均匀分布的，安装时不受方向性的限制，且受力均匀，运输方便，损耗率低，制造长度比较灵活。缺点是钢筋材料的利用率较低，攀登支柱较困难，不利于维修，在实际使用中存在纵裂问题。现在生产的主要有350 mm和400 mm两种直径的等径圆支柱。这种支柱目前在中国电气化铁路提速改造区段使用主要用作受力较大的锚柱、转换柱和硬横跨支柱，也用于速度200～250 km/h线路的中间支柱。

钢筋混凝土支柱基础类型有直埋式和独立基础两种类型。对于直埋式基础，支柱的地下部分起到了基础的效能，埋置深度一般为3 000 mm左右，根据负载情况、土壤类型等计算确定。对于具有独立基础的钢筋混凝土支柱，要设置专门的混凝土基础，这种支柱将会大大增加混凝土和钢材的耗量，而且需分两个阶段进行作业，提高施工成本。目前，我国使用的横腹杆式混凝土支柱多属于整体式支柱，等径圆支柱多需要制作杯形混凝土基础或法兰盘连接基础。

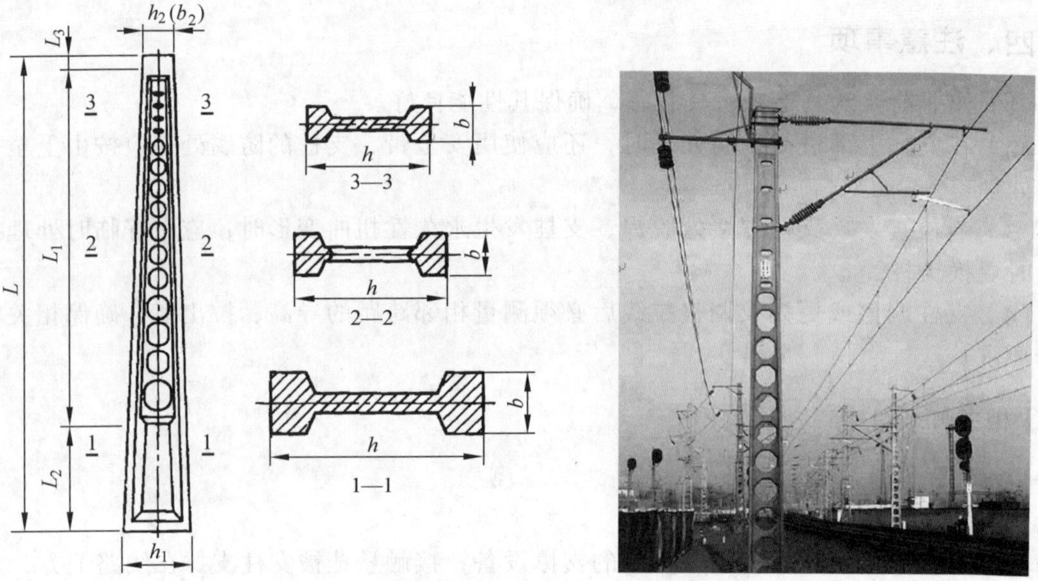

（a）直埋式横腹杆式混凝土支柱

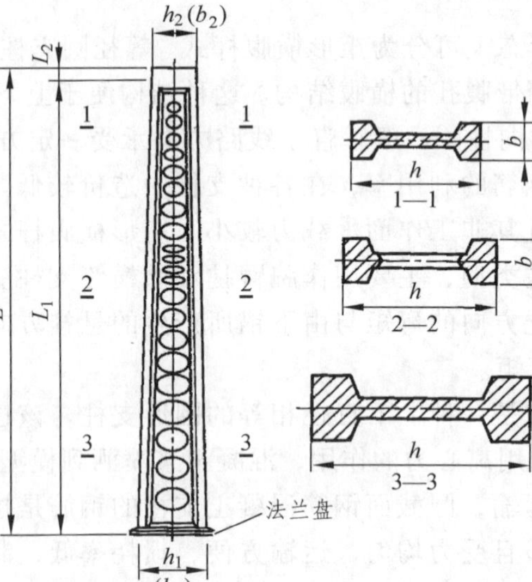

（b）法兰式软横跨支柱

L—柱长；L_1—荷载点高度；L_2—支持点高度（支柱埋入地下的深度）；L_3—柱顶至检验荷载点距离（为 0.1 m）；h—支柱截面处的高度；h_1—柱底截面高度；h_2—柱顶截面高度；b—支柱截面处的宽度；b_1—柱底截面宽度；b_2—柱顶截面宽度。

图 3-1-2 矩形横腹杆式混凝土支柱

横腹杆式钢筋混凝土支柱符号为

$$\mathrm{H}\frac{60}{8.7+3.0}$$

式中　H——钢筋混凝土支柱；

60——垂直线路方向支柱容量，kN·m；

8.7——支柱地面以上部分长度，m；

3.0——支柱埋入地下部分的长度，m。

专门作为锚柱使用的钢筋混凝土支柱其符号表示方法为

$$\mathrm{H}\frac{48-25}{8.7+3.0}$$

式中　48——垂直线路方向支柱容量，kN·m；

25——顺线路方向支柱容量，kN·m；

其他部分含义同前。

常见的等径圆支柱型号及规格型号表示为

$$\phi 400\frac{60}{11+3}$$

式中　ϕ400——支柱直径，mm；

分数部分含义同前。

2. 钢　柱

目前，在接触网工程中，特别是较大站场上、桥梁和客运专线铁路中大量使用钢柱，钢柱根据结构形式主要有格构式、钢管柱、H 型钢柱等几种。

格构式钢柱是用角钢焊接成的立体桁架结构式支柱，结构如图 3-1-3 所示。该结构技术性能优良，材料布置合理，可根据具体使用场合设计成不同的结构形式，方便灵活。立杆时一般在柱底各主杆处设法兰盘，通过地脚螺栓与基础连接，安装方便。其容量跨度范围很大，任何场台均可使用。尤其适用于大跨度软硬横跨中。但其外形尺寸较大，占用较大空间。在线间距较小时，使用受限。杆塔由于组合杆件多，所以下料、放样、焊接、防腐等制造工艺比较复杂。

钢管柱主要分为等径钢管柱和锥形钢管柱，为了连接金具的通用性，一般采用等径钢管柱或者锥度较小的锥形钢管柱，结构如图 3-1-4 所示。钢管柱外形美观，截面尺寸小，一般采用压力机或卷板机加工成型，埋弧自动焊接，制造简单，机械化程度高，质量容易控制。该支柱采用杯型基础时，可直接埋入基础中；采用预置地脚螺栓基础时，支柱底设法兰盘，螺栓对称布置，安装方便。其抗弯及抗扭强度和刚度较大，作锚柱时可不打拉线。

H 型钢柱可以使用 H 型钢材加工而成，制造简单，预置地脚螺栓基础，安装方便，支柱上下截面一致，装配简单，外形美观，结构如图 3-1-5 所示。该柱抗弯强度和刚度较大，抗扭强度与刚度较小，其扭转惯性矩约为抗弯惯性矩的 1/（100～250），用作转换柱及锚柱时尤其应注意。支柱高度较大时稳定性相对较差。钢管柱和 H 型钢柱的用钢量大，质量约为同种规格角钢铁塔的 1.5～2.5 倍。

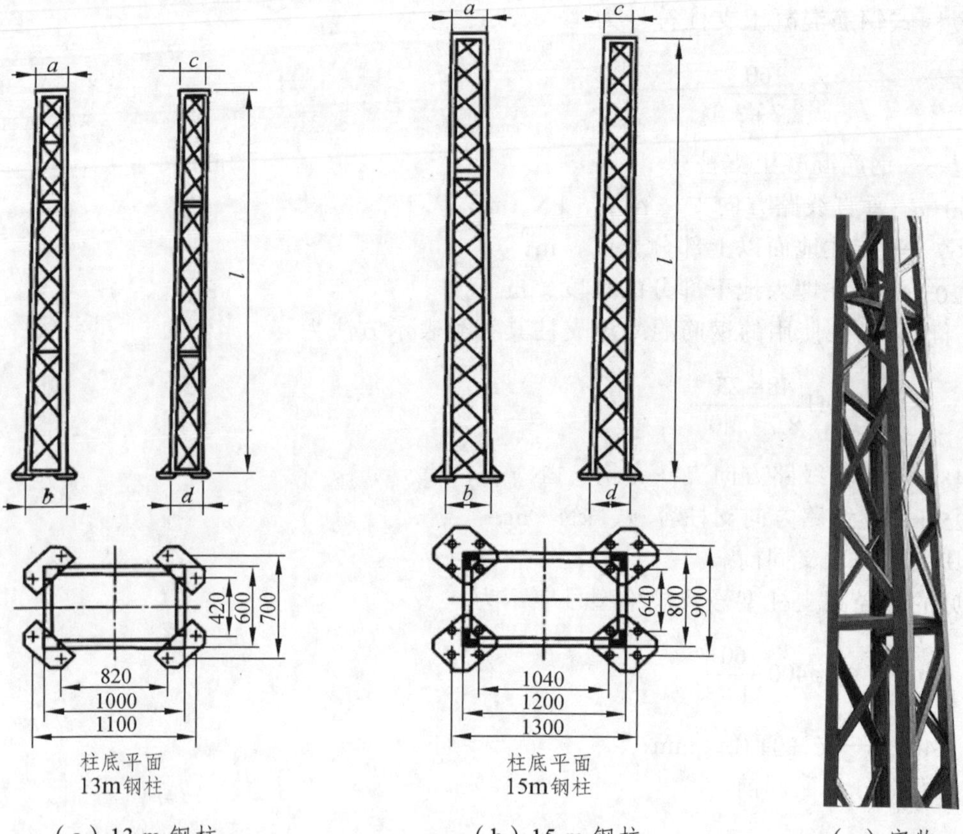

（a）13 m 钢柱　　（b）15 m 钢柱　　（c）实物

图 3-1-3　格构式钢柱

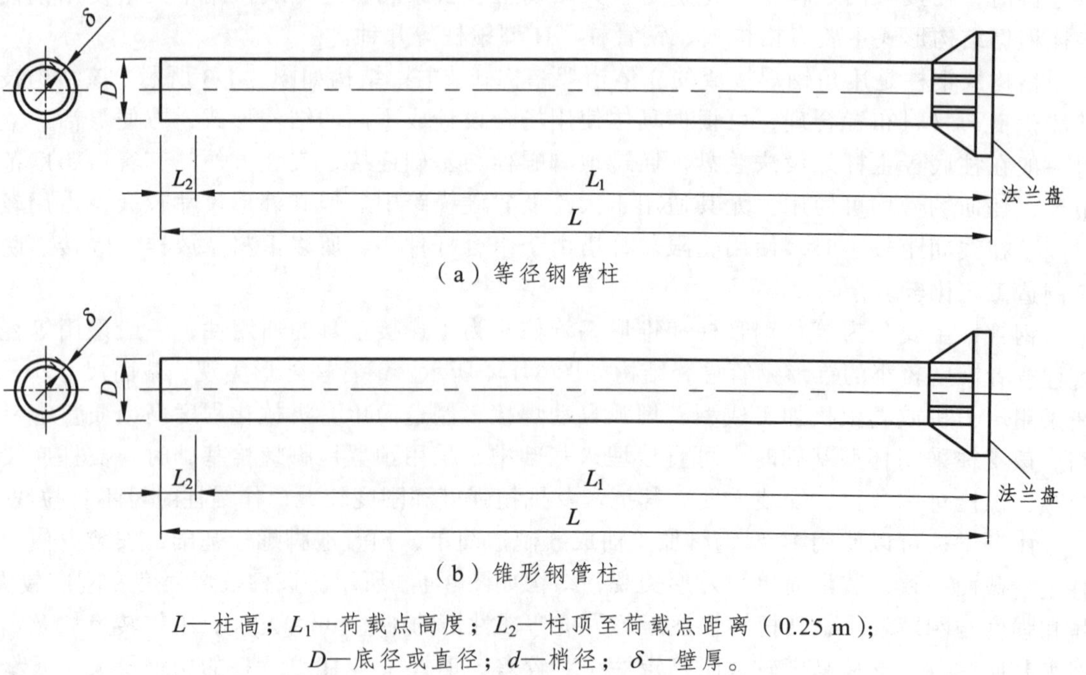

（a）等径钢管柱

（b）锥形钢管柱

L—柱高；L_1—荷载点高度；L_2—柱顶至荷载点距离（0.25 m）；
D—底径或直径；d—梢径；δ—壁厚。

图 3-1-4　钢管支柱

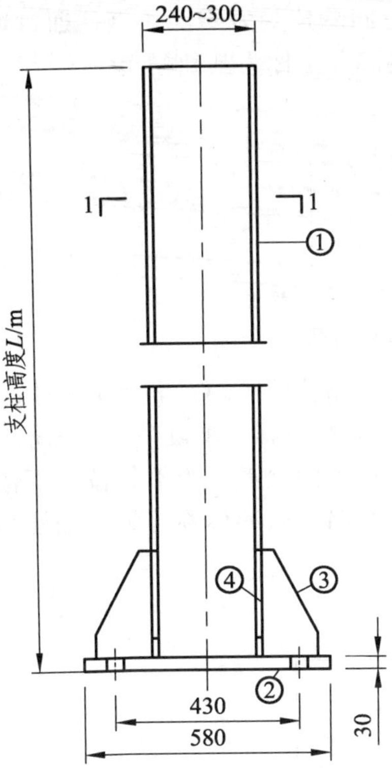

（a）H 型钢柱立面

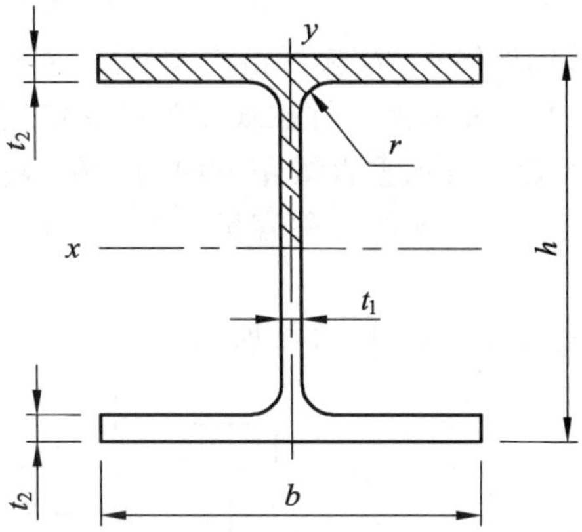

（b）H 型钢柱截面

（c）H 型钢柱实物

图 3-1-5　H 型钢柱

总体上钢支柱用钢量大、造价高、耐腐蚀性能差，现在涂漆防腐已改为热镀锌防腐，提高了防腐性能，延长了维修周期。钢支柱主要用于跨越股道比较多、需要支柱高度较高、容量较大的软横跨、硬横跨支柱和作为桥梁墩台上安装的桥支柱。在客运专线和城市轨道交通中，因钢管柱和 H 型钢柱断面尺寸小，外形美观，得到了广泛的应用。

钢柱是立在以钢筋混凝土预制的基础之上，基础用以稳定钢柱不倾斜及下沉，配合不同支柱类型及土壤性质，有不同基础类型以适应不同悬挂受力要求。钢柱通过埋入在基础当中的螺栓与基础连接，然后再用混凝土封住连接部分（称为基础帽）。

格构式钢柱符号如图 3-1-6 所示。

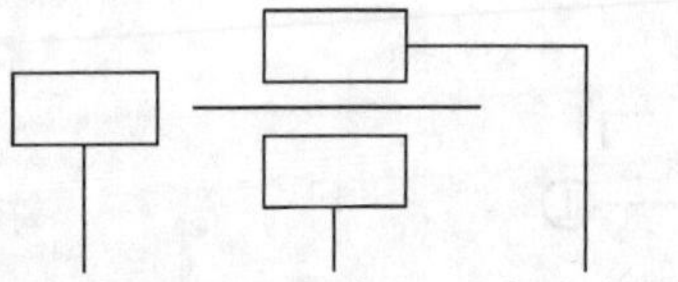

图 3-1-6　格构式钢柱符号

格构式钢柱代号：G 表示格构式钢柱；Gs 表示双线路腕臂柱；Gz 表示窄型柱；Gq 表示直腿桥钢柱；Gm 表示钢柱打拉线作为锚柱使用。钢柱的标称容量单位为千牛 · 米（kN · m）。此项为一项者，表示垂直线路方向的标称容量；此项为两项者，为不打拉线下锚柱，第一项表示垂直线路方向的标称容量，第二项表示平行线路方向的标称容量。钢柱高度单位为米（m）。

钢管柱的符号如图 3-1-7 所示。

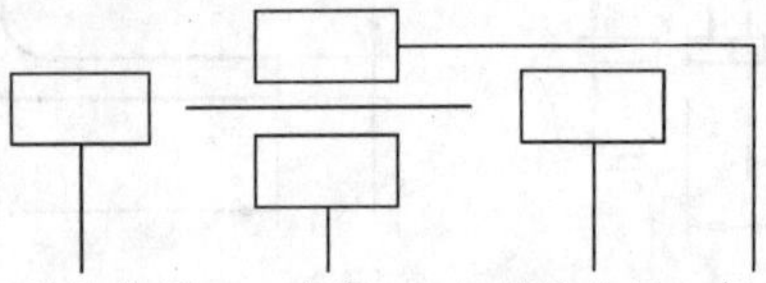

图 3-1-7　钢管柱符号

钢管柱代号中，Gg 表示等径钢管支柱；Ggz 表示锥形钢管支柱。钢管外径的单位为毫米（mm），对应锥形钢管柱，其表示钢管柱底径，常见的类型有 ϕ300、ϕ350 两种规格。其他符号含义同格构式钢柱。

H 型钢柱的符号如图 3-1-8 所示。

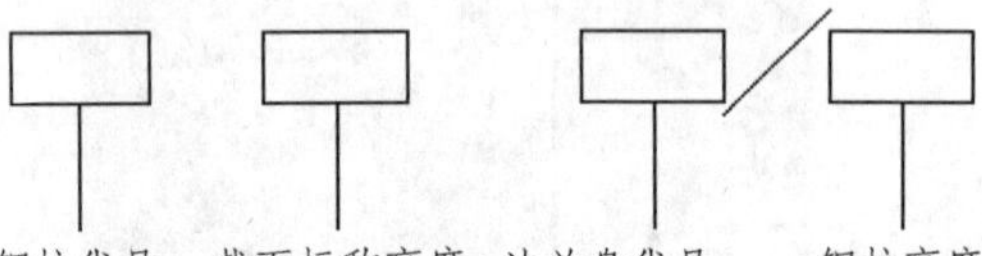

图 3-1-8　H 型钢柱符号

H 钢柱代号用 GH 表示，代号为 GHT 的 H 型钢柱为加强型宽工字钢钢柱。GHd、GHs 分别表示符合国标 GB/T 11263—2005 的单 H 型钢柱、双 H 型钢柱。截面标称高度单位为毫米（mm），法兰盘代号常用的有 A、B、C 等多个型号，对应不同的柱底弯矩和地脚螺栓的数量为 6、8、10 或者更多。常用的 H 型钢柱高度为 7.8 ~ 11 m，强度主要有 GH240 ~ GH300。

二、支柱按用途分类

支柱按其在接触网中的作用可分为中间支柱、转换支柱、中心支柱、锚柱、定位支柱、道岔支柱、软横跨支柱、硬横跨支柱、隔离开关支柱和桥梁支柱等几种。图 3-1-9 所示为以上各种支柱安设位置。

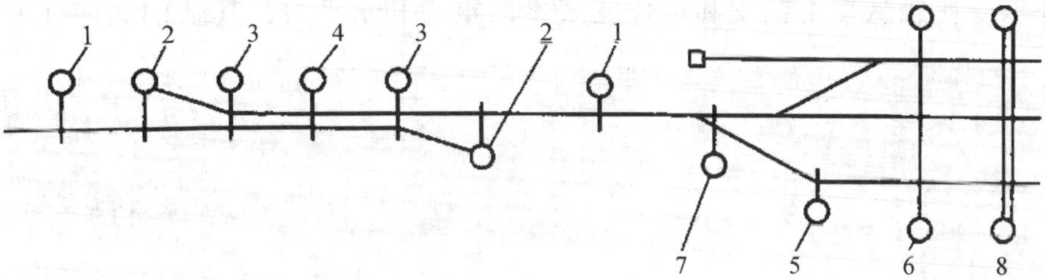

1—中间柱；2—锚柱；3—转换柱；4—中心柱；5—定位柱；
6—软横跨支柱；7—道岔定位柱；8—硬横跨支柱。

图 3-1-9　支柱安设位置

1. 中间支柱

中间支柱在区间和站场上广泛使用，布置在两相邻锚段关节之间，通过腕臂等支持结构承受一支接触悬挂的支柱，它承受一支工作支接触悬挂的重力及风作用于悬挂上的水平分力。中间支柱所承受的力矩比较小，是电气化铁路中最常见的支柱类型，其结构如图 3-1-10 所示。

图 3-1-10　中间支柱

2. 锚　柱

位于锚段的终端，供接触悬挂等下锚用的支柱称为锚柱。在接触网锚段关节处或其他接触网下锚的地方需设锚柱，锚柱承受两个方向的负荷，在垂直线路方向起中间支柱的作用，在顺线路方向，承受接触悬挂下锚的全部拉力。锚柱分为带下锚拉线和不带下锚拉线两种，分腿式钢柱、等径圆钢柱用作锚柱时可不带拉线，在一些重要站场为美观需求，采用不带拉线的锚柱形式（如北京南站），其余锚柱用作下锚时均带拉线，其结构如图 3-1-11 所示。

3. 转换支柱

转换支柱位于锚段关节处的两棵锚柱之间，它同时支持两支接触悬挂，其中一支为工作支，另一支为下锚支（简称非支），电力机车受电弓在两转换支柱间进行两个锚段线索的转换。它要承受接触悬挂下锚支和工作支线索的重力和水平力，其结构如图 3-1-12 所示。

图 3-1-11　锚柱

图 3-1-12　转换支柱

4. 中心支柱

在四跨锚段关节处，位于两根转换支柱中间通过腕臂等支持结构承受两支工作支接触悬挂的支柱称为中心支柱。它同时承受两组工作支接触悬挂的重力和水平力，两工作支接触线在此柱定位点处呈水平状，且使两支接触线线间距离符合技术要求，其结构如图 3-1-13 所示。

图 3-1-13　中心支柱

5. 道岔支柱和定位支柱

道岔支柱位于道岔处，通过腕臂等支持结构承受两支接触悬挂并确保这两支接触悬挂满足线岔处接触线定位要求的支柱，称为道岔柱，其结构如图 3-1-14 所示。

在水平方向对接触悬挂起定位作用而不承受其重量的支柱称为定位支柱。当接触线由于某些原因对受电弓中心偏移过大时，为确保电力机车受电弓正常接触取流不发生脱弓事故，而专门设立定位支柱。它通常仅承受接触线水平分力而不承受接触悬挂的垂直分力，一般多设于站场道岔后曲线处。由于受力较小可采用中间柱。

图 3-1-14　道岔支柱和定位支柱

6. 软横跨支柱

软横跨支柱一般用于跨越多股道的站场上，由于受力较大，多选用容量较大的支柱，跨越五股道及以下的软横跨柱可用钢筋混凝土支柱，五股道以上软横跨则采用钢柱，其结构如图 3-1-15 所示。

图 3-1-15　软横跨支柱

7. 硬横跨支柱

硬横跨也称为硬横梁，在提速区段为了提高站场接触网的稳定性、可靠性，采用硬横跨代替软横跨作为站场接触网的支持装置，其结构如图 3-1-16 所示。近几年，硬横跨在站场上的应用增多。在高铁的中间站，多采用线间设置腕臂支柱形式，只有在车站两端线间立支柱不能满足侧面限界要求时，才采用硬横跨形式。

图 3-1-16　硬横跨支柱

8. 隔离开关支柱

隔离开关一般装设在腕臂柱顶端或软横跨支柱上，高速铁路的上网隔开移到上网点附近后，专设支柱用于安装上网隔开，这样的支柱称为隔离开关柱，其结构如图 3-1-17 所示。

图 3-1-17　隔离开关支柱

【评价反馈】

以支柱检查为例进行考核评价，评价学员对支柱检查方法的掌握情况，评价标准可参考表 3-1-2。

表 3-1-2 考核评价表

内容	评分标准	操作情况	扣分情况	备注
料具准备（10 分）	要求工具符合要求，否则扣 10 分			
质量要求（70 分）	1. 检查支柱位置，方法不正确或漏检扣 10 分			
	2. 检查支柱本体是否有弯曲、扭转、变形；焊接部分是否有裂纹、开焊；表面防腐层情况，方法错误或漏检一项扣 5 分			
	3. 检查支柱倾斜率，方法不正确或漏检扣 10 分			
	4. 检查支柱本体，方法错误或漏检扣 10 分			
	5. 检查拉线及拉线基础，方法错误或漏检扣 5 分			
	备注：扣完配分失格			
安全及文明作业（20 分）	1. 作业中出现一般违章现象每次扣 5 分，出现严重作业违章每次扣 10 分			
	2. 作业时必佩戴的个人工具、劳保用具、安全用具每缺一件扣 5 分			
	3. 作业中出现不文明语言或动作每次扣 5 分			
	4. 作业完毕，料具有一件不归位扣 2 分			
总分				

任务二 组立接触网抢修支柱（临时支柱）

【任务描述】

接触网抢修支柱（临时支柱），如图 3-2-1 所示，主要用于电气化铁路区段接触网支柱由于被车辆碰撞、山体滑坡或山洪暴发等诸多意外事故而造成支柱折断、损伤时，临时替代接触网支柱，以便快速恢复线路供电，从而减少因抢修时间过长而带来的经济损失。

【任务目标】

掌握接触网抢修支柱（临时支柱）的组立方法。

图 3-2-1　接触网抢修支柱

【任务实施】

一、作业准备

（1）人员：采用绝缘梯车作业，作业组人员不少于 12 人；采用接触网作业车作业，作业组人员不少于 9 人。

（2）工具：作业车（或梯车）、三齿镐、铁锹、二锤、绝缘绳、滑轮组、钢丝套、吊绳、接触线校直器、活动扳手（375 mm）、梅花扳手、扭力扳手、扭面器、钢钎若干、工具包、测量工具（接触网全参数激光测量仪）、通信工具、安全工具、防护用具、个人工具等。

（3）材料：临时支柱 1 套（含支撑、定位装置）、ϕ4.0 镀锌铁线若干、枕木头等。

二、工艺标准

（1）接触线拉出值：满足设计要求，允许误差±30 mm，最大不超过 450 mm。

（2）接触线高度：满足设计要求，允许误差±100 mm。

（3）接触线坡度：运行速度≤120 km/h 时，线坡不大于 3‰；120 km/h＜运行速度≤160 km/h 时，线坡不大于 2‰。

三、作业步骤

（1）在需要立临时支柱的地方开挖相应位置的道床（相邻两孔枕木间）便于插入临时支柱的底座槽钢。

（2）在底座槽钢上安装钢轨扣板，将钢轨扣板的螺栓稍拧紧防止脱落，待临时支柱底座安装好后再将钢轨扣板的螺栓紧固。

（3）安装临时支柱底座支架。

（4）连接临时支柱底座，并利用底座支架将底座调整至水平状态。

（5）用ϕ4.0 镀锌铁线（绝缘绳）将临时支柱与支撑、定位装置临时固定。

（6）用销钉将平放的临时支柱与临时支柱底板连接，在临时支柱顶部系上绝缘绳。

（7）立临时支柱，通过绝缘绳将其临时固定，然后连接临时支柱底座各部螺栓。
（8）安装临时支柱补偿装置。
（9）安装临时支柱拉线。
（10）安装支撑、定位装置，调整接触网参数达到列车通行条件。

四、注意事项

（1）临时支柱底板连接牢固后方可攀登。
（2）临时支柱的底座在顺线路和垂直线路方向都应水平。
（3）在小曲线半径曲线外侧立临时支柱时，应根据地理条件安装临时支柱拉线。
（4）曲线作业时，作业人员不宜站在线索受力方向的反侧。
（5）重叠作业时必须有可靠的安全措施。
（6）严禁踩踏接触线。
（7）高空作业系好安全带，禁止低挂高作业，严禁将安全带系在拆卸的接触网部件上。

【评价反馈】

通过考核，评价学员对接触网抢修支柱（临时支柱）组立方法的掌握情况，评价标准可参考表3-2-1。

表3-2-1　考核评价表

内容	评分标准	操作情况	扣分情况	备注
料具准备（10分）	要求工具符合要求，否则扣10分			
质量要求（70分）	1. 道床开挖正确，方法不正确或定位错误扣10分			
	2. 钢轨扣板安装正确，方法不正确或安装不到位扣10分			
	3. 临时支柱底座支架，安装错误扣10分			
	4. 连接临时支柱底座，安装错误或底座不水平扣10分			
	5. 支撑、定位装置临时固定正确，方法不正确或安装不到位扣10分			
	6. 临时支柱树立正确，方法不正确或安装不到位扣10分			
	7. 临时支柱拉线安装正确，安装不正确扣10分			
	8. 支撑、定位装置安装及参数调整正确，安装不正确或参数调整不正确扣10分			
	备注：扣完配分失格			
安全及文明作业（20分）	1. 作业中出现一般违章现象每次扣5分，出现严重违章每次扣10分			
	2. 作业时必佩戴的个人工具、劳保用具、安全用具每缺一件扣5分			
	3. 作业中出现不文明语言或动作每次扣5分			
	4. 作业完毕，料具有一件不归位扣2分			
总分				

任务三　接触网腕臂的安装

【任务描述】

腕臂是从支柱上伸出的由一根或几根横臂组成的支持结构，一般使用圆形钢管或用槽钢、角钢加工制成，用以支持接触悬挂，并起传递负荷的作用。本任务主要作业内容就是根据接触网腕臂安装的技术标准进行腕臂的安装。

【任务目标】

（1）掌握绝缘腕臂的结构及主要部件的名称。

（2）掌握侧面限界、结构高度和导高的含义。

（3）了解常见中间柱的装配结构。

（4）掌握腕臂安装标准及安装步骤和方法。

【任务实施】

一、作业准备

（1）人员：6~8人。

（2）工、机具：车梯（或作业车）、力矩扳手2把、梅花扳手2把、工作绳2条、电工工具每人1套。

（3）材料、设备（见表3-3-1）。

表3-3-1　材料清单

序号	名　称	规格或型号	单位	数量	备　注
1	腕臂		套	1	已配好
2	棒式绝缘子		套	1	配平腕臂
3	棒式绝缘子		套	1	配斜腕臂
4	铁线	2.0	kg	2	包扎瓷瓶

二、技术标准

（1）用水平尺测量，底座应呈水平。螺栓紧固力矩应符合产品使用说明书的要求。

（2）腕臂棒式绝缘子排水孔朝下。

（3）腕臂安装后，水平腕臂应符合设计要求，稍有低头，关节道岔处腕臂应符合设计要求，但均应保证承力索至轨面的距离符合设计要求，施工偏差允许范围为±20 mm。承力索和接触线应在同一垂直面内，施工偏差不得超过±30 mm。

三、作业程序

1. 安装腕臂底座

（1）以测量的轨面标高为基准，用钢尺或高度测量仪测出设计要求安装上、下底座位置，做好标记（一人系安全带上杆，一人地面配合）。

（2）再上杆一人带安全带、小绳，系好安全带，放下小绳，地面人员将底座预组件装好后扎牢。

（3）杆上一人拉工作绳，将底座提至安装位置。

（4）两人配合，把上底座螺栓由线路侧穿向田野侧，一人把上底座扶正，另一人预拧垫片螺母，用梅花扳手紧固后，用力矩扳手校验紧固力矩。

（5）上底座安装完毕，两人解开安全带攀至下底座位置 1 m 以下系好安全带。

（6）按（1）~（4）的要求，安装下底座。

2. 安装绝缘子、组装腕臂

（1）对安装作业人员进行技术交底和安装培训，使其清楚安装技术标准和安全注意事项。

（2）按安装计划，将所需棒式绝缘子运至工地，放在平地上。

（3）按设计要求，装配平、斜腕臂棒式绝缘子。

（4）用塑料布将棒式绝缘子包好，用 $\phi 2.0$ 铁线扎 3 遍（两头、中间），再用草带包上，用 $\phi 2.0$ 铁线同包塑料布一样扎 3 遍（图 3-3-1）。

图 3-3-1　绑扎绝缘子

（5）按标识将平、斜腕臂连接上，拧好螺母和开口销，螺栓销应穿向来车方向（图 3-3-2 和图 3-3-3）。

3. 安装腕臂

（1）腕臂装配好后将腕臂搬运至安装地点，施工负责人确定腕臂编号与安装地点相符。

（2）封闭线路，两人系安全带上杆，两人地面配合。

（3）杆上两人放下工作绳，地面配合人员绑接腕臂。

图 3-3-2　人工拉吊绝缘子

图 3-3-3　安装绝缘子

（4）杆上两人吊起腕臂（图 3-3-4），杆上人员将斜腕臂棒瓷的连接板插入腕臂底座，一人扶住底座配合，斜腕臂棒瓷连接板的孔与下底座连接板孔对齐，立即把螺栓销穿入（方向朝来车方向，然后装好螺母和开口销）。

（5）一人扶住斜腕臂，两个抬起平腕臂调整位置。把棒瓷连接板对准上底座的连接板，当两孔对准时，立即将螺栓销穿向来车方向，然后安装好螺母和开口销（图 3-3-5）。

图 3-3-4　人工拉吊腕臂

图 3-3-5　紧固螺栓安装完成

4. 支持装置的调整

（1）底座装设不水平、扭转。

① 调整上底座时可稍松动紧固螺栓，用手锤敲击，调整上底座水平和扭转状态。

② 调整下底座时可在上下底座间搭 0.75 t 手扳葫芦拉住下底座，稍松动紧固螺栓，用手锤敲击，调整下底座水平和扭转状态。

③ 紧固底座螺栓。

（2）腕臂上的部件与腕臂不在同一垂直面内。

将与腕臂不在同一垂直面内零部件螺栓稍松动，调整至同一垂直面内。

（3）零部件有锈蚀、变形、裂纹，开口销不齐全、锈蚀。

① 各零部件有锈蚀、变形、裂纹时，更换零部件。

② 对缺少开口销的进行补装，更换锈蚀开口销，开口销掰开角度不小于 60°。

（4）当棒式绝缘子有破损和放电痕迹，铁件松动、裂纹，瓷绝缘子釉面剥落面积超过 300 mm^2 时需要更换棒式绝缘子，具体见项目六绝缘子检修工艺。

（5）棒式绝缘子滴水孔朝上。

① 用棒式绝缘子更换器将棒式绝缘子拆下（更换方法见绝缘子检修工艺）。

② 将棒式绝缘子转动 180°，滴水孔朝下重新安装。

（6）平腕臂棒式绝缘子顶丝（凸头压板）未顶进。

① 拆下承力索卸载，松开顶丝、铁模压板。

② 松开平、斜腕臂连接处套管单耳，用管钳转动平腕臂使平腕臂尾部顶丝孔对准顶丝（凸头压板）。

③ 将顶丝（凸头压板）顶进，拧紧。

（7）腕臂管有弯曲、变形，更换腕臂管。

① 测量原平、斜腕臂长度（根据设计腕臂计算长度尺寸），按照测量长度预制腕臂。

② 卸载承力索，直线、曲线外侧区段时在柱顶搭 0.75 t 手扳葫芦拉住承力索，紧手扳葫芦，使腕臂不受力；用 ϕ4.0 铁线、滑轮把接触线吊到腕臂上，使吊弦不受力；从承力索座内抬出承力索，慢慢松动 ϕ4.0 铁线至铁线不受力，拆除铁线。曲线内侧时先摘除腕臂管帽，在腕臂管插入一根带两个定位环的 1 m 长定位管，调整定位管的外漏长度，在定位管上搭 0.75 t 手扳葫芦拉住承力索，紧手扳葫芦使腕臂不受力后从承力索座内抬出承力索，松手扳葫芦至手扳葫芦不受力状态，拆除手扳葫芦、插管。

③ 卸载接触线，直线区段时，松开定位线夹，拆除定位装置。曲线外侧时，在支柱上搭 0.75 t 手扳葫芦拉住接触线，紧手扳葫芦使定位器不受力后拆除定位装置。曲线内侧时拆除定位管管帽，在定位管端部搭 0.75 t 手扳葫芦，紧手扳葫芦使定位器不受力后松开定位线夹，松手扳葫芦至手扳葫芦不受力状态，拆除手扳葫芦和定位装置。

④ 更换斜腕臂时卸载接触线、拆除定位装置后，拆除斜腕臂，更换新腕臂。

⑤ 更换平腕臂时卸载承力索，摘下平腕臂，更换新腕臂。

（8）腕臂管锈蚀及端口封堵不良。

对腕臂管锈蚀部分用砂纸打磨除锈后涂防锈漆。若腕臂端口封堵不良时，应更换腕臂管帽。

（9）腕臂支撑有锈蚀、套管双耳缺螺母、开口销。

① 对腕臂支撑锈蚀部位用砂纸打磨除锈后涂防腐漆、银粉漆。

② 对腕臂支撑双耳终端线夹缺少开口销、螺母进行补装，螺母按标准力矩紧固，开口销掰开角度不小于 60°。

（10）腕臂顺线路的偏移值不符合规定。

查阅腕臂安装曲线图，根据现场温度，确定腕臂偏移值或通过腕臂偏移计算公式进行计算，确定腕臂偏移值。

腕臂偏移计算公式为

$$E = L\alpha(T_X - T_P)$$

式中 E——腕臂偏移值（负值表示偏向中锚侧，正值表示偏向下锚侧）；

L——调整腕臂到中锚中心柱的距离，m；

α——线涨系数（铜的线膨涨系数为 17×10^{-6}），1/°C；

T_X——现场温度，°C；

T_P——无偏移温度（根据设计值），°C。

松开承力索座压板螺母，移动腕臂到规定偏移值处；小半径曲线时需在支柱顶部或腕臂顶部（方法同曲线更换平腕臂）搭 0.75 t 手扳葫芦卸载承力索座所受曲线分力。

涂电力复合脂，拧紧承力索座压板螺母。

5. 结　束

检查安装完的腕臂，确认无误后收拾工具、剩余材料，下车梯（或下降平台），结束工作。

四、注意事项

（1）作业平台放腕臂不得超过 5 组，并放在升降柱一侧。

（2）捆绑腕臂铁线应收回。

（3）在“V”停封闭区间内作业，防护人员应密切关注邻线车辆，作业车平台、料具、施工人员等严禁侵入邻线建筑限界。

【相关知识】

一、腕臂的分类

腕臂按其与支柱之间是否绝缘分为绝缘腕臂和非绝缘腕臂两类。

1. 绝缘腕臂

目前，我国在接触网上普遍采用绝缘腕臂，安装结构如图 3-3-6 所示。由于腕臂与水平拉杆均通过绝缘子对地绝缘，故称为绝缘腕臂。

绝缘腕臂结构灵巧简单，技术性能好，施工维修和安装方便，由于绝缘子安装在靠支柱侧，减少了对支柱容量和高度的要求，从而降低了成本。同时，在内电混合牵引区段不易被污染，减少了清扫和维护绝缘子的工作。

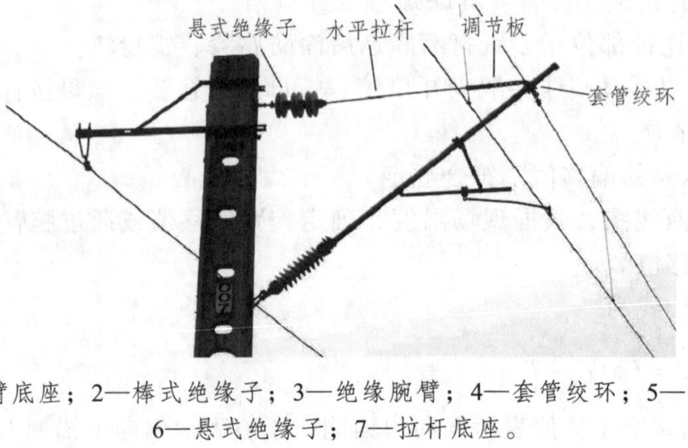

1—旋转腕臂底座；2—棒式绝缘子；3—绝缘腕臂；4—套管绞环；5—水平拉杆；6—悬式绝缘子；7—拉杆底座。

图 3-3-6　绝缘腕臂

2. 非绝缘腕臂

这种腕臂结构中，通过悬吊在腕臂上的绝缘子串来悬挂承力索。腕臂和支柱间不绝缘，因此称为非绝缘腕臂。非绝缘腕臂结构笨重，要求支柱高度和支柱容量大，安装维修困难，绝缘子容易脏污，不便开展带电作业，应尽量减少使用。目前，这种腕臂多存在于 2 ~ 3 股道受限不能为每条线路单独布置支柱时使用（也称为跨线腕臂），结构如图 3-3-7 所示。

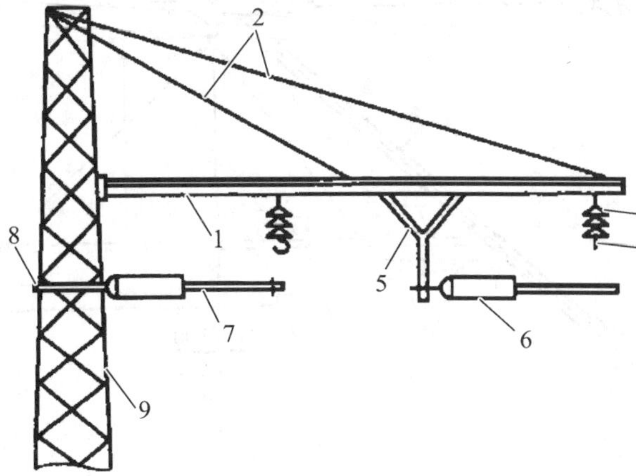

1—直腕臂；2—斜拉杆；3—悬式绝缘子；4—承力索；5—定位支架；6—棒式绝缘子；7—定位器；8—定位肩架；9—钢柱。

图 3-3-7 非绝缘腕臂

二、常见腕臂支柱装配

腕臂支柱装配根据悬挂类型的不同分为简单悬挂、半补偿链形悬挂、全补偿链形悬挂等支柱装配。根据支柱用途的不同分为中间柱、转换柱、道岔定位柱、锚柱和中心柱的装配，以及直线与曲线支柱装配。根据装配零件、形式不同可以分为水平拉杆式腕臂、平腕臂和铝合金腕臂。这里以中间柱为例，说明不同类型的腕臂装配形式。

1. 水平拉杆（压管）腕臂

水平拉杆腕臂的装配结构如图 3-3-8 所示，其零件见表 3-3-2。由于腕臂装配中，上部杵环杆成水平状态承受拉力，故称为水平拉杆。水平拉杆经过调节板与装在腕臂顶端的套管绞环相连，通过调节板上的不同孔位可以使水平拉杆、承力索和腕臂处于设计位置。在套管绞环下面安装钩头鞍子或悬吊滑轮用以固定承力索，上述结构适用于各种类型支柱装配。

当支柱处于曲线内侧时，支持装置在曲线力的作用下，当水平拉杆承受拉力较小或受压时，这时应该将拉杆换成压管，将悬式绝缘子换成棒式绝缘子。

2. G 型腕臂装配

G 型腕臂装配即钢腕臂装配，其主要零件材质为 Q235 钢。分为 ZG、WG 两种，Z 表示直缝焊钢管腕臂，W 表示无缝钢管腕臂。近年来，随着接触网技术进步和铁路提速，支柱装配趋向于使用 G 型腕臂支柱装置，和上一种装配形式最大的区别是用平腕臂代替了拉杆结构，因此这种装配形式俗称平腕臂结构。平腕臂结构和水平拉杆腕臂结构相比，抗风性能好、结构稳定、受力合理、强度大，可以提高接触网的稳定性，降低接触网的故障率，并有利于改善弓网受流质量。平腕臂中间柱装配如图 3-3-9 所示，其零件见表 3-3-3。

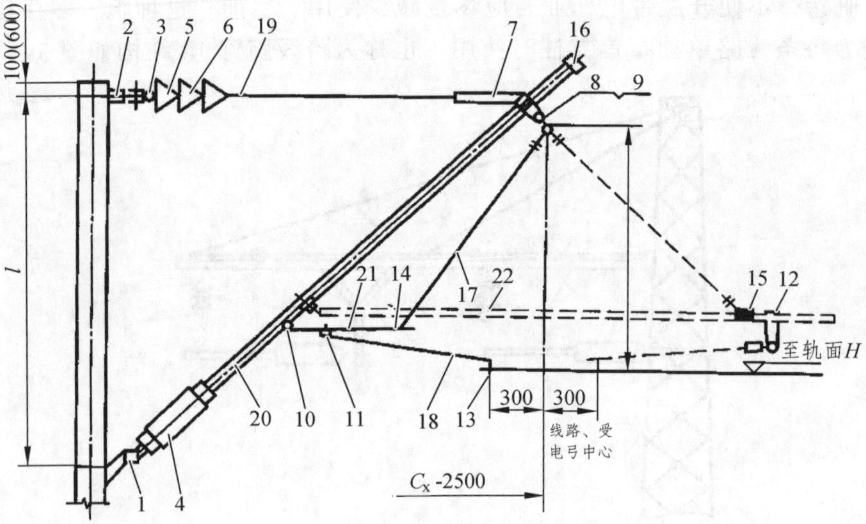

图 3-3-8　直线中间柱装配（虚线部分使用于反定位）

表 3-3-2　直线中间柱装配零件

序号	名　称	材料	单位	数量		附　注
				正	反	
1	3.8 型旋转腕臂支座	KT33-8	套	1	1	H7.8，H4.8-25 柱采用 7.8 型
2	3.8 型旋转腕臂拉杆底座	KT15-33	套	1	1	
3	双耳连接器	KT33-8	套	1	1	
4	棒式绝缘子	瓷	套	1	1	
5	耳环悬式绝缘子	瓷	套	1	1	
6	杵头悬式绝缘子	瓷	套	2	2	
7	调节板	A3	套	1	1	
8	$1\frac{1}{2}$ 型套管绞环	KT33-8	套	1	1	
9	钩头鞍子	KT33-8	套	1	1	
10	$1\frac{1}{2}$ 型定位环	KT33-8	套	1	1	
11	$\frac{1}{2}$ 型定位环	KT33-8	套	1	—	
12	1 型长定位环	KT33-8	套	—	1	
13	定位线夹	ZL5	套	1	1	
14	$\frac{1}{2}$ 型定位管卡子	A3	套	1	—	
15	1 型长定位管卡子	A3	套	—	1	

序号	名　称	材料	单位	数量		附　注
				正	反	
16	$1\frac{1}{2}$型管帽	HT15-33	套	1	1	
17	ϕ4.0拉线	镀锌铁线	m	≈2.5	≈6	反定位两股拧成
18	$\frac{1}{2}$型定位器	A3	套	1	1	
19	16型杵环杆	A3	件	1	1	
20	腕臂	A3	件	1	1	A型均为$1\frac{1}{2}$-2.75，B、E型均为$1\frac{1}{2}$-3.0
21	定位管	A3	件	1	—	正定位时均采用$\frac{1}{2}$-700
22	定位管	A3	件	—	1	反定位时均采用$1\frac{1}{2}$-3200

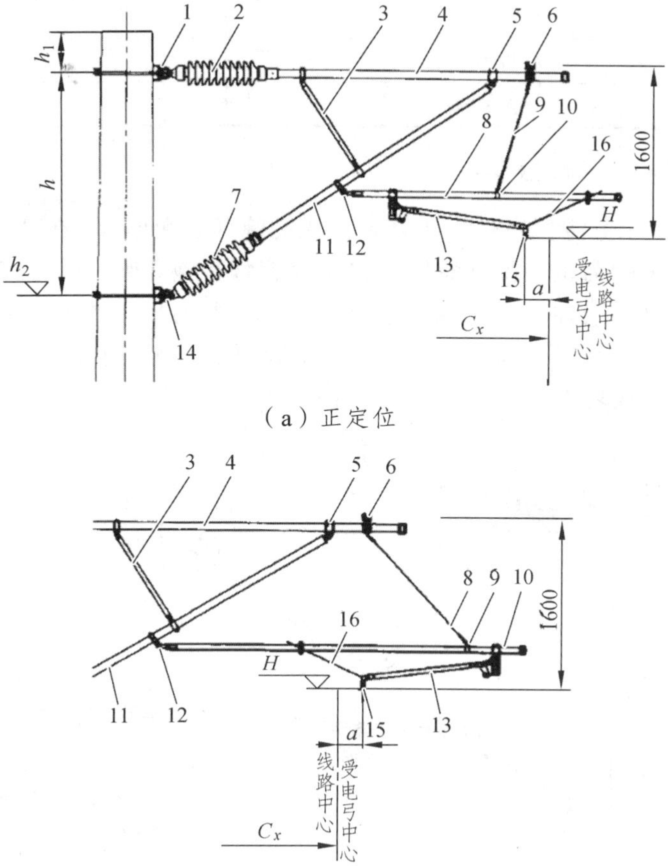

(b) 反定位（局部）

图 3-3-9　平腕臂中间柱装配图

表 3-3-3　平腕臂中间柱装配材料

序号	名称	单位	数量
1	单上底座	套	1
2	棒式绝缘了	套	1
3	腕臂支撑	套	1
4	平腕臂	套	1
5	套管双耳	套	1
6	承力索座	套	1
7	棒式绝缘子	套	1
8	定位管	套	1
9	定位管斜拉线	套	1
10	定位管卡子	套	1
11	斜腕臂	套	1
12	2 型定位环	套	1
13	限位定位器	套	1
14	单下底座	套	1
15	定位线夹	套	1
16	防风拉线	套	1

3. 高速铁路的 L 形腕臂装配

L 形腕臂装配表示其主要零件为铝合金构成的腕臂装配形式，在高速铁路建设中，开始广泛使用以铝合金零件为主的腕臂装置，铝合金腕臂有腕臂管及腕臂连接件、承力索支撑线夹、腕臂支撑及其连接件、定位管、定位环、定位器均采用高强度铝合金材料。这种腕臂防腐性能好，重量轻、比强度高、外观优美、安装简便、便于施工、无须维护，如图 3-3-10 所示，其主要零件组成见表 3-3-4。

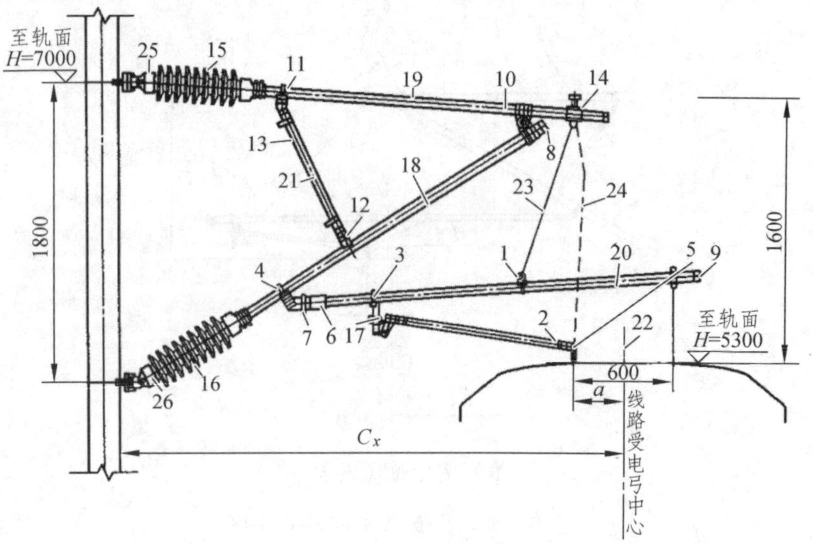

A向示意图

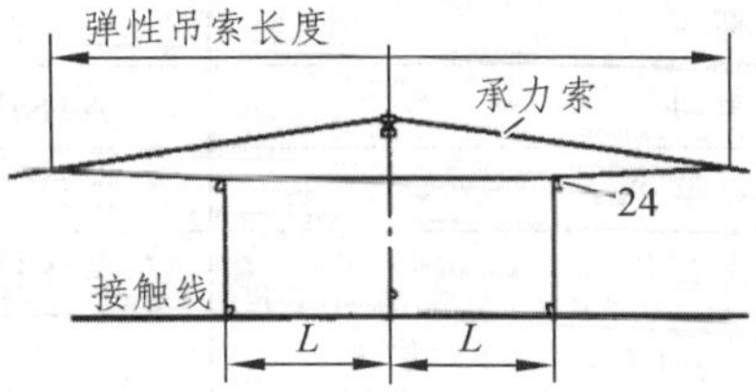

图 3-3-10　高速铁路平腕臂中间柱装配图

表 3-3-4　高速铁路平腕臂中间柱装配图零件

序号	名称	材料	单位	数量
1	吊线固定钩（吊钩定位环，含定位线夹）	AlSi7Mg0.3	套	1
2	L 形限位定位器（方形）	T6 铝合金	套	1
3	L 形定位支座（限位定位器坐）	AlSi7Mg0.6	套	1
4	套管单耳（垂直定位环）	A1Si7Mg0.3	套	1
5	防风拉线定位环（水平定位环）	A1Si7Mg0.3	套	1
6	旋转双耳	AlSi7Mg0.6	套	1
7	L 形定位管旋转接头	A1Si7Mg0.3	套	1
8	管帽	尼龙 6	套	1
9	管帽	尼龙 6	套	1
10	套管座（双套筒连接器）	AlSi7Mg0.6	套	1
11	套管单耳	A1Si7Mg0.3	套	1

续表

序号	名称	材料	单位	数量
12	套管单耳	A1Si7Mg0.3	套	1
13	L 形支撑（套管双耳）	A1Si7Mg0.3	套	1
14	承力索座	AlSi7Mg0.6	套	1
15	耐腐型瓷棒式绝缘子（12 kN，55 管）		套	1
16	耐腐型瓷棒式绝缘子（12 kN，70 管）		套	1
17	定位器电连接	电解铜	套	1
18	斜腕臂	T6 铝合金	套	1
19	平腕臂（55）	T6 铝合金	套	1
20	L 形定位管	A1Si7Mg0.3	套	1
21	L 形支撑	A1Si7Mg0.3	套	1
22	防风拉线		套	1
23	定位管吊线	06Gr19Ni11	套	1
24	弹性吊索	JTMH	套	1
25	腕臂上底座	铸造碳钢	套	1
26	腕臂下底座	铸造碳钢	套	1

【评价反馈】

通过考核，评价学员对接触网腕臂的安装方法的掌握情况，评价标准可参考表 3-3-5。

表 3-3-5　考核评价表

内容	评分标准	操作情况	扣分情况	备注
料具准备（10 分）	要求工具符合要求，否则扣 10 分			
质量要求（70 分）	1. 底座是否在预定位置，是否呈水平，位置不正确扣 10 分，不水平扣 5 分			
	2. 棒式绝缘子排水孔是否朝下，不朝下扣 5 分			
	3. 水平腕臂低头是否满足要求（200 mm），不满足扣 10 分。			
	4. 承力索至轨面的距离是否满足要求，施工偏差超过±20 mm 扣 10 分			
	5. 承力索和接触线应在同一垂直面内，施工偏差超过±30 mm 扣 10 分			
	6. 完毕组装各零部件应正确，每错一处扣 10 分			
	备注：扣完配分失格			
安全及文明作业（20 分）	1. 作业中出现一般违章现象每次扣 5 分，出现严重违章每次扣 10 分			

续表

内容	评分标准	操作情况	扣分情况	备注
安全及文明作业（20分）	2. 作业时必佩戴的个人工具、劳保用具、安全用具每缺一件扣5分			
	3. 作业中出现不文明语言或动作每次扣5分			
	4. 作业完毕，料具有一件不归位扣2分			
总分				

任务四　接触网定位装置的检调

【任务描述】

定位装置是接触网的主要组成部分，是在定位点处实现接触线相对于线路中心进行横向定位的装置。它的主要作用是根据技术要求，将接触线进行横向定位，保证接触线始终在受电弓滑板的工作范围内保证良好受流。本任务主要学习接触网定位装置检调的准备工作、作业程序以及故障处理方法等。

【任务目标】

（1）掌握定位管、定位器的作用、结构和型号。
（2）掌握常见的定位方式。
（3）掌握接触网定位装置检调的方法。

【任务实施】

一、作业准备

（1）人员：6～8人。
（2）工、机具（见表3-4-1）。

表3-4-1　工、机具清单

序号	工具名称	型号	单位	数量	备注
1	个人工具		套	1	含扳手、起子、夹钳、安全带等
2	作业工具包		套	1	含卷尺、水平尺、扭面器、扭力扳手、木槌等
3	绝缘车梯		台	1	
4	作业车		台	1	
5	测量工具		套	1	激光测量仪或测量杆
6	绝缘滑轮组		套	1	含绝缘吊绳
7	力矩扳手		把	2	配各型套筒

（3）材料、设备（见表 3-4-2）。

表 3-4-2　材料清单

序号	材料名称	型号	单位	数量	备注
1	弹簧销、开口销		个	若干	
2	垫圈		个	若干	各种型号都备有
3	螺栓		套	若干	各种型号都备有
4	绑扎线	ϕ1.6	米	若干	
5	不锈钢铁线	ϕ3.5	米	若干	
6	防腐油		套	若干	
7	吊弦线夹		套	1	
8	吊弦		套	1	
9	定位环		套	2	
10	定位管卡子		套	1	
11	支持器		套	1	
12	管帽		套	2	
13	斜拉线		套	2	
14	预型保护条		套	1	与承力索线型配套

二、技术标准

（1）定位装置的结构及安装状态应保证定位线夹处接触线工作面平行于轨面连线，定位点处接触线的弹性符合规定。当电力机车受电弓通过和温度变化时，接触线能上下、左右自由移动。

（2）定位管应与腕臂在同一垂面内，一般情况下呈水平状态，正定位允许抬头；反定位允许低头，但坡度不得大于 150 mm/m。正、反定位管状态均应符合设计要求，定位管端部余长为 200 mm。

（3）定位线夹与接触线固定后将 U 形销向上弯曲 60°，止动垫片安装到位。

（4）转换柱处双腕臂能分别随温度变化自由移动、不卡滞，接触线非工作支和工作支定位器、管之间的间隙不小于 50 mm。

（5）受电弓动态包络线范围内不得有任何障碍影响受电弓运行。

（6）各部零件连接牢固可靠，紧固力矩符合规定。

（7）定位装置技术状态应符合下列要求：

① 定位器偏移，定位器安装符合设计要求，在平均温度时应垂直线路中心线，温度变化时，偏移量与接触线在该点的伸缩量应一致，允许误差±10%。

② 定位器坡度要求见表 3-4-3。

表 3-4-3　定位器坡度要求

运行速度/（km/h）	项　目		
	标准值	安全值	限界值
v<2000	9°	7°～14°	6°～17°
v≥200	8°	6°～10°	6°～13°

曲线软定位器坡度在标准值的基础上应考虑外轨超高，但不得超过定位器坡度的最大标准值。对于限位、弓形等定位器，安装应符合产品说明书及设计的要求。

③ 拉出值应满足如下要求：

v<200 km/h 时，接触线拉出值应符合设计要求，最大值≤450 mm；

v≥200 km/h 时，接触线拉出值应符合设计要求，最大值≤450 mm。

④ 定位器间隙，限位定位器应满足受电弓最大动态抬升量的 1.5 倍时限位的要求。对无法限位定位的，非限位定位器根部与接触线高差符合设计要求，允许偏差±10 mm。

限位定位器子钉间隙符合设计要求，允许偏差为±1 mm。

限位间隙 $d=h\dfrac{a}{L}$，h 为定位器的限位范围，按受电弓最高抬升量 150 mm 的 1.5 倍计算为 225 mm，a 为限位支座底部至限位顶块间距离，一般为 90 mm，L 为限位定位器长度，见表 3-4-4。

表 3-4-4　定位器长度与限位间隙

序号	定位器长（L）	定位器限位间隙（d）
1	1 150	17.6
2	1 250	16.2

示例：h_{max}=225 mm，a=90 mm，L=1 150 mm，d=17.6 mm；
h_{max}=225 mm，a=90 mm，L=1 250 mm，d=16.2 mm。

⑤ 防风拉线固定环距定位器端头水平距离 600 mm，允许误差+50～−100 mm，面向下锚侧安装，防风拉线与水平方向呈 45°。防风拉线短环端回头 100 mm；长环断回头 250 mm，防风拉线固定环应位于长环中间位置，向上推金属圈，并在末端作一个弯。

⑥ 定位器等电位连接线安装符合设计要求。

曲线软定位器与腕臂定位环之间的连接，采用带防松措施的不锈钢调整螺栓或ϕ4 的不锈钢整体钢丝绳，部分普速线路困难情况可采取 2 股ϕ3.5 不锈钢铁线拧合而成。

⑦ 工作支定位器应处于受拉状态，支持器安装方向正确，定位管在支持器外露应在 50～80 mm。

⑧ 当反定位管采用“人”字斜拉线时，其长度和张力应相等，斜拉线宜采用截面积为 10 mm^2 的整体不锈钢丝绳或ϕ10 圆钢，如采用不锈钢丝时按下列标准制作：用 2 股ϕ3.5 的不锈钢丝拧合而成，受力均匀，在承力索端采用吊弦线夹或钢线卡子永久固定，在定位管端采用可调方式，斜拉线回环直径 80～100 mm，回环垂直于线路平面，距离支撑管卡子 300 mm。

⑨ 当反定位器采用单斜拉线时，采用截面积为 10 mm^2 的整体不锈钢丝绳或 ϕ10 圆钢，如采用不锈钢丝时用 2 股 ϕ3.5 的不锈钢丝拧合而成，受力均匀。其在承力索座处采用永久固定方式，在支撑管卡子处采用可调方式，斜拉线回环直径 80 ~ 100 mm，回环垂直于线路平面，距离支撑管卡子 300 mm。

⑩ 反定位器上的支撑管卡子距长定位环应保持 100 ~ 150 mm 的距离，长定位环处反定位器露头不超过 400 mm。

⑪ 正定位的定位管宜采用定位管吊线安装方式，采用截面积为 10 mm^2 的整体不锈钢丝绳，当采用不锈钢丝时，用 2 股 ϕ3.5 的不锈钢丝制成。

⑫ 定位环应沿线路方向垂直安装，受力面正确。定位管上定位环的安装位置距定位管根部不小于 40 mm（软定位器上的定位环距端部的长度以 40 mm 为宜）。定位装置各部件之间应连接可靠，定位钩与定位环的铰接状态良好，转动灵活，无卡滞，且无放电和烧伤痕迹等电腐蚀现象。

⑬ 软定位器的尾子线使用 CC 型调整螺栓时，螺纹露头不小于 20 mm，并有防转动的开口销或用 ϕ1.6 不锈钢丝穿孔与调整螺栓本体绑扎 2 圈。

三、作业程序

（1）提前测量定位点接触线高度及拉出值，确定调整量。

（2）检调定位器偏移、坡度及拉出值，测量限位间隙是否符合标准，限位间隙测量方法如下：利用异径塞棒测量定位器止钉间隙，异径塞棒粗端用于测量 1 150 mm 定位器止钉间隙，细端用于测量 1 250 mm 定位器止钉间隙，间隙大于塞棒直径 1 ~ 2 mm 为合格。

（3）检查定位钩、定位器、定位线夹等有无裂纹、烧损、磨损、严重锈蚀等缺陷，U 形穿销是否向上掰成 60°，止动垫片应安装到位。

（4）检查定位器尾部电连接线固定螺栓是否紧固。

（5）检查防风拉线安装状态是否有卡滞现象，测量防风拉线固定环距定位器端头水平距离为 600 mm 面向下锚侧，与水平方向呈 45°，短环回头 100 mm，长环回头 250 mm。

（6）检查平腕臂受力状态是否良好。

（7）检查防风支撑、定位环、支撑管卡子、调整螺栓、软定位拉线、斜拉线等支撑装置零部件状态是否良好，各部螺栓是否紧固到位。

（8）检查腕臂如有无弯曲、永久性变形和严重锈蚀，存在以上缺陷时进行更换；检查偏移值是否符合标准规定。

（9）清扫绝缘，并检查绝缘状态情况，是否有破损和放电痕迹。

四、故障处理

1. 腕臂偏移

腕臂顺线路的偏移值不符合规定时，按以下步骤调整。

（1）查阅腕臂安装曲线图，根据现场温度，确定腕臂偏移值或通过腕臂偏移计算公式进行计算，确定腕臂偏移值。

（2）松开承力索座压板螺母，移动腕臂到规定偏移值处；小半径曲线时需在支柱顶部或腕臂顶部（方法同曲线更换平腕臂）搭 0.75 t 手扳葫芦卸载承力索座所受曲线分力。

（3）拧紧承力索座压板螺母。

2. 定位器偏移

定位器偏移值不符合标准时，按以下步骤调整。

（1）根据测量数据，用定位偏移值的计算公式确定调整方向和调整量。

（2）确认腕臂偏移正确。否则先在承力索上做好标记，松动组合承力索线夹螺栓，推动腕臂移到标准位置。

（3）用手扳葫芦等，将定位器卸载（卸载方法见接触线检修工艺），松动定位线夹螺栓，将定位器调至标准位置，按标准力矩紧固。

（4）松动、拆除手扳葫芦。

3. 定位器坡度

定位器坡度不符合要求时，按以下步骤调整。

（1）在保证接触线高度的前提下调整吊弦。

（2）升降腕臂上定位环或下部定位绳的位置直至达到要求。

4. 定位拉出值调整方法

将定位器卸载，松开定位管上的定位环（或软横跨下部固定绳上的定位环线夹），根据调整量进行调整，直至符合要求，然后紧固其各部螺栓，拆除工具。

五、注意事项

（1）调整定位坡度及调整接触线高度时，两者必须相互兼顾。

（2）受力部件必须卸载后，方可进行更换。

（3）调整定位偏移后及安装定位线夹时确认定位线夹落槽。

（4）调整或更换套管双耳、定位环等受力部件时，必须在充分卸载的情况下进行。

（5）小曲线半径进行卸载张力作业时，要站在线索受力反方向，防止线索伤人。

（6）更换支撑定位装置应通过预检、计算后安装，所有参数一次达标，避免反复调整。

（7）在整个安装过程中要始终保持零件表面的最终洁净。要轻拿轻放，不能野蛮安装，保证各零配件不能有划痕、碰伤、弯曲、变形等。

（8）车梯作业要采取防止倾倒和滑移的措施。作业车作业时指定专人操作作业平台，超出车梯工作台范围内作业或作业平台外作业时，要系好安全带，戴好安全帽，防止高空坠落。

（9）隧道内接触网参数测量只能使用激光测量仪，禁止使用绝缘测杆测量。

（10）调整承力索位置、更换悬吊等受力部件时，必须在充分卸载的情况下进行。

（11）使用力矩扳手按标准力矩对设备进行安装、紧固作业。

【相关知识】

定位装置是支持结构中的主要组成部分，它是在定位点处实现接触线相对于线路中心线进行横向定位的装置。故定位装置的作用就是根据技术要求，把接触线进行横向定位，保证接触线始终在受电弓滑板的工作范围内，保证良好受流。在直线区段，相对于线路中心把接触线拉成“之”字形状；在曲线区段，相对于受电弓中心运行轨迹则拉成切线或割线，使受电弓滑板磨耗均匀；同时，定位装置要承担接触线水平负载，并将其传递给腕臂。

一、定位装置结构

定位装置由定位管、定位器、定位线夹及连接零件组成。

根据其受力情况，一般有正定位、反定位、软定位、双定位及特型定位方式。

1. 定位管

定位管有两种类型，普通定位管和特型（T 型）定位管。

普通定位管是用镀锌钢管加工制成的，尾部焊有定位钩，以便通过定位环连接在腕臂上使用。定位管安装后应呈水平状态。通过定位管可以对定位器进行水平方向和坡度方向的调节，使定位装置结构灵活，增加定位点的弹性。普通定位管结构如图 3-4-1 所示，型号规格见表 3-4-5。

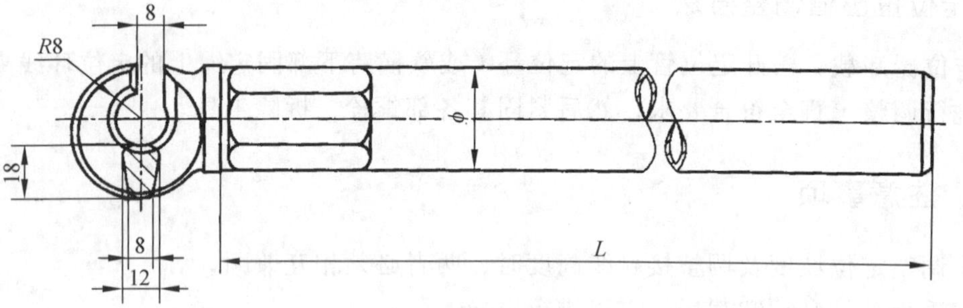

图 3-4-1　普通定位管结构

表 3-4-5　普通定位管规格

型号	定位管本体型号	定位钩型号	端板	主要尺寸/mm		参考质量/kg
				ϕ	l	
1-700	1-700	1	有	34	700	2.20
1-960	1-960				960	2.86
1-1150	1-1150				1 150	3.34
1-1500	1-1500				1 500	4.22
1-1850	1-1850				1 850	5.44
1-2350	1-2350				2 350	6.37
1-2850	1-2850				2 850	7.64
1-3200	1-3200				3 200	8.52

续表

型号	定位管本体型号	定位钩型号	端板	主要尺寸/mm		参考质量/kg
				ϕ	l	
$1\frac{1}{2}-2500$	$1\frac{1}{2}-2500$	$1\frac{1}{2}$	无	48	2 500	10.57
$1\frac{1}{2}-2500$	$1\frac{1}{2}-2500$				2 850	11.97
$1\frac{1}{2}-2500$	$1\frac{1}{2}-2500$				3 200	13.38
$1\frac{1}{2}-2500$	$1\frac{1}{2}-2500$				3 550	14.78

T型定位管又称套管式定位管，它仅与普通定位管的尾部不同，加焊了一段套管来代替定位钩，便于与棒式绝缘子配套并增加其尾部的机械强度。T型定位管多用于隧道定位和多线路腕臂支柱装配使用。T型定位管如图 3-4-2 所示，型号规格见表 3-4-6。

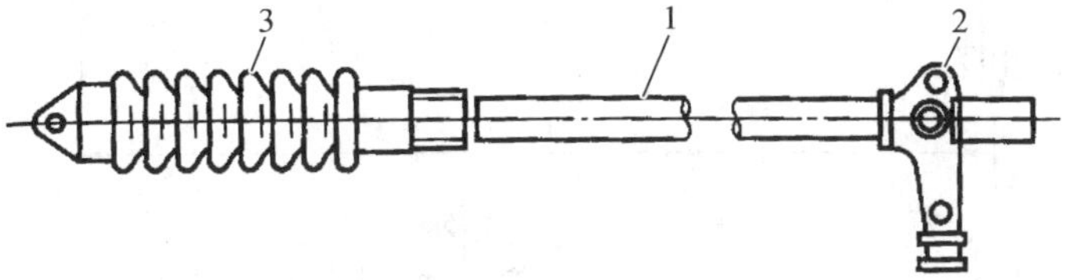

1—T型定位管；2—长支持器（或支持器）；3—TB-25型绝缘子。

图 3-4-2　带支持器的定位器

表 3-4-6　T型定位管型号

型号	适用范围	主要尺寸 L/ mm	最大工作负荷/kN	破坏负荷/kN	质量/kg
JL62-（T960）—89	接触线特殊定位	960	2.5	≥7.6	2.8
JL62-（T1150）—89		1 150	2.5	≥7.6	3.3
JL62-（T1500）—89		1 500	2.5	≥7.6	4.1
JL62-（T1850）—89		1 850	2.5	≥7.6	5.1
JL62-（T2350）—89		2 350	2.5	≥7.6	6.4

2. 定位器

定位器的作用是通过定位线夹把接触线按设计标准拉出值的要求，通过线夹把接触线固定在一定位置，保证接触线工作面平行于轨面，并承受接触线的水平力。从材质上分，定位器分为铝质定位器（用 L 表示）和钢质定位器（用 G 表示）， 从形状上可分为普通定位器、T型定位器、软定位器等几种常用的定位器。几种常见定位器如图 3-4-3 所示，普通定位器型号规格见表 3-4-7。

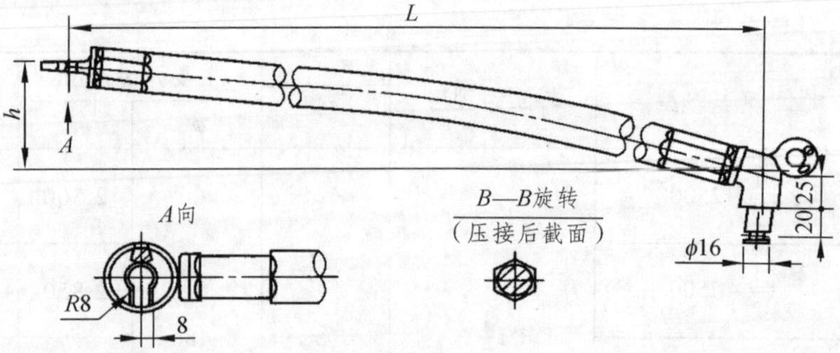

（a）普通定位器

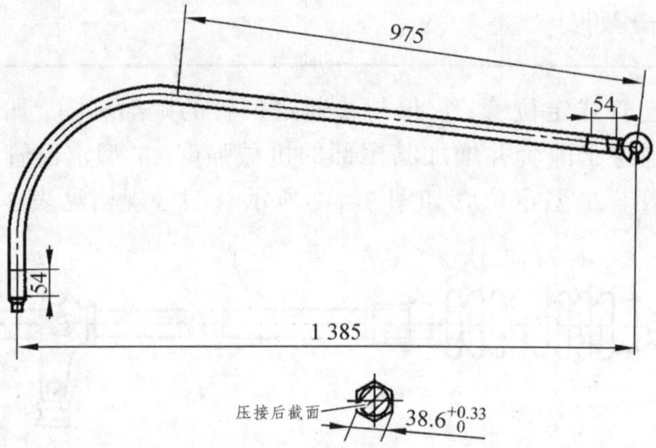

（b）TG 型定位器

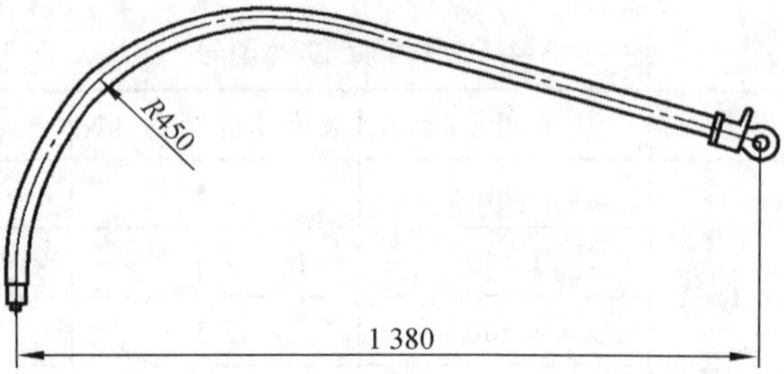

（c）TL 型定位器

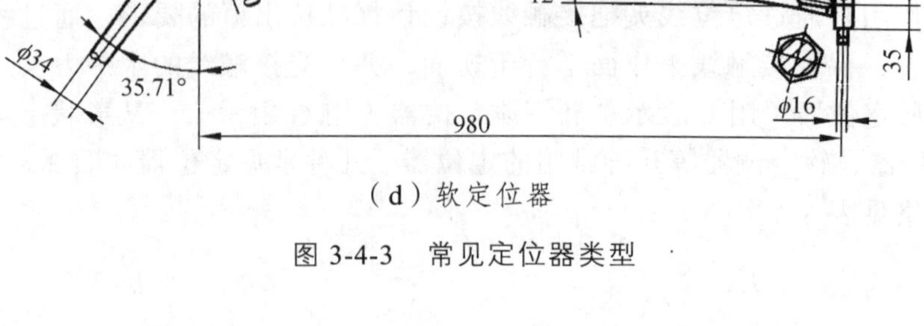

（d）软定位器

图 3-4-3　常见定位器类型

表 3-4-7 普通定位器规格

型号	标准代号	普通定位器管材质	D/mm	L/mm	H/mm	参考质量/kg
G1	TB/T-2075.4A（G1）-10	20 号	28	145	105	1.78
G2	TB/T-2075.4A（G2）-10	20 号	28	1 000	1520	2.08
G3	TB/T-2075.4A（G3）-10	20 号	28	1 200	200	2.40
DCG	TB/T-2075.4A（DCG）-10	20 号	28	1 000	112	
L1	TB/T-2075.4A（L1）-10	6082（T6）	28	750	105	1.50
L2	TB/T-2075.4A（L2）-10	6082（T6）	28	1 000	150	1.82
L3	TB/T-2075.4A（L3）-10	6082（T6）	28	1 200	200	2.15
DCL	TB/T-2075.4A（DCL）-10	6082（T6）	28	1 000	112	1.69

为了适应高速电气化铁路的要求，定位器一般采用轻型铝合金材料，在定位点处不产生硬点或集中重量。保持定位点的弹性尽量和跨距中部的状态接近或一致。同时，在铅垂方向应有足够的灵活性及能适应受电弓较大的抬升量。

为了避免定位器碰撞运行中电力机车受电弓，特别是在曲线区段，由于电力机车车身随线路的外轨超高而向内轨侧倾斜，机车的受电弓也呈倾斜状。为了防止定位器碰撞受电弓，要求定位器安装后应有一定的倾斜度（现场称定位坡度），即定位器根部在安装后要适当抬高一些，其倾斜度要求为 1∶5～1∶10。

定位器在平均温度时，应该垂直于线路中心线，温度变化时，沿接触线纵向偏移在极限温度下，不得超过定位器管长的 1/3。

3. 定位线夹

定位线夹如图 3-4-4 所示，定位线夹由两片铜合金夹板和连接螺栓、止动垫圈等组成，其中有环夹板上带有环孔，通过定位器的固定销穿入和定位器连接起来。在受电弓滑板条与定位线夹之间的夹角必须小于 20°，以避免受电弓滑板与线夹螺栓头相接触。承力索、接触线间横向电流沿腕臂流入接触线的最后一个连接零件就是定位线夹，因此，定位线夹安装前，需用钢刷对线夹表面、接触线上的夹持部分进行清除灰尘及氧化物处理，涂电力复合脂。还要注意定位线夹的受力方向。定位线夹主要承受接触线水平力，其主要荷重应该由有环夹板承担，不能装反。

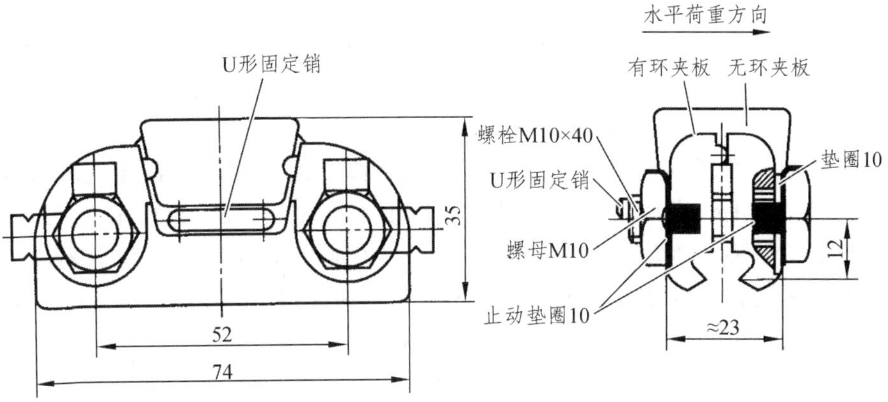

图 3-4-4　定位线夹结构

二、定位方式

1. 正定位

在直线区段或曲线半径 $R>1\,200$ m 区段，采用正定位。该定位装置由直管定位器和定位管组成。定位器的一端利用定位线夹固定接触线；另一端通过定位环与定位管衔接，定位管又通过定位环固定在腕臂上，结构如图 3-4-5 所示。

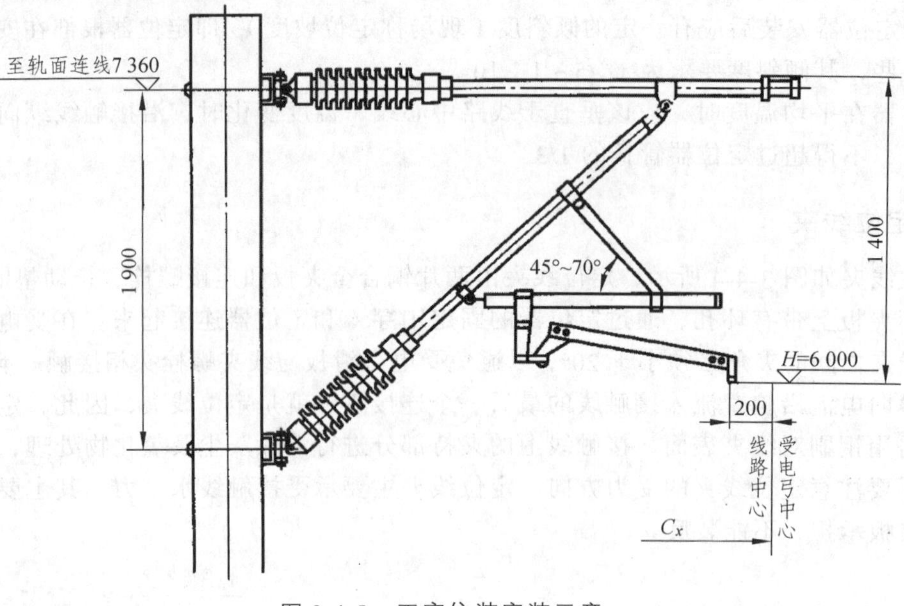

图 3-4-5　正定位装安装示意

2. 反定位

反定位一般用于曲线内侧支柱或直线区段之字值方向与支柱位置相反的地方。定位器附挂在较长的定位管上，定位管受压力较大一般用 1 英寸（1 in=2.54 cm）、1.5 英寸或 2 英寸的镀锌钢管制成。专了使定位管保持水平，一般用两条斜拉线将定位管吊住，固定在承力索上。为了保证定位器与主定位管之间保持有一定的距离（大于或等于 300 mm），定位器通过长定位环与主定位管连接，结构如图 3-4-6 所示。

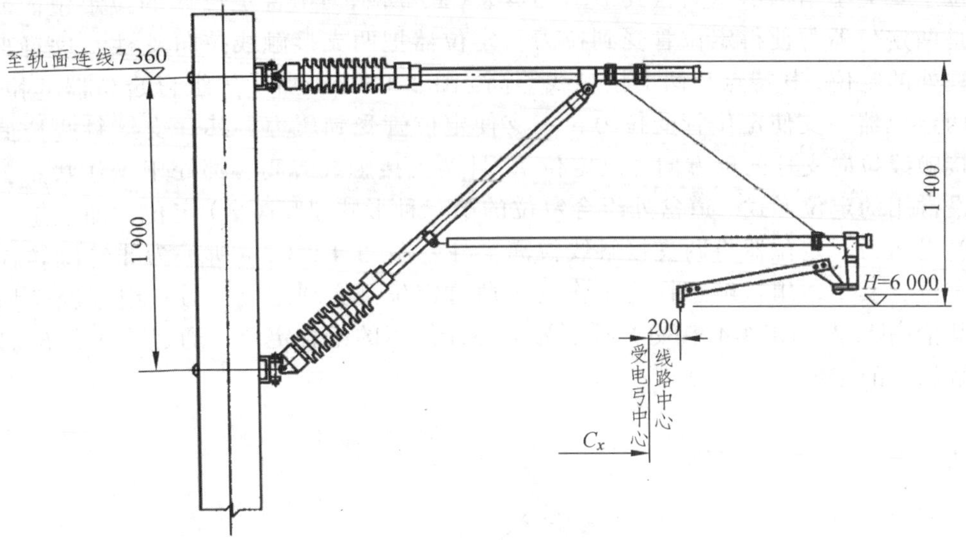

图 3-4-6　反定位装安装示意

3. 软定位

软定位用于曲线半径 $R<1\,000$ m 的区段，这种定位装置弯管定位器通过两股 $\phi 4.0$ 锌铁线拧成的定位拉线固定在绝缘腕臂上的定位环里，如图 3-4-7 所示。软定位方式只能承受拉力，且承受拉力较大，但不能承受压力。

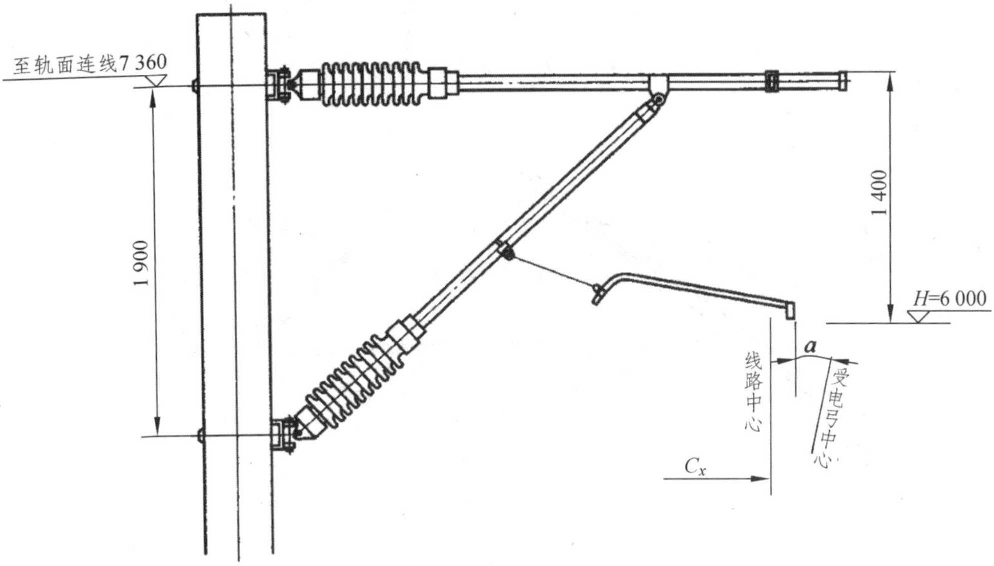

图 3-4-7　软定位装安装示意

4. 组合定位

组合定位主要应用在有两支工作支时，定位器须跨过另一支接触悬挂，不影响其抬升或者保持绝缘时采用。组合定位方式较多，各式双定位作用也不尽相同，如图 3-4-8 所示为组合定位主要类型结构示意图，其中图 3-4-8（a）所示为组合定位器的拉定位。所谓拉定位，就是两定位器都使得定位管受到拉力，定位器把两支接触线拉向支柱，这种形式多用于道岔柱处的定位，其特点是两支接触线等高。图 3-4-8（b）所示为组合定位器的拉压（LY）定位，两定位器一支使定位管受拉力，一支使定位管受到压力。其一支接触线拉向支柱，另一支接触线拉向支柱的反方向（反定位），且两支接触线等高，都处于工作状态，这是道岔定位最常用的定位形式。道岔处组合定位的第三种形式是压（Y）定位，即双定位器都使得定位管受压力，定位器将两支接触线拉离支柱。图 3-4-8（c）所示为非绝缘转换柱使用的组合定位，其中一组接触悬挂为工作支。通过定位器实现定位，另一组接触悬挂为非工作支，其抬高下锚。图 3-4-8（d）所示为中心柱使用的组合定位，通过二组定位器实现对两支接触悬挂的定位。

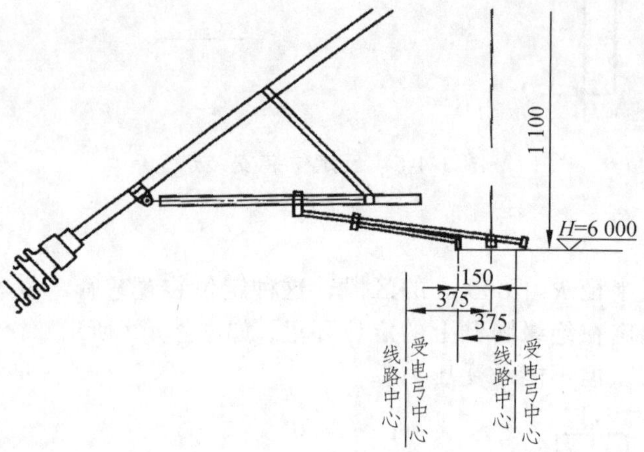

（a）L 型道岔组合定位

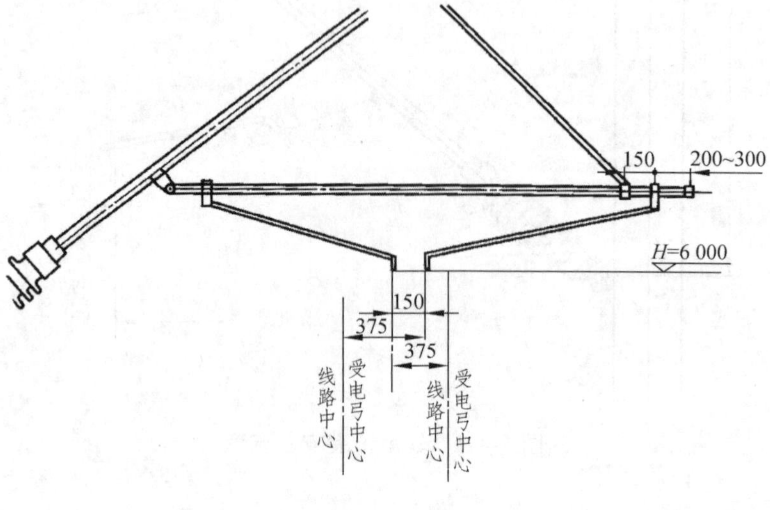

（b）LY 型道岔组合定位

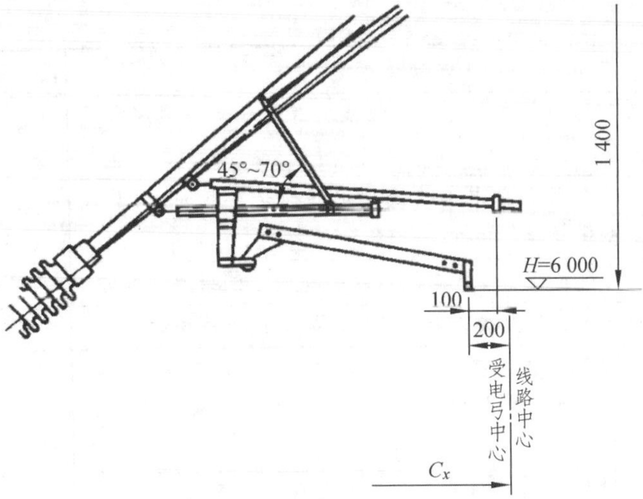

（c）非绝缘转换柱使用的组合定位

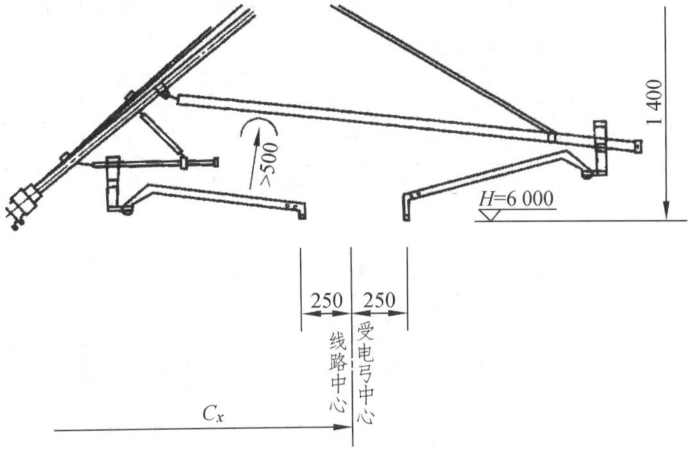

（d）中心柱组合定位

图 3-4-8　组合定位安装示意

【评价反馈】

通过考核，评价学员对接触网定位装置检修调整方法的掌握情况，评价标准可参考表3-4-8。

表 3-4-8　考核评价表

内容	评分标准	操作情况	扣分情况	备注
时间	规定时限 60 min，每超时 1 min 扣 10 分，超过 5 min 失格			
料具准备（10 分）	要求工具符合要求，用前需做绝缘检测，否则扣 10 分			
质量要求（70 分）	1. 测量定位点接触线高度及拉出值，未测量或测量方法错误扣 5 分			
	2. 检调定位器偏移、坡度及拉出值、限位间隙，每缺一项或方法错误扣 5 分			

续表

内容	评分标准	操作情况	扣分情况	备注
质量要求（70分）	3. 检查定位钩、定位器、定位线夹等，每缺一项或方法错误扣5分			
	4. 检查定位器尾部电连接线固定螺栓是否紧固，缺漏或方法错扣5分			
	5. 检查防风拉线安装状态，每缺一项或方法错误扣5分			
	6. 检查平腕臂受力状态是否良好，缺漏或方法错扣5分			
	7. 检查防风支撑、定位环、支撑管卡子、调整螺栓、软定位拉线、斜拉线等支撑装置零部件状态，每缺一项或方法错误扣5分			
	8. 检查腕臂如有无弯曲、永久性变形和严重锈蚀；偏移值是否符合标准规定，每缺一项或方法错误扣5分			
	9. 清扫绝缘，并检查绝缘状态情况，是否有破损和放电痕迹，每缺一项或方法错误扣5分			
	备注：扣完配分失格			
安全（10分）	1. 作业中出现一般违章现象每次扣5分			
	2. 作业时用手及其他金属物件短接绝缘测量杆有效部分扣10分			
	3. 测量前，工具未经有关试验就使用扣10分			
	4. 测量时短接轨道电路每次扣5分			
文明作业（10分）	1. 作业时必佩戴的个人工具、劳保用具、安全用具每缺一件扣5分			
	2. 作业中出现不文明语言或动作每次扣5分			
	3. 作业完毕，料具有一件不归位扣2分			
总分				

任务五　接触网之字值（拉出值）的检调

【任务描述】

电力机车运行时通过受电弓与接触网的直接摩擦获取电能，为了保证受电弓和接触线永远接触、不脱线并保证受电弓磨耗均匀，要求接触线在线路上呈“之” 字形布置，即在定位点处保证接触线与电力机车受电弓滑板中心有一定的距离，这个距离在直线区段叫作接触线的“之”字值，在曲线区段称为拉出值。

【任务目标】

（1）掌握“之”字值和拉出值的定义。

（2）掌握曲线拉出值的计算方法。
（3）掌握曲线拉出值的检调方法。

【任务实施】

一、作业准备

（1）人员：6～8人。
（2）工、机具：测量杆、线坠、道尺、钢卷尺、工具包、手扳葫芦、紧线器、力矩扳手、作业车梯等。
（3）材料：定位环、定位线夹、开口销、ϕ3.5软态不锈钢丝、吊弦线夹、吊弦等。

二、检修标准

（1）在曲线区段，接触线与承力索的连线应该垂直于轨平面，直线区段接触线呈“之”字形布置。
（2）接触线之字值、拉出值（含最大风偏时跨中偏移值）应符合以下需求。
200 km/h以下区段：直线区段200～300 mm；曲线区段根据曲线半径不同在0～350 mm选用。
200 km/h及以上区段：设计值±20 mm。
同时，应满足受电弓动态包络线的要求。

三、作业步骤

本作业程序以直线区段拉出值的检调为例。
（1）调整前要进行修前测量。在拉出值测量时，确定好测量杆的定位点，将其悬挂好。放松线坠，根据线坠的投影位置将道尺水平放置在轨道上，则静止时线坠投影到道尺上的位置即为接触线定位点在轨面上的投影，然后用卷尺测量投影点至道尺中心的距离即可获得该定位点的拉出值。
（2）根据测量值和设计值确定调整量及调整方案，同时要测量接触线导高值。
（3）按计算确定好的调整量，在定位管上调整定位器安装位置，对于小限界使用的特型定位器，要在斜腕臂上调整定位器的安装位置。
（4）按上步调整完毕后，重新测量接触线拉出值（之字值）和导高，若符合要求则作业结束，若不符合要求则重新按（1）～（2）的步骤进行调整，直至符合要求为止。

四、注意事项

（1）在静态测量接触导线导高时，要尽量使用激光测量仪等先进测量手段，减少人为因素造成的测量误差。
（2）调整后的定位点两侧第一根吊弦等高，定位点与两侧吊弦高差小于5 mm。
（3）导高调整后，要使相邻两跨内的各吊弦受力均匀。

（4）接触线拉出值（之字值）、导高和定位器坡度的调整要结合起来，不可顾此失彼。

【相关知识】

接触线直接与电力机车受电弓接触且发生摩擦，为了保证受电弓和接触线可靠接触、不脱线和保证受电弓磨耗均匀，要求接触线在线路上按技术要求固定位置，即在定位点处保证接触线与电力机车受电弓滑板中心有一定偏移量，称为拉出值，一般用符号“a”表示。在直线区段，线路中心线与机车受电弓中心线重合，接触线沿线路中心线上空呈“之”字形对称布置，因此在直线区段，接触线拉出值也称“之”字值。

一、拉出值的大小

接触线的拉出值的大小由电力机车受电弓最大允许工作范围、线路情况、行车速度等因素决定。“之”字值、拉出值（含最大风偏时跨中偏移值）的规定如下：

（1）200 km/h 以下区段。

标准值：直线区段 200 ~ 300 mm；曲线区段根据曲线半径不同在 0 ~ 350 mm 选用。

警示值：400 mm。

限界值：450 mm。

（2）200 km/h 及以上区段。

标准值：设计值。

警示值：400 mm。

限界值：450 mm。

同时，应满足受电弓动态包络线的要求。

一般取标准值为±200 mm，允许误差±30 mm。定位值的正负表示定位点处接触线的位置。当定位点位于线路中心线和支柱之间时，记为正，否则记为负。

曲线区段电力机车车身随线路的外轨超高向曲线内侧（简称曲内）倾斜，受电弓也呈倾斜状，线路中心线与受电弓中心不重合，曲线区段上随曲线半径不同拉出值有差异，一般在 150 ~ 400 mm。拉出值的允许误差为±30 mm。

如果地理环境受限或设备特殊，拉出值也可适当增大（或减小），但拉出值最大不应超过受电弓滑板允许工作范围（950 mm）的 1/2，即拉出值最大不得大于 450 mm。在高铁应用中，一般规定拉出值不大于 400 mm。拉出值的选用必须保证当最大风偏移时，跨距中任一点接触线产生的最大水平偏移不超过规定的受电弓允许工作范围。

二、拉出值的测量及计算

1. 直线区段

现场对接触线拉出值施工或检修时，借助于测杆和道尺，将定位点处接触线的位置通过测杆上的线坠垂直投影到轨面放置的道尺上，可以方便地测量出接触线与线路中心线之间的水平距离。在直线区段，线路中心线和受电弓中心线重合，定位点处接触线的垂直投影距线路中心线的距离也就是定位点处接触线距受电弓中心的距离，即接触线的拉出值。根据实际拉出值和标准拉出值间的误差大小来进行检调。

2. 曲线区段

在曲线区段，为平衡列车在转弯时产生的离心力，将曲线外侧轨道抬高，称为外轨超高，外轨超高值由线路曲线半径和线上列车允许通过的最大速度而定，可按下列公式计算：

$$h=\frac{7.6v_{max}^{2}}{R} \tag{3-5-1}$$

式中 h ——外轨超高值，mm；

R ——线路曲线半径，m；

v_{max} ——线路允许最大行车速度，km/h。

为了应用方便，外轨超高值也可以查表 3-5-1。在现场检调中，超高值一般采用现场测量值，为了减少误差，测量应该尽量准确到毫米。

表 3-5-1　曲线外轨超高参考

半径 R/m	列车最大速度 v（km/h）外轨超高值									
	30	40	50	60	70	80	90	100	110	120
300	25	40	65	90	125			—	—	—
400	15	30	50	70	95	120				
500	15	25	40	50	75	65	120	—	—	—
600	10	20	30	45	60	80	100	125	—	—
700	10	15	25	40	55	70	90	110	—	—
900	10	15	20	30	40	55	70	85	100	120
1 200	—	10	15	25	30	40	50	65	75	90
1 600			10	15	25	30	40	50	60	70
1 800		—	10	15	20	25	35	40	50	60
2 000	—	—	10	15	20	25	30	35	45	55

曲线上，由于线路外轨超高，使机车车身向曲线内侧方向倾斜，机车受电弓随之偏斜，受电弓中心线与线路中心线有一定偏斜距离。在使用测杆线坠测量检调中，测杆上的线坠将定位点处接触线投影到轨平面（道尺）处，测的是线路中心线与接触线距离，无法直接测量接触线距受电弓中心线的水平距离（即 a 值）。在确定曲线拉出值时，要通过定位处接触线对线路中心线投影的位置（即 m 值）间接确定对受电弓中心的位置，如图 3-5-1 所示。

定位点处接触线距受电弓中心的水平距离（拉出值）用符号“a”表示。定位点处接触线距线路中心的距离用符号“m”表示，线路中心线距机车受电弓中心的偏斜值用符号“c”表示，三者的关系为

$$a=m+c \tag{3-5-2}$$

式中的 m 值有正、负之分，当接触线定位点投影在线路中心线与外轨间时 m 值为正值，如图 3-5-1（a）所示。当在线路中心线与内轨间时，m 值为负值。如图 3-5-1（b）所示。式中的 c 值可以根据图中的几何关系求得。

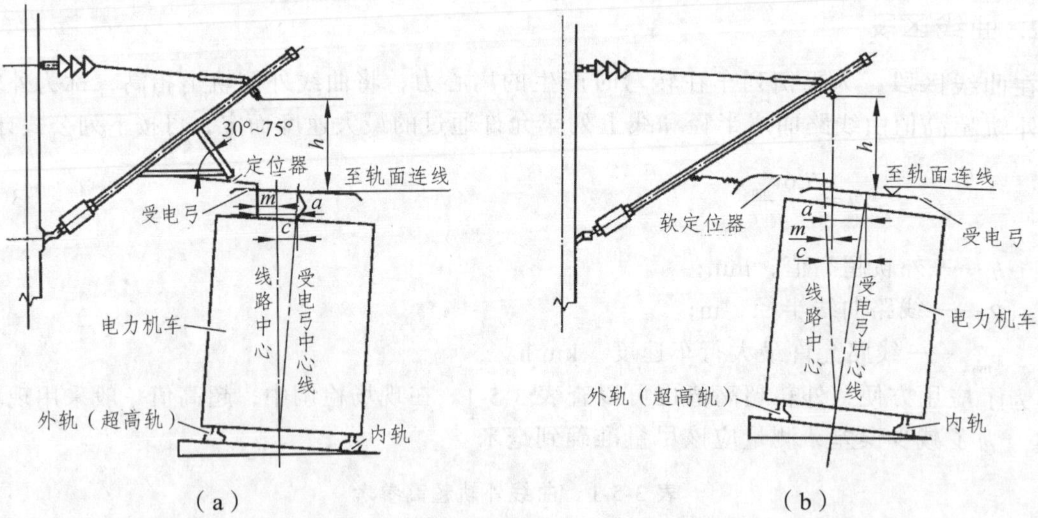

图 3-5-1　曲线区段外轨超高对受电弓位置的影响及 a、m、c 的关系

$$c=\frac{h\cdot H}{L} \tag{3-5-3}$$

式中　c——受电弓中心对线路中心偏移值，mm；

h——曲线外轨超高，mm；

H——接触线至轨面的高度（导高），mm；

L——轨距，mm。

现场进行简化计算，当导高为 6 000 mm 时，$c\approx 4h$，曲线外轨超高 h 值可在现场接触线拉出值检调时用轨道尺实际测量得到。虽然工务施工或检修时一般将超高值标记在曲线内轨的内侧，但由于线路在运行中外轨超高略有变化，故在计算偏移值 c 时，应用实际测得的外轨超高值（曲线内侧标记值仅供参考）；接触线的高度 H 值可在现场实际测量得到；轨距 L 值是指钢轨轨顶下面 16 mm 处的两轨之间的距离，可以用轨道尺测量得到。我国铁路直线区段轨距为 1 435 mm，称为标准轨距，在曲线上考虑机车车辆转弯，轨距需加宽，曲线区段轨距情况见表 3-5-2。

表 3-5-2　轨距参考

曲线半径 R/m	651 以上或直线	650 ~ 451	450 ~ 351	350 以下
轨距 L/mm	1 435	1 440	1 445	1 450

3. 曲线区段拉出值的检调

曲线拉出值的施工与检调，其主要计算就是根据现场实际情况求标准 m 值。过程如下：

（1）确定计算条件。

a 值——设计标准拉出值，一般可以在接触网平面图中查到。如果图纸中没有标注，可以参考表 3-5-3 和表 3-5-4。

h、H、L 可以通过现场实测得到。

表 3-5-3　列车速度 $v \leqslant 120$ km/h 时拉出值参考值

曲线半径 R/m	$180 \leqslant R \leqslant 1\,200$	$180 < R < 1\,200$	$R > 1\,800$	直线
拉出值 a/mm	400	250	150	±300

表 3-5-4　列车速度 $v \geqslant 200$ km/h 时拉出值参考值

曲线半径 R/m	$3\,000 \leqslant R \leqslant 4\,000$	$1\,800 \leqslant R \leqslant 2\,000$	$1\,200 \leqslant R \leqslant 1\,500$	$900 \leqslant R \leqslant 1\,000$	直线
拉出值 a/mm	100	250	150	300	±200

（2）计算标准 m 值（$m_{标}$）。

$$m_{标} = a - c \tag{3-5-4}$$

（3）利用 $m_{标}$ 标指导施工、检调。

施工时，利用 $m_{标}$ 确定接触线的水平位置。

检调时，$m_{标}$ 和现场实际测得的 m 值（$m_{实}$）相比较，如果 $m_{标}$ 和 $m_{实}$ 误差小于±30 mm 可以不检调（规程规定接触线拉出值允许误差±30 mm），当误差大于±30 mm 应该进行检调。

$$\Delta m = m_{标} - m_{实} \tag{3-5-5}$$

式中　Δm——定位点实际位置和标准位置的差值。

在拉出值检调中，将定位点向曲线外侧移动，称为拉；将定位点向曲线内侧移动，称为放。当 Δm 为正时，需要将定位点向曲外拉 $|\Delta m|$；当 Δm 为负时，需要将定位点向曲内放 $|\Delta m|$，现场简称“正拉、负放、零不动”。在检调过程中，特别要注意的是 $m_{实}$、$m_{标}$ 的符号，当接触线定位点垂直投影在线路中心线至外轨间时 m 为正值，在线路中心线至内轨间时 m 为负值。代入式（3-5-5）计算时，要带符号进行运算。下面举例说明曲线拉出值检调的运算过程。

例 1　某区间接触网定位点处接触线高度（导高）H=6 000 mm，所处区段为曲线，曲线半径 R=600 m，外轨超高为 h=60 mm，设计拉出值 a=400 mm，求该定位处接触线的位置。若现场实测该定位处接触线投影在线路中心线距外轨间，距线路中心线距离为 100 mm 时，是否应该调整？

解：求定位点处接触线的位置就是求该处接触线相对线路中心线的位置，也就是求 $m_{标}$ 值。

（1）已知：H=6 000 mm，R=600 m，h=60 mm，a=400 mm，根据 R 查表 3-5-3 得 L=1 440 mm。

$$c = \frac{h \cdot H}{L} = \frac{60 \times 6\,000}{1\,440} = 250\ (\text{mm})$$

由式（3-5-4）得

$$m_{标} = a - c = 400 - 250 = 150\ (\text{mm})$$

即该定位点处接触线的位置应在线路中心线至外轨之间且距线路中心线距离为 150 mm 处。

（2）现场实际定位处接触线投影在线路中心线距外轨间且距线路中心线为 100 mm，即

$$m_{实} = 100\ \text{mm}$$

$$\Delta m = m_{标} - m_{实} = 150 - 100 = 50\ (\text{mm})$$

所以应使定位处接触线位置向外轨侧“拉”50 mm，才能符合设计定位要求。当曲线区段检调定位时，不满足标准要求可能造成严重后果。

例 2 甲作业组在某区间 90#～108#支柱间综合检修，调整拉出值，当检调到 104#支柱定位时，实测接触线定位点距线路中心距离为 80 mm，且接触线定位投影在线路中心至外轨之间，测得外轨超高为 115 mm，查接触网平面图可知该定位标准拉出值为 400 mm，现场指挥让操作人将该定位向外轨侧再拉 140 mm。结果作业组作业结束消令后，第一趟电力机车通过时即发生了弓网事故，请分析弓网事故发生的原因。

解：已知：$m_{实测}$=80 mm，h=115 mm，$m_{标}$=400 mm，Δm=140 mm，检调后现场实际 m 值

$$m_{实} = m_{实测} + \Delta m = 80 + 140 = 220\ (\text{mm})$$

调整后的定位实际拉出值为

$$a_{实} = m_{实} + c \approx 220 + 4h = 220 + 4 \times 115 = 680\ (\text{mm})$$

调整后的定位实际拉出值 $a_{实}$=680 mm，大于受电弓允许最大工作范围的一半 475 mm（接触网拉出值最大值规定为 450 mm，当拉出值大于 450 mm 时，必须降弓）。所以，事故原因是拉出值超标造成弓网事故。

该处拉出值正确检调方法：

该定位处距线路中心的标准距离 $m_{标}$ 为

$$m_{标} = a_{标} - c \approx a_{标} - 4h = 400 - 4 \times 115 = -60\ (\text{mm})$$

$m_{标}$ = −60 mm 说明该定位处接触线距离线路中心标准距离应该为 60 mm，且投影位置应在线路中心线至内轨之间。

$$\Delta m = m_{标} - m_{实测} = -60 - 80 = -140\ (\text{mm})$$

故正确的检调应该将接触线定位点向内轨侧放 140 mm。

【评价反馈】

通过考核，评价学员对接触网拉出值检调方法的掌握情况，评价标准可参考表 3-5-5。

表 3-5-5　考核评价表

内容	评分标准	操作情况	扣分情况	备注
时间	规定时限 30 min，每超时 1 min 扣 10 分，超过 5 min 失格			
料具准备（10 分）	要求工具符合要求，用前需做绝缘检测，否则扣 10 分			
质量要求（60 分）	1. 定位点选取或测量杆悬挂不正确扣 20 分			
	2. 定位点的垂直投影测量不对扣 10 分			
	3. 测量拉出值不对每次扣 5 分			

续表

内容	评分标准	操作情况	扣分情况	备注
质量要求（60分）	4. 测量时读数错误每次扣10分			
	扣完配分失格			
安全（20分）	1. 作业中出现一般违章现象每次扣5分			
	2. 作业时用手及其他金属物件短接绝缘测量杆有效部分扣20分			
	3. 测量前，工具未经有关试验使用扣20分			
	4. 测量时短接轨道电路每次扣5分			
文明作业（10分）	1. 作业时必佩戴的个人工具、劳保用具、安全用具每缺一件扣5分			
	2. 作业中出现不文明语言或动作每次扣5分			
	3. 作业完毕，料具有一件不归位扣2分			
总分				

任务六　软横跨的检修

【任务描述】

软横跨由站场线路两侧支柱（软横跨支柱）和悬挂在支柱上的横承力索、上下部固定绳（定位索）、软横跨直吊弦、绝缘子及支持和连接它们的零件组成。在线路较多的站场上用绝缘软横跨可节约大量绝缘子，使软横跨结构重量减轻，并且有利于机务人员的信号瞭望，同时提高了车站的美观度，本任务主要是对接触网软横跨的检修技能的掌握。

【任务目标】

（1）熟悉软横跨检修作业标准。
（2）掌握软横跨检修的作业程序及具体工艺。
（3）掌握软横跨常见故障的处理方法。

【任务实施】

一、作业准备

（1）人员：车梯作业不少于12人，作业车作业不少于9人（不含驾驶员）。
（2）工具（见表3-6-1）。

表 3-6-1　工具清单

序号	工具名称	型号	单位	数量	备注
1	个人工具		套	1	含扳手、起子、夹钳、安全带等
2	作业工具包		套	1	含卷尺、水平尺、扭面器、扭力扳手、木槌等
3	绝缘车梯		台	1	
4	作业车		台	1	
5	绝缘滑轮组		套	1	
6	单滑轮		套	1	含绝缘吊绳
7	力矩扳手		把	2	
8	防护工具		套	1	含对讲机、防护信号旗等
9	测量工具		套	1	激光测量仪或测量杆

（3）材料（见表 3-6-2）。

表 3-6-2　材料清单

序号	材料名称	型号	单位	数量	备注
1	弹簧销、开口销		个	若干	
2	垫圈		个	若干	各种型号都备有
3	螺栓		套	若干	各种型号都备有
4	绑扎线	ϕ1.6	米	若干	
5	不锈钢铁线	ϕ3.5	米	若干	
6	防腐油		套	若干	
7	油漆		套	1	含油刷、油桶
8	定位环线夹		套	1	
9	直吊弦		套	1	含不锈钢整体直吊弦
10	斜拉线		套	1	含不锈钢整体斜拉线
11	悬吊滑轮		套	1	

二、作业标准

1. 横向承力索

（1）横向承力索分单横承力索和双横承力索。悬挂 5 支及以下接触悬挂的用单横承力索，悬挂 6 支及以上的采用双横承力索。

（2）软横跨横承和上、下部定位索应布置在同一个铅垂面内。双横承力索两条线的张力应均衡相等，V 形连接板应垂直于横向承力索，并不得翻转和倾斜。

（3）横向承力索的弛度应符合规定，最短直吊弦的长度不少于 400 mm，允许误差+50 mm。

（4）横向承力索由不少于 GJ-70 型的钢绞线带张力预制，应有防腐油脂，且不得有接头、断股、补强、硬弯和散股，其机械强度安全系数应符合规定。

（5）横承的结构组成按下列标准。

软横跨钢柱形式：角型垫块+600 型杵头杆+杵头悬式绝缘子+70 型杵座楔型线夹+横承（含横承线夹）+节点 8 绝缘子+横承+杵座楔型线夹+杵头悬式绝缘子+600 型杵头杆+角型垫块。

软横跨钢筋混凝土柱形式：400 型耳环杆+Y 型双耳连接器+焊接杵环+杵头悬式绝缘子+WS-7 型碗头挂板+开式螺旋扣+70 型双耳楔型线夹+横承（含横承线夹）+节点 8 绝缘子+横承+70 型双耳楔型线夹+杵头悬式绝缘子+焊接杵环+Y 型双耳连接器+400 型耳环杆。

2. 上下部定位绳

（1）上下部定位索应呈水平状态，允许有平缓的负弛度，5 股道及以下者负弛度不超过 100 mm，5 股道以上者不超过 200 mm。

（2）软横跨上下部固定角钢（底座）安装应符合设计高度要求，并安装水平。下部定位索距工作支接触线的垂直距离不得小于 250 mm。

（3）上下部定位索由不少于 GJ-50 型的钢绞线带张力预制，上下部定位索应有防腐油脂，且不得有接头、断股、补强、硬弯和散股，其机械强度安全系数应符合规定。

（4）斜拉线上端应安装在定位环线夹上，并在位于定位环线夹非豁口侧。斜拉线采用整体不锈钢丝绳或 2 股 $\phi3.5$ 的不锈钢线制成，回环直径为 80 ~ 100 mm。

（5）调节立柱。

① 软横跨节点为 X5、X7、X10、D5a、D6、D7 等采用调节立柱型式，横承线夹+上部吊线（$\phi5$ 型不锈钢丝绳）+JK-2 型线卡子+调节立柱+正线定位器；软横跨采用此节点用于正线接触网悬挂定位，不含调节立柱的节点 5、6、7、10 等用于站线。

② 软横跨节点为 B2、B3，即用于链型悬挂不等高轨面软横跨节点，曲线半径大于 800 m，轨面高度变化在 500 mm 范围内，直接采用调节立柱+A3 型定位器，曲线半径小于 800 m，轨面高度变化大于 500 mm 范围，采用调节立柱+定位环+不锈钢线+定位环+A3 型定位器形式。

（6）上下部定位索结构组成按下列标准。

软横跨钢柱形式：130 型钩螺栓+软横跨固定角钢+1600 型杵头杆+杵头悬式绝缘子+50 型杵座楔型线夹+上下部定位索+节点 8 绝缘子+上下部定位索+50 型杵座楔型线夹+杵头悬式绝缘子+1600 型杵头杆+软横跨固定角钢+130 型钩螺栓。

软横跨钢筋混凝土柱型式：540 型软横跨固定底座（下部为 580 型固定底座）+开式螺旋扣+Y 型双耳连接器+焊接杵环+杵头悬式绝缘子+50 型杵座楔型线夹+上下部定位索+节点 8 绝缘子+上下部定位索+50 型杵座楔型线夹+QP-7 型球头挂环++50 型杵座楔型线夹+开式螺旋扣+540 型软横跨固定底座（下部为 580 型固定底座）。

3. 直吊弦

（1）直吊弦分为普通式直吊弦和不锈钢整体直吊弦。直吊弦与接触线拉出值在同一铅垂面，允许向曲线内侧偏移 100 mm。

（2）普通式直吊弦应处于铅垂状态，偏斜不超过±50 mm。普通式直吊弦采用 3 股且单股直径为 $\phi3.5$ 的不锈钢线绞合制成，上端做成永久性固定，下端做成可调性固定，直吊弦受力不松弛、回环直径为 80 ~ 100 mm，并距离上部定位索 300 mm，回环面应与上、下部定位索组成的垂面重合。

（3）不锈钢整体直吊弦由19股且单股直径为$\phi0.5$的不锈钢线绞合制成，上端永久性固定、下端做成可调性固定。

4. 绝缘部件

（1）分段绝缘子串应位于两股道之间，且横向、上、下绝缘子对齐，允许误差±50 mm。

（2）站台上方上下部定位索绝缘子串带电侧第一片绝缘子裙边应与站台边缘在同一铅垂面，允许误差±100 mm。

5. 上下部定位索弹簧补偿器

（1）由于温度改变而引起线索张力和弛度变化，而采用该弹性张力补偿装置，用于软横跨的承力索及上下部定位索的张力补偿。

（2）该补偿器应安装在受力小的一侧，即软横跨节点5（含其他节点）中定位器开口多的一端。

（3）根据软横跨跨距、张力不同，选取不同型号的弹簧补偿器。补偿器主要型号及参数见表3-6-3。

表3-6-3　补偿器参数

型号	主要参数				应用	
	补偿范围/mm	额定张力/kN	张力范围/kN	质量/kg	跨距/m	股道
TB3-CMJ-50	0～180	3	2.0～4.0	5	50及以下	3～6
TB6-CMJ-50	0～210	6	3.0～7.0	10	100及以下	6以上
TB3A-CMJ	0～140	3	2.0～4.0	5.5	50及以下	3～6
TB6A-CMJ	0～140	6	4.0～6.0	6	100及以下	6以上

6. 其　他

（1）未悬挂在软横跨上的线索，其距上部或下部定位索的垂直距离不足200 mm的处所应加装等位线。等位线应与被连接线索材质相同，截面积不少于10 mm^2，宜采用改进型钢线卡子固定。

（2）杵头杆螺纹外露部分不得小于20 mm，调整螺栓的丝扣外露部分不得小于50 mm。

（3）软横跨中如两线索交叉小于60 mm处所加预型保护条，并加装等位线。

（4）软横跨有悬吊滑轮的节点在承力索处加装预型保护条。

三、作业步骤

（1）检查横向承力索、上下部定位索及各受力部件（杵头杆、调整螺丝）状态是否良好。

（2）检查上下部定位索的受力、负弛度及横向承力索与上部定位索在最短直吊弦处的距离。若不符合要求，通过调整直吊弦、斜拉线长度或软横跨固定角钢（底座）的位置来满足质量标准。

（3）横向承力索、上下部定位索及各部零件涂油。

（4）检查直吊弦是否垂直，检查直吊弦、斜拉线是否松弛、各连接部位是否烧损或异常磨损。更换和调整直吊弦应用滑轮组或轻便紧线器卸载后进行。

（5）检查 1、2、3、4、8、9 节点绝缘子对位情况，错位时将定位索卸载后重新做回头，必要时重新更换定位索。

（6）对横向承力索、上下部定位索绳及各部零件进行涂油防腐。

四、处理方法

1. 更换直吊弦

（1）梯挂在横向承力索上须换直吊弦处（短直吊弦可不用硬梯）。

（2）用滑轮组（紧线器）将直吊弦卸载。

（3）拆除旧直吊弦，安装新直吊弦。

（4）松开滑轮组（紧线器），复查调整至符合要求，然后撤除各种工具。

2. 调整直吊弦位置

（1）将硬梯挂在横向承力索上须换直吊弦处（短直吊弦可不用硬梯）。

（2）用滑轮组（紧线器）将直吊弦卸载。

（3）调整横承力索线夹或定位环线夹至要求位置。

（4）调整直吊弦长度，以保证上部定位索满足质量标准。

3. 上下部定位索弛度调整

视情况通过调整直吊弦、斜拉线长度或软横跨固定角钢（底座）的位置来进行调整。

4. 软横跨整组更换

（1）准备工作：将通过预检、计算、预制后的整组软横跨做好安装前的准备，分开理清摆放，上好紧线器等工具。

（2）停电进行验电接地后，人员到位。

（3）利用紧线工具（如手拉葫芦、滑轮组、紧线器等）进行卸载。

（4）利用紧线工具（如手拉葫芦、滑轮组、紧线器等）进行安装架设。

（5）整体到位后调整软横跨弛度，并相应地完成直吊弦、斜拉线、定位器的安装调整工作。

（6）清理作业现场，检查接触网设备状态，测量软横跨各项技术参数。

五、注意事项

（1）车梯作业指定车梯负责人，工作台上的人员不得超过 2 人，车梯要采取防止倾倒和滑移的措施。作业车作业时指定专人操作作业平台，超出车梯工作台范围内作业或作业平台外作业时，要系好安全带（安全带挂在牢固的构件上并高挂低用），戴好安全帽，防止高空坠落。

（2）必须使用扭力扳手按标准力矩对各部螺栓、线夹进行紧固。

（3）预制软横跨应带张力进行，且应注意定位环线夹的受力方向。

（4）双横承力索应受力均衡，保证双横承力索线夹应呈水平状态。

（5）软横跨的更换、不锈钢整体直吊弦的更换应通过预检、计算、预制后一次性安装到位，避免反复调整。

（6）单独在软硬横跨上进行作业时一定要将安全带扎在可靠的部位。整个作业过程要加强好安全监护，以保证作业组人员的安全。

【相关知识】

一、软横跨的基本结构及分类

多股道接触悬挂通过横向线索悬挂在线路两侧的支柱上，这种装配方式称为软横跨。

软横跨由站场线路两侧支柱和悬挂在支柱上的横向承力索，上下部定位索及支持和连接它们的零件组成，如图 3-6-1 所示。

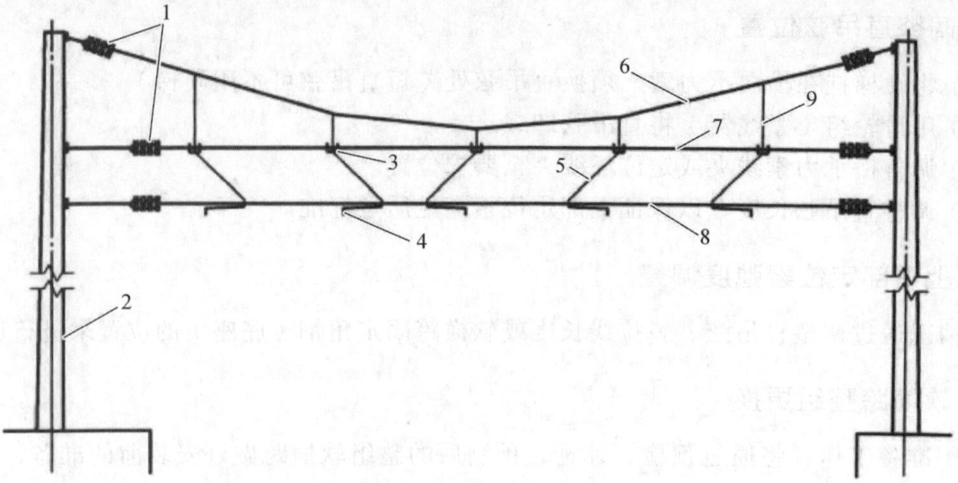

1—绝缘子；2—支柱；3—承力索；4—定位器；5—斜拉线；6—横承力索；7—上部固定绳；8—下部固定绳；9—直吊弦。

图 3-6-1　软横跨结构

横向承力索是软横跨的主要构件，它的作用是承受各股道纵向接触悬挂的全部垂直负载。根据负载重量有单根承力索组成的单横承力索和双根承力索组成的双横承力索。由于横向承力索承载较大，因而均选用 GJ-70 镀锌钢绞线。

横向承力索下方布置有上下部定位索，上部定位索的作用是固定各股道纵向承力索，并将纵向承力索的水平负载（包括风力、曲线力等）传递给支柱。下部定位索作用是固定定位器，以便对各股道接触线按技术要求定位，并将接触线水平负载传递给支柱。由于上下部定位索只承受水平力，承载不大，故上下部定位索多采用 GJ-50 镀锌钢绞线。

横向承力索与上部定位索之间安装有软横跨直吊弦，它的作用是连接横向承力索与上部定位索，并将接触悬挂垂直重量传递给横向承力索，通过调节软横跨直吊弦长度可以满足上部定位索的安装要求。软横跨直吊弦采用两股 $\phi 4.0$ 镀锌铁线绞合制成，上端做成环状与固定在横向承力索上的横承力索线夹连接，下端与固定在上部定位索上的定位环线夹连接（该端可以调节）。

上部定位索与下部定位索之间，安装有斜拉线，它的作用是连接上下部定位索，通过调节斜拉线长度，可以满足下部定位索的安装要求，斜拉线采用两股ϕ4.0 镀锌铁线绞合制成，上端做成环状与固定在上部定位索上的定位环线夹连接，下端与固定在下部定位索上的定位环线夹相连（该端可以调节）。

横向承力索和上下部定位索的张力与弛度，可以通过线索两端的锚固拉杆进行调节，将线索一端的锚固拉杆螺母松开，而另一端锚固拉杆螺母旋紧，则线索会向收紧的一端做水平位移，两端同时旋紧则可以调整线索张力和弛度。锚固拉杆经球形垫块或角形垫块固定到钢支柱角钢上。

根据软横跨线索与支柱的绝缘情况分类，一般分为绝缘软横跨和非绝缘软横跨两类。软横跨各线索与支柱间通过绝缘子绝缘的结构称为绝缘软横跨，如图 3-6-1 所示。软横跨各线索与支柱间没有绝缘子绝缘则被称为非绝缘软横跨。我国目前广泛采用绝缘软横跨。

二、软横跨节点

软横跨所采用的结构视其所设地点和接触网线路情况而定，为简化软横跨结构表示方式，使用“节点”来划分不同的软横跨结构。每一种结构归纳为一种节点，目前广泛采用 14 种节点，每一组软横跨都是由不同节点构成的，接触网链形悬挂软横跨节点示意图如图 3-6-2 所示。

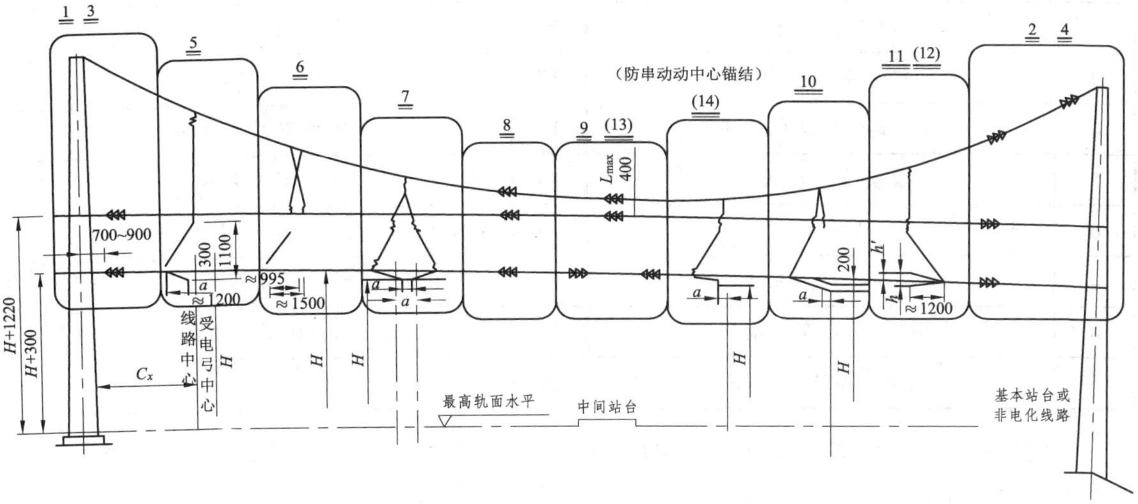

图 3-6-2 接触网链形悬挂软横跨节点示意图

1. 节点 1、2、3、4

节点 1、2 适用于 13 m 或 15 m 高的钢柱，节点 3、4 适用于地面以上 12 m 的钢筋混凝土柱。其中节点 2、4 用于站台上的钢柱和钢筋混凝土柱的连接。在站台上，为了保证站台上人员的安全，将绝缘子向线路方向移动，保证站台上方线索为无电区。

节点 1、2 结构装配如图 3-6-3 所示。横向承力索由绝缘子、杵头杆、固定角钢、角形垫块固定在钢柱靠线路侧的立面上，上下部定位索用杵头杆、固定角钢、球形垫块固定在钢柱田野侧，具体零件名称见表 3-6-4。

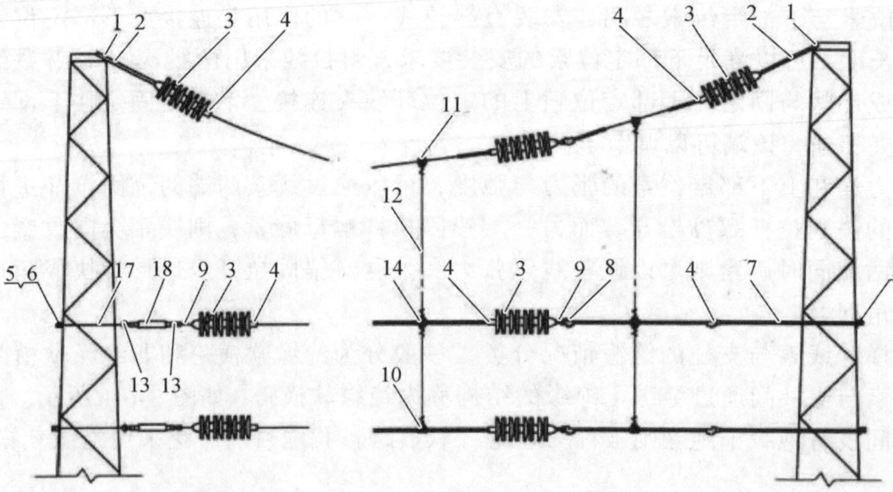

（a）节点 1　　　　　　（b）节点 2

图 3-6-3　软横跨节点 1、2 示意图

表 3-6-4　软横跨节点 1、2 零件名称

序号	名　称	序号	名　称
1	角型垫块	10	横承力索线夹
2	600 型杵头杆	11	双横承力索线夹
3	杵头悬式绝缘子	12	上、下部吊线
4	80 型杵座楔型线夹	13	Y 型双耳连接器
5	软横跨固定角钢	14	带耳定位环线夹
6	球型垫块	15	WS-7 型碗头挂板（双横承力索时使用）
7	1600 型杵头杆	16	LV-0712 型联板（双横承力索时使用）
8	80 型双耳楔型线夹	17	1000 型耳环杆
9	QP-7 型球头挂环	18	定位绳弹簧补偿器

当使用双横承力索时，节点 1、2 的装配使用的零件有所不同，主要区别是在绝缘和双横承力索间增加联板。同时，节点 3、4 是软横跨在钢筋混凝土支柱上的装配形式，连接也有一定的区别，如上下部固定绳采用底座连接到支柱上。

当 $C_x>6$ m 时，节点 2 或节点 4 的横向承力索绝缘子串应下移，且与上、下部定位索绝缘子串在同一垂直平面内，另将悬吊上部定位索的吊弦外移至双点画线处，装配零件也要进行相应的调整。

2. 节点 5

节点 5 用于软横跨只悬挂一组工作支接触悬挂的装配结构，如图 3-6-4 所示。它相当于腕臂柱结构中的中间柱装配。

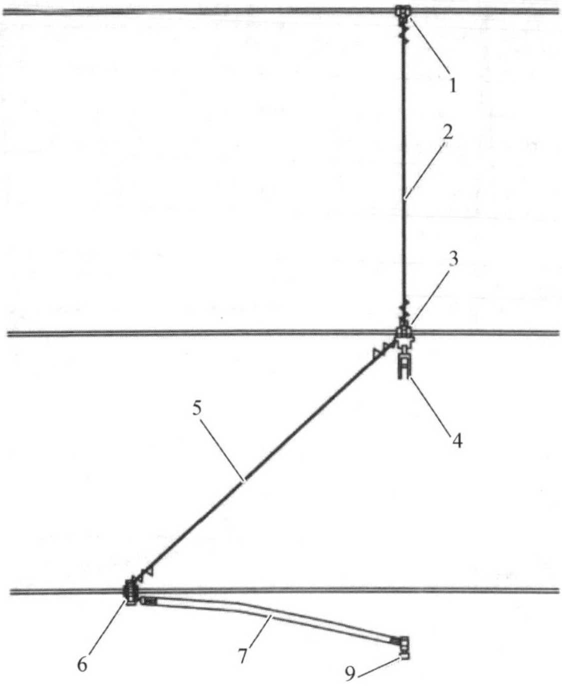

图 3-6-4　软横跨节点 5 示意图

在节点 5 的装配中，对于半补偿链形悬挂纵向承力索安装在钩头鞍子内，对于全补偿链形悬挂，由于纵向承力索沿线路方向产生偏移，因此安装在悬吊滑轮内。具体零件名称见表 3-6-5。

表 3-6-5　软横跨节点 5 零件名称

序号	名称	序号	名称
1	双横承力索线夹	6	定位环线夹
2	上部吊线	7	G3 型定位器
3	带耳定位环线夹	8	软横跨限位定位装置
4	悬吊滑轮	9	定位线夹
5	下部吊线		

3. 节点 6、7

节点 6、7 用于软横跨跨越道岔时的装配，结构如图 3-6-5 所示，相当于腕臂道岔定位的装配结构。节点 6 类似于 L 或 Y 型道岔定位柱，节点 7 相当于 LY 型道岔定位柱结构。它们所悬挂的两组接触悬挂均为工作支，导线对轨面等高。具体零件名称见表 3-6-6。

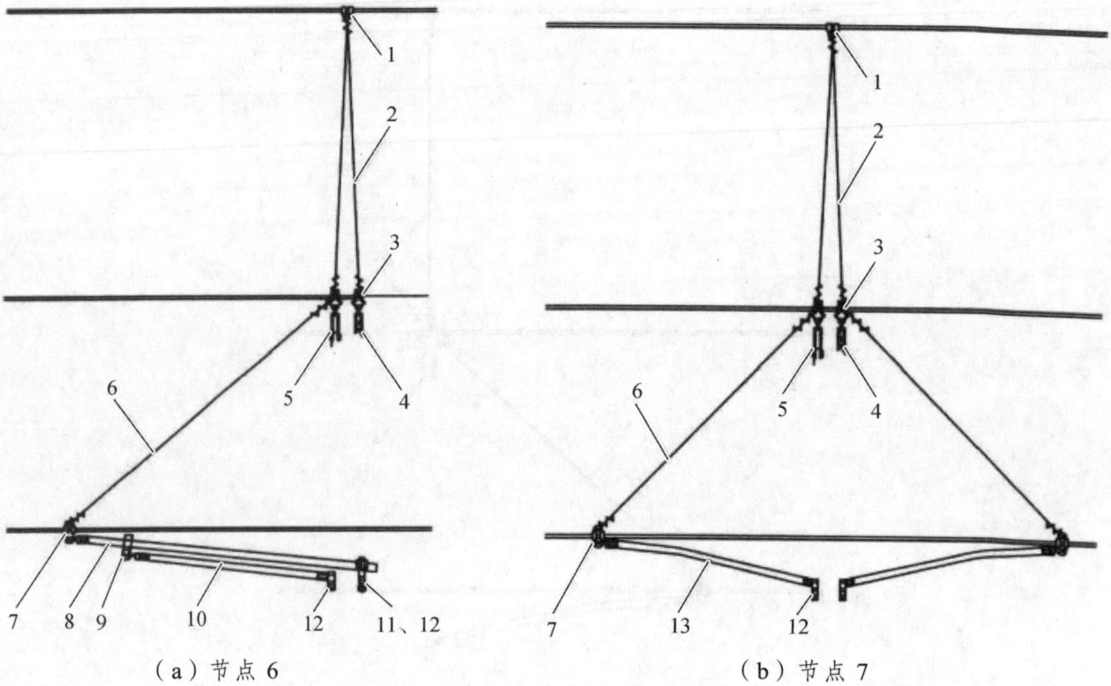

图 3-6-5　软横跨节点 6、7 示意图

表 3-6-6　软横跨节点 6、7 零件名称

序号	名　称	序号	名　称
1	双横承力索线夹	8	1-1500 型定位管
2	上部吊线	9	1 型定位环
3	带耳定位环线夹	10	DC 型定位器
4	悬吊滑轮	11	1 型长支持器
5	加长型吊滑轮	12	定位线夹
6	下部吊线	13	G3 型定位器
7	定位环线夹		

4. 节点 8

节点 8 用于软横跨横向绝缘分段，其结构如图 3-6-6 所示。在车站装卸线上，为满足装卸货物的要求，需要接触网停电，接触网沿线路方向可以通过分段绝缘器进行绝缘，但每组跨越装卸线的软横跨都是由导电的钢索构成的，因此需要在各组软横跨上将装卸线与邻线接触网电路隔开，这时必须设计节点 8。上、下行分开供电的车站和跨越上、下行股道间的软横跨都需要横向绝缘分段也应考虑节点 8，其具体零件名称见表 3-6-7。

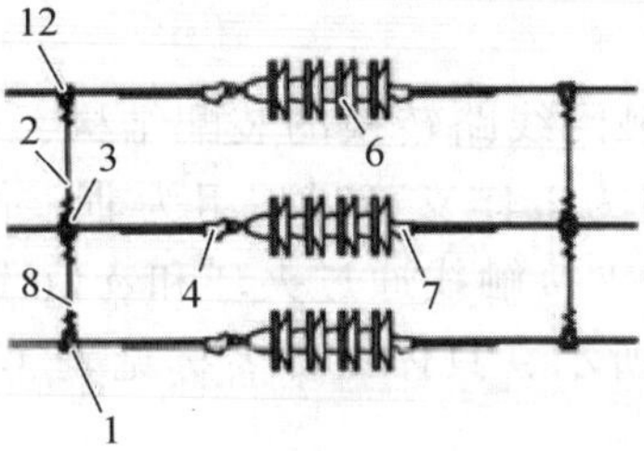

图 3-6-6　软横跨节点 8 示意图

表 3-6-7　软横跨节点 8、9、13 零件名称

序号	名　称	序号	名　称
1	横承力索线夹	7	80 型杵座楔型线夹
2	上部吊线	8	下部吊线
3	带耳定位环线夹	9	LV-0712 型联板（双横承力索时使用）
4	80 型双耳楔型线夹	10	Z-7 型挂板（双横承力索时使用）
5	QP-7 型球头挂环	11	WS-7 型碗头挂板（双横承力索时使用）
6	杵头悬式绝缘子	12	双横承力索线夹

5. 节点 9

节点 9 用于软横跨跨越中间站台时的装配结构，当软横跨跨越车站中间站台时，为保证车站工作人员和旅客生命财产安全，在正对中间站台的下部定位索两侧，用绝缘子串与邻线电路断开，形成一个无电的中性区。其结构如图 3-6-7 所示，具体零件名称见表 3-6-7。

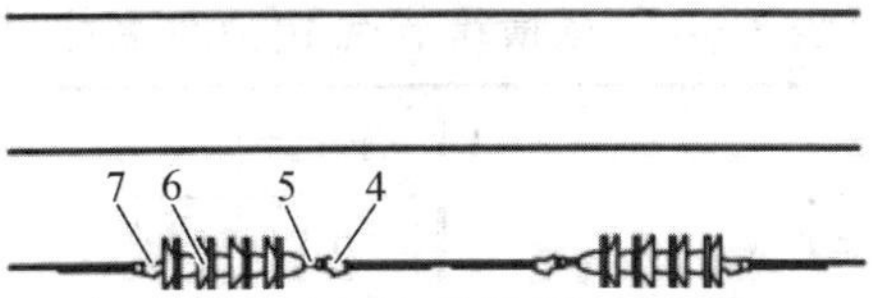

图 3-6-7　软横跨节点 9 示意图

6. 节点 13

节点 13 用于软横跨跨越中间站台又需要横向绝缘分段的装配结构，相当于节点 8 与节点 9 的组合。既满足软横跨绝缘分段要求，又兼顾车站站台上工作人员和旅客生命财产安全。其结构如图 3-6-8 所示，具体零件名称见表 3-6-7。

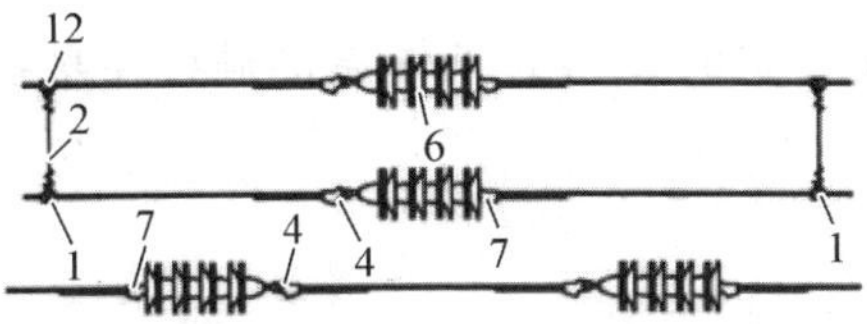

图 3-6-8　软横跨节点 13 示意图

7. 节点 10

节点 10 用于软横跨安装接触网线路转换的装配结构，相当于锚段关节的转换柱结构。它悬挂两组接触悬挂，其中一组为工作支，另一组为非工作支。非工作支接触线高于工作支接触线 200 ~ 500 mm，非工作支接触线通过夹环和 $\phi 4.0$ 镀锌铁线固定在下部定位索的定位环线夹上，其结构如图 3-6-9 所示，具体零件名称见表 3-6-8。

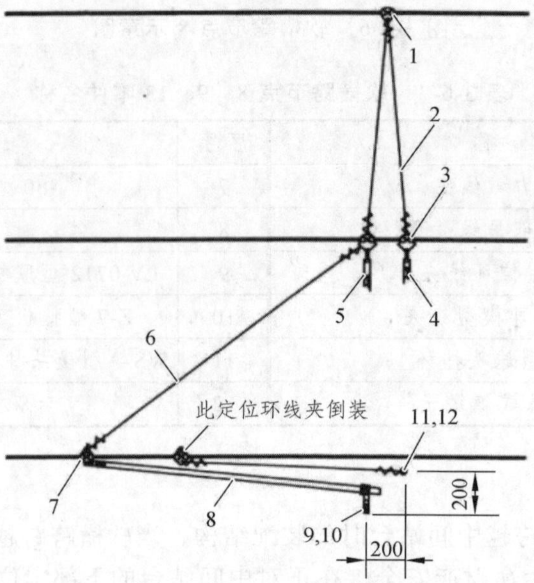

图 3-6-9 软横跨节点 10 示意图

表 3-6-8 软横跨节点 10 零件名称

序号	名 称	序号	名 称
1	双横承力索线夹	7	定位环线夹
2	上部吊线	8	1-1500 型定位管
3	带耳定位环线夹	9	I 型长支持器
4	悬吊滑轮	10	定位线夹
5	加长型悬吊滑轮	11	拉线
6	下部吊线	12	夹环

当节点 10 用于绝缘转换节点时，将非工作支接触线在悬挂点处抬高 500 mm，和工作支接触线水平距离 450 mm。

8. 节点 11、12

节点 11、12 是用于软横跨悬挂非工作支的装配结构。当软横跨跨越多股道车站时，某股道非工作支在下锚时，由于线索改变方向的夹角一般不大于 6°所以可能穿越相邻的几组软横跨，这几组软横跨将悬挂非工作支。当下锚线索抬高不超过下部定位索时，选用节点11，超过下部定位索则选用节点12。其接触线定位连接方式与节点10的非工作支接触线相同。其结构如图3-6-10所示，具体零件名称见表3-6-9。

节点11接触线在此处升高后与下部定位索之间的垂直距离应满足 $h=H'-(H+200)$，节点12接触线在此处升高后，与下部定位索之间垂直距离应满足 $h=H'-(H+430)$，其中 H'，为下部定位索距轨平面（或轨平面连线中心）的高度。h 为正值时接触线在下部定位索的下方，h 为负值时接触线在下部定位索的上方，均悬挂非工作支。

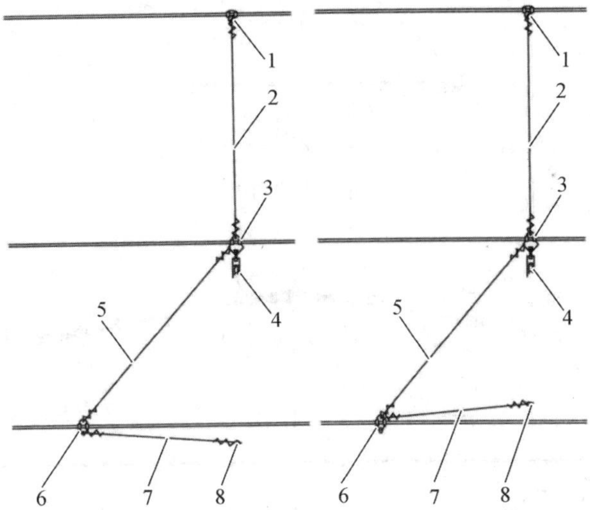

（a）节点11　　（b）节点12

图3-6-10　软横跨节点11、12示意图

表3-6-9　软横跨节点11、12零件名称

序号	名　称	序号	名　称
1	双横承力索线夹	5	下部吊线
2	上部吊线	6	定位环线夹
3	带耳定位环线夹	7	拉线
4	悬吊滑轮	8	线夹

9. 节点14

节点14是用于软横跨设置防窜中心描结的装配结构。其基本结构与节点5类似，只是在纵向承力索悬挂点及两侧安装防窜钢绞线和中心锚结绳、中心锚结线夹等设备。其结构如图3-6-11所示，具体零件名称见表3-6-10。

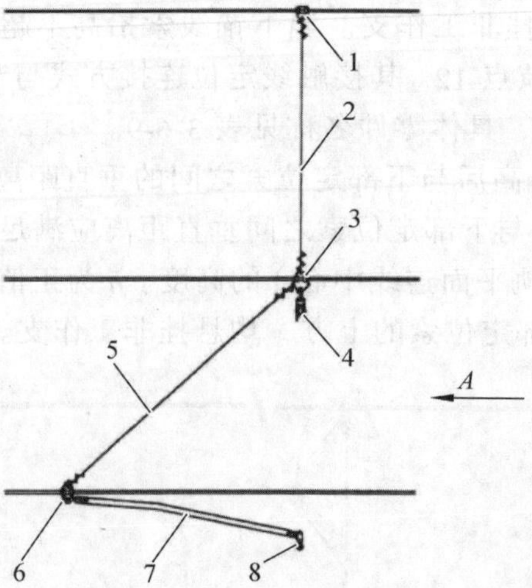

(a) 节点 14

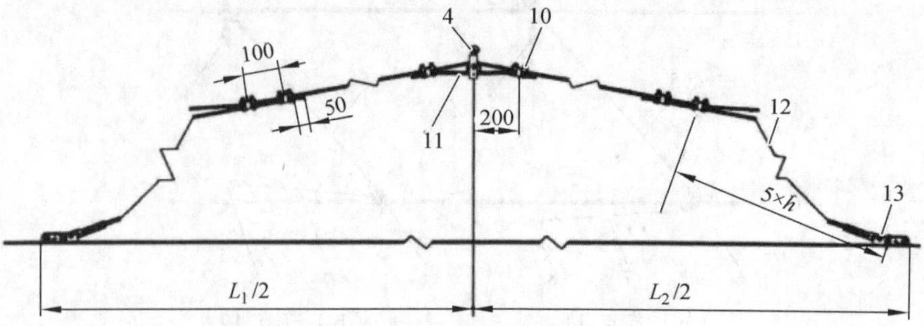

(b) *A* 向视图

图 3-6-11 软横跨节点 14 示意图

表 3-6-10 软横跨节点 14 零件名称

序号	名 称	序号	名 称
1	双横承力索线夹	8	定位线夹
2	上部吊线	9	软横跨限位定位装置
3	带耳定位环线夹	10	承力索中心锚结线夹
4	悬吊滑轮	11	承力索中心锚结辅助绳
5	下部吊线	12	接触线中心锚结辅助绳
6	定位环线夹	13	两跨式接触线中心锚结线夹
7	G3 型定位器		

【评价反馈】

通过考核，评价学员对接触网软横跨检调方法的掌握情况，评价标准可参考表 3-6-11。

表 3-6-11　考核评价表

项目及配分		考核内容及评分标准	扣分因素及扣分	得分
作业程序	70 分	1. 检查横向承力索、上下部定位索及各受力部件（杵头杆、调整螺丝）状态是否良好，每错一处扣 5 分，漏检扣 5 分		
		2. 检查上下部定位索的受力、负弛度及横向承力索与上部定位索在最短直吊弦处的距离，并能够根据要求进行调整，方法及步骤每错一处扣 5 分，漏检扣 5 分		
		3. 横向承力索、上下部定位索及各部零件涂油，漏做一处扣 5 分		
		4. 检查直吊弦是否垂直，检查直吊弦、斜拉线是否松弛、各连接部位是否烧损或异常磨损，方法及步骤每错一处扣 5 分，漏检扣 5 分		
		5. 更换和调整直吊弦应用滑轮组或轻便紧线器卸载后进行，方法错误及漏做扣 5 分		
		6. 分别检查 1、2、3、4、8、9 节点绝缘子对位情况，错位时将定位索卸载后重新做回头，必要时重新更换定位索，方法及步骤每错一处扣 5 分，漏检每处扣 10 分		
		7. 对横向承力索、上、下部定位索绳及各部零件进行涂油防腐，漏做一处扣 5 分		
		8. 能发现故障并且进行正确处理，根据实际情况每处扣 5～10 分		
工具使用	10 分	1. 工具、材料未带齐 1 件扣 5 分		
		2. 工具使用不规范 1 次扣 5 分，损坏扣 10 分		
安全及其他	20 分	1. 上下配合不当 1 次扣 10 分		
		2. 出现伤害事故扣 41 分		
		3. 工具下掉或上抛 1 次扣 5 分		
		4. 补偿绳滑落扣 10 分		
		5. 安全带使用违章 1 次扣 5 分，其他一般违章扣 5 分，严重违章不得分		
		6. 作业时间 20 min，其中工具、材料准备 5 min，超时 1 min 扣 2 分，超时 5 min 停止考核		
合计	100 分			

任务七　硬横跨的检修

【任务描述】

硬横跨具有机械上独立、事故范围小、结构稳定、抗振动及抗风性能好的优点，在接触网检修时股道间相互不产生影响，我国将在以后修建的高速客运专线上广泛采用硬横跨结构。本任务主要是对接触网软横跨的检修技能的掌握。

【任务目标】

（1）熟悉硬横跨检修作业标准。

（2）掌握硬横跨检修的作业程序及具体工艺。

（3）掌握硬横跨常见故障的处理方法。

【任务实施】

一、作业准备

（1）人员：作业车作业不少于 9 人（不含驾驶员）。

（2）工具（见表 3-7-1）。

表 3-7-1　工具清单

序号	工具名称	型号	单位	数量	备注
1	个人工具		套	1	含扳手、起子、夹钳、安全带等
2	作业工具包		套	1	含卷尺、水平尺、扭面器、扭力扳手、木榔头等
3	绝缘车梯		台	1	
4	作业车		台	1	
5	管钳		把	1	
6	扳手	450 mm	把	1	
7	力矩扳手		把	2	

（3）材料（见表 3-7-2）。

表 3-7-2　材料清单

序号	工具名称	型号	单位	数量	备注
1	黄油		袋	若干	
2	不锈钢铁丝	ϕ3.5	米	5	

二、作业标准

1. 硬横梁

（1）硬横梁的安装高度符合设计要求，允许偏差+50 mm。

（2）硬横梁采用一级热浸镀锌防腐，锌层附着量不低于 610 g/m^2，即任何局部锌层厚度不低于 50 μm。横梁镀锌层应光滑，不允许有锌刺、滴瘤和多余结块，不得有脱落、凸起、过酸洗现象。热浸镀锌的锌层均匀，用硫酸铜溶液侵蚀 4 次后不应露铁。

（3）横梁与支柱采用螺栓连接，支柱与基础地脚螺栓连接。硬横梁各梁段和结合部位要密贴，各段之间及其与支柱应连接牢固，连接螺栓的长度与螺母的数量以及螺栓紧固力矩应符合设计要求。

（4）硬横梁承载前的预拱度应符合设计要求，硬横梁承受全部荷载后，横梁不得有正拱度。

（5）螺栓坚固时应采用标准扭矩扳手，梁柱、梁段连接螺栓均采用 M20 螺栓，机械性能等级为 8.8 级，M20 螺栓安装坚固力矩为 280 N · m。

2. 吊　柱

（1）吊柱在安装后应处于竖直状态，其倾斜角度不大于 1°，螺栓紧固力矩符合设计要求。

（2）吊柱安装限界：正线吊柱限界为 2.3 ~ 2.5 m；站线吊柱直线为 2.2 ~ 2.5 m，曲线不小于 2.3 m；吊柱与邻侧线路中心距离应不小于 1.9 m，当邻侧线路为正线以及道岔柱或转换柱时，该值不应小于 2.1 m。

（3）吊柱连接螺栓必须是双螺母，拧紧螺母后螺栓外露长度不得大于 30 mm；调整吊柱用的垫片不得超过 3 片。

（4）单根吊柱不允许悬挂带中心锚结的双支。吊柱梁锈蚀面积不超过 20%，否则应除锈涂漆。

（5）吊柱上应有防滑措施，防止腕臂滑移。

三、作业步骤

（1）检查硬横梁的镀锌层是否光滑，是否有锌刺、滴瘤和多余结块，是否有脱落、凸起、过酸洗现象。

（2）检查横梁上是否有拼接部位，其拼接部位是否超过一处，是否在同一截面处拼接，拼接部位是否在节点部位。

（3）检查、测量横梁的坡度是否符合起坡的规定坡度。

（4）检查横梁边段、中段间的连接螺栓是否有松动、锈蚀现象；连接螺栓的力矩是否符合规定的紧固力矩。

（5）检查横梁上的钻孔零件的孔边缘是否有裂纹、飞刺和大于 1.0 mm 的缺棱。

四、注意事项

（1）在硬横梁上进行作业时一定要将安全带打在可靠部位。

（2）整个作业过程要设立好安全监护，硬横梁上进行检修作业时应设专人进行监护，时刻监控整个检修作业的过程，以保证作业组人员的安全。

【相关知识】

硬横跨随着铁路提速和高速铁路建设，越来越多地使用在干线铁路中，硬横跨结构如图 3-7-1 所示，它主要由横梁、支柱和基础组成。

硬横跨从接触悬挂的悬吊形式上分为吊柱硬横跨和定位绳硬横跨。吊柱硬横跨主要由横梁和吊柱组成，接触悬挂通过腕臂装置固定在吊柱上，如图 3-7-1（a）所示。定位索硬横跨主要由横梁和上下部定位绳组成，如图 3-7-1（b）所示。按照支柱类型可分为等径圆混凝土支柱硬横跨、钢管支柱硬横跨、矩形格构钢柱硬横跨等。按照支柱和横梁连接方式分为刚接硬横跨和铰接（简支）硬横跨。

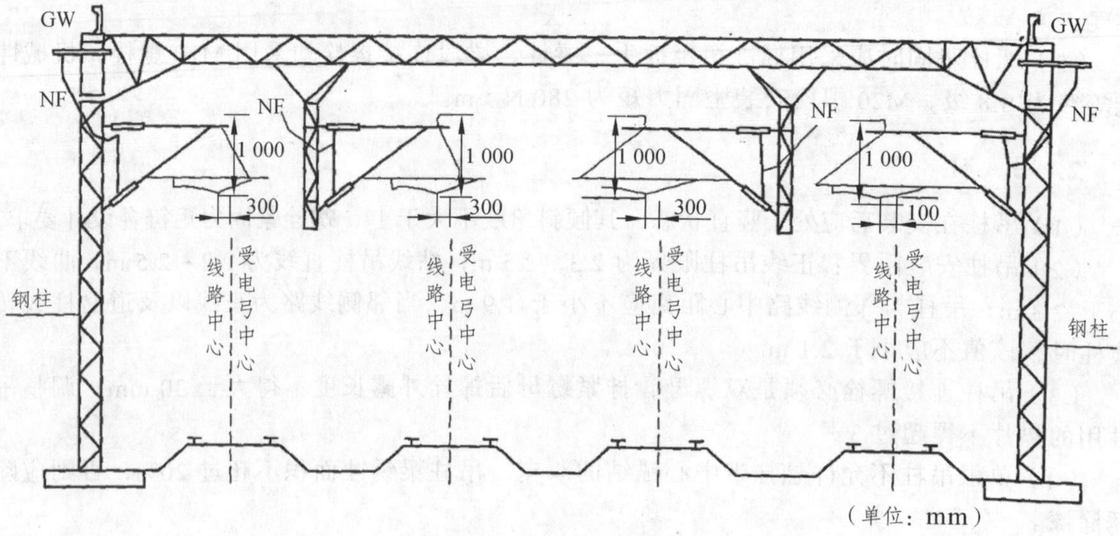

（a）吊柱硬横跨

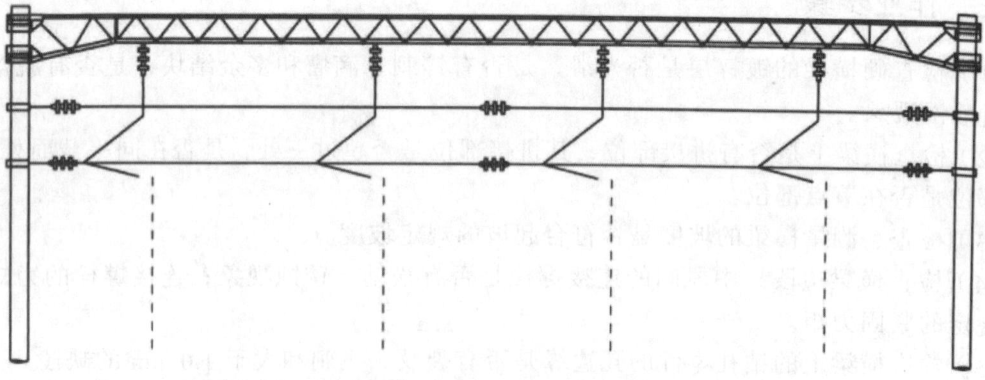

（b）定位索硬横跨

图 3-7-1　硬横跨结构示意图

横梁一般使用格构式结构（跨距较小时，也可以使用实腹结构），主要有由角钢制成的矩形（截面为矩形）格构式横梁和钢管制成的三角形（截面为三角形）格构式横梁。跨度大时可以采三个（或五个）梁段拼接组成，梁段分为边段和中段，一般有一定坡度预起拱。

吊柱一般为“Y”形方吊柱和“T”形圆吊柱两种，吊柱可以在硬横梁长度范围内任意位置安装。吊柱的两柱脚间距一般为 1 300 mm，吊柱通过固定杆连接在硬横跨的下弦杆上，采用大柱脚间距可以减少吊柱对硬横梁下弦杆产生的次应力。任何线材都不能在硬横梁上下锚。

硬横跨吊柱上腕臂装配和腕臂柱类似，一般侧面限界较小，在定位绳式结构中，其装配和软横跨节点类似。

【评价反馈】

通过考核，评价学员对接触网硬横跨检调方法的掌握情况，评价标准可参考表3-7-3。

表3-7-3　考核评价表

<table>
<tr><th colspan="2">项目及配分</th><th>考核内容及评分标准</th><th>扣分因素及扣分</th><th>得分</th></tr>
<tr><td rowspan="6">作业程序</td><td rowspan="6">70分</td><td>1. 检查硬横梁的镀锌层是否光滑，是否有锌刺、滴瘤和多余结块，是否有脱落、凸起、过酸洗现象，检查不正确每处扣5分，漏检扣10分</td><td></td><td rowspan="6"></td></tr>
<tr><td>2. 检查横梁上是否有拼接部位，其拼接部位是否超过一处，是否在同一截面处拼接，拼接部位是否在节点部位，检查不正确每处扣5分，漏检一处扣10分</td><td></td></tr>
<tr><td>3. 检查、测量横梁的坡度是否符合起坡的规定坡度，检查不正确扣10分，漏检扣10分</td><td></td></tr>
<tr><td>4. 检查横梁边段、中段间的连接螺栓是否有松动、锈蚀现象；连接螺栓的力矩是否符合规定的紧固力矩，检查不正确每处扣5分，漏检一处扣5分</td><td></td></tr>
<tr><td>5. 检查横梁上的钻孔零件的孔边缘是否有裂纹、飞刺和大于1.0 mm的缺棱，检查不正确每处扣5分，漏检一处扣5分</td><td></td></tr>
<tr><td>8. 能发现故障并且进行正确处理，根据实际情况每处扣5～10分</td><td></td></tr>
<tr><td rowspan="2">工具使用</td><td rowspan="2">10分</td><td>1. 工具、材料未带齐1件扣5分</td><td></td><td rowspan="2"></td></tr>
<tr><td>2. 工具使用不规范1次扣5分，损坏扣10分</td><td></td></tr>
<tr><td rowspan="6">安全及其他</td><td rowspan="6">20分</td><td>1. 上下配合不当1次扣10分</td><td></td><td rowspan="6"></td></tr>
<tr><td>2. 出现伤害事故扣41分</td><td></td></tr>
<tr><td>3. 工具下掉或上抛1次扣5分</td><td></td></tr>
<tr><td>4. 补偿绳滑落扣10分</td><td></td></tr>
<tr><td>5. 安全带使用违章1次扣5分，其他一般违章扣5分，严重违章不得分</td><td></td></tr>
<tr><td>6. 作业时间40 min，其中工具、材料准备5 min，超时1 min扣2分，超时5 min停止考核</td><td></td></tr>
<tr><td>合计</td><td>100分</td><td></td><td></td><td></td></tr>
</table>

项目四

接触悬挂安装检修

任务一 接触线的检修

【任务描述】

接触线是接触网中直接和受电弓滑板摩擦接触取流的部分，电力机车通过接触线取得电能，对接触线按周期进行检修是保证接触网安全运行的重要措施。本任务主要讲解如何按照技术标准对接触线进行检查和维护。

【任务目标】

（1）掌握常见接触线的材料、规格型号。

（2）掌握常见承力索的材料、规格型号。

（3）掌握接触线磨耗测量。

（4）掌握接触线检修的技术标准、作业程序和处理方法。

【任务实施】

一、作业准备

（1）人员：车梯作业不少于 12 人，作业车作业不少于 9 人（不含驾驶员）。

（2）工、机具（见表 4-1-1）。

表 4-1-1 工、机具清单

序号	名称	规格型号	单位	数量
1	绝缘车梯（作业车）		台	1
2	工具包		个	2
3	扭面器	根据接触线型配带	把	2
4	木槌		个	2
5	正弯器（五轮电车线校直器）		套	1
6	钢卷尺	5 m	把	1
7	水平尺	1 200 mm	把	1
8	扭力扳手	M16、M17、M18、M19 套筒	把	2

续表

序号	名称	规格型号	单位	数量
9	测量工具（接触网多功能测量仪）		套	1
10	接触线平直度检测尺		把	1
11	游标卡尺		把	1
12	细砂纸		张	2
13	安全工具			
14	防护工具			

（3）材料、设备（见表 4-1-2）。

表 4-1-2　材料、设备清单

序号	名称	规格型号	单位	数量
1	不锈钢丝	ϕ3.5	kg	5
2	吊弦线夹		套	
3	不锈钢丝	ϕ1.6	kg	1
4	螺母	M10、M12	个	若干
5	防松垫片		个	若干
6	夹环		套	2
7	电连接线夹		套	2
8	电连接线		M	5
9	接触线补强线夹		套	1
10	接头线夹	带附导线	套	1
11	导电膏		kg	1

二、技术标准

1. 接触线张力及弛度

（1）$v \leqslant 160$ km/h 区段正线接触线采用 CTAH-120 时，架设张力为 3 ~ 4 kN；侧线接触线采用 CTAH-85 时，架设张力为 1 ~ 2 kN。$v > 160$ km/h 区段正线接触线架线张力应根据线材材质、额定张力等因素选取，且不应小于绕线张力，架线张力偏差不得大于 8%。

（2）$v \leqslant 160$ km/h 区段接触线张力和弛度满足设计和安装曲线要求，半补偿链形悬挂和简单悬挂弛度允许误差为 15%；全补偿链形悬挂弛度允许误差为 10%，弛度误差不足 15 mm 者按 15 mm 掌握。

正线接触网综合张力和正线接触线张力不应低于表 4-1-3 中数值。

表 4-1-3　接触线张力值

列车运行速度/（km/h）	综合张力/kN	接触线张力/kN
$v \leqslant 120$	25	10
$120 < v \leqslant 160$	28	13
$v \geqslant 200$	45	25

2. 接触线高度

接触网悬挂点处接触线距轨面的高度符合设计规定，应满足以下要求。

（1）$v<160$ km/h 区段接触线高度允许误差±100 mm，最低高度不低于该区段允许的最低值、最高高度不高于 6 500 mm。

（2）$v\geqslant160$ km/h 区段接触线高度允许误差±30 mm，定位点两侧第一吊弦处接触线高度应等高，相对该定位点的接触线高度允许偏差为±10 mm，但不得出现“V”字形。

（3）任何情况下，双层集装箱区段接触线最低高度不低于《技规》规定的 6 330 mm。

（4）普速区段接触线当隧道间距不大于 1 000m 时，隧道内、外接触线可取同一高度。

3. 接触线坡度

运行中轨面基准高度发生变化时，导致接触线工作支高度相应发生变化，其高度变化率在满足安全运行高度的前提下，应满足表 4-1-4 中要求。

表 4-1-4　接触线坡度要求值

运行速度/（km/h）	项目		
	标准值	警示值	限界值
$v\leqslant120$	≤3‰	≤4‰	≤5‰
$120<v\leqslant160$	≤2‰	≤3.3‰	≤4‰
$v\leqslant250$	≤1‰	≤1‰	≤1.5‰
$250<v$	坡度变化率为 0	≤0.5‰	≤1‰

运行速度 $v<200$ km/h 区段，在变坡区段的始末跨，接触线坡度变化不宜大于变坡区段最大坡度的 1/2。

4. 接触线水平方向内偏角

（1）$v<200$ km/h 时。

标准值：设计值。

标准状态：标准值±1°且≤4°。

警示值：正线 8°；站线 10°。

限界值：同警示值。

（2）$v\geqslant200$ km/h 时。

标准值：设计值。

标准状态：标准值±1°且≤4°。

警示值：6°。

限界值：8°。

5. 接触线拉出值

（1）$v<200$ km/h 时。

标准值：设计值。

标准状态：标准值±30 mm。

警示值：400 mm。

限界值：450 mm。

（2）$v \geqslant 200$ km/h 时。

标准值：设计值。

标准状态：标准值±30 mm。

警示值：400 mm。

限界值：450 mm。

6. 接触线平值度

（1）接触线平直，无上下弯、左右弯和异常磨耗；受电弓包络线范围内接触线无扭面，接触线上无残留废旧线夹。

（2）$v \geqslant 200$ km/h 线路接触线平值度满足不大于 0.1 mm/m 要求。

7. 接触线磨耗和损伤规定

（1）接触线磨耗和损伤后不能满足该线通过的最大电流时，若系局部磨耗和损伤，可以回电气补强线，若系普通磨耗和损伤则应更换。

（2）$v<200$ km/h 区段接触线磨耗和损伤后不能满足规定的机械强度安全系数时，若系局部磨耗和损伤，可以加补强线或切除损坏部分重新接续，若系普遍磨耗和损伤则应更换。同一锚段内接触线接头、补强的总数量应满足以下规定，但同一跨距内不允许超过 2 个接头。

标准值：0 处。

标准状态：同标准值。

警示值：2 处。

限界值：4 处。

（3）$v \geqslant 200$ km/h 区段接触线允许最大磨损满足表 4-1-5 规定。

表 4-1-5　$v \geqslant 200$ km/h 区段接触线允许最大磨损要求

设计速度/（km/h）	导线材质	工作张力/kN	标准值	警示值	限界值
200 ~ 250	CTS		无磨损	15%	20%
300 ~ 350	CTSH-150	28.5	无磨损	11%	15%
	CTMH-150	28.5	无磨损	17%	23%
	CTMH-150	30	无磨损	14%	19%
	CTCZ-150	31.5	无磨损	19%	25%
	CTCZ-150	33	无磨损	16%	21%
	RiM 120	27	无磨损	13%	17%

接触线局部磨耗达到或超出限界值，立即进行更换；达到或超出警示值，进行重点监控，纳入三级修（精测精修）更换。

正线接触线不允许有接头。侧线 1 个锚段内接触线接头的总数量应符合以下规定（不包括分段、分相及下锚接头）。

标准值：0 处。

标准状态：0 处。

警示值：1 处。

限界值：2 处。

8. 接触线补强、接头规定

接触线补强、接头处过渡平滑，接头线夹（补强线夹）处高度应高于相邻吊弦处 5 ~ 10 mm。

（1）接触线补强质量标准。

① 补强线夹状态：无裂纹、破损、线槽平直、两线槽能调整平行，弹垫、平垫、螺母齐全，螺栓拧进灵活。

② 补强线状态：平直无弯扭，型号与被补强线相同。

③ 补强线及线夹的接触面光洁，并涂有约 0.2 mm 厚的电力复合脂。

④ 两补强线夹间距 L 不大于 500 mm，当大于 500 mm 时须加装线夹，并均匀布置，线夹夹线部分须全部入线槽，螺栓紧固力矩符合要求，螺纹涂油。

⑤ 补强线须与受电弓接触（曲线上装在被补强线的曲内侧），在距补强线夹 100 mm 处将补强线头向上弯曲与线面成 30°，其上翘部分长度为 50 mm。

⑥ 补强处受电弓过渡平滑。

（2）接触线接头质量标准。

① 接头线夹状态：无裂纹、破损，螺栓、弹垫、平垫、螺母齐全、螺栓拧进灵活，装配方向正确。

② 接头处接触线平直无弯曲，端部截面应为正截面（严禁斜截面），表面光洁，接头间隙不得超过 0.5 mm。

③ 螺栓紧固，扭矩为 44 N · m。

④ 接头线夹安装端正，过渡平滑。

⑤ 接头线夹与相邻两吊弦均应保持 8 ~ 10 m。

⑥ 在距接头线夹中心 300 mm 处安装一根吊弦，以确保接头线夹处接触线高度应比相邻吊弦点高 5 ~ 10 mm。

三、作业步骤

（1）提前整理接触网检测车、远离测量等方法发现的接触线高度、拉出值、硬点及线坡检测缺陷。

（2）检查接触线接触面有否麻面、硬弯、扭面和损伤。

（3）检查接触线有无偏磨、线夹是否落槽、有无偏斜打弓。

（4）测量接触线磨耗：重点测量定位点、电连接、接触线接头、中心锚结、电分相、电分段接头处磨耗。

（5）检查接触线接头线夹、补强线夹状态，检查流程如下。

① 接触线接头线夹。

a. 检查接头线夹状态。

b. 检查接触线接头处间隙。

c. 检查接头线夹螺栓紧固力矩。

d. 检查接头处过渡情况。

e. 检查接头线夹距相邻吊弦间距是否符合要求。

f. 检查接头线夹处与相邻吊弦处接触线高差是否符合要求。

② 接触线补强线夹。

a. 检查补强线夹状态。

b. 检查补强线状态。

c. 检查补强线与补强线夹接触情况，是否落槽。

d. 检查两补强线夹间距、螺栓紧固力矩是否符合要求。

e. 检查补强线夹处过渡是否平滑，补强线两端上弯角度是否符合要求。

（6）检查接触线平直度。

① 根据各种检测及分析结果通过目测对接触线进行平直度检查。

② 利用接触线平直度测量仪或 1.2 m 水平尺对接触线逐段检查，用塞尺检查接触线与测量仪之间的间隙，其间隙不得大于 0.1 mm/m。

（7）处理接触线高度、线坡、硬点、拉出值缺陷。

四、处理方法

（1）对于接触线平直度超过标准的区段要进行平直度校正，校正方法如下。

① 转动收紧轮打开接触线校直器。

② 在靠近弯曲接触线附近将接触线校直器安装在接触线上，转动收紧轮关闭校直器（直到将接触线推到和校直器所有校直轮接触，并使校直轮方便移动即可）。

③ 用操作手柄沿着要校直的接触线弯曲部位前后 1.5 m 范围内来回移动校直器（几次操作后，如有必要，拧紧收紧轮重复操作）。

④ 用接触线平直度测量仪检查接触线平直状态，达不到要求时重复以上操作，直到接触线符合平直要求。

⑤ 操作完成后，打开收紧轮，从接触线上取下校直器。

⑥ 在接触线校直过程中，要将波浪弯区段的吊弦、电连接、定位线夹等全部拆除，待校直完成后再行复原。

⑦ 对于局部硬弯五轮校直器无法校直的情况，可使用局部校直器进行校直。

（2）接触线接触面出现偏磨或有麻点。

用扭面器校正接触线，测量偏磨点的接触线磨耗，用平锉和砂纸对接触线麻点进行打磨，直至平滑。

接触线磨耗及损伤的处理方法见表 4-1-6。

（3）接触线高度、坡度变化率、驰度不符合标准。

根据实测值和设计值计算需要调整量，确定调整范围，调整相关吊弦，使之达标；如调节吊弦不能满足要求，对其进行更换。

表 4-1-6　接触线磨耗及损伤的处理方法

<table>
<tr><th rowspan="2">线型</th><th rowspan="2">原始 A 值</th><th colspan="2">局部磨耗达到 15%</th><th>平均磨耗达到 15%</th><th colspan="2">局部磨耗达到 25%</th><th>平均磨耗达到 25%</th><th colspan="2">局部磨耗达到 30%</th><th>平均磨耗达到 30%</th></tr>
<tr><th>a 值</th><th>处理措施</th><th>处理措施</th><th>a 值</th><th>处理措施</th><th>处理措施</th><th>a 值</th><th>处理措施</th><th>处理措施</th></tr>
<tr><td>85</td><td>10.8</td><td>8.77</td><td rowspan="5">对该锚段调整测量周期，由 3 年变为 1 年</td><td rowspan="5">对该锚段按标准进行减张</td><td>7.89</td><td rowspan="5">对该磨耗点进行补强</td><td rowspan="5">对该锚段按标准进行减张</td><td>7.49</td><td rowspan="5">1. 对该磨耗点进行截除重做接头。
2. 局部换线</td><td rowspan="5">1. 对该锚段进行换线。
2. 在未更换前进行减张临时处理</td></tr>
<tr><td>100</td><td>11.8</td><td>9.59</td><td>8.65</td><td>8.21</td></tr>
<tr><td>110</td><td>12.34</td><td>9.93</td><td>8.88</td><td>8.39</td></tr>
<tr><td>120</td><td>12.9</td><td>10.4</td><td>9.3</td><td>8.8</td></tr>
<tr><td>150</td><td>14.4</td><td>11.58</td><td>10.35</td><td>9.79</td></tr>
</table>

注：*a* 值为接触线剩余高度值（mm）。

（4）定位点拉出值、跨中偏移值不符合标准。

调整定位器位置，使之达标，如定位器调整到最大位置仍不能达标，正定位时更换定位器，反定位时更换定位器或反定位管。

（5）$160 \leqslant v < 200$ km/h 线路接触线磨耗超标处理。

① 局部接触线磨耗、损伤面积不大于 20%，若只发生在一点，在此处加一个导线接头线夹进行补强；若磨耗损伤为一个范围，在磨耗、损伤范围外两端用两个接头线夹（补强）及同材质副线进行补强。

② 局部接触线磨耗、损伤面积大于 20%，更换该锚段接触线。

五、注意事项

（1）速度 ≥160 km/h 区段线路严禁踩踏接触线。

（2）曲线处作业时，作业人员不宜站在线索受力方向的反侧。

（3）接触线线型磨耗换算根据线型及实际进行换算。

（4）使用对接式接头线夹进行接触线接头时，接头线夹中点必须与接触线接头缝隙处重合。

【相关知识】

电力机车受电弓通过与接触线摩擦接触获取电能，因此接触线既要有足够的机械强度，又要有良好的电气性能。

接触线制成上部带沟槽的圆柱状，沟槽是为了便于安装固定接触线的线夹，同时又不影响受电弓取流，接触线底面与受电弓接触的部分呈圆弧状，铜接触线横截面如图 4-1-1 所示。

一、接触线的分类

接触线按材质主要分为铜接触线、铜合金接触线和钢铝接触线。

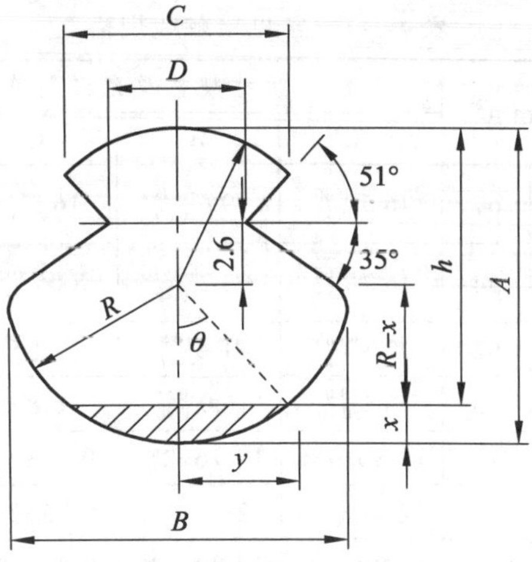

图 4-1-1　铜接触线横截面

1. 铜接触线

我国接触网采用的铜接触线，主要型号为 CT-110、CT-100、CT-85 型。其中 T 表示材质为铜，C 表示电车线，110、100、85 等表示接触线的截面积，单位平方毫米（mm^2）。在 TB/T 3111—2005 中，铜接触线的型号是“CT 数字”的形式，如 CT110 等同于 TCG-110。

CT-110、CT-100 截面积较大，有较大的载流量，主要用于站场正线和区间，CT-85 主要用于站场侧线。

2. 钢铝接触线

为了减少有色金属铜的使用量，20 世纪 70 年代我国研制了以铝代铜的 GLCA$\frac{100}{215}$和 GLCB$\frac{80}{175}$型钢铝复合接触线，以及内包钢的 CGLNl95、CGLN250 型钢铝接触线。其中 G 表示材质为钢，L 表示材质为铝；C 表示电车线；A 表示截面形状；N 表示内包；分子 100 相当于 100 截面的铜接触线的导电能力，单位为平方毫米（mm^2）；215 表示导线的几何截面积，单位为平方毫米（mm^2）。

常见钢铝接触线截面如图 4-1-2 所示，常见规格见表 4-1-7。

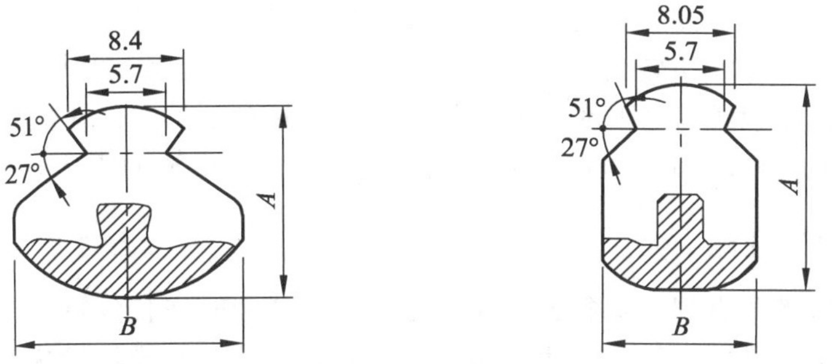

（a）GLCA$\frac{100}{215}$　　（b）GLCB$\frac{80}{175}$

图 4-1-2　钢铝接触线横截面

表 4-1-7　常见接触线规格

接触线型号	标称截面/mm^2			尺寸规格及允许偏差/mm				单位质量/(kg/km)
				A	B	C	D	
GLCA $\frac{100}{215}$	215	148	67	$16.5^{+0.66}_{-0.33}$	$19.6^{+0.78}_{-0.39}$	$16.5^{+4.2}_{-0.2}$	5.7±0.25	925
GLCA $\frac{180}{173}$	173	119	54	$16.7^{+0.66}_{-0.33}$	$13.2^{+0.52}_{-0.26}$	$8.05^{+0.20}_{-0.40}$	$16.5^{+0.20}_{-0.40}$	744
CGLN250	250	188	62	$18.5^{+0.65}_{-0.30}$	$18.5^{+0.8}_{-0.4}$	6.85	$7.27^{+0.40}_{-0.20}$	994
CGLN195	195	140	55	$16.2^{+0.65}_{-0.30}$	$16.0^{+0.55}_{-0.30}$	6.85	$7.27^{+0.40}_{-0.20}$	807
铜及铜合金接触线 85	86			10.80±1%	10.76±2%	9.40±2%	$7.24^{+4\%}_{-2\%}$	769
铜及铜合金接触线 110	111			12.34±1%	12.34±2%	9.73±2%	$7.24^{+4\%}_{-2\%}$	992
铜及铜合金接触线 120	121			12.90±1%	12.90±2%	9.76±2%	$7.24^{+4\%}_{-2\%}$	1082
铜及铜合金接触线 150	151			14.40±1%	14.40±2%	9.71±2%	$7.24^{+4\%}_{-2\%}$	1350

二、接触线的主要技术指标

1. 较高的抗拉强度

抗拉强度是接触线主要技术性能指标。一般要求抗拉强度在 500 N/mm^2 左右。在考虑选择高强度材料以提高其应力的同时，还要注意其线密度要低。提高接触线张力，是目前各国普遍采取的技术措施，它可以有效地提高接触线的波动速度，同时相应地提高列车运行速度。提高接触线的张力以后，可以得到两个附加效果：第一，可以相应地限制高速运行时的动态抬升量；第二，可以提高弹性系数的不均匀度，使跨中的弹性得以有效降低，约为 0.5 mm/N，在而高速接触网中，挂点处约为 0.4 mm/N，从而使弹性在整个跨距内趋于一致，大大降低了弹性不均匀系数。

2. 较低的电阻系数

在高速接触网中，一般有较大的电流强度。通过增大接触线截面积满足负载电流增大的要求是有局限性的。虽然增大接触线截面积可以有效提高拉断力，增大载流量，相应地降低温升。但是过大地增大接触线的横截面积会产生两个负面效果，第一使接触线线密度增加，从而降低了波动速度，最终限制了行车速度；第二，使架设时的不均匀性及平直性的危险增加，出现硬弯、扭转后很难取直、整正。因此，在额定的电压和有限的横截面积条件下，只有降低接触线的电阻率，才能获得较大的电流强度。一般在工作温度 20 °C 时，电阻率应控制在 0.017 68 ~ 0.020 0 $\Omega \cdot mm^2/m$ 以适应流经大电流的需要。

3. 较好的耐热性能

高速铁路一般都具有列车运行速度快、密度大、持续时间长的特点。因而，接触线内长时间流经大电流，在持续流过较大的载流量以后，自然引起导线发热，在温升达到一定程度时，导线的材质会软化，强度会降低，严重时，接触线会产生因温度影响形成的蠕动性伸长，从而破坏正常工作状态。

4. 较强的耐磨性

由于接触线和受电弓是滑动接触的，接触压力大、速度快，所以接触线具有良好的耐磨性能，同时注意其抗腐蚀性能，尽量延长接触线的使用寿命。

5. 合理的制造长度

为了保证高速电气化区段的良好受流，消除硬点及断线隐患，接触线在一个锚段内不允许有接头，这就要求它的制造长度为 1 800 ~ 2 000 m，以适应锚段长度的需要。

纯铜接触线具有导电性能和施工性能好的优点，但是存在抗拉力差、耐磨性能差和高温易软化等诸多缺点，无法适应高速度、大载流量的要求。铜合金可以提高接触线机械强度、软化温度、耐磨性能等。在铜内不管掺进什么金属，都会相应提升其电阻率，因此研制高强度耐磨性能好的铜合金接触线，是以有限地牺牲导电性能为代价的。如在铜中掺入 0.4% ~ 0.7%的镁可以大幅度地提高抗拉强度，使其应力达到 490 N/mm^2，其导电率只有纯铜的 68.1%。近年来研制的银铜合金接触线、镁铜接触线和铬锆铜接触线都有比较优异的性能指标。

三、接触线的接头

为了保证整个接触网线路质量，在新架设的车站正线及区间干线上规定：每个锚段中接触线的接头数目，正线不应超过 1 个，站线不应超过 2 个（不包括下锚处非工作支上接头）。接头间距不应小于 150 m。

运行中的接触线可能因为磨耗、损伤和断线而使锚段中的接头数量增加，一个锚段内的接触线和承力索接头、补强和断股的总数应符合如下规定：锚段长度在 800 m 及以下时，不超过 3 个；锚段长度超过 800 m 时，不超过 4 个。接头距悬挂点应不小于 2 m，同一跨距内不允许有两个接头。

对于速度大于等于 120 km/h 的提速区段，运行检修中对接触线接头的规定更加严格，接头数量接触线锚段长度在 800 m 及以下时不超过 2 个；锚段长度超过 800 m 时不超过 4 个，并且接头距悬挂点距离不得小于 2 m。在高速客运专线中，正线锚段接触线在施工和运行中，不允许有接头。

四、接触线磨耗

接触线在运行中，受电弓和接触线的摩擦会造成接触线截面积减小，称为接触线磨耗。接触线的磨耗使接触线截面积减小，会影响接触线的强度安全系数，铜或铜合金接触线在最大允许磨耗面积 20%的情况下，其强度安全系数不应小于 2.0。运营中，要求每年至少进行一次接触线磨耗测量，当接触线磨耗达到一定限度时应局部补强或更换。如发现全锚段接触线平均磨耗超过该型接触线截面积的 20%时，应全部更换。局部磨耗超过 30%时可进行补强。局部磨耗达到 40%时应切换做接头。

接触线磨耗测量的测量点通常选在定位点、电连接线、导线接头、中心锚结、电分相、电分段、锚段关节、跨距中间等处，测量磨耗要利用游标卡尺，测量磨耗后接触线的直径残存高度。根据直径残存高度可以计算得到接触线磨耗截面积，参考图 4-1-1，接触线磨耗截面积（S）计算公式如下：

$$S=2\left[\pi R^2\frac{\theta}{360}-\frac{R-x}{2}y\right]=\pi R^2\frac{\theta}{180}-(R-x)y \tag{4-1-1}$$

将 $y=R\sin\theta$ 代入式（4-1-1），得

$$S=\pi R^2\frac{\theta}{180}-(R-x)R\sin\theta$$

$$\theta=\arccos\left(1-\frac{A-h}{R}\right) \tag{4-1-2}$$

式中 R——接触线下圆截面半径，mm；

x——实际磨耗高度，$x=A-h$。

随着磨耗面积加大，又未达到更换程度时，为了改善其运行条件，可通过减少坠砣数目，逐渐减少接触线的实际张力，使接触线内的实际张力保持约 100 N/mm（对铜接触线而言的数据），调整时可按图 4-1-3 进行。

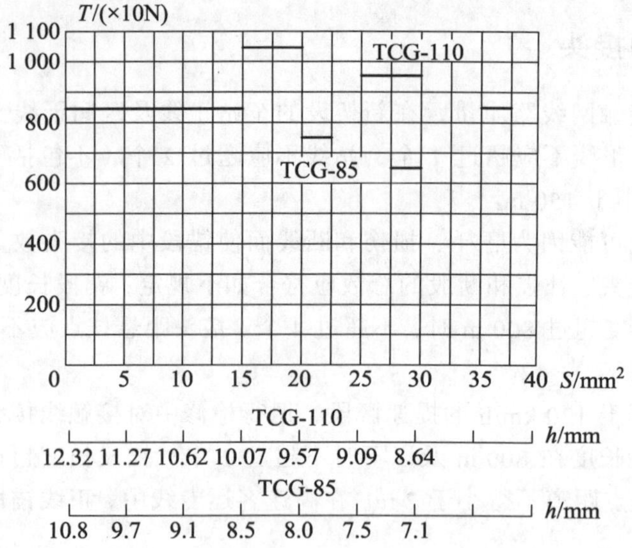

S—磨耗截面积（mm^2）；h—导线残存高度（mm）。

图 4-1-3 接触线磨耗截面积及张力变化

现场应用中，一般不采用计算的方法求磨耗面积，而是用游标卡尺等测出接触线的直径残存高度，对照该型号接触线磨耗换算表，查出该点接触线磨耗截面积（磨掉的截面积）。接触线磨耗表示例见表 4-1-8。

表 4-1-8 接触线磨耗换算表

（a）TCG-110 接触线磨耗

高/mm	0.00	1.00	2.0 0	3.00	4.00	5.00	6.00	7.00	8.00	9.00
8.2	35.02	34.97	34.86	34.74	34.63	34.51	34.39	34.28	34.16	34.05
8.3	33.93	33.81	33.70	33.58	33.47	33.35	33.24	33.12	33.01	32.89

续表

高/mm	0.00	1.00	2.0 0	3.00	4.00	5.00	6.00	7.00	8.00	9.00
8.4	32.78	32.66	32.55	32.43	32.32	32.20	32.09	31.97	31.86	31.75
8.5	31.63	31.52	31.40	31.29	31.17	31.06	30.95	30.83	30.72	30.61
8.6	30.49	30.38	30.27	30.15	30.04	29.93	29.81	29.70	29.59	29.48
8.7	29.36	29.25	29.14	29.03	28.92	28.80	28.69	28.58	28.47	28.36
8.8	28.24	28.13	28.02	27.91	27.80	27.69	27.58	27.47	27.35	27.24
8.9	27.13	27.02	26.91	26.80	26.69	26.58	26.47	26.36	26.25	26.14
9.0	26.03	25.92	25.81	25.70	25.60	25.49	25.38	25.27	25.16	25.05
9.1	24.94	24.83	24.73	24.62	24.51	24.40	24.29	24.19	24.08	23.97
9.2	23.86	23.76	23.65	23.54	23.43	23.33	23.22	23.11	23.01	22.90
9.3	22.80	22.69	22.58	22.48	22.37	22.27	22.16	22.05	21.95	21.84
9.4	21.74	21.63	21.53	21.42	21.32	21.22	21.11	21.01	20.90	20.80
9.5	20.70	20.59	20.49	20.38	20.28	20.18	20.07	19.97	19.87	19.77
9.6	19.66	19.56	19.46	19.36	19.26	19.15	19.05	18.95	18.85	18.75
9.7	18.65	18.55	18.44	18.34	18.24	18.14	18.04	17.94	17.84	17.74
9.8	17.64	17.54	17.44	17.34	17.25	17.15	17.15	16.95	16.85	16.75
9.9	16.65	16.56	16.46	16.36	16.26	16.17	16.07	15.97	15.87	15.78
10.0	15.68	15.58	15.49	15.39	15.30	15.20	15.10	15.01	14.91	14.82
10.1	14.72	14.63	14.53	14.44	14.34	14.25	14.16	14.06	13.97	13.87
10.2	13.78	13.69	13.60	13.50	13.41	13.32	13.22	13.13	13.04	12.95
10.3	12.86	12.77	12.67	12.58	12.49	12.40	12.31	12.22	12.13	12.04
10.4	11.95	11.86	11.77	11.68	11.59	11.51	11.42	11.33	11.24	11.15
10.5	11.06	10.98	10.89	10.80	10.72	10.63	10.54	10.46	10.37	10.28
10.6	10.20	10.11	10.03	9.94	9.86	9.77	9.69	9.60	9.52	9.43
10.7	9.35	9.27	9.18	9.10	9.02	8.94	8.85	8.77	8.69	8.61
10.8	8.53	8.45	8.36	8.28	8.20	8.12	8.04	7.96	7.88	7.80
10.9	7.72	7.65	7.57	7.49	7.41	7.33	7.26	7.18	7.10	7.02
11.0	6.95	6.87	6.79	6.72	6.64	6.57	6.49	6.42	6.34	6.27
11.1	6.19	6.12	6.05	5.97	5.90	5.83	5.76	5.68	5.61	5.54
11.2	5.47	5.40	5.33	5.26	5.19	5.12	5.05	4.98	4.91	4.84
11.3	4.77	4.70	4.64	4.57	4.50	4.43	4.37	4.30	4.24	4.17
11.4	4.10	4.04	3.97	3.91	3.85	3.78	3.72	3.66	3.59	3.53
11.5	3.47	3.41	3.35	3.29	3.22	3.16	3.10	3.05	2.99	2.93
11.6	2.87	2.81	2.75	2.70	2.64	2.58	5.53	2.47	2.42	2.36
11.7	2.30	2.25	2.20	2.14	2.09	2.04	1.99	1.94	1.88	1.83

续表

高/mm	0.00	1.00	2.0 0	3.00	4.00	5.00	6.00	7.00	8.00	9.00
11.8	1.78	1.73	1.68	1.64	1.59	1.54	1.49	1.44	1.40	1.35
11.9	1.31	1.26	1.22	1.17	1.13	1.09	1.04	1.00	0.96	0.92
12.0	0.88	0.84	0.80	0.76	0.73	0.69	0.65	0.62	0.58	0.55
12.1	0.51	0.48	0.45	0.42	0.39	0.36	0.33	0.30	0.27	0.24
12.2	0.22	0.19	0.17	0.15	0.13	0.11	0.09	0.07	0.05	0.04
12.3	0.02	0.01	0.00							

（b）TCG-85 接触线磨耗

高/mm	0	1	2	3	4	5	6	7	8	9
7.0	30.87	30.76	30.65	30.53	30.42	30.31	30.20	30.09	29.88	29.87
7.1	29.75	29.64	29.53	29.42	29.31	29.10	29.09	28.98	28.87	28.76
7.2	28.65	28.54	28.43	28.32	28.21	28.10	27.99	27.88	27.77	27.66
7.3	27.55	27.44	27.33	27.22	27.12	27.01	26.90	29.79	26.68	26.57
7.4	26.46	26.36	26.25	26.14	26.03	25.92	25.82	25.71	25.60	25.49
7.5	25.38	25.28	25.17	25.06	24.96	24.85	24.74	24.64	24.53	24.42
7.6	24.32	24.21	24.10	24.00	23.89	23.79	23.68	23.58	23.47	23.36
7.7	23.26	23.15	23.05	22.94	22.40	22.74	22.63	22.53	22.42	22.32
7.8	22.21	22.11	22.00	21.90	21.80	21.69	21.59	21.49	21.38	21.28
7.9	21.18	21.08	20.97	20.87	20.77	20.67	20.56	20.46	20.36	20.26
8.0	20.15	20.05	19.95	19.85	19.75	19.65	19.55	19.45	19.34	19.24
8.1	19.14	19.04	18.94	18.84	18.74	18.64	18.54	18.44	19.34	18.24
8.2	18.15	18.05	17.95	17.85	17.75	17.65	17.55	17.46	17.36	17.26
8.3	17.16	17.96	16.97	16.87	16.70	16.68	16.58	16.48	16.39	16.29
8.4	16.19	16.10	16.00	15.91	15.81	15.71	15.62	15.52	15.43	15.33
8.5	15.24	15.14	15.05	14.96	14.86	14.77	14.67	14.58	14.49	14.39
8.6	14.30	14.21	14.11	14.02	13.93	13.84	13.75	13.65	13.56	13.47
8.7	13.38	13.29	13.20	13.10	13.01	12.92	12.83	12.74	12.65	12.56
8.8	12.47	12.38	12.29	12.20	12.12	12.03	11.94	11.85	11.76	11.67
8.9	11.58	11.50	11.41	11.32	11.24	11.15	11.06	10.97	10.89	10.80
9.0	10.71	10.63	10.55	10.46	10.37	10.29	10.21	10.12	10.03	9.95
9.1	9.87	9.78	9.70	9.62	9.53	9.45	9.37	9.28	9.20	9.12
9.2	9.04	8.96	8.87	8.79	8.71	8.63	8.55	8.47	8.39	8.31
9.3	8.23	8.15	8.07	7.99	7.92	7.84	7.76	7.68	7.60	7.52
9.4	7.44	7.37	7.29	7.22	7.14	7.06	6.99	6.91	6.84	6.76

续表

高/mm	0	1	2	3	4	5	6	7	8	9
9.5	6.68	6.61	6.54	6.46	6.39	6.32	6.24	6.17	6.10	6.02
9.6	5.95	5.88	5.81	5.74	5.66	5.59	5.52	5.45	5.38	5.31
9.7	5.24	5.17	5.10	5.03	4.96	4.90	7.83	4.76	4.69	4.62
9.8	4.55	4.49	4.42	4.36	4.29	4.23	4.17	4.10	4.04	3.97
9.9	3.91	3.85	3.78	3.72	3.66	3.60	3.54	3.47	3.41	3.35
10.0	3.29	3.23	3.17	3.11	3.05	3.00	2.94	2.88	2.82	2.76
10.1	2.70	2.65	2.59	2.54	2.49	2.43	2.38	2.32	3.27	2.21
10.2	2.16	2.11	2.06	2.01	1.95	1.90	1.85	1.80	1.75	1.70
10.3	1.65	1.61	1.56	1.51	1.47	1.42	1.38	1.33	1.28	1.24
10.4	1.19	1.15	1.11	1.07	1.03	0.99	0.95	0.91	0.87	0.82
10.5	0.78	0.75	0.71	0.68	0.64	0.61	0.58	0.54	0.51	0.47
10.6	0.44	0.41	0.38	0.35	0.33	0.30	0.27	0.24	0.22	0.19
10.7	0.16	0.15	0.13	0.11	0.10	0.08	0.07	0.05	0.03	0.01
10.8	0.00									

【评价反馈】

通过考核，评价学员对接触线检查及修复方法的掌握情况，评价标准可参考表 4-1-9。

表 4-1-9　考核评价表

内容	评分标准	操作情况	扣分情况	备注
时间	规定时限 40 min，每超时 1 min 扣 1 分，超过 5 min 失格			
料具准备（10 分）	按技术标准及作业要求选择工具，工具应符合绝缘和机械强度要求，否则扣 10 分			
质量要求（60 分）	1. 测量接触线高度、拉出值、硬点及坡度是否复合要求，方法错误或漏检一项分别扣 5 分			
	2. 检查接触线接触面有否麻面、硬弯、扭面和损伤，方法错误或漏检一项分别扣 5 分			
	3. 检查接触线有无偏磨、线夹是否落槽、有无偏斜打弓，方法错误或漏检一项分别扣 5 分			
	4. 测量接触线磨耗，方法错误或漏检扣 10 分			
	5. 检查接触线接头线夹、补强线夹状态，方法错误或漏检一项分别扣 5 分			
	6. 检查接触线平直度，方法错误或漏检扣 5 分			
	7. 处理接触线高度、线坡、硬点、拉出值缺陷，方法错误或漏处理一项分别扣 5 分（若无以上缺陷则本项既不得分也不扣分）			
	备注：扣完配分失格			

续表

内容	评分标准	操作情况	扣分情况	备注
安全（20分）	1. 作业中出现一般违章每次扣5分			
	2. 作业时用手及其他金属物件短接绝缘测量杆有效部分扣20分			
	3. 测量时短接轨道电路每次扣5分			
文明作业（10分）	1. 作业时必佩戴的个人工具、劳保用具、安全用具每缺一件扣5分			
	2. 作业中出现不文明语言或动作每次扣5分			
	3. 作业完毕，料具有一件不归位扣2分			
总分				

任务二　接触网承力索的检修

【任务描述】

承力索是接触网中用于吊起接触线的重要组成部分，有时在接触网运行时还兼作电流的通道。开展定期检修能保证接触网承力索的性能和状态，进而保证接触网的安全运行。本任务的主要内容是根据技术标准对接触网承力索进行检修以及针对承力索常见故障的处理方法。

【任务目标】

（1）掌握承力索的规格型号。
（2）掌握承力索的防腐方法。
（3）掌握承力索的技术标准及检修方法。

【任务实施】

一、作业准备

（1）人员：6~8人。
（2）工、机具（见表4-2-1）。

表4-2-1　工、机具清单

序号	工具名称	型号	单位	数量
1	绝缘车梯（作业车）		台	1
2	工具包		个	每人1个
3	钢卷尺		把	1
4	扭力扳手		把	2
5	钢丝套		根	2
6	测量工具	测量仪或测杆	套	1
7	接地线（含抛线）		副	2

（3）材料、设备（根据工作内容，确定数量）：承力索保护条、绝缘套管、整体吊弦、不锈钢铁线、吊弦线夹、扎线、开口销、夹环、电连接线夹、电连接线、导电膏。

二、技术标准

（1）$v \geqslant 200$ km/h 区段正线承力索宜采用恒张力放线，并按规定进行张力超拉，架线张力应根据线材材质、额定张力等因素选取，且不应小于绕线张力，架线张力偏差不得大于8%。

（2）直链形悬挂。承力索在直线地段应位于接触线的正上方，在曲线地段承力索与接触线之间的连线应垂直于轨面连线，直线区段允许误差±150 mm，曲线区段允许向曲线内侧偏移 100 mm。在运行中因线路的变化调整后，不得因承力索的偏斜过大，导致接触线吊弦线夹状态改变而打弓。

（3）载流承力索在悬吊滑轮处需安装预型保护条，在承力索座处，其连接间须加装预绞型保护条。

（4）承力索无断股、散股、电烧伤和异常磨损。承力索损伤后不能满足该线通过的最大电流时，若系局部损伤，可以加电气补强线，若系普遍损伤则应更换。承力索损伤后不能满足规定的机械强度安全系数时，可以加补强线或切除损坏部分重新接线，若系普遍磨损则应更换。

（5）一个锚段内，承力索接头和断股补强的总数量应符合以下规定（不包括分段、分相及下锚接头）。

① 普速铁路。

标准值：0 处。

标准状态：0 处。

警示值：3 处。

限界值：4 处。

② 高速铁路。

标准值：0 处。

标准状态：0 处。

警示值：2 处。

限界值：4 处。

说明：承力索接头数量不包括分段、分相及下锚接头，接头距悬挂点应不小于 2 m，同一跨距内不允许有 2 个接头。

（6）承力索终端下锚线夹采用锥套式终端锚固线夹，线夹楔子在没有损伤的情况下可以重复使用 2 次，其他部件可以多次使用。承力索的端头应与楔子的大端面平齐。开口销的折弯角度为 120° ~ 130°。

三、作业步骤

（1）检查补偿装置状态，坠砣数量是否符合要求。

（2）检查承力索终端下锚线夹状态是否良好，承力索在楔形线夹楔子处外露尺寸是否满足要求。

（3）检查承力索有无断股、散股、锈蚀、烧伤等情况。

（4）检查承力索交叉处所间隙是否满足要求，间隙较小处所是否按规定安装电连接或等位线。

（5）检查悬吊滑轮、承力索座处承力索是否按规定安装保护条或铜衬垫。

（6）检查承力索接头、补强用线夹及电气补强线状态是否良好，检查流程如下：

① 检查铜材质承力索断股处两侧是否用 1 个承力索中心锚结线夹或 3 个改进型钢线卡子进行补强。

② 检查补强线状态是否良好。

③ 检查钢线卡子、承力索中心锚结线夹各部螺栓是否紧固。

四、处理方法

（1）承力索补强方法。

① 用钢线卡子或中心锚结线夹补强。普通承力索用专用钢线卡子补强，如图 4-2-1 所示，线夹之间的间距为 100 mm。铜合金承力索应使用承力索中心锚结线夹进行补强，每侧安装 1 个，如图 4-2-1 所示。

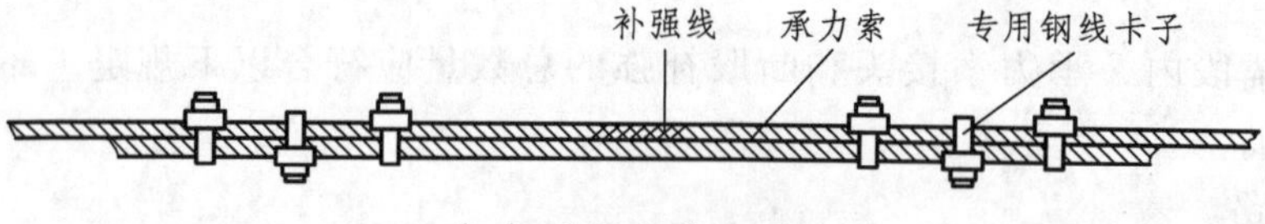

（a）采用钢线卡子

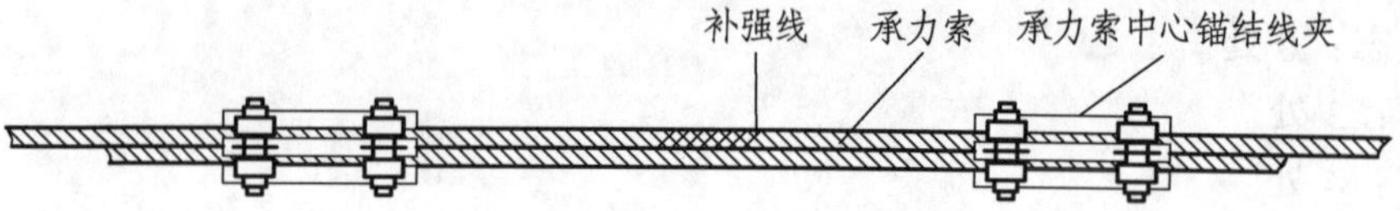

（b）采用承力索中心锚结线夹

图 4-2-1　承力索补强示意图

② 重新截断接续。重新截断接续时安装示意图如图 4-2-2 所示。

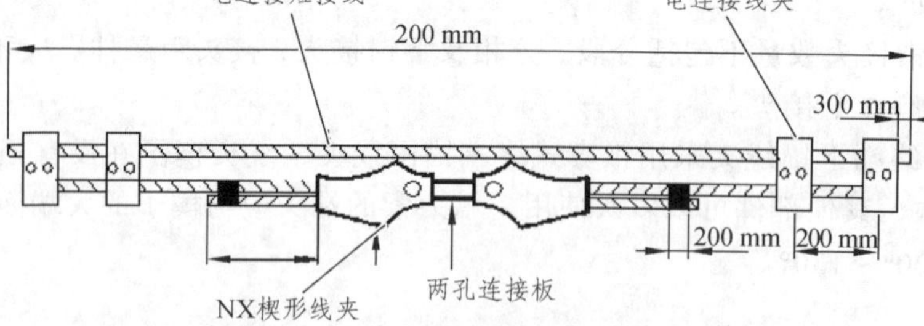

图 4-2-2　承力索重新截断接续时安装示意图

（2）承力索绞线有交叉、散股、硬弯、折叠时应修复使用，无法修复的永久变形，应截断重新接续或采用接续条接续，并采用电连接沟通。有轻微散股受力后能复原的可不做处理。

（3）悬挂点使用悬吊滑轮承力索出现断股、散股需补强时，应重新截断制作回头。使用承力索座时，应采用双槽承力索座，补强线长度必须超过悬挂点 2 m 以上，且与被补强承力索一同装入承力索座内。

（4）若发现断股情况，应将断头截断分析断股原因是机械损伤、还是电气损伤。

（5）锥套式承力索终端锚固线夹制作流程。

① 根据安装示意图或装配图材料表检查零部件是否齐全；拆开包装后，检查承力索终端锚固线夹在运输、保管过程中线夹本体有无损伤、变形，不锈钢锥套与铜合金楔子是否完好，有无脱落、丢失。

② 检查线夹本体以及楔子上的型号、尺寸与其连接的承力索型号是否一致，确认正确无误后，将承力索端头上的毛刺，不平整等用平锉刀修整，直到承力索端头光滑、无毛刺。

③ 用紧线器将承力索与补偿装置连接在一起，并逐渐加力，直至承力索与补偿装置连接板靠在一起。将已修整好的承力索从线夹本体的穿线孔处插入，并穿过不锈钢锥套及铜楔子，目视承力索端头比铜楔子端头长出 40 ~ 50 mm 后，用手钳将楔子向锥套内轻轻击打两到三下，以保证楔子与承力索之间完全啮合良好。将线夹本体与补偿装置的连接板用螺栓连接好，并拧紧螺母、装好开口销。

④ 确认铜楔子确已将承力索抱紧，啮合良好，并且观察承力索无扭面后，缓慢松开紧线器，让承力索张力逐渐过渡到终端锚固线夹上。

⑤ 再一次检查线夹受力正常，连接螺栓已拧紧，开口销也已打开，承力索端头比铜楔子端头长出 20 ~ 30 mm 后，可松开紧线器。

⑥ 在张力作用下，用手托动补偿装置，检查承力索终端锚固线夹受力是否正常，承力索有无缓慢滑移等现象。

⑦ 注意事项。安装过程中应严格按照本方法及相关的操作规程、施工作业指导书进行，严禁用手锤等击打线夹，严禁除承力索外用其他金属棒材插入线夹楔子内，并施加拉力。

铜楔子不可重复使用。

（6）承力索预型保护条安装。

承力索座处预绞式护线条安装示意如图 4-2-3，保护条的材质为铜包钢，使用要求如下：

① 每套产品的预绞丝必须来自同一组，禁止混用、多用、少用。

② 从校核色标处开始绞合。

③ 安装后的线夹线条要平整，缝隙均匀。

④ 所有线条均就位，避免存在架空的线条。

⑤ 不允许过度用力导致线条异常变形。

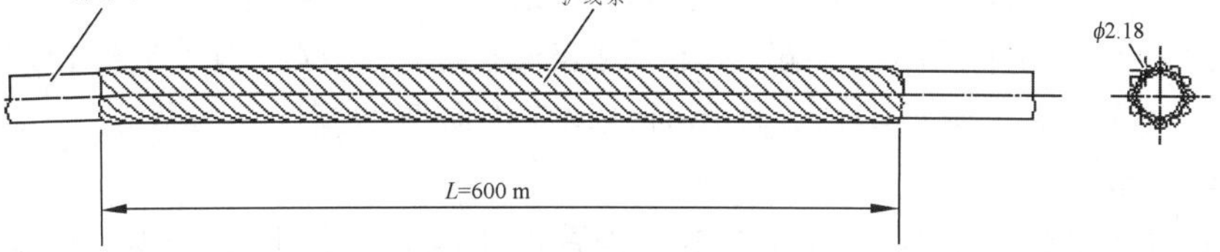

图 4-2-3　预绞式护线条安装示意图

五、注意事项

（1）进行承力索机械补强时，补强线的材质、型号应与被补强承力索相同。采用接续条进行补强时，接续条的型号应与被补强承力索型号相对应。

（2）载流承力索接头时，应做电气沟通。

【相关知识】

承力索的作用是通过吊弦将接触线悬挂起来。要求承力索能够承受较大的张力和具有抗腐蚀能力，并且在温度变化时驰度变化较小。承力索根据材质一般可分为铜和铜合金承力索、钢承力索、铝包钢承力索三类多种规格。按照设计时承力索是否通过牵引电流，可将承力索分为载流承力索和非载流承力索。使用载流承力索的电力牵引区段习惯称为载流区段，使用非载流承力索的电力牵引区段称为非载流区段。

一、铜承力索

铜承力索导电性能好，可作为牵引电流的通道，和接触线并联供电，提高接触网的负载能力，降低压损和能耗，且抗腐蚀性能高。但铜承力索消耗铜多，造价高且机械强度低，不能承受较大的张力，温度变化时弛度变化也大。铜承力索的规格型号有 TJ-95、TJ-120 等几种，TJ 表示铜绞线，数字表示截面积，常见规格见表 4-2-2。

表 4-2-2　铜承力索型号规格

型号	截面积 /mm^2	股数与单股直径 /mm	计算直径 /mm	有效电阻/（Ω·km）	单位质量 /（kg/km）	制造长度 /mm
TJ-70	70	19×2.14	10.6	0.28	618	1 500
TJ-95	95	19×2.49	12.4	0.20	837	1 200
TJ-120	120	19×2.80	14.0	0.158	1 058	1 000
TJ-150	150	19×3.15	15.8	0.123	1 388	800

二、钢承力索

钢承力索用镀锌钢绞线制成，强度高、耐张力大、安装弛度小且弛度变化也小，节省有色金属又造价低。但它的电阻大，导电性能差，一般为非载流承力索。钢承力索不耐腐蚀，使用时还要采用防腐措施，常用规格有 GJ-100、GJ-80、GJ-70 等类型，GJ 表示钢绞线，数字是绞线的截面积。GJ-100 用于 3T 系悬挂，GJ-70 用于 2.5T 系悬挂（接触线与承力索张力之和为 3 t 或 2.5 t）。钢承力索多采用 7 股和 19 股两种，型号规格见表 4-2-3 和表 4-2-4。

钢绞线的弱点是易生锈腐蚀，虽然出厂时表面镀了一层锌，但外表镀锌层很快就会因污染而氧化、脱落。为了延长寿命，使用时一律应涂防腐油脂，一般规定 3 ~ 4 年涂防腐油一次，在夏秋季节进行。

防腐油配方为中性工业凡士林占 77%，松香占 15.4%，煤油占 7.6%。配制方法是先将凡士林油脂加热稀释并将松香碾成粉末状，按比例倒入煤油中 2 h 后，待松香溶于煤油中，再加入凡士林油中搅拌均匀即可使用。

进行涂油时，先用钢丝刷子将钢绞线上的锈和污垢除掉，然后用毛刷清扫干净，再涂防腐油，使油脂完全覆盖钢索表面。雨雾天不能进行涂油，否则会影响质量，带来隐患。

表 4-2-3　7 股钢绞线承力索型号及规格

单股钢绞线钢丝 1×7=7											
标称截面/mm²	钢绞线外径/mm	股数及单股外径/mm	总截面/mm²	抗拉强度/（N/mm²）	破坏拉力不小于/N						单位质量/（kg/km）
					标准抗拉强度不小于/（N/mm²）						
					1 000	1 100	1 200	1 300	1 400	1 500	
10	4.2	7×1.4	10.77	1 400～1 900							92.3
30	7.2	7×2.4	31.34	1 200～1 800	29 000	32 000	34 800	37 800	40 700	43 600	270.9
50	9.0	7×3.0	49.49	1 200～1 700	45 400	50 000	54 500	59 100	63 600	68 200	423.7

表 4-2-4　19 股钢绞线承力索型号及规格

单股钢绞线钢丝 1×19=19					
标称截面/mm²	钢绞线外径/mm	股数及单股外径/mm	总截面/mm²	抗拉强度/（N/mm²）	单位质量/（kg/km）
10	4.0	19×0.8	9.55	140～220	81.4
30	7.0	19×1.4	29.23	140～190	249.2
40	8.0	19×1.6	38.18	130～190	325.3
50	9.0	19×1.8	48.26	130～190	411.1
70	11.0	19×2.2	72.20	120～190	615.0
100	13.0	19×2.6	100.89	120～180	859.4

三、铝包钢承力索

铝包钢承力索是由铝覆钢线和铝线绞合而成，主要以铝覆钢线中的钢芯部分承受张力，覆铝层和铝线载流，导电性能好，机械强度和抗腐蚀性能较好。常见承力索的铝包钢型号为 GLJE-30/50、GLJN-120/35 两种，GLJE-30/50 表示铝标称截面积为 30 mm²、钢标称截面积为 50 mm²。的铝包钢绞线承力索，GLJN-120/35 表示铝标称截面积为 120 mm²、钢标称截面积为 35 mm² 的铝包钢芯铝绞线。其综合拉断力分别大于 63 kN、55 kN，其载流量分别为 190 A、380 A（80 °C），是镀锌钢绞线承力索的替代产品。

四、铜镁合金承力索

为了提高承力索的机械强度，可采用铜镁合金制造，这种承力索具有允许工作温度高、载流能力强的特点，在高速、重载电气化线路上有着广阔的应用前景。

【评价反馈】

通过考核，评价学员对接触网承力索检查检修方法的掌握情况，评价标准可参考表 4-2-5。

表 4-2-5　考核评价表

内容	评分标准	操作情况	扣分情况	备注
时间	规定时限 40 min，每超时 1 min 扣 1 分，超过 5 min 失格			
料具准备（10分）	按技术标准及作业要求选择工具，工具应符合绝缘和机械强度要求，否则扣 10 分			
质量要求（60分）	1. 检查补偿装置状态，坠砣数量是否符合要求；方法错误或漏检扣 5 分			
	2. 检查承力索终端下锚线夹状态是否良好，承力索在楔形线夹楔子处外露尺寸是否满足要求，方法错误或漏检一项分别扣 5 分			
	3. 检查承力索有无断股、散股、锈蚀、烧伤等情况，漏检一项扣 5 分			
	4. 检查承力索交叉处所间隙是否满足要求，间隙较小处所是否按规定安装电连接或等位线，方法错误或漏检扣 10 分			
	5. 检查悬吊滑轮、承力索座处承力索是否按规定安装保护条或铜衬垫，方法错误或漏检扣 10 分			
	6. 检查承力索接头、补强用线夹及电气补强线状态是否良好，方法错误或漏检扣 10 分			
	7. 能按要求处理一般缺陷或故障，方法错误或漏处理一项分别扣 5 分（若无缺陷或故障则本项既不得分也不扣分）			
	备注：扣完配分失格			
安全（20分）	1. 作业中出现一般违章现象每次扣 5 分			
	2. 作业时用手及其他金属物件短接绝缘测量杆有效部分扣 20 分			
	3. 测量时短接轨道电路每次扣 5 分			
文明作业（10分）	1. 作业时必佩戴的个人工具、劳保用具、安全用具每缺一件扣 5 分			
	2. 作业中出现不文明语言或动作每次扣 5 分			
	3. 作业完毕，料具有一件不归位扣 2 分			
总分				

任务三　承力索回头制作

【任务描述】

回头是承力索和接触线下锚时重要的连接部件，制作回头也是接触网施工和检修过程中一项常见工作。通过练习，学员要掌握制作回头的要点和标准，独立完成回头的制作。

【任务目标】

（1）掌握承力索回头的制作标准。

（2）掌握承力索回头的方法。

【任务实施】

一、作业准备

（1）人员：1人。

（2）工具：钢卷尺、铁锤、钢丝钳、断线钳、记号笔等。

（3）材料：GJ-70（或 GJ-50）钢绞线、ϕ1.6 铁线（GJ-70 钢绞线需要绑线约 4.2 m，GJ-50 钢绞线需要绑线约 3.8 m，并卷成直径 50 ~ 80 mm 的圆环）、楔形线夹等。

二、作业标准

（1）主线和连接件应在一条直线上，主线紧贴线夹直边。

（2）回头长度为（500±50）mm。

（3）距离端头（50±5）mm 处用细铁线绑扎（100±10）mm，绑扎线间隙不大于 1 mm，表面平整无伤痕，无明显凸起或凹陷。

（4）舌板与承力索线密贴，缝隙不大于 5 mm。

（5）线夹无裂纹、锈蚀等不良情况。

三、作业步骤

（1）将镀锌钢绞线断口两端各 20 mm 处用ϕ1.6 铁线缠绕绑扎 2 ~ 3 圈，然后用断线钳剪断钢绞线。

（2）拿起钢绞线端头，用钢卷尺从端头起丈量 500 mm，并做好标记。

（3）用一只脚踩住本线，用一只手扳动端头从标记处搣圈。用一只手紧握端头交替在本线两侧用力上提（用力时腰和手同时用力），另一手握紧搣圈，使圈径减小到线径的 3 ~ 4 倍后缓松开端头和搣圈，如图 4-3-1 所示。

图 4-3-1　搣圈

（4）拿起楔形线夹，将回头线端头穿过楔形线夹，并使楔形线夹套到摵圈圆弧上。要使主线在线夹的直边侧，副线在线夹的凸边侧，如图 4-3-2 所示。

（5）将舌板放入线夹摵圈内，再次用力同时拉动本线和回头端线，然后一只手提起承力索回头，另一只手紧握手锤用力敲打楔形线夹边缘，使舌板不脱落。

（6）背起回头，两腿叉开，一只手提住回头，另一只手握住手锤用力敲打线夹边缘，直至打紧（舌板与线密贴），如图 4-3-3 和图 4-3-4 所示。

图 4-3-2　安装楔形线夹

图 4-3-4　敲击线夹以压紧舌板

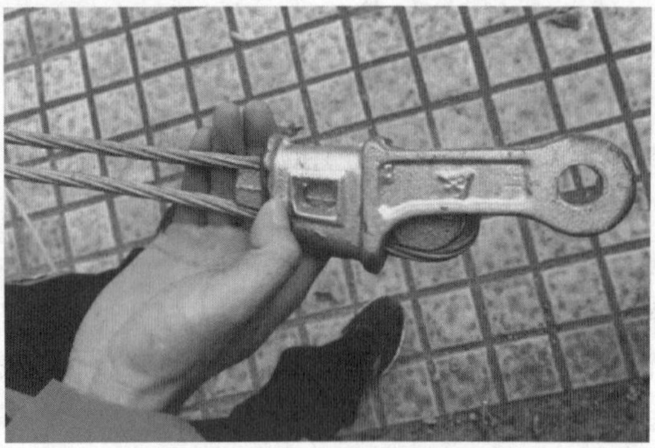

图 4-3-4　安装楔形线夹

（7）从绑扎线 150 mm 处向回弯曲 180°，使弧顶圆弧半径约为钢绞线半径。在距弧顶约一个直径的地方用钳子夹住，将线头向上折 90°做成绑线线头。

（8）将做好的绑线头放在两钢绞线之间，圆弧套在主线上，在距离钢绞线回头顶端 150 mm 处开始绑扎（也可从 50 mm 处向线夹方向绑扎），如图 4-3-5 所示。绑扎时保证绑线线头在两钢绞线之间的缝隙内，绑线与钢绞线之间绑扎密贴，每匝绑线之间缠绕密贴，不能有大于 1 mm 的缝隙和凹凸。

（9）绑扎 100 mm 后，将两绑线头用钳子拧 3 个麻花，将多余的线头剪掉，并把线头压在两钢绞线中间，如图 4-3-6 所示，制作好的回头如图 4-3-7 所示。

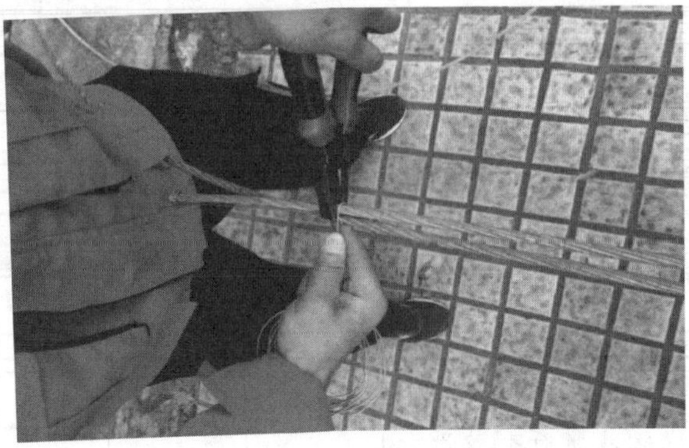

图 4-3-8　绑扎开始

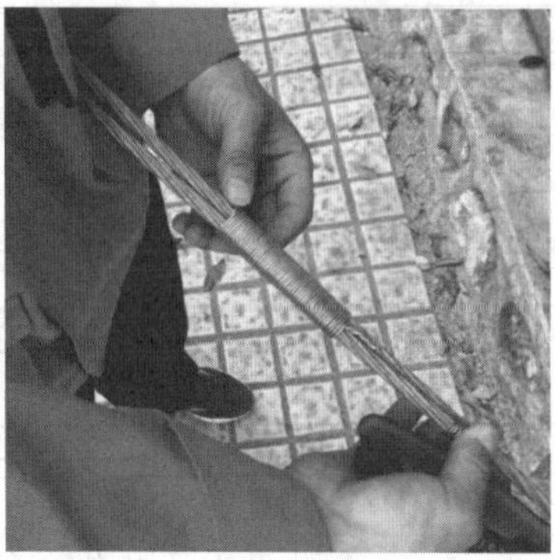

图 4-3-6　绑扎完成

图 4-3-7　做好的回头

四、注意事项

（1）钢绞线弹性很大，应注意线头弹出伤人。剪断钢绞线时，需要两人配合操作，一人操作断线钳，另一人两手分别握住两断头，防止钢绞线剪断后弹起伤人。

（2）使用手锤时不能戴手套，敲击时要稳、准、狠。

（3）回头部分和楔形线夹受力面的相对位置要正确。

（4）线夹型号要和钢绞线型号适配。

（5）回头应平顺，不得扭斜，钢绞线不得散股。

【评价反馈】

通过考核，评价学员对接触网承力索检查检修方法的掌握情况，评价标准可参考表 4-3-1。

表 4-3-1　考核评价表

内容	评分标准	操作情况	扣分情况	备注
时间	规定时限 30 min，规定时限内完成不加分，每超时 1 min 扣 2 分，超时 10 min 失格。			
料具准备（10 分）	按技术标准及作业要求选择工具，工具应符合绝缘和机械强度要求，否则扣 10 分			
质量要求（60 分）	1. 下把的下端缠绕长度为 100 mm，50 mm 处开缠，尾端留 50 mm，允许误差 5 mm，误差每超过 5 mm 扣 1 分			
	2. 绑线缠绕应紧密，不密贴处，每处扣 1 分			
	3. 绑线表面不应有钳痕和敲痕，若有钳痕和敲痕每处扣 3 分			
	4. 绑线尾端绞结应均匀，不应有硬拧现象，若有扣 5 分			
	5. 线夹舌板与拉线接触应紧密，受力后无滑动现象，若有滑动扣 5 分，舌板与拉线间隙每 3 mm 扣 5 分			

续表

内容	评分标准	操作情况	扣分情况	备注
质量要求（60分）	6. 拉线弯曲部分不应有明显松股，有松股现象扣5分			
	7. 线夹处露出的尾线长度不超过 500 mm，每超过 5 mm 扣1分			
	8. UT线夹应有不小于1/2螺栓丝扣可供调整，且双螺母应并紧，若不符合要求扣5分			
安全（20分）	1. 作业中出现一般违章现象每次扣5分			
	2. 作业时用手及其他金属物件短接绝缘测量杆有效部分扣20分			
	3. 测量时短接轨道电路每次扣5分			
文明作业（10分）	1. 作业时必佩戴的个人工具、劳保用具、安全用具每缺一件扣5分			
	2. 作业中出现不文明语言或动作每次扣5分			
	3. 作业完毕，料具有一件不归位扣2分			
总分				

【相关知识】

承力索回头尺寸约500 mm，有楔形线夹和承力索线构成，其结构和尺寸如图4-3-8所示。

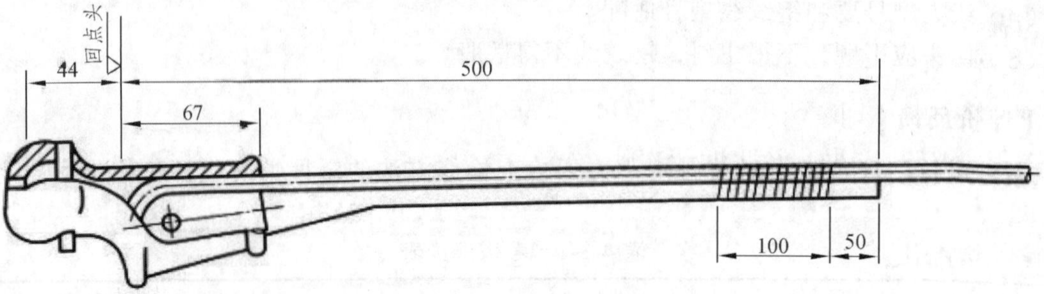

（a）杵环坐楔形线夹

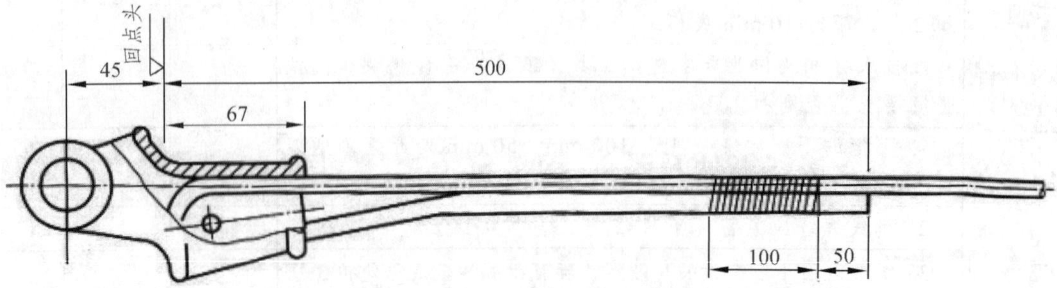

（b）双耳楔形线夹

图4-3-8　承力索回头安装尺寸

任务四　中心锚结的安装、检修

【任务描述】

在两端装有补偿器的锚段里，中心锚结设在接触悬挂锚段中部通过承力索、接触线进行固定，可以有效防止两端补偿器向一侧滑动以及缩小事故范围。通过本任务，主要学习中心锚结的作用，掌握中心锚结的安装方法和标准，掌握日常进行中心锚结检修的内容和标准。

【任务目标】

（1）掌握中心锚结的基本结构和类型。

（2）掌握中心锚结的安装方法和标准。

（3）掌握中心锚结的检修内容和标准。

【任务实施】

一、作业准备

（1）人员：2～10 人。

（2）工具：接触网作业车或车梯、楔形紧线器、手锤、导线正面器、放线滑轮、棕绳、钢卷尺、测杆和线坠（或激光测量仪）、温度计、断线钳、钢丝钳、安全带、力矩扳手、活动扳手、工具包、安全防护工具等。

（3）材料和资料：ϕ4.0 镀锌铁线、ϕ1.8 铁线、中心锚结线夹、钢线卡子、黄油、接触网平面布置图、安装图、安装曲线图、当量跨距表等。

二、技术标准

1. 防断式中心锚结的技术状态

1）承力索中心锚结绳

（1）中心锚结绳范围内承力索不得有接头和补强。

（2）中心锚结绳的弛度应等于或略高于该处承力索的弛度。

（3）中心锚结绳位置、中心锚结绳与承力索、悬挂点固定线夹的设置和间距符合设计要求。

2）接触线中心锚结绳

（1）中心锚结所在的跨距内接触线不得有接头和补强。

（2）中心锚结绳范围内不得安装吊弦和电连接器。中锚绳两端距相邻的吊弦或电连接距离不得小于 2 m，锚结绳与心形环接触是否密贴。

（3）中心锚结绳不应松弛、不得触及吊弦辅助绳，两边的长度和张力相等。

（4）中心锚结绳两端与承力索固定线夹的设置和间距符合设计要求。

3）接触线中心锚结线夹

（1）中心锚结线夹应安装牢固，在直线上应保持铅垂状态，在曲线上应与接触线的倾斜度一致。

（2）160 km/h 以下区段中心锚结线夹处的接触线高度比两侧吊弦点高出 0 ~ 20 mm。160 km/h 及以上区段中心锚结线夹处的接触线高度比两侧吊弦点高出 0 ~ 10 mm。

2. 防窜式中心锚结

（1）防窜绳两端固定线夹的设置和间距符合设计要求，两端受力力求相等，无偏移。

（2）接触线中心锚结绳、接触线中心锚结线夹与防窜防断型相同。

3. 中心锚结绳的距离要求

中心锚结绳距线路中心 500 ~ 800 mm，中心锚结绳距运行受电弓上平面的距离不得小于 500 mm。

4. 其他技术要求

各部零件齐全，状态良好无锈蚀，螺栓紧固力矩符合规定。

三、作业程序

1. 全补偿链形悬挂区间中心锚结安装

1）区间承力索中心锚结安装

（1）承力索中心锚结绳规格。

全补偿链形悬挂区间承力索中心锚结绳为 GJ-70 的镀锌钢绞线，其长度根据所在实际跨距长度而定。

（2）预制，按实际测量的长度下料，并做好锚结绳一端的回头。

（3）在中心锚结转换柱悬挂点各挂一个开口滑轮。

（4）将锚结绳组装好的一端与中心锚结的锚柱连接好（即起锚）。

（5）由作业车或车梯作业人员将锚结绳放入中心锚结转换柱的滑轮内。

（6）用滑轮组和手扳葫芦在中心锚结的锚柱杆处紧线（既落锚），其松紧程度应保证跨中承力索中心锚结绳的最低点等于或略高于该处承力索的最低点，中心锚结绳的锚固方法与承力索硬性下锚相同。

（7）在中心锚结转换柱悬挂点两侧各用 2 个 GQ4 的钢线卡子，在跨中用 3 个 GQ4 的钢线卡子将承力索中心锚结绳与承力索固定，钢线卡子间距均为 100 mm。

2）区间接触线中心锚结安装

（1）接触线中心锚结绳规格。

全补偿链形悬挂区间接触线中心锚结绳为 GJ-50 的镀锌钢绞线，其长度可参考表 4-4-1。

表 4-4-1　全补偿链形悬挂区间接触线中心锚结绳长度

链形悬挂结构高度 *h*/mm	1 700	1 500	1 300
接触线中心锚结绳距 *l*/m	12.5	11.5	10
接触线中心锚结绳长度/m	≈28.5	≈25.5	≈22

（2）预制，按表 4-4-1 确定的中心锚结绳长度下料。

（3）安装，首先用中心锚结线夹将锚结绳的中部固定在接触线上，再将此处接触线用铁线临时吊起，以便在锚结绳两端各用 2 个 GQ4 钢线卡子将锚结绳固定在承力索的一定位置。一切安装妥当后，拆除临时绑扎的铁线，测量中心锚结线夹处接触线的高度是否符合要求，若不符合，可反复调节锚结绳两端的钢线卡子位置来达到要求。

3）全补偿链形悬挂站场中心锚结安装

全补偿链形悬挂站场中心锚结安装形式有两种：一种与区间全补偿链形悬挂中心锚结形式相同，即将承力索中心锚结绳锚固到支柱上；另一种将中心锚结绳在悬挂点处与承力索固定，依靠上部固定绳对承力索起到锚结作用，这种形式称为防窜中心锚结。

承力索中心锚结绳用 GJ-70 钢绞线（长约 1 m）在悬挂点处通过钢线卡子与承力索固定，在两侧的跨距中心位置安装接触线中心锚结线夹，并将锚结绳（每根长约 11 m）向承力索中心销结方向通过钢线卡子与承力索固定。

2. 中心锚结的检修

1）中心锚结的检查

（1）中心锚结安装位置两边接触悬挂的补偿条件是否相等。

（2）接触线中心锚结绳两边长度是否相等；中心锚结绳两边张力是否一致，有无防腐油层，有无锈蚀、断股、散股及损伤等情况。

（3）中心锚结线夹处的接触线高度是否符合要求。

（4）中心锚结线夹（钢线卡子）安装是否符合规定，螺栓是否紧固，中心锚结绳露头是否符合规定。

2）处理方法

（1）调整接触线中心锚结线夹处接触线高度。

① 用 ϕ4.0 镀锌铁线（或绳子）将跨中接触线吊起，使接触线中心锚结绳两边充分松弛，然后拆除绑扎线。

② 松动内侧线夹，撬开两个线夹间中心锚结绳，形成垂弯，紧固内侧线夹。

③ 松开外侧线夹，使中心锚结绳向外窜动后紧固外侧线夹。

④ 反复进行②、③项步骤直至符合要求，最后拆除跨中铁线（绳子），并按照规定进行绑扎。

（2）更换接触线中心锚结绳。

① 按照标准预制中心锚结绳。

② 在距接触线中心锚结线夹 300 mm 处将接触线吊起。

③ 拆除需更换的接触线中心锚结绳和中心锚结线夹。

④ 确定接触线中心锚结线夹的安装位置，并安装紧固到位。

⑤ 用承力索中心锚结线夹（钢线卡子）将接触线中心锚结绳与承力索进行固定，并调整到位。

四、注意事项

（1）同一支柱上下部不应同时有两人作业，如由于操作需要两人在同一支柱上下同时工作时，应有安全措施。

（2）当列车通过时，在支柱上作业的人员应停止工作，并回避至安全地点。

（3）进行接触网悬挂的调整工作时，要有防止线索滑脱措施，且作业人员不宜位于线索受力方向的反侧。

（4）各部螺栓紧固时应注意交替紧固，受力均匀，紧固过程中不能咬扣。严禁使用金属工具敲打零部件。

（5）如果中心锚结内有吊弦，应将中心锚结内吊弦移出，防止长时间磨中锚辅助绳造成吊弦或辅助绳磨损。

（6）防窜中心锚结在软横跨承力索悬吊滑轮处偏移时，应检查是否出现卡滞现象，中心锚结位置设置是否合理，不能简单地松开防窜点来调整，以免造成辅助绳松弛。

（7）高空作业系好安全带，戴好安全帽，防止高空掉物伤人。

（8）防护人员要穿好防护服、佩戴相应标识，在规定位置（站内 50 m 区间 2 000 m）进行行车防护。

（9）V 形“天窗”作业时，作业人员及所持材料、工具与邻线带电部分保持足够的安全距离，注意邻线来车。防止感应电伤人。

【相关知识】

一、中心锚结的作用

在两端装有补偿器的锚段里，设在接触悬挂锚段中部通过承力索、接触线进行固定，防止两端补偿器向一侧滑动以及缩小事故范围的装置称为中心锚结，中心锚结具有以下作用。

（1）缩短了补偿器补偿范围，使锚段线索张力比较均匀，保证接触悬挂处于良好工作状态。

（2）设立中心锚结后可以缩小事故范围，即当中心锚结一侧发生断线事故时不致影响另一侧悬挂线路，有利于事故抢修和缩短事故抢修时间。

（3）可防止线索在外力作用下向一侧窜动，如风力、受电弓摩擦力、因坡道和自身重力引起的窜动。

二、中心锚结的结构、分类及作用

中心描结按其作用分为防断（FD 型）和防窜（FC 型）两种。在接触线索出现断线时，可以可靠保证接触悬挂在锚结处的固定，将事故范围限制在半个锚段内，这种中心锚结称之为防断中心锚结，主要考虑接触网断线时的情况。中心锚结仅用来防止两端接触悬挂向一侧窜动称为防窜中心锚结。根据悬挂类型的不同有不同的中心锚结结构，本节将介绍站场和区间中心锚结。

1. 防断中心锚结

1）半补偿链形悬挂中心锚结

半补偿链形悬挂中心锚结的结构如图 4-4-1 所示。

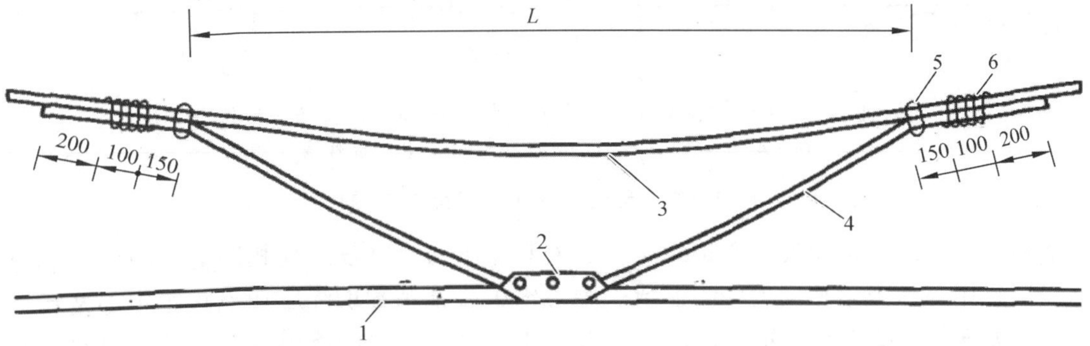

1—接触线；2—中心锚结线夹；3—承力索；4—中心锚结辅助绳；5—钢线卡子；6—绑扎段。

图 4-4-1　半补偿链形悬挂中心锚结的结构

由于仅接触线装设补偿器，因此应装设中心锚结。中心锚结辅助绳采用 GJ-50 镀锌钢绞线（19 股）制成（张力大时，选择 GJ-70 型钢绞线），辅助绳中间用中心锚结线夹与接触线固定，辅助绳两端分别用正反两个钢线卡子紧固在承力索上。

中心锚结绳的长度为所在跨距中心处接触线与承力索间距的 20 倍，但不应小于 15 m。若太短，当两侧张力不均匀时，接触线会向张力较大的一侧偏移，导致中心锚结线夹处接触线被抬高，出现较大的负弛度，使受电弓取流情况变坏，造成该处接触线磨耗严重。半补偿链形悬挂中心锚结及辅助绳长度见表 4-4-2。

表 4-4-2　半补偿悬挂中心锚结及辅助绳长度参考表

中心锚结所在跨距长度/m	65～51	50～40	≤40
中心锚结长度/m	25	20	15
辅助绳长度/m	26	21	16

2）全补偿链形悬挂的中心锚结

（1）三跨式中心锚结。

全补偿链形悬挂时，由于接触线、承力索均设有补偿器，均有可能因两端张力不平衡而产生移动，所以承力索和接触线都要设置中心锚结进行固定。全补偿链形悬挂的接触线中心锚结与半补偿中心锚结结构相同，承力索中心锚结采用 GJ-50 镀锌钢绞线作为锚结绳，一般由三个跨距组成，如图 4-4-2 所示。

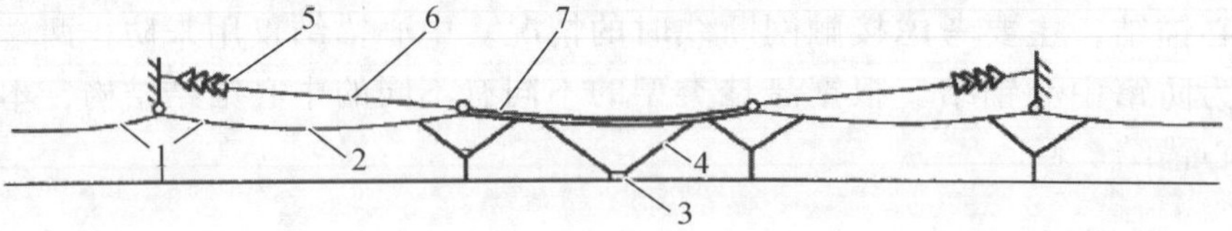

（a）立面图

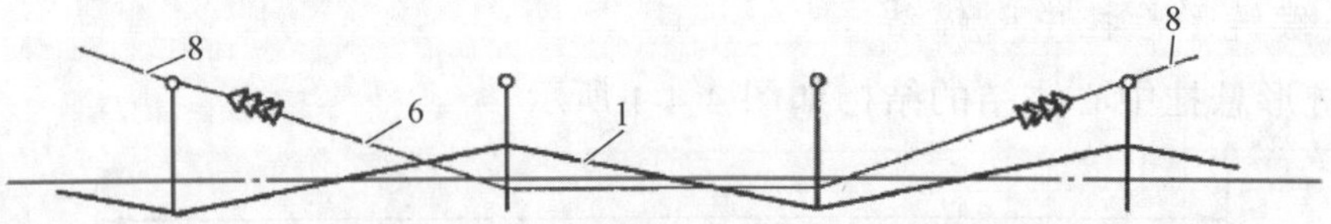

（b）平面图

1—接触线；2—承力索；3—中心锚结线夹；4—辅助绳；5—绝缘子串；
6—承力索辅助绳；7—钢线卡子；8—拉线。

图 4-4-2　全补偿悬挂中心锚结结构

全补偿悬挂时，接触线中心锚结结构、安装要求与半补偿悬挂相同。承力索中心锚结辅助绳则采用与承力索相同的线索制成，承力索中心锚结辅助绳应在该跨距中部及相邻悬挂处与承力索用钢线卡子固定，跨距中部用 3 个，悬挂点两侧各用 2 个，相互倒置，间距为 100 mm。在中间一跨，中心锚结辅助绳的弛度应等于或略小于跨距承力索的弛度，辅助绳的两端应分别固定在设有拉线的支柱上，辅助绳下锚时不宜低于承力索的高度，应抬高下锚；中心锚结跨距内，不得有接触线接头，中心锚结线夹在直线区段应端正，曲线区段应与导线倾斜度一致。

（2）两跨式中心锚结。

两跨式中心锚结，如图 4-4-3 所示。承力索中心锚结由两个跨距组成，接触线中心锚结绳分别在两个跨距中，呈“人”字形布置。在采用弹性链形悬挂时，接触线中心锚结绳在跨中布置，称为“Z”形固定绳，简称“Z”绳。

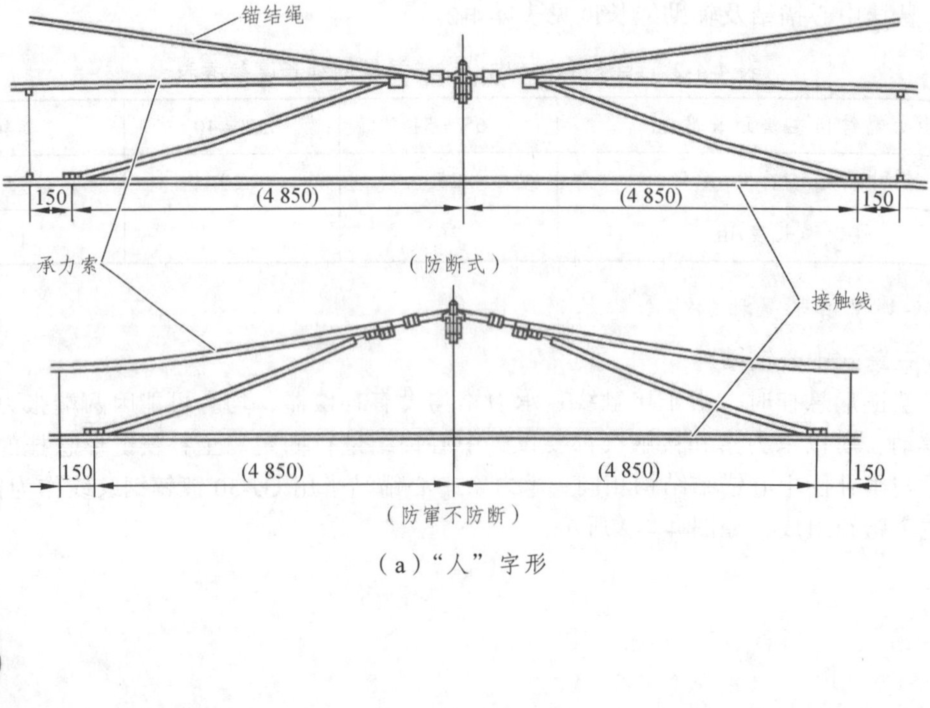

（a）“人”字形

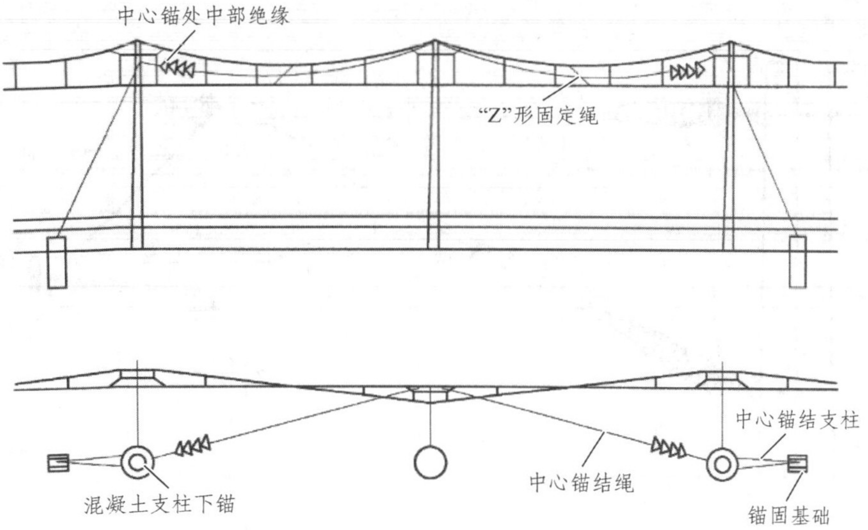

（b）"Z" 形

图 4-4-3　两跨式中心锚结

2. 防窜中心锚结

防窜中心锚结一般用于站场。在软横跨的正线及站线中心锚结用软横跨节点来实现，如图 4-4-4 所示。

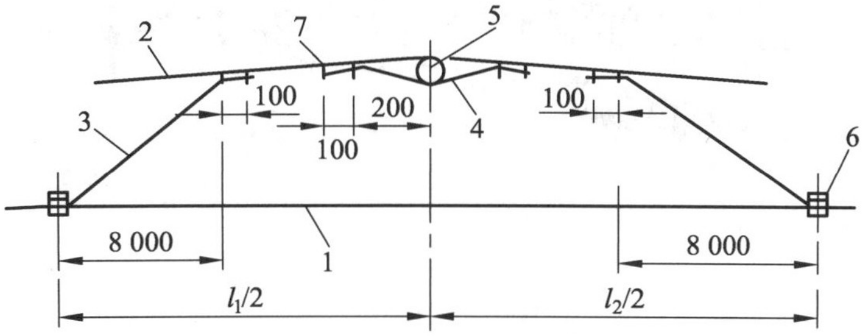

1—接触索；2—承力索；3—GJ-50 钢绞线；4—GJ-70 钢绞线；5—上部固定绳；6—中心锚结线夹；7—钢线卡子。

图 4-4-4　站场防窜中心锚结

在应用硬横跨和腕臂柱的站场，防窜中心锚结是通过防窜不防断中心锚结腕臂柱实现的，如 4-4-5 所示。在平腕臂底座处设置三底座槽钢，平腕臂固定在三底座槽钢的中间腕臂底座上，同一高度设置两根斜腕臂和平腕臂相连，形成稳定结构，达到防窜目的。

3. 简单悬挂防断中心锚结

锚段两侧安装补偿装置的简单悬挂，在其中间部位应装设防断中心锚结。设置简单悬挂中心锚结时，需增设一条中心锚结辅助绳，一般采用 GJ-50 镀锌钢绞线制成，辅助绳的两端分别通过一串悬式绝缘子硬锚在中心锚结所在跨距两侧的支柱上，并应该为支柱打拉线，以保持受力平衡。

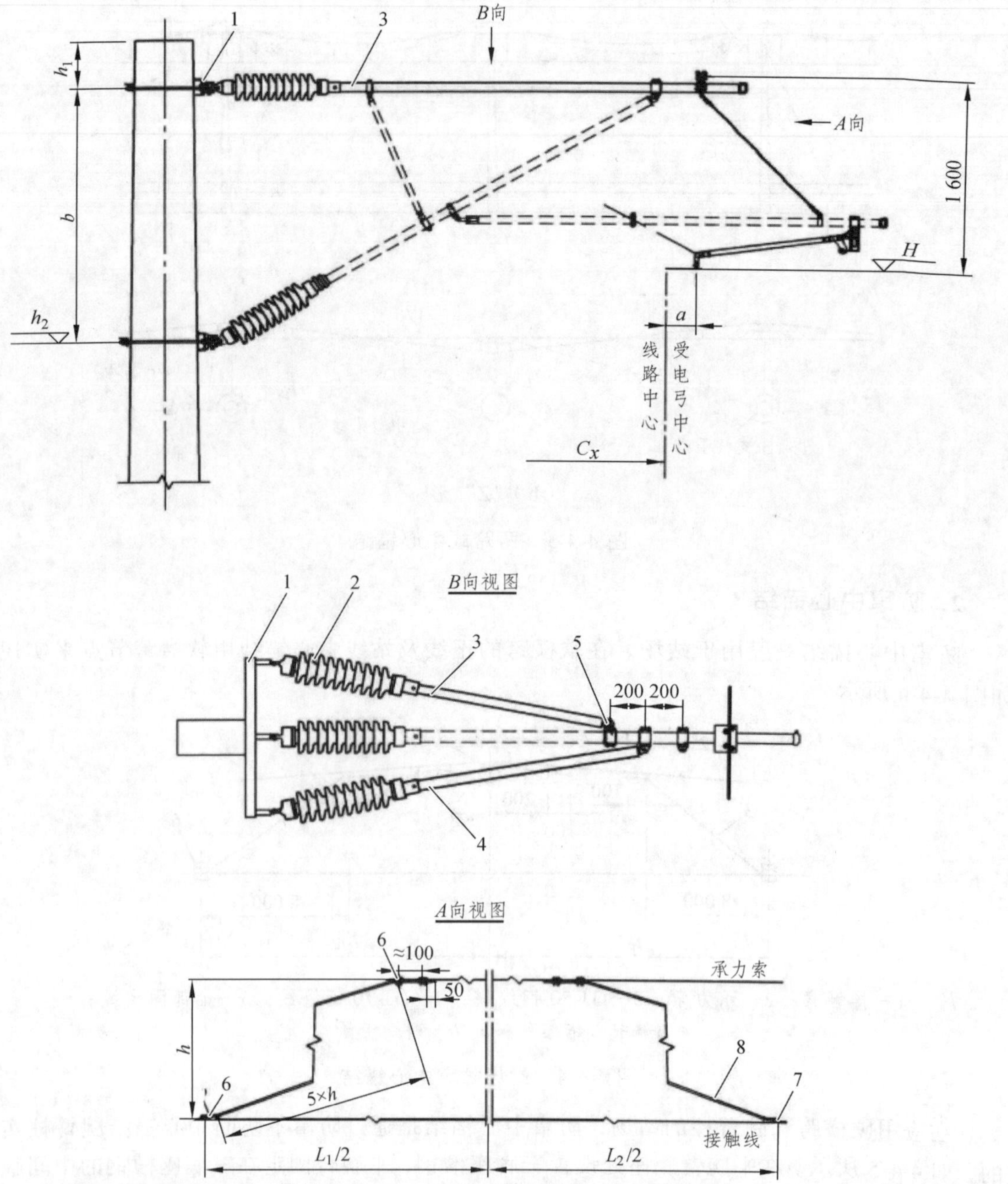

1—中心锚结三腕臂底座；2—棒式绝缘子；3，4—斜腕臂；5—套管双耳；6—承力索中心锚结线夹；7—接触线中心锚结线夹；8—接触线中心锚结辅助绳。

图 4-4-5　腕臂柱防窜中心锚结

在直线上，其中心锚结结构与半补偿悬挂中心锚结的结构相似，但其中心锚结绳较短，一般不超过 5 m，采用钢丝绳制成横截面积为 50 mm^2，钢丝绳两侧分别用 3 个钢线卡子紧固在辅助绳上，结构如图 4-4-6 所示。

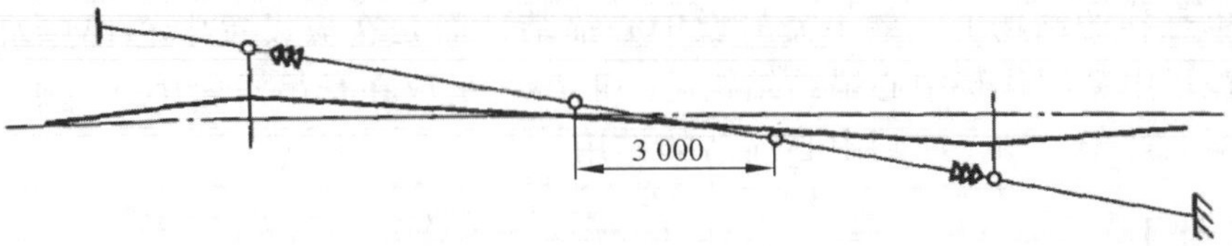

（a）平面图

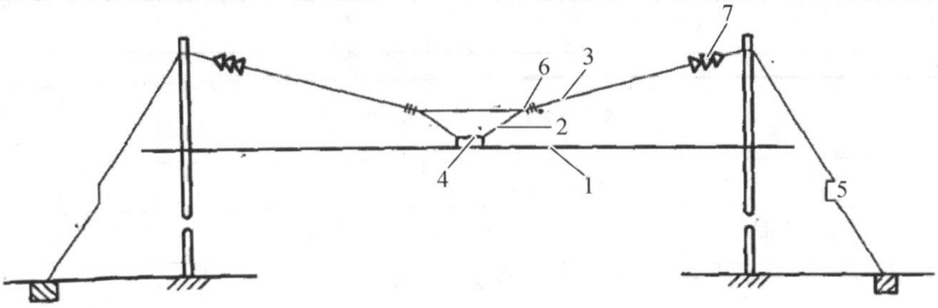

（b）立面图

1—接触线；2—中心锚结绳；3—辅助索；4—中心锚结线夹；
5—拉线；6—钢线卡子；7—绝缘子。

图 4-4-6　直线简单悬挂中心锚结

曲线上中心锚结绳也采用 GJ-50 制成，其中间通过平直腕臂并用线夹固定在腕臂上。钢丝绳两端各用一个中心锚结线夹固定在接触线上。曲线区段，中心锚结辅助索较长，其中部与中心锚结辅助绳固定在腕臂上，两侧各通过一串悬式绝缘子硬锚于相邻的支柱上，结构如图 4-4-7 所示。这两根支柱应打拉线。中心锚结绳在接触线上的固定点距悬挂定位点 6 m，中心锚结结构高度一般为 0.5 m。

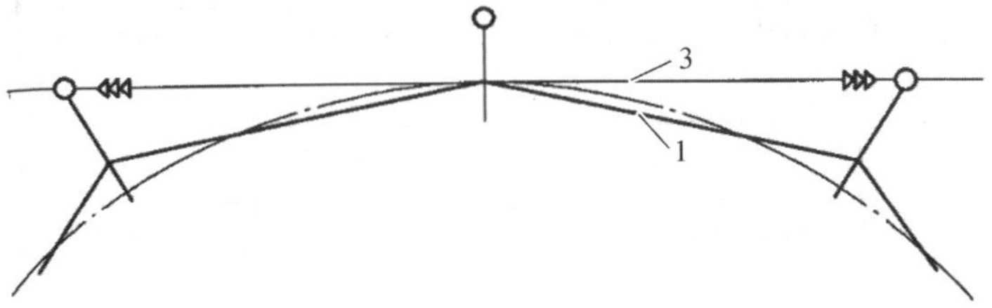

（a）平面图

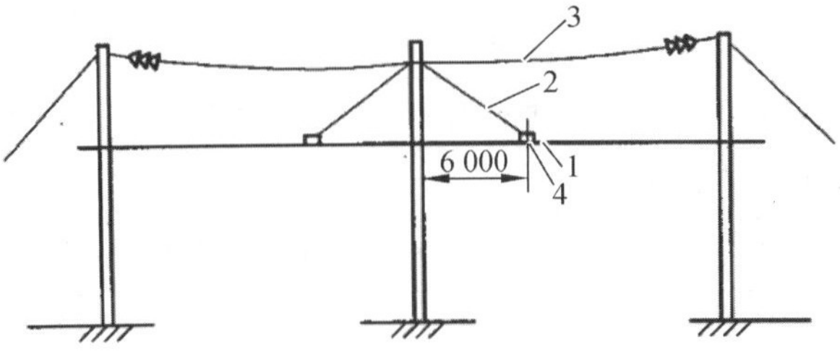

（b）立面图

1—接触线；2—中心锚结绳；3—辅助索；4—中心锚结线夹。

图 4-4-7　曲线简单悬挂中心锚结

采用简单悬挂的站场上一般不需另设中心锚结，而是在应设置中心锚结处把定位吊索放置在钩头鞍子中紧固代替中心锚结结构（一般吊索是放在悬吊滑轮中）。当发生断线事故时，接触线不至过于松动，起到中心锚结的作用。

【评价反馈】

通过考核，评价学员对中心锚接检修方法的掌握情况，评价标准可参考表 4-4-3。

表 4-4-3　考核评价表

项目及配分		考核内容及评分标准	扣分因素及扣分	得分
作业程序	30 分	工作量：检查 1 组接触线中心锚结		
		1. 测量中心锚结线夹处的导高是否与相邻吊弦的导高相等，允许偏差 0～10 mm（普铁为 0～20 mm）。不合格，必须调整。调整方法：能确保导高在误差范围内时调吊弦点的导高，否则，就只能收、放锚结绳，测量不准确扣 5 分，处理方法不当扣 3 分		
		2. 检查中心锚结线夹是否有偏磨（在曲线上与接触线的倾斜度一致）、打弓和不落槽现象（检查后口述结果，不需要调整）。承力索中心锚结线夹安装是否正确，漏、错每项扣 3 分		
		3. 手动或利用测量工具测量两端锚结绳的张力是否大致相等（口述结果，不需要调整）。漏、错扣 3 分		
		4. 检查锚结绳是否松弛，如果松弛必须调整（收、放锚结绳）。漏检扣 5 分，处理方法不当扣 3 分		
		5. 测量锚结绳在承力索中心锚结线夹处的露头是否符合要求，漏、错扣 3 分		
		6. 检调完成后必须复测线夹处导高，漏测扣 5 分		
质量分	40 分	1. 导高超限、中锚绳松弛、绳两端张力不一样、承力索中锚线夹装反，扣 10 分		
		2. 露头不符合要求（50～100 mm），扣 5 分		
工具使用	10 分	1. 工具、材料未带齐，少 1 件扣 5 分		
		2. 工具使用不规范 1 次扣 5 分，损坏扣 10 分		
安全及其他	20 分	1. 重复上下网 1 次扣 5 分		
		2. 发生不安全因素每次扣 5 分，出现伤害事故扣 41 分		
		3. 工具掉下或上抛 1 次扣 5 分		
		4. 安全带使用违章 1 次扣 10 分		
		5. 作业时间 25 min，超时 1 min 扣 1 分，超时 5 min 停止考核		
合计	100 分			

任务五　吊弦的制作与检修

【任务描述】

吊弦是接触网的重要组成部件之一，接触线通过吊弦挂在承力索上。调节吊弦的长度可以保证接触悬挂的结构高度和接触线距轨面的工作高度，增加了接触线的悬挂点，提高电力机车受电弓的取流质量。本任务的主要内容是根据吊弦的技术标准对其进行检修和维护。

【任务目标】

（1）掌握吊弦的作用。

（2）掌握吊弦的分类、制作和偏移计算。

（3）了解整体吊弦的预制工艺。

（4）掌握吊弦检修的内容和作业程序。

【任务实施】

一、作业准备

（1）人员：车梯作业不少于 12 人、作业车作业不少于 9 人（不含驾驶员）。

（2）工、机具（见表 4-5-1）。

表 4-5-1　工、机具清单

序号	工具名称	型号	单位	数量	备　注
1	个人工具		套	1	含扳手、螺丝刀、夹钳、安全带等
2	作业工具包		套	1	含卷尺、水平尺、扭面器、扭力扳手、木槌等
3	绝缘车梯		台	1	
4	作业车		台	1	
5	测量工具		套	1	激光测量仪或测量杆

（3）材料（见表 4-5-2）。

表 4-5-2　材料清单

序号	材料名称	型号	单位	数量	备　注
1	弹簧销、开口销		个	若干	
2	垫圈		个	若干	各种型号都备有
3	螺栓		套	若干	各种型号都备有
4	绑扎线		米	若干	
5	不锈钢铁线	ϕ3.5	米	若干	
6	吊弦线夹		套	1	
7	吊弦		套	1	

二、技术标准

（1）一个跨距内吊弦数量符合要求：定位点两侧各 5 m 为第 1 根吊弦，站场岔群以内各股道的吊弦宜相互对齐。

（2）吊弦按 8 ~ 12 m 的间距均匀布置，误差不超过 200 mm。吊弦间距符合表 4-5-3 要求。

表 4-5-3 吊弦布置误差

速度/（km/h）	标准值	安全值/m	限界值/m
v≤160	设计值	≤12	≤15
v>160	设计值	≤10	≤12

（3）吊弦的长度要能适应在极端温度范围内接触线的伸缩和弛度的变化。

（4）吊弦在无偏移温度时处于铅垂状态。温度变化时，吊弦顺线路方向的偏移量：承力索、接触线采用不同材质时，应符合安装曲线；承力索、接触线采用同一材质时，在任何温度下均应垂直安装。在极限温度时顺线路方向的偏移值不得大于吊弦长度的 1/3。

（5）两相邻吊弦点接触线高差。

① 高速铁路。

标准值：0。

标准状态：10 mm。

警示值：10 mm。

限界值：15 mm。

定位点两侧第 1 吊弦处（弹性链型悬挂时为弹性吊索外第 1 吊弦）接触线高度应相等。相对于定位点处接触线高度±10 mm，且不得出现 V 形。

② 普速铁路。

标准值：0。

标准状态：10 mm。

警示值：30 mm。

限界值：50 mm。

（6）高速铁路正线、侧线载流承力索区段均采用载流整体吊弦；普速铁路正线载流承力索采用载流整体吊弦；区间及站场正线非载流承力索区段采用非载流整体吊弦；站场侧线采用环节吊弦或非载流整体吊弦。

（7）绝缘锚段关节内吊弦回头应向外侧安装，不得因吊弦回头环过长而减小空气绝缘间隙。曲线上的整体吊弦载流环不得偏斜、侵界，载流环应固定在吊弦线夹螺栓的外侧。

（8）直线区段正常条件下接触线吊弦线夹上的螺栓穿向田野侧；曲线区段正常条件下接触线吊弦线夹上的螺栓穿向高轨侧。

（9）整体吊弦的技术状态应符合下列要求：

① 载流整体吊弦采用 10 mm^2 或 16 mm^2 的铜合金软绞线。

② 整体吊弦在承力索端和接触线端均采用永久固定方式，吊弦预制长度与计算长度相等，误差应不大于±2 mm，吊弦截面损耗不超过 20%。

③ 整体吊弦在任何温度下，均应垂直安装，处于受力状态，不得有松弛现象，允许偏

差为±20 mm。吊弦线夹与接触线、承力索接触面均应涂润滑脂，吊弦线夹紧固力矩符合设计要求。吊弦安装后应顺直。

④ 整体吊弦的载流环应固定在吊弦线夹的螺栓外侧，载流环应朝列车前进方向，线鼻子与接触线夹角不小于 45°，吊弦与鸡心环接触密贴，外观无损伤、变形、断股、烧伤或其他不良状态。

（10）线岔处的交叉吊弦技术状态应符合下列要求：

① 交叉吊弦应安装在正线接触线距侧线线路中心线，侧线接触线距正线线路中心线水平投影 550 ~ 600 mm，正线与侧线上的两根吊弦的间距为 2 m。交叉吊弦与其他吊弦的间距（始触区反侧）不大于 6 ~ 8 m。

② 交叉吊弦的偏斜度符合要求，一般不超过 15°，交叉吊弦采用可调式整体吊弦。交叉吊弦安装时，先安装受电弓从道岔开口方向进入时最先接触到的吊弦，即侧线承力索与正线接触线间的吊弦，再安装正线承力索与侧线接触线间的吊弦。

三、作业程序

（1）测量吊弦、相邻吊弦处接触线高度是否满足要求。

（2）检查吊弦布置间距，数量是否符合要求。

（3）吊弦线夹。

① 外观状态检查：线夹本体及螺栓有无损伤、变形、裂纹、烧伤或其他不良状态，止动垫片是否安装到位。

② 检查接触线吊弦线夹的螺栓安装方向，直线地段螺母在田野侧，曲线地段螺母在低轨侧。

③ 检查接触线吊弦线夹是否安装落槽，接触线线面扭偏造成线夹偏斜不得大于 15°。

（4）检查吊弦线夹载流圈（线鼻子）是否固定在吊弦线夹的螺栓外侧，接触线吊弦线夹载流圈与接触线夹角是否小于 45°。

（5）检查吊弦偏移是否符合要求、受力状态是否良好。

（6）外观状态检查整体吊弦线有无损伤、变形、散股、断股、烧伤或其他不良状态；检查环节吊弦连接环处有无卡滞、锈蚀和异常磨耗情况。

（7）检查整体吊弦线鼻子有无断裂、变形。

（8）检查各部螺栓是否紧固、有油，是否符合力矩标准。

【相关知识】

一、吊弦的作用

吊弦是链形悬挂的重要组成部件，主要作用是通过吊弦线夹将接触线悬挂到承力索上。调节吊弦的长度，可以保证接触悬挂的结构高度和接触线距轨面的工作高度、接触线的驰度以及线岔处的水平、抬高，改善接触悬挂的弹性，调整接触线的驰度，保证接触线与受电弓良好接触，提高电力机车受电弓取流的质量。

二、吊弦的分类

吊弦按结构和功能的不同可分为普通环节吊弦、弹性吊弦、滑动吊弦、防风吊弦和整体吊弦。

1. 普通环节吊弦

普通环节吊通常采用$\phi 4$（或称为8号线）的镀锌铁线或者不锈钢线制作而成，为增加悬挂弹性，每根吊弦不少于两节，吊弦制作成两端带环孔的形状，环孔直径为线径的5～10倍（20～40 mm），水滴形环孔的高宽比应约为3∶2。

两节连接处的环孔应互相垂直。与接触线相连的一节吊弦，一端制成环孔，另一端呈直线状，安装时可穿过固定在接触线上的吊弦线夹，多余的回头拧成“8”字形状，如图4-5-1所示。环节吊弦主要应用于普速电气化铁道，采用钢承力索的非载流区段。普通环节吊弦一般分为四种类型，其尺寸和结构如图4-5-2和表4-5-4所示。

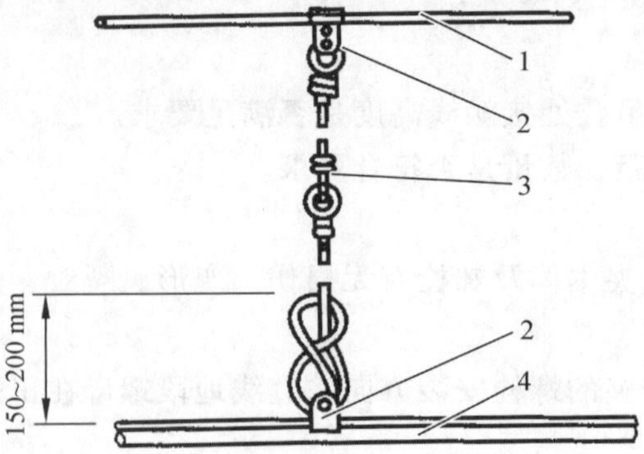

1—承力索；2—吊弦线夹；3—吊弦；4—接触线。

图4-5-1　普通环节吊弦

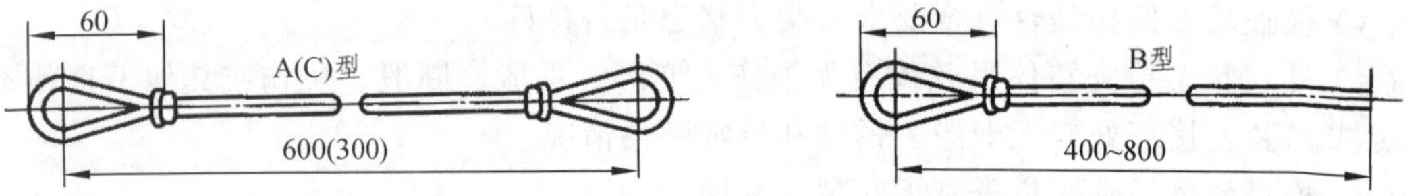

（a）A（C）型　　（b）B型

图4-5-2　普通环节吊弦类型

表4-5-4　普通环节吊弦型号规格

类型	组合情况	长度/mm	节　数
Ⅰ	A+A+B	1 450～1 650	3
Ⅱ	A+C+B	1 150～1 450	3
Ⅲ	A+B	900～1150	2
Ⅳ	C+B	700～900	2

2. 弹性吊弦

支柱定位处吊弦按悬挂类型的不同分为简单支柱吊弦和弹性支柱吊弦两种。

简单链形悬挂时，支柱定位吊弦根据结构高度通过长度计算选用表 4-5-4 中的普通环节吊弦，在定位点两侧各 4 m 处安装一组吊弦，其结构如图 4-5-3 所示，称为简单支柱吊弦。

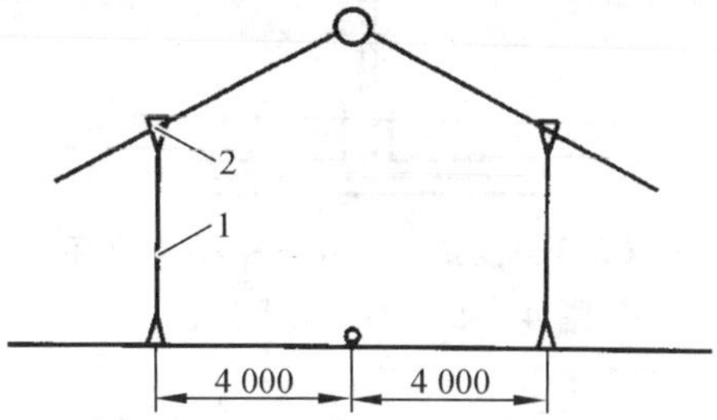

1—吊弦；2—吊弦线夹。

图 4-5-3　简单支柱吊弦安设图

为弹性链形悬挂时，应安设弹性支柱定位吊弦，也称弹性吊弦，如图 4-5-4 所示。有 Y 形结构或 Π 形结构两种形式，实际应用中 Π 形弹性吊弦在速度超过 200 km/h 的高速铁路中应用较多。

弹性吊弦由一根弹性吊索、弹性吊索用整体吊弦和弹性吊弦线夹组成，弹性吊索长为 14 ~ 18 m（它的长度主要由跨距决定）。当跨距 55 m $\leqslant L \leqslant$ 60 m 时，为 18 m；44 m $\leqslant L \leqslant$ 55 m 时，为 14 m；当跨距小于 44 m 或者线路曲线半径小于 1 200 m 时，取消弹性吊索。

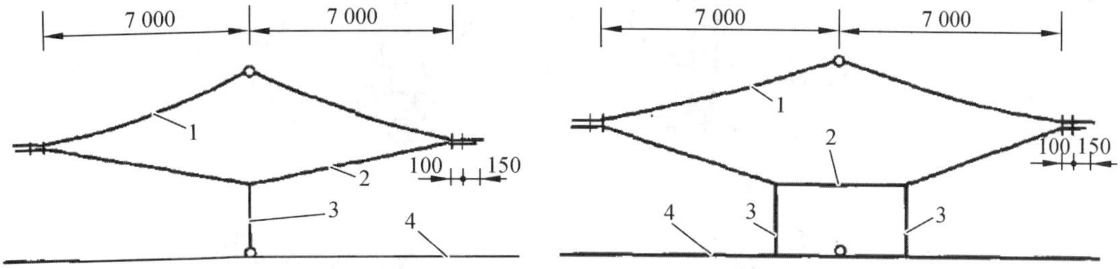

（a）Y 形结构　　（b）Π 形结构

1—承力索；2—辅助绳；3—吊弦；4—接触线。

图 4-5-4　弹性支柱吊弦

3. 滑动吊弦

当在极端温度下安装环节吊弦时，其偏移会超过允许范围，就需要安装滑动吊弦，其结构如图 4-5-5 所示。滑动吊弦通常用于隧道内接触悬挂。

4. 整体吊弦

整体吊弦由接触线吊弦线夹、承力索吊弦线夹、心形环、钳压管、连接线夹、吊弦线及吊弦线固定螺栓等组成。整体吊弦有多种形式，其主要区别是吊弦线夹是否可调，主要的线夹类型有：传统的冲压型吊弦线夹、高铁较常用的冲压型线夹和合页型承力索线夹等几类。图 4-5-6 所示为常见的整体吊弦。

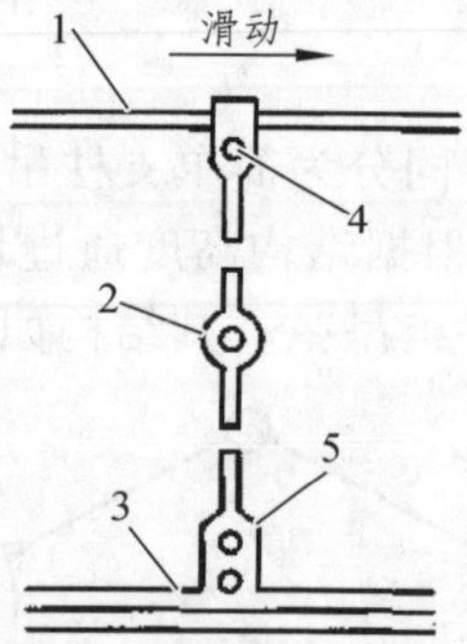

1—承力索；2—吊弦；3—接触线；4—夹环及长环；5—吊弦线夹。

图 4-5-5　滑动吊弦结构

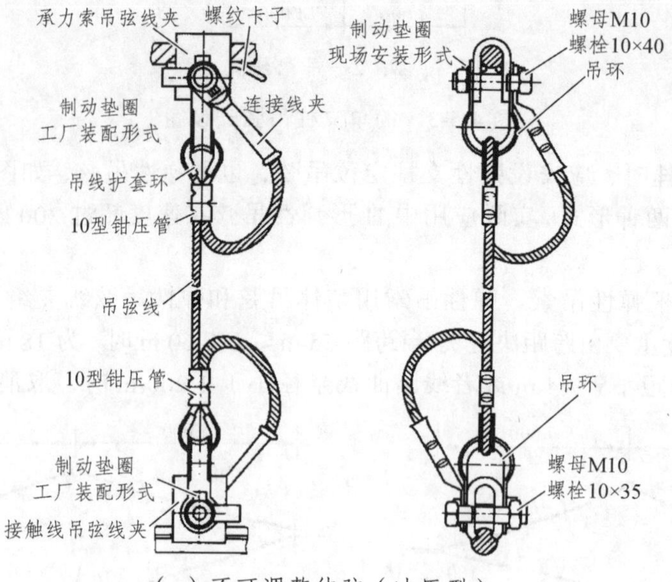

（a）不可调整体弦（冲压型）

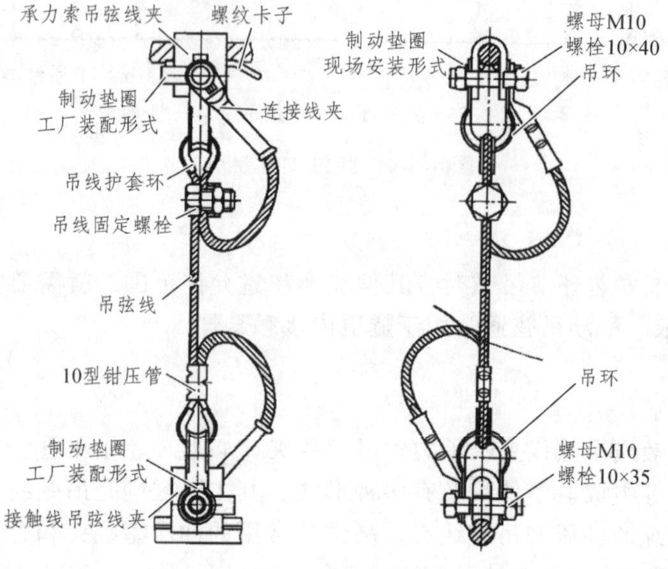

（b）可调整体吊弦（冲压型）

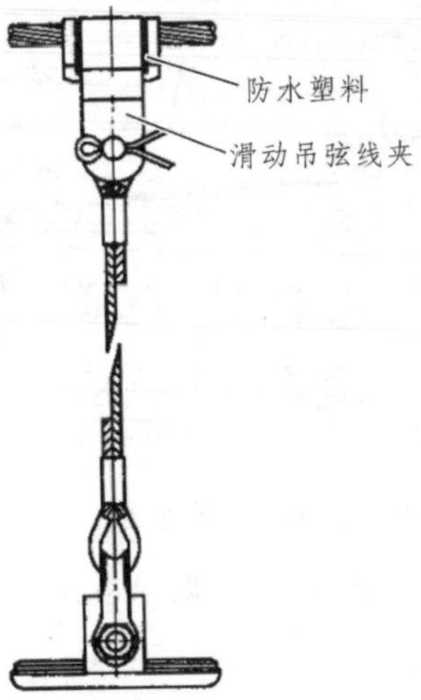

（c）滑动整体吊弦

图 4-5-6 整体吊弦

整体吊弦一般根据计算机预制计算结果进行工厂化预装配，编号后到现场安装，安装时要注意：按照计算表精确确定吊弦的安装位置；吊弦线夹安装应先用刷子将安装线夹位置的承力索、接触线及线夹与承力索、接触线的接触面灰尘、氧化物等清除干净，并在安装位置涂一层电力复合脂保证线索、线夹间电气连接良好；吊弦的导流环，接触线端朝向行车前进方向侧，承力索端朝向行车的反方向侧；吊弦应端正，吊弦垂直及线夹倾斜角度小于 15°时，线鼻子应安装在螺栓头侧，否则装于螺母端，在曲线区段，接触线吊弦线夹的螺栓上的螺母和线鼻子应朝向高轨（曲外），如图 4-5-7 所示。

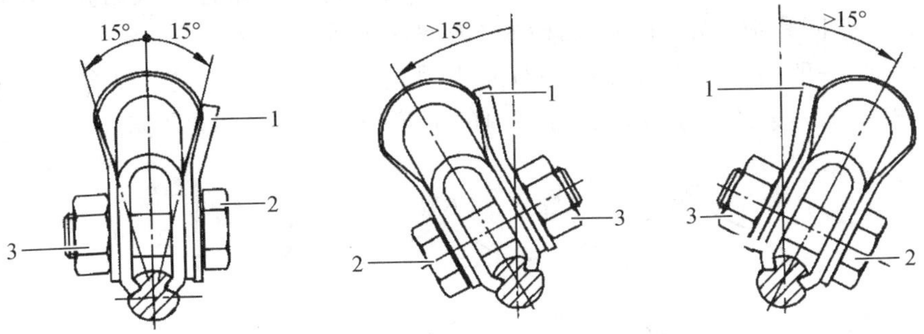

1—线鼻子；2—螺栓头；3—螺母。

图 4-5-7 接触线吊弦线夹的倾斜

5. 防风吊弦

伴随着铁路提速，一些腕臂装配中采用了防风吊弦（也称防风拉线），如图 4-5-8 所示。防风吊弦设置在定位管和定位线夹间。上端和定位管上的定位环相连，下端与定位线夹上的小孔相连。防风吊弦的作用是防止定位管和定位器在压力负载下变弯，并在逆风负载下保持接触线的拉出值，一般应用于直线和半径大于 1 200 m 的曲线上。

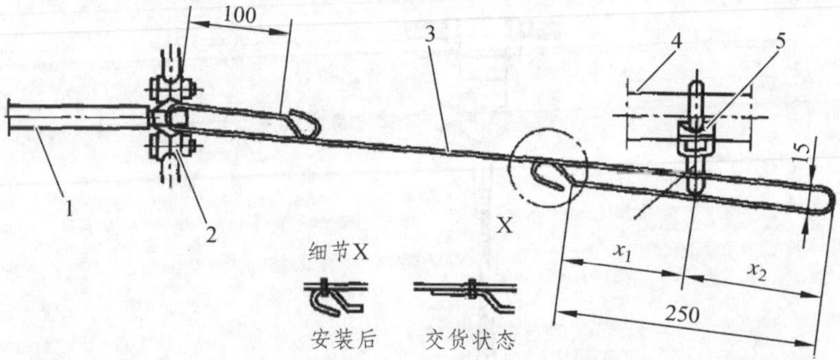

1—定位器；2—定位线夹；3—防风吊弦；4—定位管；5—定位环。

图 4-5-8　防风吊弦

6. 其他吊弦

1）软横跨直吊弦

软横跨是多股道站场的横向支持装置，软横跨直吊弦安设在软横跨横向承力索与上部固定绳之间，不分环节，采用两股 $\phi 4$ 的镀锌铁线拧合而成，根据技术要求，最短不小于 0.4 m。软横跨直吊弦应保持垂直，在直线区段应在线路中心线处，曲线区段应在纵向承力索的正上方。

2）隧道内吊弦

在隧道内为半补偿链形悬挂时，两悬挂点间的距离通常为 18 ~ 25 m，一般在每个跨距中布置两根吊弦。吊弦与悬挂点间距取 $L/4$，吊弦间距取 $L/2$，应选用滑动吊弦。

全补偿链形悬挂时，跨距为 35 ~ 42 m，一般每个跨距中布置 4 根吊弦，吊弦与悬挂点间距取 $L/8$，吊弦间距取 $L/4$。吊弦在顺线路方向应该垂直安装。

隧道内吊弦一般由两节组成，第一节采用固定的吊弦长度，第二节做成可调节长度，吊弦长度可根据承力索的弛度算出，隧道内的吊弦安装如图 4-5-9 所示。

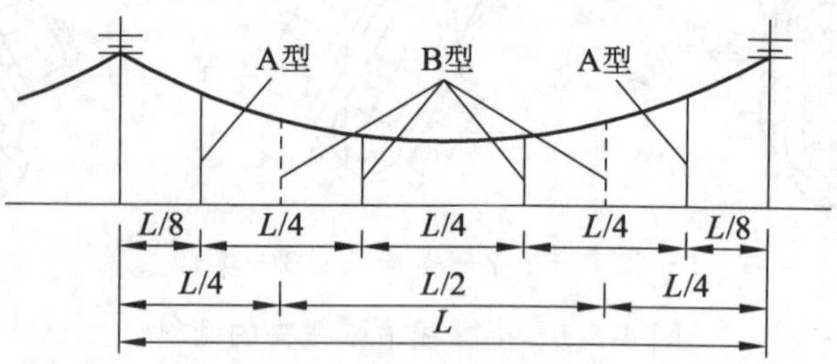

（a）隧道内吊弦布置

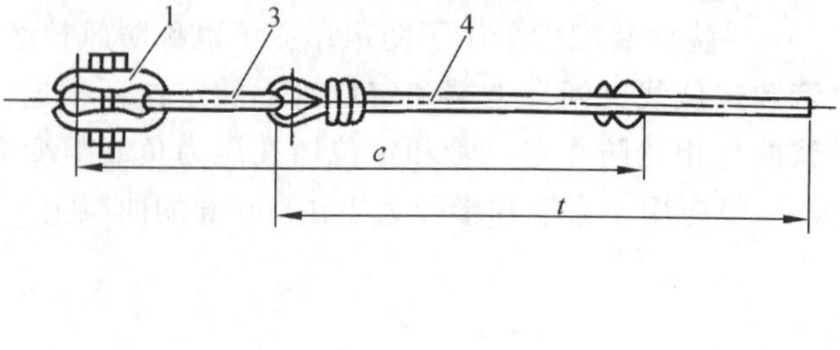

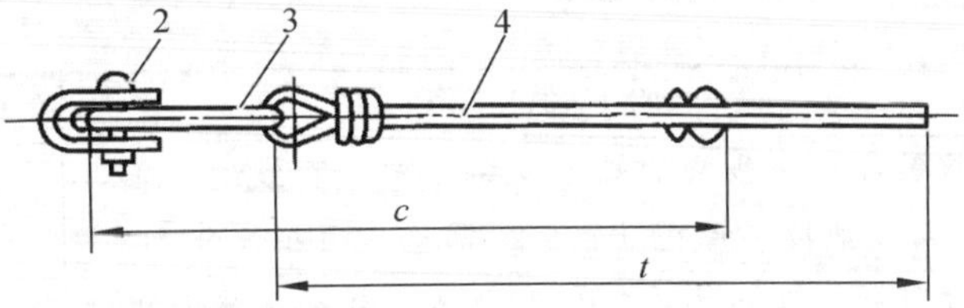

（b）隧道内吊弦类型

1—吊弦线夹；2—夹环；3—长环；4—单环吊弦。

图 4-5-9　隧道内吊弦

当隧道内为简单悬挂时，净空高度允许安装悬挂点，则可设滑动吊弦和人字吊弦。人字吊弦如图 4-5-10 所示。

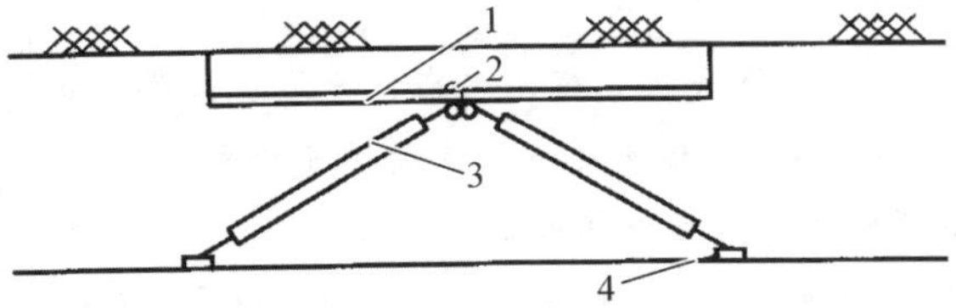

1—滑动杆；2 云形板；3—硅橡胶绝缘子；4—定位线夹。

图 4-5-10　隧道简单悬挂人字吊弦

隧道净空不能满足安装悬挂点，则采用局部开挖拱顶安设滑动吊弦，如图 4-5-11 所示。

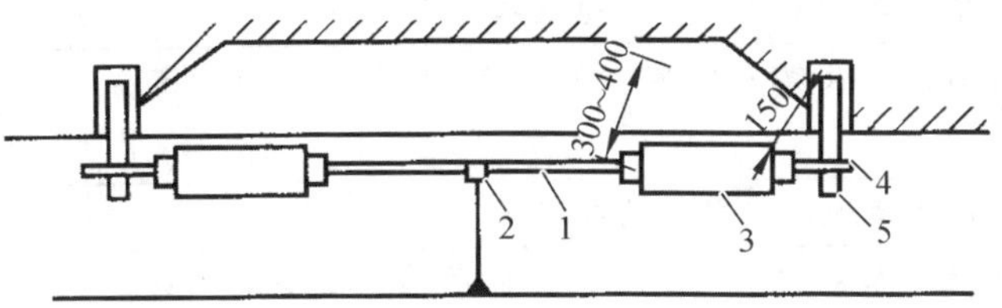

1—滑动杆；2—型夹环；3—棒式绝缘子；4—连接调整板；5—埋入杆。

图 4-5-11　隧道简单悬挂开挖拱顶式滑动吊弦

【评价反馈】

通过考核，评价学员对接触网吊弦检调方法的掌握情况，评价标准可参考表 4-5-5。

表 4-5-5　考核评价表

内容	评分标准	操作情况	扣分情况	备注
时间	规定时限 40 min，每超时 1 min 扣 1 分，超过 5 min 失格			
料具准备（10 分）	按技术标准及作业要求选择工具，工具应符合要求，否则扣 10 分			
质量要求（60 分）	1. 测量吊弦、相邻吊弦处接触线高度是否满足要求，漏测或方法错误扣 10 分			
	2. 检查吊弦布置间距，数量是否符合要求，漏检扣 5 分			
	3. 吊弦线夹本体及螺栓有无损伤、变形、裂纹、烧伤或其他不良状态，止动垫片是否安装到位，漏检一项扣 5 分			

续表

内容	评分标准	操作情况	扣分情况	备注
质量要求（60分）	4. 检查接触线吊弦线夹的螺栓安装方向，直线地段螺母在田野侧，曲线地段螺母在低轨侧，漏检一项扣5分			
	5. 检查接触线吊弦线夹是否安装落槽，接触线线面扭偏造成线夹偏斜不得大于15°，漏检一项扣5分			
	6. 检查吊弦线夹载流圈（线鼻子）是否固定在吊弦线夹的螺栓外侧，接触线吊弦线夹载流圈与接触线夹角是否小于45°，漏检一项扣5分			
	7. 检查吊弦偏移是否符合要求、受力状态是否良好，漏检一项扣5分			
	8. 外观状态检查整体吊弦线有无损伤、变形、散股、断股、烧伤或其他不良状态；检查环节吊弦连接环处有无卡滞、锈蚀和异常磨耗情况，漏检一项扣5分			
	9. 检查整体吊弦线鼻子有无断裂、变形，漏检一项扣5分			
	10. 检查各部螺栓是否紧固、有油，是否符合力矩标准，漏检一项扣5分			
	备注：扣完配分失格			
安全（20分）	1. 作业中出现一般违章现象每次扣5分			
	2. 作业时用手及其他金属物件短接绝缘测量杆有效部分扣20分			
	3. 测量时短接轨道电路每次扣5分			
文明作业（10分）	1. 作业时必佩戴的个人工具、劳保用具、安全用具每缺一件扣5分			
	2. 作业中出现不文明语言或动作每次扣5分			
	3. 作业完毕，料具有一件不归位扣2分			
总分				

任务六　锚段关节调整

【任务描述】

接触网分成若干一定长度且机械、电气上相互独立的分段，称为锚段。两个相邻锚段衔接的部分就称为锚段关节。本任务主要学习接触网锚段关节检调的准备工作、作业程序以及发现问题时的处理方法等。

【任务目标】

（1）掌握锚段关节的作用、分类和参数。

（2）锚段关节的常见故障。
（3）掌握锚段关节检调的方法。

【任务实施】

一、作业准备

（1）人员：车梯作业不少于12人、作业车作业不少于9人（不含驾驶员）。
（2）工、机具（见表4-6-1）。

表4-6-1　工、机具清单

序号	工具名称	型号	单位	数量	备注
1	个人工具		套	1	含扳手、螺丝刀、夹钳、安全带等
2	作业工具包		套	1	含卷尺、水平尺、扭面器、扭力扳手、木槌等
3	绝缘车梯		台	1	
4	作业车		台	1	
5	测量工具		套	1	激光测量仪或测量杆
6	导线整正器		个	1	
7	水平尺		个	1	
8	楔形紧线器		个	2	
9	断线钳		把	1	
10	紧线器		个	1	
11	线坠		个	1	

（3）材料（见表4-6-2）。

表4-6-2　材料清单

序号	材料名称	型号	单位	数量	备注
1	弹簧销、开口销		个	若干	
2	垫圈		个	若干	各种型号都备有
3	螺栓		套	若干	各种型号都备有
4	绑扎线	ϕ1.8	米	若干	
5	不锈钢铁线	ϕ4.0	米	若干	

（4）资料：接触网平面布置图、支柱安装图、安装曲线表等。

二、技术标准

1. 绝缘锚段关节

（1）绝缘锚段关节内转换柱和中心柱悬挂技术标准见表4-6-3。

表 4-6-3　绝缘锚段关节内转换柱和中心柱悬挂技术标准　　单位：mm

支柱类型		标准值	标准状态	警示值	限界值
转换柱处两悬挂垂直距离、水平距离		设计值	标准值±20	标准值±30	标准值±50
中心柱	接触线（承力索）垂直距离	等高（设计值）	20（标准值±20）	20（标准值±30）	30（标准值±50）
	接触线（承力索）水平距离	设计值	标准值±20	标准值±30	标准值±50

（2）中心柱接触线等高点处接触线高度不应低于相邻工作支吊弦点，允许高于相邻吊弦点 0 ~ 10 mm。五跨锚段关节中间跨为过渡跨，接触线等高点（屋脊处）宜在过渡跨跨中，高度比相邻定位点抬高 0 ~ 40 mm。

（3）两接触悬挂接触线工作支过渡处调整符合运行要求。

（4）转换柱处绝缘子串与悬挂点的距离符合设计要求，允许偏差±50 mm。承力索、接触线两绝缘子串上下应对齐，允许偏差±100 mm。

（5）任何情况下，两接触悬挂及定位支撑装置带电体各部分应满足空气绝缘间隙要求。锚段关节内的定位支撑、吊弦载流环、斜拉线等不得减小空气绝缘间隙。

（6）关节式电分相中性区和无电区长度符合设计要求。

2. 非绝缘锚段关节

（1）设计极限温度下，两悬挂各部分（包括零部件）之间的距离应保持 50 mm 以上。

（2）转换柱处两接触线距离要求如表 4-6-4。

表 4-6-4　转换柱处两接触线距离要求　　单位：mm

转换柱处两接触线距离类型	标准值	标准状态	警示值	限界值
水平距离	设计值	标准值±20	标准值±50	标准值±100
垂直距离	设计值	标准值±20	标准值±30	标准值±50

（3）中心柱处两接触线水平距离为设计值，允许偏差±30 mm；两接触线距轨面等高，允许偏差±20 mm。两接触悬挂接触线工作支过渡处接触线调整符合运行要求。

3. 锚支接触线

锚支接触线在其垂直投影与线路钢轨交叉处，应高于工作支接触线 300 mm 以上，并持续抬升至下锚处。下锚角钢安装高度应符合线索延伸下锚抬升的需要。

三、作业程序

1. 四跨绝缘锚段关节调整

（1）根据平面图和安装图的要求，在锚柱、转换柱和中心柱处安装定位管、定位器（支持器），调整两承力索和两接触线的水平距离，使两支悬挂在水平面的间距符合设计要求。

一般先将工作支定位后再调非工作支。在中心柱处，远离支柱悬挂的定位管根部可适当抬高，以保证两支悬挂间的绝缘距离。

（2）在工作支接触线上安装吊弦线夹，调节吊弦长度，确定两支接触线的垂直位置。

在转换柱处非工作支高于工作支的垂直距离应符合设计要求，中心柱处两接触线应与轨面等高，等高区段的长度为中心柱两侧跨距之和的 1/3。在曲线四跨绝缘锚段关节处，中心柱两工作支导线为保证与轨面等高，曲线外侧接触线应比曲线内侧接触线有相对高差，相对高差根据式（4-6-1）计算确定，得到计算结果后，根据计算结果调整吊弦使中心柱处两接触线等高。

$$A=\frac{b\times h}{L}=\frac{h}{3} \tag{4-6-1}$$

式中 A——中心柱处两工作支导线相对高差，mm；

b——中心柱处工作支导线间的水平距离，m；

h——外轨超高，mm；

L——两钢轨中心距，1 450 mm。

（3）中心柱处，靠近支柱悬挂的承力索，必须保证对另一支悬挂杆环杆的垂直绝缘距离，可适当将腕臂升降。当弹性吊弦影响绝缘距离时应拆除，适当增设环节吊弦。

（4）当绝缘距离和拉出值都满足要求时，在非工作支接触线和下锚支承力索的转换柱内侧（即中心柱侧），安装电分段绝缘子，分段绝缘子距悬挂点的距离在平均温度下应保持 1 000 ~ 1 500 mm。安装电分段绝缘子应按照以下步骤操作。

① 根据锚支承力索上电分段绝缘子串的位置，在两侧安装紧线器，用紧线工具（双钩紧线器或手扳葫芦）略微紧起两紧线器间的承力索，在安装电分段绝缘子串的位置中间将承力索断开。

② 以绝缘子串加上连接零件一半的长度做承力索回头。

③ 连接分段绝缘子串。

④ 松开紧线工具，使分段绝缘子串受载，检查连接零件受力情况，拆除紧线工具。

⑤ 调整锚支定位、吊弦及电连接。

⑥ 必要时调整补偿器 b 值。

（5）按技术要求安装隔离开关和电连接。

（6）锚支接触线在其水平投影与线路钢轨相交处高于工作支接触线 300 mm。若达不到，用吊弦进行调整，使其满足要求。

2. 三跨非绝缘锚段关节调整

（1）安装转换柱处的定位装置，确定锚段关节内两支接触线间的水平距离。在两转换柱处接触线水平面间的距离为 100 mm。

（2）在接触线上安装吊弦线夹，调节吊弦长度，确定两支接触线在转换柱处的垂直距离。在转换柱处非工作支比工作支接触线高 200 ~ 250 mm，在转换跨距的中部，1/3 跨距范围内两支接触线等高。

（3）在转换柱的锚柱侧，距转换柱 10 m 处安装电连接。

3. 锚段关节转换柱处两支接触线垂直、水平距离测量

1）地面测量

（1）在转换柱非工作支定位点处挂上测杆、线坠（使线坠的尖部略高于地面），钢轨上放上木道尺并找平，用钢卷尺测量线坠到线路中心的距离、测量测杆底部到木道尺上沿的距离。

（2）摘掉测杆、线坠，挂在转换柱工作支定位点处，用钢卷尺重复上述测量步骤。

（3）水平距离计算：当线坠在线路中心的同一侧时，将两次测量的线坠到线路中心的距离相减；当线坠在线路中心的两侧时，将两次测量的线坠到线路中心的距离相加。

（4）垂直距离计算：将两次测量的测杆底部到木道尺上沿的距离相减。

2）作业车或车梯上测量

（1）在转换柱非工作支定位点处挂上线坠，用钢卷尺测量线坠到工作支导线的距离即为水平距离。

（2）在转换柱工作支定位点处导线上放上水平尺并找平，用钢卷尺测量非工作支导线到水平尺下沿的距离即为垂直距离。

4. 七跨式电分相检调

1）检修步骤

（1）检调转换柱处两接触悬挂间的水平距离和垂直距离。

（2）检查锚支、工作支及定位管偏转是否灵活（在极端温度时不能卡滞），电分段锚支分段绝缘子窜至锚支悬挂固定（定位）点间的距离是否符合要求。

（3）检查两锚段工作支接触线过渡（四跨为中心柱、三跨为跨中）处两支接触线距轨面高度值，且是否相等，间隙是否符合要求，等高处过渡点长度是否符合要求。

（4）检查电分段锚段关节两接触悬挂间的绝缘间隙是否符合要求。

2）处理方法

（1）电分段锚支分段绝缘子串至锚支悬挂固定（定位）点间的距离小于规定。

① 用卸载工具紧起分段绝缘子串，使其充分卸载。

② 卸下中心锚结侧的楔形线夹，按要求重新制作回头。

③ 连接分段绝缘子串。

④ 松开紧线工具，使分段绝缘子串受载，检查连接部件受力情况，撤除卸载工具。

⑤ 必要时调整补偿器 b 值。

（2）保证工作支接触线高度、定位坡度、偏移、拉出值符合标准后方可调线间距离和抬高。因悬挂布置位置造成其绝缘间隙不够时，可相应改变悬挂位置来保证其绝缘间隙；因整体吊弦回头环影响有效绝缘间隙时，应将整体吊弦回头环相反安装。

（3）转换柱处锚支与工作支接触线相对抬高不符合规定时，可调整锚支吊弦长度以满足要求。

四、注意事项

（1）锚段关节内各支柱支持装置受力合理。

（2）锚段关节内两支悬挂的吊弦应各自分开悬吊。

（3）电分段锚段关节两悬挂间的有效绝缘距离须大于 400 mm。转换柱处两悬挂的垂直距离：采用悬式绝缘子分段时应保持 400 ~ 500 mm，采用绝缘杆件（直径 150 mm 及以下）分段时应保持 350 ~ 400 mm。接触线分段绝缘子或绝缘杆的下裙边应高于工作支接触线 100 mm 以上。两接触线工作转换点的高度应尽量一致，允许误差 20 mm。两接触线的水平距离应保持 400 ~ 500 mm。

对安装吸流变压器的三跨电分段锚段关节的转换柱两悬挂的垂直距离若保持 400 mm 有困难时可以适当缩短，但不应少于 300 mm。

（4）电分段直线绝缘转换柱，当两悬挂共用一个腕臂时，承力索分段绝缘子距腕臂上的悬吊轮在平均温度下应保持 1 000 ~ 1 500 mm。

（5）机械分段锚段关节转换柱之间两接触线的水平距离应为 100 mm，允许误差为 30 mm。转换柱处非工作支接触线应高于工作支接触线 200 ~ 250 mm；锚支接触线在其水平投影与线路钢轨相交处高于工作支接触线 300 mm。

（6）机械分段锚段关节内两悬挂各部分（包括零部件）之间的距离在设计极限温度下应保持 50 mm 以上。

（7）对七跨分相进行检修时，因中性区导线有感应电，所以必须采取防止感应电的措施，如在中性区单独挂一组接地线等。

【相关知识】

一、锚段及锚段关节

为满足供电和机械受力方面的需要，将接触网分成若干一定长度且相互独立的分段，这种独立的分段称为锚段。两个相邻锚段的衔接区段（重叠部分）称为锚段关节，如图 4-6-1 所示。

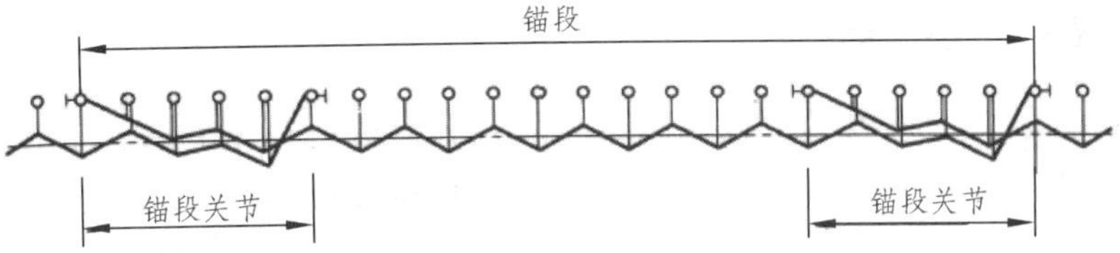

图 4-6-1　锚段及锚段关节示意图

1. 锚段的作用

（1）设立锚段可以限制事故范围。当发生断线或支柱折断等事故时，由于各锚段间在机械受力上是独立的，可将事故限制在一个锚段内，缩小事故范围。

（2）设立锚段便于在接触线和承力索两端设置补偿装置，以调整线索的弛度与张力。

（3）设立锚段有利于供电分段，配合开关设备，满足供电方式的需要，可实现一定范围内的停电检修作业。

2. 锚段长度

锚段长度一般采用经验取值法和计算法两种方法确定。经验取值可根据原铁道部颁发的《铁路工程技术规范》中经验取值表确定，见表 4-6-5；计算法则通过对线索张力差的计算，确定锚段长度。

表 4-6-5 锚段长度选择

悬挂类型	锚段所在线路情况	锚段长度/m
半补偿链形悬挂	直线区段（一般）	1 600
	直线区段（困难）	1 800
	直线和曲线各占一半时	1 300
	曲线占 70%以上时	1 100
全补偿链形悬挂	直线区段（一般）	1800
	直线区段（困难）	2 000
	曲线占 70%以上时	不超过 1 500

隧道内一般不分锚段，但隧道长度超过 2 000 m 时，应划分锚段，锚段长度确定原则与上述方法相同。对既有线隧道的改造，当未预留锚段关节断面及下锚洞致使改造困难时，锚段长度不宜大于 3 000 m。

二、锚段关节的分类

锚段关节按照用途可分为非绝缘锚段关节和绝缘锚段关节。非绝缘锚段关键仅起到机械分段的作用，即两个锚段关节相邻的锚段在电路上不绝缘。绝缘锚段关节除机械分段外还起到同相电分段的作用。

按照结构分为二跨、三跨、四跨、五跨、七跨、九跨锚段关节。所谓三跨绝缘锚段关节是指锚段关节内含有三个跨距，其余类推。下面就典型的锚段关节进行介绍。

1. 三跨非绝缘锚段关节

三跨非绝缘锚段关节两相邻锚段重叠三个跨距，只进行机械分段，电气上是连通的，也称为电不分段锚段关节，结构如图 4-6-2 所示，图中转换柱命名为 QF、ZF，其中 Z 表示直线区段，Q 表示曲线区段，F 表示非绝缘柱段关节，W、N 表示支柱处于曲外、曲内，下标 1、2 表示转换支柱装配的形式。

三跨非绝缘铀段关节技术要求：

（1）锚段关节内，两转换柱间的两条接触线在水平面上的投影应平行，线间的距离为 200 mm。在立面图中，两接触线的交叉点应在该跨距中心处，即两接触线在跨距中心处等高。

（2）转换支柱处，非作支接触线比工作支接触线抬高 200 ~ 250 mm。下锚处非工作支比工作支抬高 500 mm。

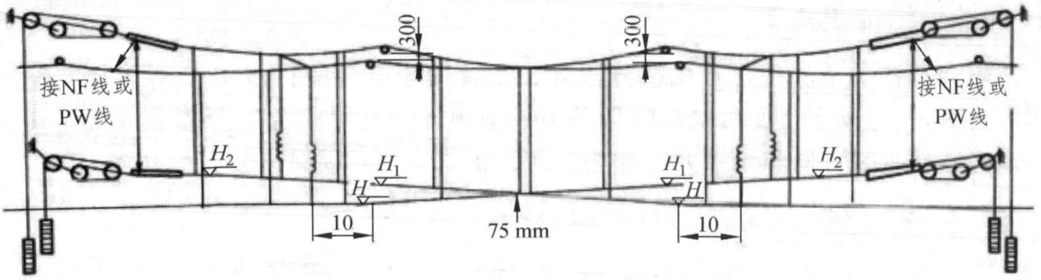

（a）立面图

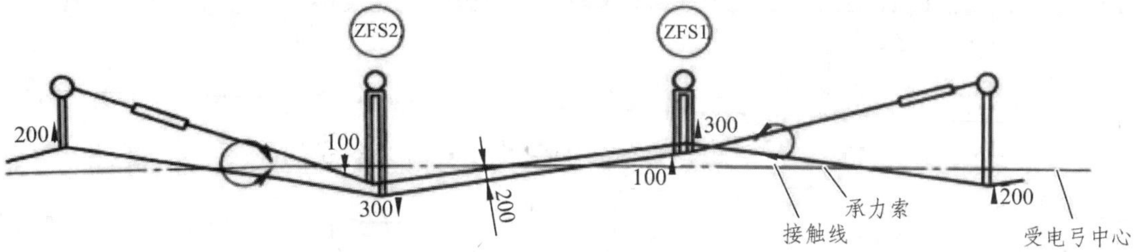

（b）平面图（直线）

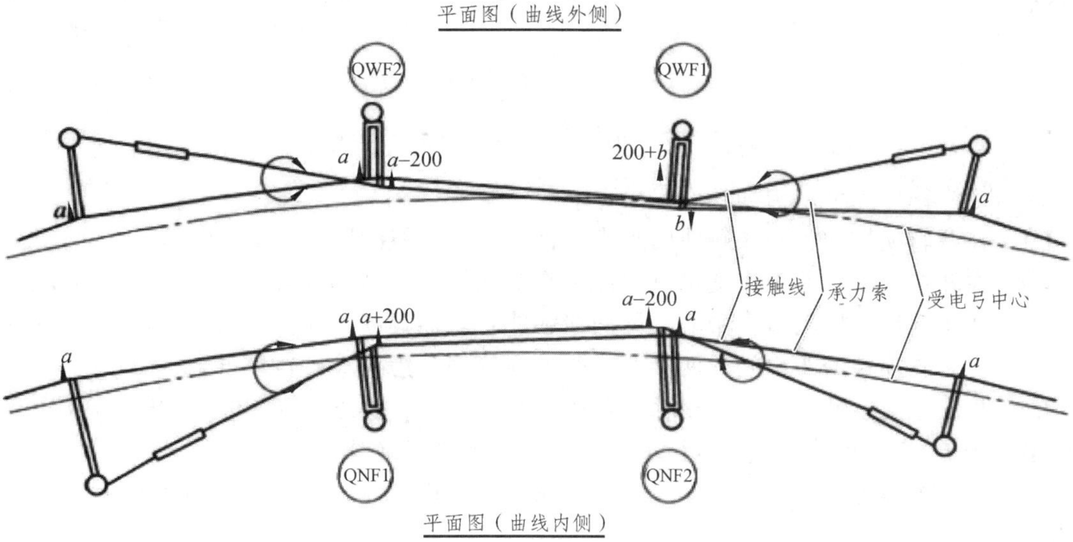

（c）平面图（曲线）

图 4-6-2　三跨非绝缘锚段关节结构

（3）下锚支接触悬挂在转换柱水平面处改变方向时，其偏角一般不应大于 6°，困难情况下不得超过 12°（提速区段不宜大于 10°），在速度大于 200 km/h 区段，正线接触线工作部分改变方向时，其与原方向的水平夹角不宜大于 4°，困难情况不宜大于 6°。

（4）两转换柱与锚柱间，在距转换柱 10 m 处应安装电连接线。

（5）电不分段锚段关节转换柱处，两接触线间垂直、水平距离允许误差±20 mm。

2. 四跨绝缘锚段关节

四跨绝缘锚段关节除了进行机械分段外，主要用于电分段，多用于站场和区间的衔接处，结构如图 4-6-3 所示。四跨绝缘锚段关节一般由 4 个跨距配合 1 台隔离开关组成，其接触线、承力索在垂直方向和水平方向都相距（500±50）mm 以保持其电气绝缘。

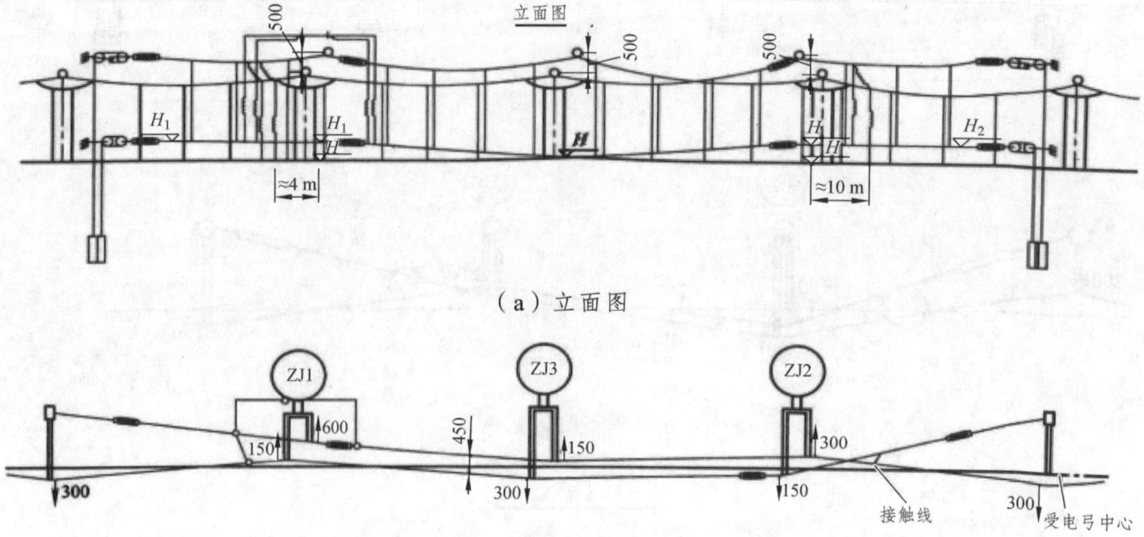

（a）立面图

（b）平面力（直线一）

图 4-6-3　四跨绝缘锚段关节结构示意

四跨绝缘锚段关节结构和技术要求：

（1）在两转换柱间，两接触线的投影应保持平行，线间距离为 40^{+50}_{-0} mm。

（2）在转换柱处，非工作支接触线比工作支接触线抬高 500 mm，允许误差±50 mm。

（3）四跨绝缘锚段关节在中心柱处两接触线距轨面等高，允许误差±10 mm；三跨绝缘锚段关节在两转换柱跨距中间处两接触线距轨面等高（为受电弓转换点）。

（4）非工作支接触线和下锚支承力索在转换柱靠中心柱处加装一串（4 片）绝缘子（为分段绝缘子），高速铁路和提速区段多采用复合棒形悬式绝缘子。

（5）在两转换柱与锚柱间距转换柱 10 m，设电连接线各一组（承力索载流区段为各两组）。

（6）两个锚段的电路连通或断开由隔离开关控制。

3. 五跨绝缘锚段关节

五跨绝缘锚段关节含有五个跨距，主要应用在高速电气化铁路中。五跨绝缘锚段关节是在四跨绝缘锚段关节结构上的优化设计。由于四跨绝缘锚段关节在受电弓由一个锚段过渡到另一个锚段通过中心支柱处时，两接触线的等高点在定位点处，受电弓要同时和两支接触线接触，加上两支定位器的存在，中心柱处接触网的弹性变差，在此不仅会加大接触线的局部磨损，而且影响受流质量。五跨绝缘锚段关节两组悬挂的等高点在中间跨距的中心，这样就可以保证弹性良好、过渡平稳。五跨锚段关节在保证抬高的情况下，延长了接触线抬高过渡的距离，使过渡更加平缓，保证了机车受电弓高速通过关节时，与 一般区域的动态接触压力和弓网受流状态几乎没有差异。在高速铁路中，当使用四跨锚段关节式时，其中心柱处的等高点（区）一般比标准导高抬高 40 mm，从转换柱到等高点的抬高采用逐渐加大的抛物线抬高法，或者将等高点（区）移离定位点的方法来改善中心柱附近的弹性。图 4-6-4 所示是五跨绝缘和非绝缘锚段关节的示意图。图中 QNJ 表示在曲线内侧设立转换支柱的情况，对于双重绝缘用 S 表示。

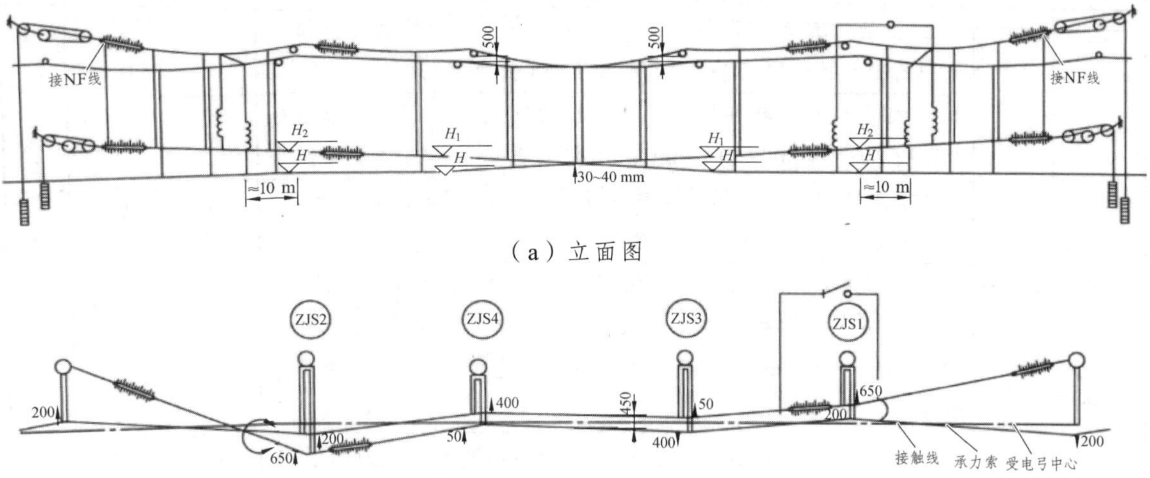

（a）立面图

（b）平面图（直线）

图 4-6-4　五跨关节结构示意图

五跨绝缘锚段关节结构和技术要求：

（1）在转换的三跨中，两接触线的投影应保持平行，线间距离为 40^{+50}_{-0} mm。

（2）在两内转换柱处，非工作支接触线比工作支接触线抬高 150 mm，允许误差±20 mm。

（3）在两外转换柱处，非工作支接触线比工作支接触线抬高 500 mm，允许误差±20 mm。

（4）在两下锚柱处，非工作支接触线比工作支接触线抬高 900 mm，允许误差±20 mm。

（5）两接触线的等高点必须处于内转换跨的跨中，等高点比标准导高抬高 40 mm，保证导线走向在内转换跨中心形成屋脊状。

（6）非工作支接触线和下锚支承力索在两外转换柱靠中心处加装复合棒形悬式绝缘子。绝缘子串距悬挂点的距离应符合设计要求，允许偏差为±50 mm。承力索、接触线两绝缘子串上下应对齐，允许偏差为±30 mm。

（7）在两转换柱与锚柱间距转换柱 10 m，设电连接线各两组。

（8）两个锚段的电路连通或断开由隔离开关控制。

（9）腕臂随温度变化顺线路的偏移量应符合设计要求，允许偏差±20 mm。腕臂随温度变化顺线路的偏移量可以通过查找安装曲线得到，同一支柱上两支接触悬挂的下锚方向是相反的，这种情况下要特别注意腕臂偏移量，防止在极限高温下，两腕臂距离过近，特别是对于两内转换柱处，两腕臂有绝缘要求。

（10）绝缘锚段关节两锚段承力索和接触线、两内转换柱两支腕臂零件和线索相互间的空气绝缘间隙应符合设计要求。

【评价反馈】

通过考核，评价学员对接触网锚段关节调整方法的掌握情况，评价标准可参考表 4-6-6。

表 4-6-6　考核评价表

<table>
<tr><th colspan="2">项目及配分</th><th>考核内容及评分标准</th><th>扣分因素及扣分</th><th>得分</th></tr>
<tr><td rowspan="6">作业程序</td><td rowspan="6">40 分</td><td>1. 确定转换柱的工作支和非工作支（与受电弓接触的为工作支）。判定错误扣 5 分</td><td></td><td></td></tr>
<tr><td>2. 测量所有定位的导高，测量转换柱和中心柱的拉出值，并判断是否达设计标准。漏测、错判每处扣 5 分</td><td></td><td></td></tr>
<tr><td>3. 测量和判断转换柱处两支悬挂的间距和抬高，不合格应调整[标准为（500±50）mm]；调整工作支、非工作支导高来满足要求，调整时先工作支后非工作支。测量漏、错每处扣 5 分，调整方法不当每处扣 5 分</td><td></td><td></td></tr>
<tr><td>4. 测量中心柱处两支悬挂的间距和等高，不合格应调整（间距，等高）；调两工作支拉出值达标（两支拉出值分别为 +250 mm、−250 mm）。调整方法不当每处扣 5 分，测量漏、错每处扣 5 分</td><td></td><td></td></tr>
<tr><td>5. 测量判断定位坡度是否达标，对所有定位和悬挂点，并判断是否达标，漏、错每处扣 5 分</td><td></td><td></td></tr>
<tr><td>6. 测量锚支接触线垂直投影与线路钢轨交叉处高差 ≥300 mm，检查两补偿状态。未检查测量扣 10 分，错、漏每处扣 3 分</td><td></td><td></td></tr>
<tr><td rowspan="5">质量</td><td rowspan="5">30 分</td><td>1. 电连接、线夹及各部零件未检查，每件扣 5 分</td><td></td><td></td></tr>
<tr><td>2. 中心柱水平距离误差不超过 30 mm；两接触线距轨面等高，误差不大于 20 mm。未测量每处扣 10 分，误差每超 5 mm 扣 3 分</td><td></td><td></td></tr>
<tr><td>3. 螺栓未紧，每处扣 5 分</td><td></td><td></td></tr>
<tr><td>4. 导线不平滑有硬点，每处扣 5 分</td><td></td><td></td></tr>
<tr><td>5. 锚段关节相关设备未查，每处扣 5 分</td><td></td><td></td></tr>
<tr><td rowspan="2">工具使用</td><td rowspan="2">10 分</td><td>1. 工具、材料未带齐 1 件扣 5 分</td><td></td><td></td></tr>
<tr><td>2. 工具使用不规范 1 次扣 5 分，损坏扣 10 分</td><td></td><td></td></tr>
<tr><td rowspan="5">安全及其他</td><td rowspan="5">20 分</td><td>1. 上下配合不当 1 次扣 10 分</td><td></td><td></td></tr>
<tr><td>2. 出现伤害事故或出现较重伤害，本项目停止考核，按零分计</td><td></td><td></td></tr>
<tr><td>3. 工具掉下或上抛 1 次扣 5 分</td><td></td><td></td></tr>
<tr><td>4. 安全带使用不正确 1 次扣 10 分</td><td></td><td></td></tr>
<tr><td>5. 考核时间：20 min，其中准备 5 min。超时 1 min 扣 2 分，超时 5 min 停止考核</td><td></td><td></td></tr>
<tr><td>合计</td><td>100 分</td><td></td><td></td><td></td></tr>
</table>

任务七 电连接的安装及检修

【任务描述】

电连接的作用是保证接触网各导线、各分段或各股道悬挂之间的电流畅通，通过电连接可实现并联供电，减少电能损耗提高供电质量。本任务主要是学习电连接的作用、类型和应用场合。掌握电连接的安装标准和方法，检修内容和标准。

【任务目标】

（1）掌握电连接的作用、类型和应用。

（2）掌握电连接的安装方式和标准。

（3）掌握电连接的检修内容和标准。

【任务实施】

一、作业准备

（1）人员：作业车作业 8 人，车梯作业 12 人。

（2）工具：接触网作业车或车梯、液压断线钳、电连接线夹压接钳及模具（非压接线夹可不带）、钢丝刷、砂布、棕绳、刮刀、皮尺、钢卷尺、正面器、温度计、橡胶锤、力矩扳手、螺丝刀、钢丝钳、小油桶、油刷、安全用具、防护用具等（根据具体项目需要携带相应工具）。

（3）材料：ϕ4.0 镀锌铁线、ϕ1.8 绑扎铁线、电连接线、电连接线夹、中性凡士林。

（4）资料：接触网平面布置图、支柱安装图等。

二、技术标准

1. 应装设电连接的处所

（1）在锚段关节处装设 2 组、线岔处装设 1 组电连接器；加强线（载流承力索）的终端、车站电力机车经常起动处所的股道之间，应装设电连接器。

（2）站场馈线上网点处（含 AT 所），宜安装股道电连接器。在承力索绝缘通过的跨线桥、隧道等处所，承力索中性区两端的悬挂上应分别安装横向电连接。

（3）在站场同一供电单元内多支悬挂并联情况下，非支延长下锚时，在非支下锚的第一组软横跨（或下锚分段绝缘子前一跨）处，与相邻悬挂间装设电连接。

（4）牵出线、专用线接触悬挂在与相邻股道无分段绝缘子串隔开的软横跨，需将牵出线或专用线接触网在最末端的软横跨处装设 1 组股道电连接器，如图 4-7-1 所示。

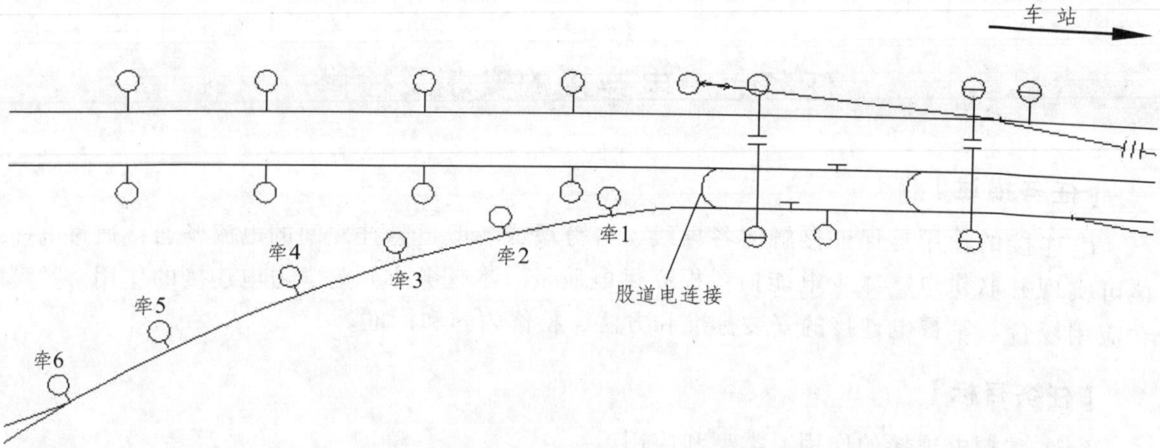

图 4-7-1 牵出线末端软横跨加装股道电连接位置

（5）极限温度条件下，交叉跨越线索间距不足 200 mm 的处所应加装电连接或等位线。等位线与被连接线索材质相同，截面积不小于 10 mm²。

2. 电连接的安装要求

（1）电连接的安装须确保主导电回路畅通，非载流承力索不应串接在主导电回路内。

（2）非锚段关节电连接安装在距转换柱的锚柱侧 10 m 处。绝缘锚段关节电连接安装在距转换柱的中心柱侧 5 m 处，且与隔离开关的一根引线相连，隔离开关的另一根引线与同一转换柱的锚柱侧 5 m 处的电连接器相连。

（3）站场股道间电连接在设计跨距内，且距软横跨 10 m 处安装。

（4）站场上电分段处隔离开关电连接线距分断绝缘器的两端不小于 1.5 m。

（5）在载流承力索区段，每 200 ~ 250 m 装设一组横向电连接器，负荷较大区段应适当缩小安装距离。

3. 电连接线的技术标准

（1）电连接线均要用多股软绞线做成，其额定载流量不小于被连接的接触悬挂、供电线的额定载流量，且不得有接头。

（2）电连接线应留有一定的裕度，适应接触线和承力索因温度变化伸缩的要求。不同材质时应制作弹簧圈，如图 4-7-2 所示。承力索和接触导线同材质时可用 C 形或 S 形的电连接线预留方式，如图 4-7-3 和图 4-7-4 所示。

（3）电连接弹簧圈应盘紧，盘线 3 ~ 5 圈，圈距为 50 mm 左右，当电连接线为铜线时，圈径应为电连接线线径的 3 ~ 5 倍；当电连接线是铝线时为 5 ~ 8 倍，最下方的圆圈距接触线应为 200 ~ 300 mm。

（4）对于压接式的电连接线夹，电连接线不应有压伤和断股现象；对于并接式电连接线夹，电连接线应伸出线夹外 10 ~ 20 mm。

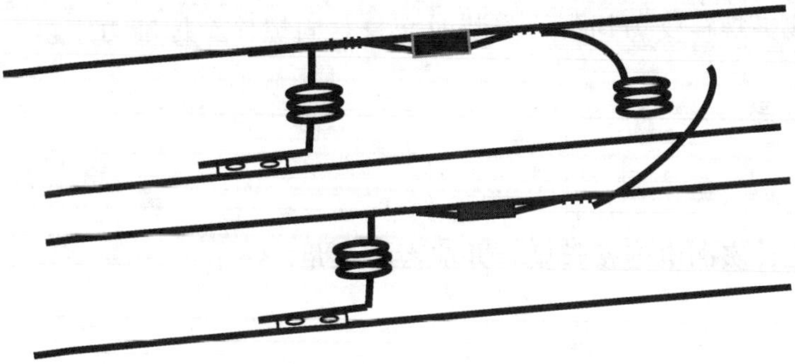

图 4-7-2 有弹簧圈的电连接安装方式

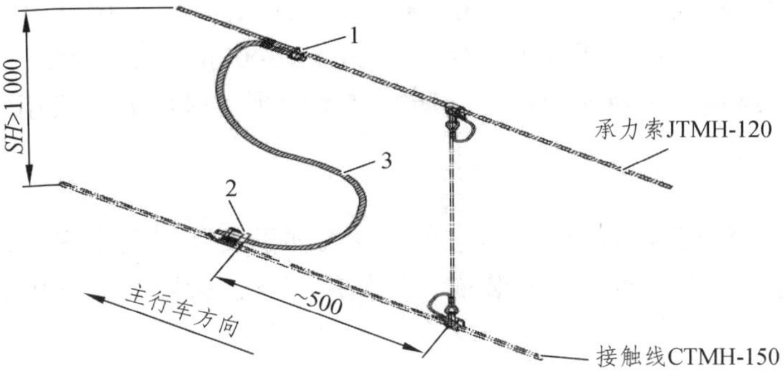

1—承力索电连接线夹；2—接触线电连接线夹；3—软铜绞线。

图 4-7-3 横向电连接采用 S 形的安装方式

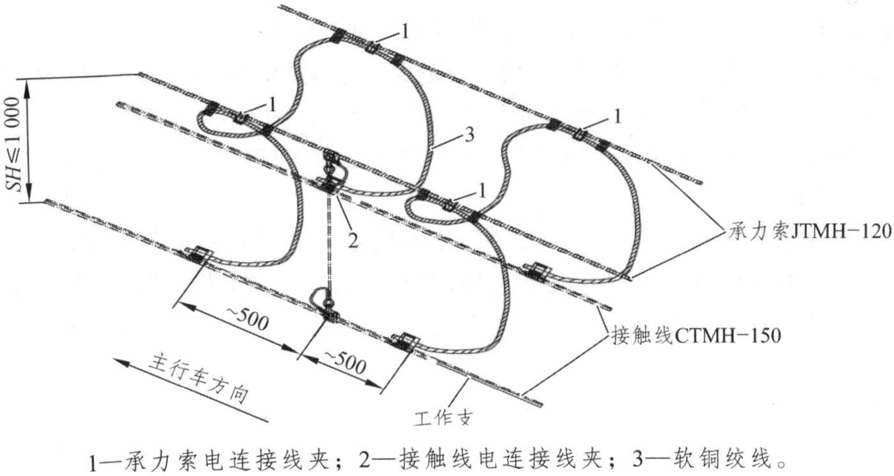

1—承力索电连接线夹；2—接触线电连接线夹；3—软铜绞线。

图 4-7-4 锚段关节、道岔电连接采用 C 形的安装方式

4. 电连接线夹的技术标准

（1）电连接线夹的材质和规格必须与被连接线索相适应。铜接触线与铝接触线连接时应采用铜铝过渡措施。

（2）电连接线夹与接触线、承力索、供电线之间的连接必须牢固，线夹内无杂物。

（3）接触线电连接线夹在直线处应处于铅垂状态，在曲线处应与接触线的倾斜度一致。

（4）电连接线夹处接触线高度不应低于相邻吊弦点，允许高于相邻吊弦点 0 ~ 10 mm。

（5）电连接线夹螺栓受力均匀，安装时交替紧固螺栓至标准力矩。

三、作业步骤

1. 测　量

根据安装位置，实测电连接长度，并应考虑余量。

2. 预　制

按长度截取电连接线，预制弹簧圈。弹簧圈 3 ~ 5 圈，以 3 圈为宜，圈的直径为 60 ~ 100 mm，圈距保持 50 mm，预制时，底圈距线头间留有一定的调整余量，一般为 400 ~ 500 mm，使之安装好后，底圈距接触线保持在 200 ~ 300 mm。弹簧圈一般是将铜绞线在外径 51 mm 钢管上缠绕或手工盘制而成，为防止弹簧圈预制时松散，应用绑扎线扎紧。

3. 安　装

根据具体位置，使用接触网作业车、车梯或大梯子安装。测定安装位置，将电连接与接触线相连后，再与承力索相连。安装前，要使用钢丝刷去除线夹孔内表面及电连接线上的氧化层。

4. 电连接检修

1）检查、测量

（1）检查电连接器安装位置、偏移、截面是否符合要求。

（2）检查电连接线是否有松股、断股、烧伤、过热变色现象，除了股道外，不允许有接头。整理和检查电连接盘圈是否符合要求，不合要求的进行调整处理。

（3）检查电连接线夹接触是否良好，线夹型号是否正确，楔子是否打紧，螺栓是否紧固和烧蚀，并涂油。

（4）打开电连接线夹，检查线夹内壁和接触线是否有毛刺和氧化，接触面是否光洁、线夹有无裂纹、烧蚀和断裂；检查线索夹持部分是否光洁、有无氧化和烧伤痕迹或断股现象。铜铝过渡线夹还应检查是否按规定使用嵌入式线夹，嵌入的铜材质部件与铝材质部件结合部是否密贴。

（5）将电连接线夹的接触面用钢丝刷和砂纸清扫干净，除去污垢和氧化物。若线夹上有浇铸时留下的凸块时，可先用刮刀刮去后再打磨。对接触线相应安装位置进行打磨。安装时要将所有线夹与导线接触面均匀涂抹导电膏。

（6）检查电连接线的预留量是否满足温度变化时承力索、接触线伸缩的要求。承力索和接触线不能出现脱槽的危险。

（7）电连接线夹载流量不小于被连接线索的最大额定载流量，线夹处的温升不应大于被连接线索的温升，可以粘贴示温片或热成像仪检查。

（8）隔离开关电连接距瓷群的间距不小于 150 mm，与接地部分不小于 400 mm，引线跨带电的高度不小于 400 mm。

2）调整处理

（1）更换电连接器。

方法一：在更换的电连接器旁边先安装一组连接器，然后拆除旧电连接器。

方法二：先安装同等截面短接线，再拆除旧电连接器，装上新电连接器，检查无误后，拆除短接线。

安装新电连接器的步骤：

① 提前测量需安装（更换）电连接处的悬挂线索的结构高度（纵向和股道电连接还应测量两悬挂承力索间距）并记录。

② 根据测量参数和电连接技术标准下料并预制电连接。

③ 选择规格适合的电连接线夹，拆开电连接线夹用纱布或钢丝刷将接触面打磨光亮，用干净毛巾或毛刷清理干净后均匀涂抹导电膏。

④ 检查安装电连接处所的接触线无损伤、硬弯、扭面，承力索无损伤、断股、散股，并在相应安装位置对接触线、承力索进行打磨、均匀涂抹导电膏。

⑤ 将均匀涂抹导电膏的电连接线通过电连接线夹与承力索、接触线牢固连接，确保电连接线与承力索、接触线接触良好。螺栓紧固需要使用力矩扳手，并按照设计标准值进行紧固。

⑥ 检查电连接线不得有散股、断股等现象，电连接形式（C 形或 S 形）选择正确，安装方向正确。

⑦ 测量、调整电连接线夹处接触线高度，使电连接线夹处接触线高于相邻吊弦点 0～10 mm（或按照设计的标准值）。

（2）更换电连接线。

与更换电连接器的方法相同。

（3）更换隔离开关顶端的连接线夹。

应停电更换，如系横向电分段开关可设法将开关的电源端引线脱离电源，然后进行更换。

（4）电连接线夹的解体检修。

① 在需要解体检修的电连接线夹旁先装一组短接线，然后拆下电连接线夹。

② 在线夹和线索需要打磨的地方先涂一层中性凡士林，然后用钢丝刷或砂纸打磨线夹接触面或线索被夹持位置，去掉接触面油污和氧化物。打磨时用力适中，不要过猛，防止伤及接触面或出现磨坑。打磨后用抹布擦去污秽的中性凡士林后立即再涂一层新的。

楔子也用同样方法处理。

③ 安装电连接线夹（安装时应先紧固螺栓后打紧楔子、弯折楔子叉口），用中性凡士林密封。

四、处理方法

1. 电连接线散股

用铜绑线进行适当绑扎固定。

2. 测温贴片缺失或状态不良

测温贴片缺失或状态不良应补装或更换。

3. 其他故障

电连接线夹裂纹、松动、螺纹卡子外漏不符合规定，承力索电连接线夹中夹板安装方向错误，电连接线夹压接状态不良及测温贴片变色应重新压接电连接线夹。

4. 接触线电连接线夹压接及拆卸步骤及技术要求

1）接触线电连接线夹压接

接触线电连接线夹的压接如图 4-7-5 所示。

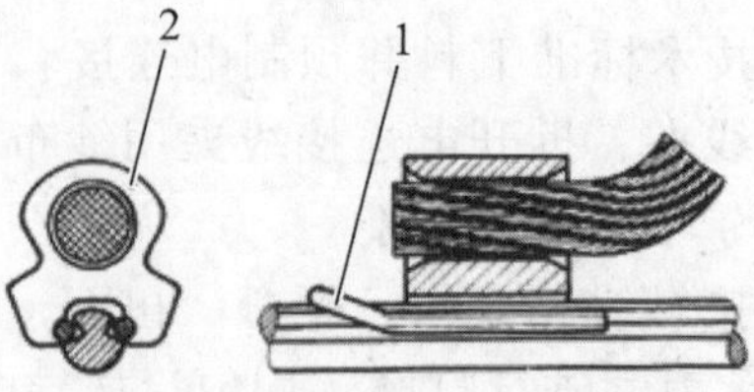

1—接触线电连接线夹；2—U 形螺纹卡子。

图 4-7-5　接触线电连接线夹的压接

（1）用钢丝刷去除线夹孔内表面及电连接线上的氧化皮。把电连接线插入接触线电连接线夹孔内，线外露 5 mm 左右。注意：电连接线截断时，应采取必要的措施，防止电连接线端头散股，造成安装困难。

（2）如图 4-7-6 所示，把 U 形螺纹卡子先卡到接触线线槽上，然后用手轻握卡子将接触线电连接线夹穿到卡子上。注意：卡子插入方向应与电连接线插入方向相反布置。电连接线夹本体应完全安装在卡子的螺纹部分，以卡子露头 1～2 mm 为宜，不允许 U 形卡子插入不到底现象。

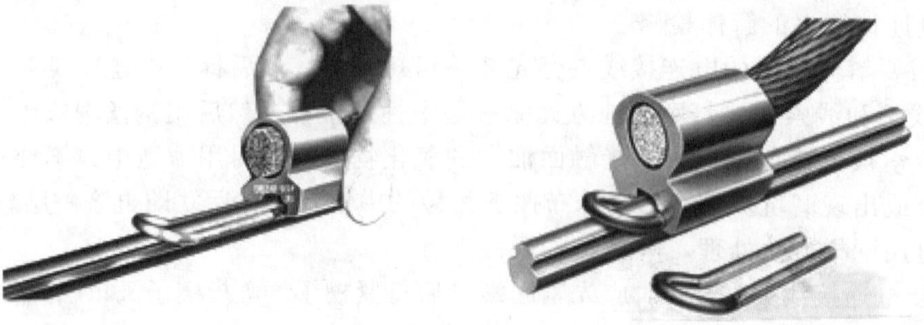

图 4-7-6　U 形螺纹卡子的安装

（3）必须用一台 24 t 的液压机配专用的压接模把线夹总成（线夹本体＋卡子）与接触线压到一起，如图 4-7-7 所示。

（4）压接后进行检查，应保证线夹本体、U 形卡子、接触线、电连接线紧密压接在一起，不允许有压不实，线夹本体、U 形卡子、接触线压接部位有缝隙等现象，否则应拆除重新压接。

（5）压接后的线夹尺寸检查，不符合尺寸的应予以更换。

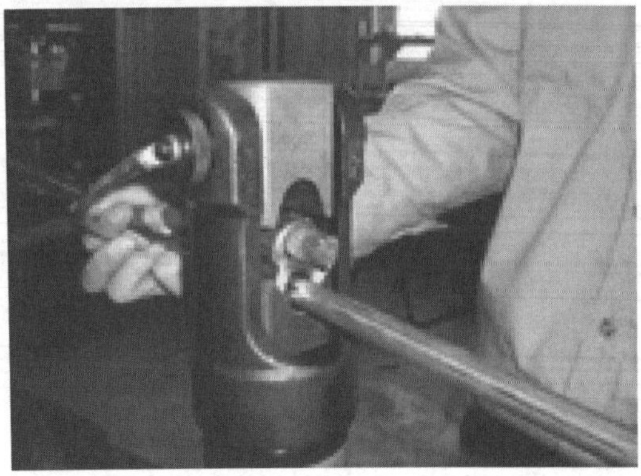

4-7-7　压接线夹总成与接触线

2）接触线电连接线夹拆卸

（1）把相应的拆卸模装到 24 t 压接头上。

（2）拆除时，应边压边注意观察，防止模具刃口伤到接触线，在保证接触线安全的前提下，使电连接线夹从接触线上脱离，如图 4-7-8 所示。

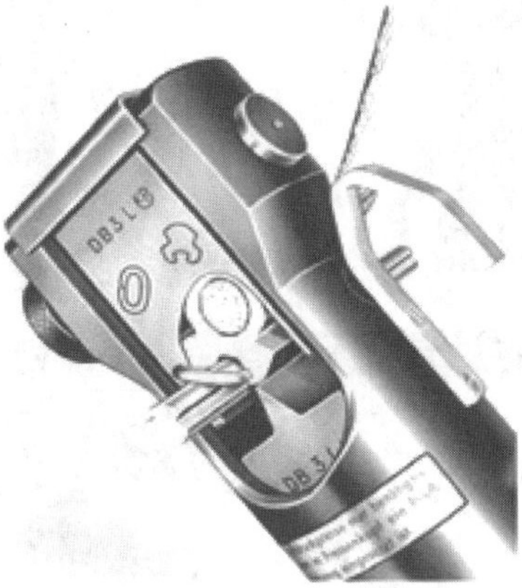

图 4-7-8　接触线电连接线夹的拆卸

5. 承力索电连接线夹压接步骤及技术要求

（1）用钢丝刷去除线夹内表面及电连接线上的氧化皮。

（2）把电连接线插入压接的承力索电连接线夹内，电连接线外露 10 ~ 20 mm。

（3）定位压块平面应与线夹本体平面相对应，不可装反。压接半径小的圆弧面对应直径小的导线，压块半径大的圆弧面对应直径大的导线。压接时，保证压块端面与线夹本体端面平齐。定位压块安装如图 4-7-9 所示。

（4）用一台 24 t 的液压机配相应的专用压接模具把线夹总成（线夹本体 + 压块）压到一起，如图 4-7-10 所示。

（5）压接时保证活动模具直至不能继续移动为止，当压力达到最大（70 MPa）后保压 5 s，然后卸载，以保证压接足够紧密。

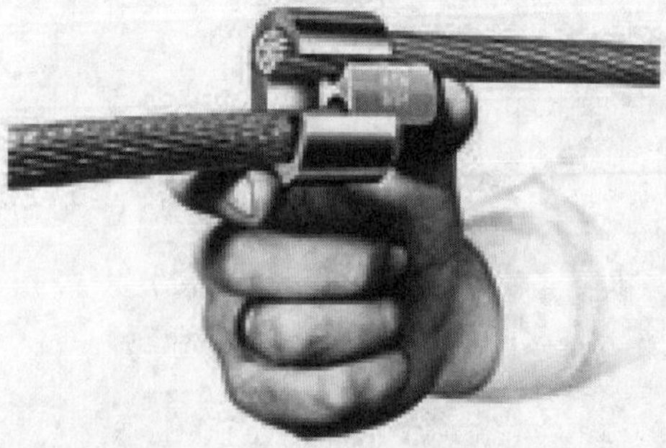

图 4-7-9　定位压块安装示意图

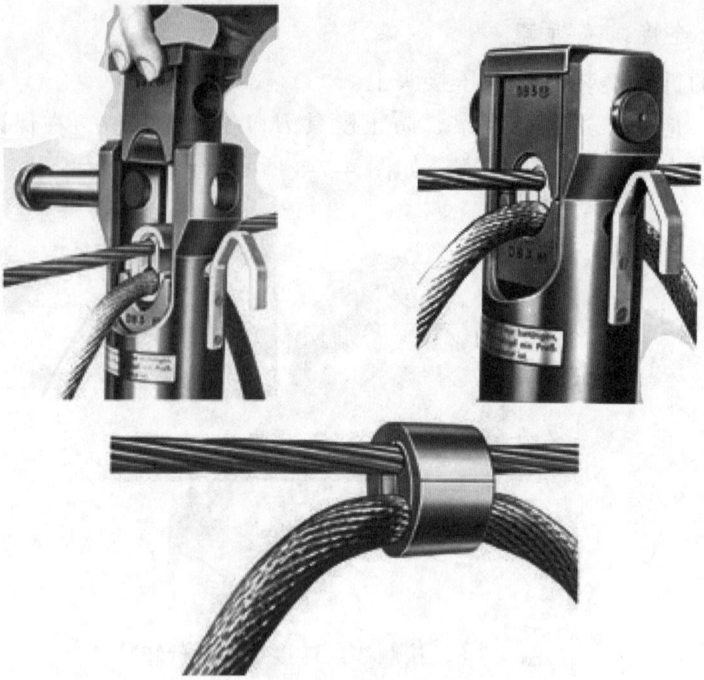

图 4-7-10　压接模具压接线夹总成

6. 整组更换电连接

电连接线压伤、烧伤、断股，电连接安装形式不符合规定，应整组更换电连接。

1）测量、预制

根据电连接安装图和现场实际测量，增加预留长度，裁切电连接线。

2）安　装

以 C 形关节、线岔双电连接器为例。

（1）两人配合先把电连接线与承力索用承力索电连接线夹连接。安装时应根据现场温度和电连接安装图确认两个电连接线夹安装的相对位置。

（2）两人配合用接触线电连接线夹将电连接线与接触线相连接。

（3）检查电连接器安装位置是否符合设计要求；检查电连接器状态是否直顺；电连接线在两支接触悬挂上的相对位置是否正确；电连接线夹安装是否紧固。

（4）两人配合用压接钳分别对承力索处电连接线夹、接触线处电连接线夹进行压接（线夹安装方法见本任务前述内容）。

五、注意事项

（1）整理电连接线时，严禁打击接触导线，不得脚踏导线，防止形成硬弯。

（2）电连接线的长度应根据实测确定，确保安装正确，主导电回路畅通，还要考虑到温度变化造成的偏移。

（3）夹板式三螺栓电连接线夹安装时应从中部螺栓开始依次交替逐渐拧紧至标准力矩，双螺栓要对称紧固至标准力矩。

（4）与隔离开关引线相连的电连接器移位检查或更换应进行停电作业，否则须事先用同等载流能力的短接线将电分段设备（ 如电分段锚段关节、分段绝缘器、分段绝缘子串等）短接。

（5）V 形天窗停电作业时，未装短接线禁止松动锚段关节电连接及开关电连接线夹螺栓。

（6）作业人员在检修电连接器作业时，拴好安全带，防止高空坠落。

（7）压接式线夹应采用专用拆除工具，拆除时，应边压边注意观察，防止模具刃口伤到接触线或承力索，拆下的电连接线夹不能再使用。

（8）安装压接式电连接时，如果压接设备出现故障，可采用并沟线夹临时过渡使用，但在工装和材料到位后，必须按标准重新安装。

（9）连接线夹时，还应注意以下事项。

① 压接时保证上下模具直至接触严密，上下模具间不得有间隙，当压力达到最大（70 MPa）后保压 5 s，然后卸载，以保证压接足够紧密。

② 边压接边注意观察，防止 U 形卡子从接触线线槽和线夹沟槽中滑脱。

③ 安装前应仔细阅读电动液压泵和压接头的使用说明书，压接时电动液压泵应始终保持竖立状态，不能过度倾斜或放倒，以免损坏泵。压接头的销钉必须插入到位，贯穿压接头两耳孔，不允许有插入不到位现象，以免损坏压接头。

【相关知识】

电连接的作用是保证接触网各导线、各分段或各股道悬挂之间的电流畅通，通过电连接可实现并联供电，减少电能损耗提高供电质量。

在架设铜和铜合金接触线的区段，电连接采用 TRJ-95（当承力索横截面≤95 mm^2 时）或 TRJ-120（当承力索横截面为 120 mm^2 时）型多股软铜线。钢铝接触线区段，采用 LJ-150 多股铝绞线。电连接一般做成螺旋弹簧状，既可增加弹性以适应线索顺线路方向偏移，也可在连接处烧损时放开几圈继续使用。

电连接根据安装位置可分为横向电连接、股道电连接、道岔电连接、锚段关节电连接、隔离开关电连接、避雷器电连接等类型。

一、横向（H型）电连接

横向电连接安装方式如图 4-7-11 所示，多用于承力索和接触线之间的电气连接并联供电，主要用于载流承力索区段，使承力索承担的牵引电流通过电连接进入接触线最终流向受电工，需要每隔 200 ~ 250 m 安装一组。当隧道内为简单悬挂、隧道外为链行悬挂时，应在隧道口承力索与接触线间安装电连接线，避免承力索电流经吊弦流向接触线，防止吊弦烧损。

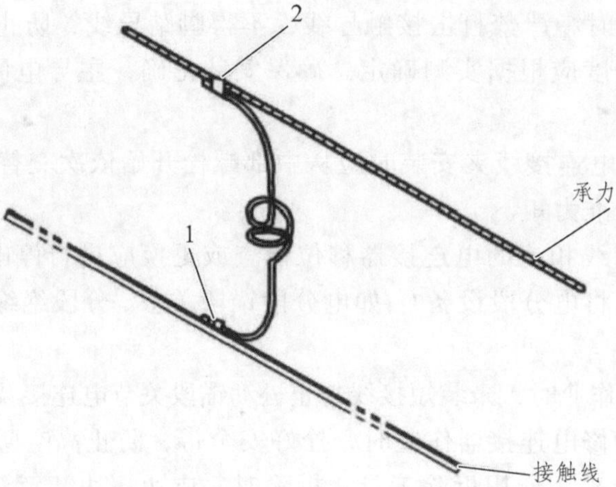

1—接触线电连接线夹；2—承力索电连接线夹。

图 4-7-11　H 型电连接

二、股道（G型）电连接

股道电连接安装方式如图 4-7-12 所示，多用于站场股道接触悬挂间的电气连接，实现几股道接触网并联供电，减少能耗和电压损失。

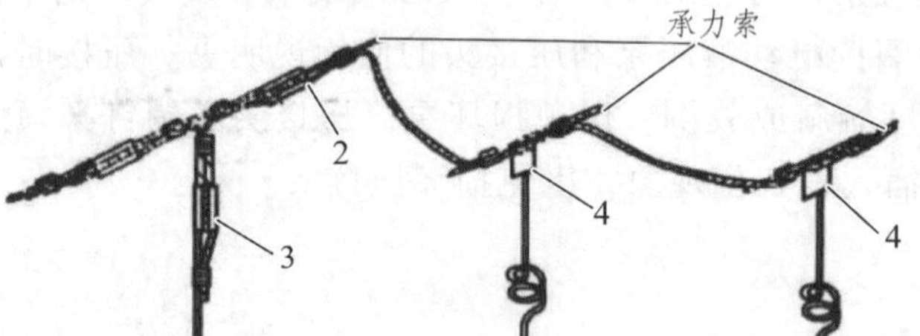

1—接触线电连接线夹；2—承力索电连接线夹；3—并沟线夹；4—T 型电连接线夹。

图 4-7-12　G 型电连接

三、锚段关节（M型）电连接

锚段关节电连接安装方式如图 4-7-13 所示，用于非绝缘锚段关节处两支接触悬挂间的电气连接，保证牵引电流通道的可靠性。锚段关节的电连接安装在转换柱的锚柱侧距转换柱 10 m 处。

四、道岔（D型）电连接

道岔电连接安装方式如图 4-7-13 所示，用于道岔两支接触悬挂间的电气连接（交叉渡线的菱形交叉处，不装电连接）。

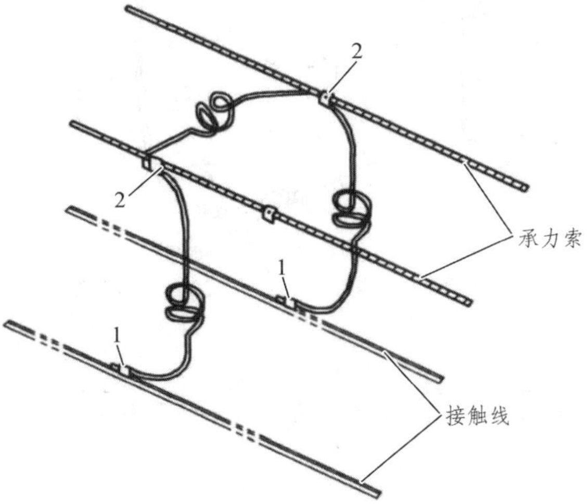

1—接触线电连接线夹；2—承力索电连接线夹。

图 4-7-13　M 型、D 型电连接

五、隔离开关电连接

隔离开关电连接安装于接触悬挂与隔离开关之间。在绝缘锚段关节处，隔离开关的电连接一根引线和锚段关节电连接相连，另一根引线与转换柱内侧 5 m 处所要绝缘的另一悬挂相连。

在站场分段绝缘器处的隔离开关电连接，安装在距分段绝缘器外端不小于 1.5 m 处。

六、避雷器电连接

避雷器电连接安装于避雷器与接触悬挂之间。根据避雷器的安装位置，将避雷器与接触悬挂连接起来。

七、高铁用电连接

在高速铁路中，电连接线一般不采用弹簧线圈，接触线和承力索间、承力索间的电连接线安装在吊弦附近，自然松弛没有拉力，以不增加接触线吊弦间弛度和吊弦受力状态。从承力索和接触线间电连接吊弦外形上，可分为C型和S型，分别如图4-7-14和图4-7-15所示。C型在接触线、承力索间距$H<1$ m时采用；S型在接触线、承力索间距$H\geqslant1$ m时采用。接触线上线夹处的接头朝向主行车方向。

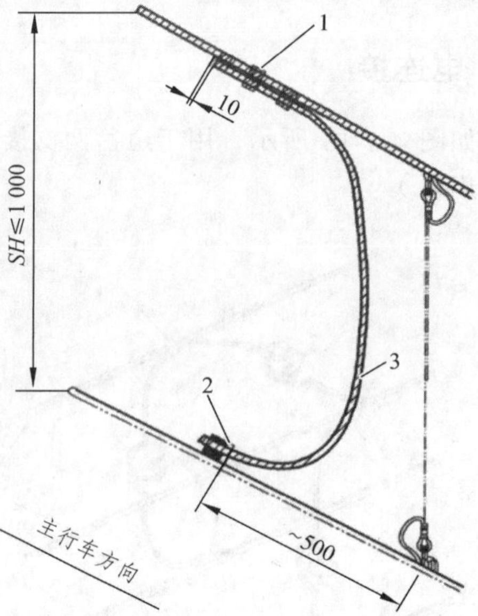

（a）横向（H型）电连接采用C型安装方式

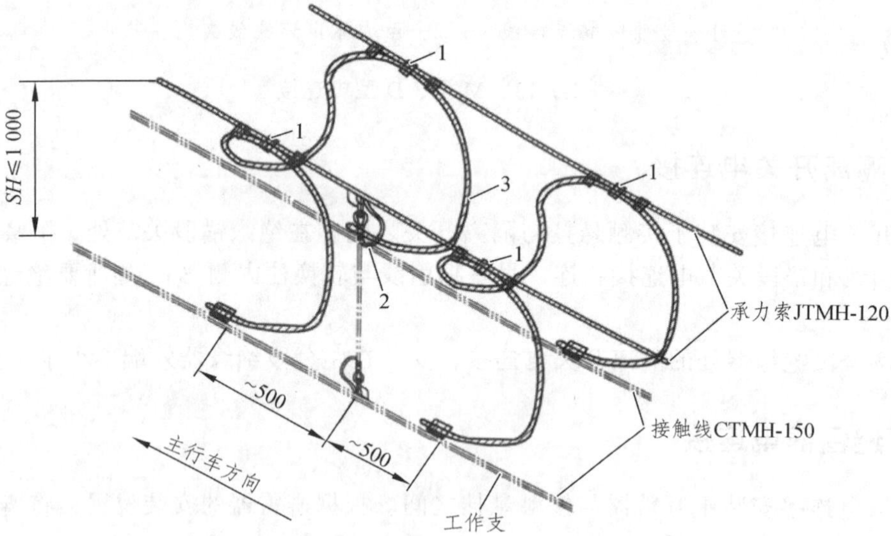

（b）锚段关节（M型）、道岔（D型）电连接采用C型安装方式

图4-7-14 电连接C型安装形式

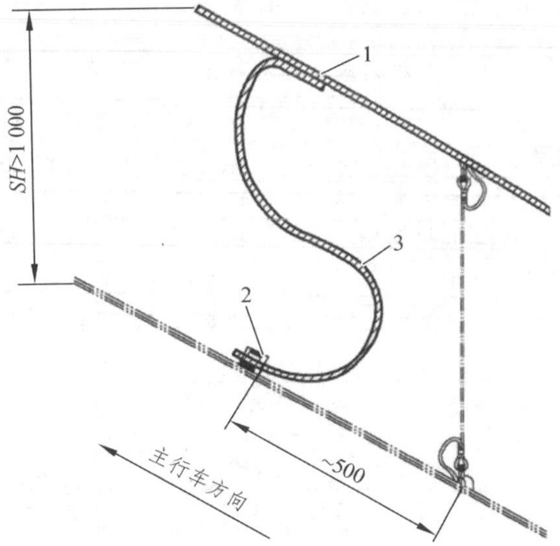

（a）横向（H型）电连接采用S型安装方式

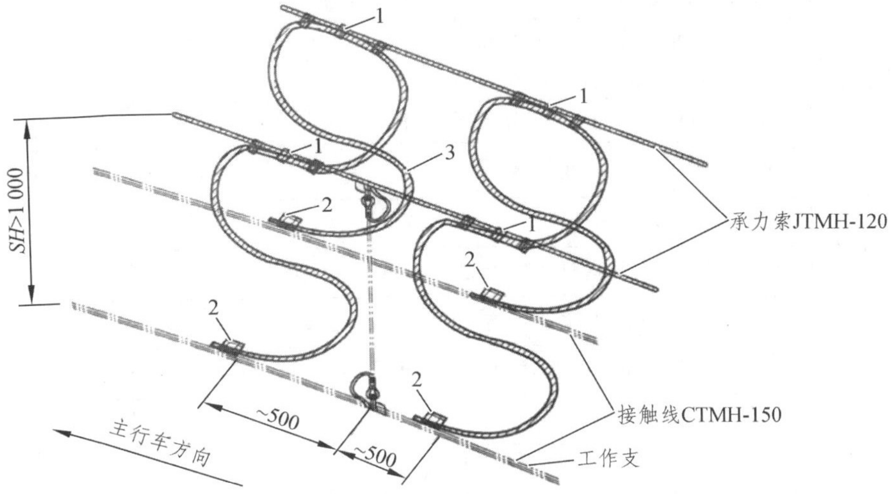

（b）锚段关节（M型）、道岔（D型）电连接采用S型安装方式

1—接触线电连接线夹；2—承力索电连接线夹；3—软铜绞线。

图 4-7-15　电连接S型安装形式

【评价反馈】

通过考核，评价学员对接触网电连接检调方法的掌握情况，评价标准可参考表4-7-1。

表 4-7-1　考核评价表

项目及配分		考核内容及评分标准	扣分因素及扣分	得分
作业程序	30分	工作量：一组电连接的检调		
		1. 判断电连接的类型（横向或纵向），漏、错扣2分		
		2. 检查电连接线是否有松股、断股、烧伤现象，未检查每项扣2分		

续表

项目及配分		考核内容及评分标准	扣分因素及扣分	得分
作业程序	30分	3. 检查电连接线夹与接触线、承力索之间的连接是否牢固接触良好，线夹内有无杂质，有无因高温所产生的变色现象；压接式电连接是否有压伤痕迹，端头外露是否符合规定，漏、错每项扣3分		
		4. 检查判断电连接线弛度、裕度是否适应连接的线索变化伸缩要求，安装位置是否符合设计要求，漏、错每项扣3分		
		5. 检查压接式接触线电连接线夹与线槽契合的U形螺纹卡子是否平行压接于线槽内，不得跳出接触线槽。U形螺纹卡子另一端外露1～3 mm，漏、错每项扣5分		
		6. 检查电连接线夹与线索接触面是否涂有导电脂，漏、错扣5分		
质量分	40分	1. 出现电连接散股、断股，每处扣5分		
		2. 偏移量与现场温度不合，位置安装不正确，出现弛度过大或过小每处扣5分		
		3. U形螺纹卡子另一端外露不符合要求扣5分		
		4. 电连接线夹与线索接触面无导电脂扣5分		
工具使用	10分	1. 工具、材料未带齐少1件扣5分		
		2. 工具使用不规范1次扣5分，损坏扣10分		
安全及其他	20分	1. 重复上下网1次扣5分		
		2. 发生不安全因素每次扣5分，出现伤害事故扣41分		
		3. 工具掉下或上抛1次扣5分		
		4. 安全带使用违章1次扣10分		
		5. 作业时间20 min，超时1 min扣1分，超时5 min停止考核		
合计	100分			

任务八　线岔的调整

【任务描述】

接触网的线岔是关系行车安全的关键设备之一，在电气化铁路区段的站场内两个股道交叉处，为了使电力机车受电弓由一股道顺利过渡到另一股道，在两条铁路交叉的上空相应有两支汇交的接触线，在两支汇交接触线的相交处用限制管连接并固定的装置称为线岔，又称等空转辙器或空中转换器。本任务主要学习接触网线岔装置检调的准备工作、作业程序以及发现问题时的处理方法等。

【任务目标】

（1）掌握线岔的作用、结构和参数。
（2）掌握线岔的布置及理论分析。
（3）掌握接触网线岔检调的方法。

【任务实施】

一、准备工作

（1）人员：车梯作业不少于 12 人，作业车作业不少于 8 人。
（2）工、机具（见表 4-8-1）。

表 4-8-1　工、机具清单

序号	工具名称	型号	单位	数量	备注
1	个人工具[含工具包、扳手（内六角）、螺丝刀、安全带等]		套	1	
2	作业工具包（含导线整正器、卷尺、水平尺、扭面器、扭力扳手、垫块、木槌、油刷、温度计、油桶、紧线工具、钢刷等）		套	1	
3	绝缘车梯		台	1	
4	作业车		台	1	
5	测量工具		套	1	激光测量仪或测量杆
6	力矩扳手		把	2	配各型套筒

（3）材料（见表 4-8-2）。

表 4-8-2　材料清单

序号	材料名称	型号	单位	数量	备注
1	限制管		个	1	
2	定位线夹		个	2	
3	平头销钉		个	若干	各种型号都备有
4	平垫片		个	若干	各种型号都备有
5	开口销		个	若干	各种型号都备有
6	防松垫片		个	若干	各种型号都备有
7	吊弦		套	1	
8	吊弦线夹		个	2	
9	电连接线		个	2	
10	绑扎线		米	若干	
11	黄油		盒	若干	
12	ϕ 4.0 铁线		米	若干	

二、作业标准

（1）由正线与侧线组成的交叉线岔，正线接触线位于侧线接触线的下方；由侧线和侧线组成的线岔，距中心锚结较近的接触线位于下方。

（2）对单开和对称（双开）道岔的交叉线岔，其技术状态应符合以下要求。

① 道岔定位支柱的位置。

道岔定位支柱应位于道岔起点轨缝至线间距 700 mm 的范围内。

② 交叉点位置。

a. 高速铁路：

标准值：横向距两线路任一线路中心不大于 350 mm，纵向距道岔定位柱大于 2.5 m。

标准状态：交叉点位于道岔导曲线两内轨距 735～1 050 mm 的横向中间位置，允许偏差±50 mm。

警示值：同标准状态。

限界值：交叉点位于道岔导曲线两内轨距 630～1 085 mm 的横向中间位置，允许偏差±50 mm。

b. 普速铁路：与高速铁路相同。

③ 两接触线相距 500 mm 处的高差。

a. 高速铁路：

标准值：当两支均为工作支时，正线线岔的侧线接触线比正线接触线高 20 mm，侧线线岔两接触线等高。当一支为非工作支时，非工作支接触线比工作支接触线高 80～100 mm，并按设计要求延长一跨抬高 350～500 mm 后下锚。

标准状态：当两支均为工作支时，正线线岔侧线接触线比正线接触线高 10～30 mm；侧线线岔两接触线高差不大于 30 mm。当一支为非工作支时，非工作支接触线比工作支接触线抬高 50～100 mm，并延长一跨抬高 350～500 mm 后下锚。

警示值：同标准状态。

限界值：同警示值。

b. 普速铁路：

标准值：当两支接触线均为工作支时，两线相距 500 mm、800 mm 处，正线线岔的侧线接触线比正线接触线高 20 mm，侧线线岔两接触线等高；当一支为非工作支时，距线路中心 800 mm 处，非工作支接触线比工作支接触线抬高 80 mm，并向下锚方向均匀抬升。

标准状态：当两支接触线均为工作支时，两线相距 500 mm、800 mm 处，正线线岔侧线接触线比正线接触线高 15～25 mm，侧线线岔两接触线高差不大于 20 mm；当一支为非工作支时，其距线路中心 800 mm 处，非工作支接触线比工作支接触线抬高 60～90 mm，并向下锚方向均匀抬升。

警示值：同标准状态。

限界值：当两支接触线均为工作支时，两线相距 500 mm、800 mm 处，正线线岔侧线接触线比正线接触线高 10～30 mm，侧线线岔两接触线高差不大于 30 mm；当一支为非工作支时，其距线路中心 800 mm 处，非工作支接触线比工作支接触线抬高 50～100 mm，并向下锚方向均匀抬升。

④ 限制管长度符合设计要求，应安装牢固，并使两接触线有一定的活动间隙，保证接触线自由伸缩。

⑤ 始触区。

始触区范围：对于宽 1 950 mm 的受电弓，在距受电弓中心 600 ~ 1 050 mm 的平面和受电弓最大动态抬升高度（最大 200 mm）构成的立体空间区域为始触区范围，如图 4-8-1 所示。线岔两工作支中任一工作支的垂直投影距另一股道线路中心 600 ~ 1 050 mm（站改设备技术标准见设计），不得安装任何线夹。

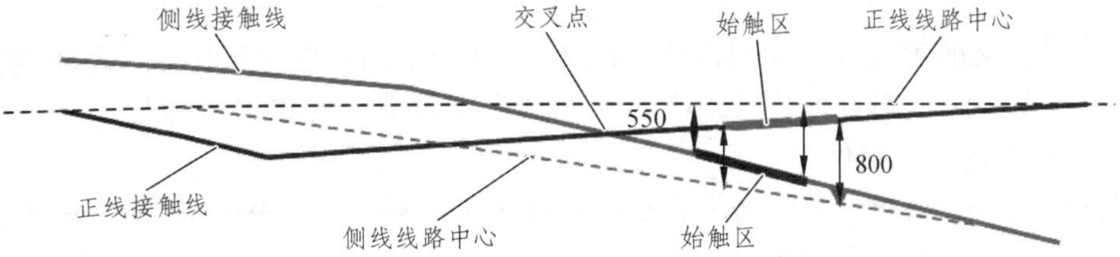

图 4-8-1　线岔始触区示意

⑥ 其他。

线岔定位器支座不得侵入受电弓动态包络线。否则应使定位器加长，并采用特殊弯形定位器，并保证定位器的端部不侵入其他线的受电弓限界。线岔定位拉出值不大于 450 mm；线岔定位后线岔开口方向的第一个悬挂点设在线间距不小于 1 220 mm 处，并应保证两线接触悬挂的任一接触线分别与相邻线路中心的距离不小于 1 220 mm；两支承力索间隙不应小于 60 mm。

（3）对复式交分和交叉渡线道岔的线岔。

① 交叉点位置。

标准值：复式交分道岔，两接触线应相交于中轴的中点；交叉渡线道岔，两接触线相交于两渡线中心线的交点处。

安全值：交叉点的横向和纵向允许偏差为 50 mm。

限界值：同安全值。

② 两接触线相距 500 mm 处的高差、限制管和始触区等，同单开道岔的线岔要求。

（4）线岔的编号应以其所在的道岔编号命名。

（5）道岔柱处拉出值执行接触网平面布置图的标准。

三、作业步骤

1. 检查内容

（1）线岔定位点拉出值、接触线高度是否符合要求。

（2）线岔交叉点的投影位置是否符合标准。两接触线相距 500 mm 处的高差是否符合规定。

（3）线岔限制管的位置及活动间隙是否符合规定。

（4）确认线岔始触区内有无线夹。

（5）电连接是否状态良好，示温片是否粘贴牢固有无变色。

（6）检查线岔各部零件，对各部螺栓进行交替均匀紧固，锈蚀部件进行除锈涂油，必要时进行更换。

2. 单开道岔处线岔的调整

（1）调整两接触导线交叉点上投影位置。

① 纵向位置符合要求，而横向位置超标时，调整定位点拉出值，直到满足要求为止。但是，当工作支接触线拉出值在规定范围内调整不能达到要求时，调整非支接触线，以达到要求。

② 两导线交叉的垂直投影在两内轨相距 630～1 085 mm 内，但不在两内轨夹角的平分线上，且超出误差时，测量偏移的距离，松开两个定位器的定位支座螺栓，将两导线同时紧（或松），使之达到规定值。

③ 横向位置符合要求，而纵向位置超标：当纵向位置大于 1 085 mm 时，增大两接触线的交叉角；当纵向位置小于 630 mm 时，减小两接触线的交叉角。

④ 两导线交叉点垂直投影位置超出 630～1 085 mm，但处在内轨夹角的平分线上，利用定位器调整两导线夹角的角度来满足标准要求。若小于 630 mm，可缩小导线夹角，若大于 1 085 mm 则增大导线夹角，夹角是由拉出值控制的，而拉出值一般在 300～400 mm，最大不能超过 450 mm，否则需要改变道岔柱、定位柱的位置。

⑤ 横向位置和纵向位置都超标：两导线交叉点的垂直投影超过 630～1 085 mm，并且不在两内轨夹角平分线上时，先拆除限制管（架），调整工作支拉出值至标准定位，用测量工具在工作支上找一点，使该点满足线岔交叉点投影位置的要求，调非支拉出值以达到要求，按照所找到的点安装限制管（架）。

⑥ 若在工作支上找不到这个符合要求的点，首先检查工作支拉出值；其次调非工作支使其交点在道岔角平分线上，然后按照上述调整横向、纵向位置超标方法进行调整。

（2）调整两交叉接触线相距 500 mm 处水平、高差。

保证交叉点处于下方的一支接触线高度符合标准的情况下，再调整另一支接触线临近吊弦。用水平尺测量两导线相距 500 mm 处水平的高差，若测量不合格则需进行调整，可通过松紧此处和邻近吊弦来完成。

（3）调整交叉点处活动间隙。

检查限制管内两接触线间隙，如活动间隙较小，不能保证接触线伸缩自如时进行调整。当间隙大时减少垫片，小时增加垫片。

3. 双开道岔线岔的调整

调整双开道岔的线岔时可以根据单开道岔的调整过程一组一组地调整，但要综合考虑对相邻线岔的影响。

4. 调整复式交分道岔处线岔交叉点的投影

（1）短轴符合要求，长轴超标时，松开线岔柱两定位器的定位环或支持器顶丝，使两定位相向或反向移动，使交叉点达到合格。

（2）长轴符合要求，短轴超标时，松开线岔柱两定位器的定位环或支持器顶丝，使两定位同向移动，使交叉点达到合格。

（3）长轴和短轴均超标时，调整一支导线通过中轴的中点，再调整另一支交于此点。

（4）当定位设置在道岔导曲线两工作支小于 500 mm 处，而工作支定位拉出值已到 450 mm 但还不能满足交叉点投影的要求（即投影大于两内轨距 1 085 mm），则可在标准定位的正上方接触线上安装横向限制管，用它来固定两线交叉点的投影位置，然后调整相邻近定位拉出值，使交叉点位于两内轨横向中心位置处。

5. 调整交叉渡线道岔处线岔投影

（1）确定各单开道岔处接触线交叉点的标准范围。

（2）参照单开道岔处线岔调整方法，调整正线（Ⅰ、Ⅱ）、渡线（Ⅲ、Ⅳ）接触线位置，满足 A、B、C、D 四组单开道岔处线岔接触线交叉投影符合标准。

（3）调整的同时应兼顾两渡线交叉点 O 位于菱形交叉中心上方。

（4）检调 A、B、C、D 处线岔限制管间隙符合规定。

6. 交叉吊弦位置

交叉吊弦间距：交叉吊弦位置应能保证在极限条件情况下，两吊弦间距不小于 60 mm，如图 4-8-2 所示。

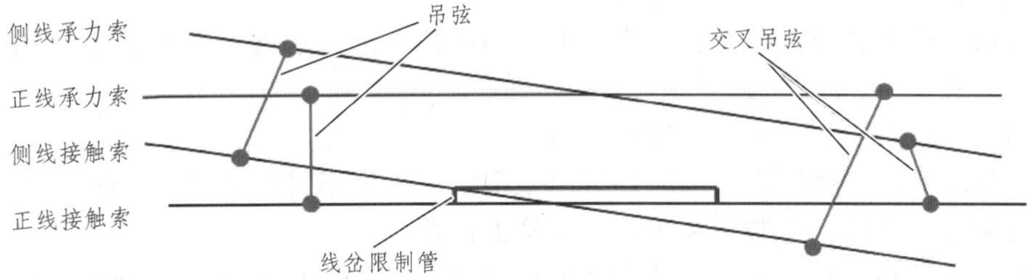

图 4-8-2　交叉吊弦安装示意图

7. 限制管的安装

（1）限制管型号的选择。

在线岔处采用何种型号的限制管，取决于线岔距中心锚结（或半锚段时硬锚）的距离，见表 4-8-3。

表 4-8-3　限制管型号

型号	限制管长度/mm	参考质量/kg	适用范围
500	1 510	2.15	中心锚结到线岔交处不大于 500 m
700	1 710	3	中心锚结到线岔交叉处大于 500 m

（2）限制管偏移的确定。

确定调整或安装温度时线岔限制管的偏移有两方面内容，即计算偏移值和确定偏移方向。

① 计算调整温度时限制管相对于线岔交叉点的偏移值，公式如下：

$$E = L\alpha(t_x - t_p) \tag{4-8-1}$$

式中　E——限制管中心相对交叉点的偏移值，m；

L——线岔到中心锚结或硬锚的距离，m；

t_p——平均温度，°C；

t_x——检调时的温度，°C；

α——线胀系数，1/°C。

② 确定调整或安装温度时限制管相对于线岔交叉点的偏移方向。

当 E 为正值时，即调整或安装温度高于平均温度，限制管中心应向下锚方向偏移 $|E|$ 值；当 E 为负值时，即调整或安装温度低于平均温度，限制管中心应向中心锚结或硬锚方向侧偏移 $|E|$ 值；当 E 为零时，即调整或安装温度为平均温度，限制管中心应位于线岔交叉点处。

（3）限制管的安装。

两接触线交叉点的位置调好后，根据偏移计算的结果，将限制管两端用定位线夹固定在下面的那支接触线上，并使两接触线互不影响自由伸缩。然后，调节限制管两侧双吊弦的长度，使线岔在两工作支接触线相距 500 mm 处符合技术要求。

四、注意事项

（1）推动车梯通过道岔时，推梯人员须确认道岔开通位置正确，以防车梯掉道倾倒。

（2）车梯未放稳前不得登梯作业。车梯行进时不得上下车梯。车梯作业台上不得放置零散工具、材料。

（3）推扶车梯人员应听从车梯上作业人员的指挥，推行速度不得大于 5 km/h，也不得发生冲击等现象。

（4）高处作业系好安全带，戴好安全帽。

（5）测量时，严禁将钢卷尺同时接触两根钢轨，车梯不得短接轨道绝缘。

（6）当信号开放后，应避免在相应的道岔上作业。

（7）复式交分道岔处线岔定位点接触线拉出值，在测量时须选不可动的一根钢轨为测量基准。

（8）特别注意不要将脚放在道岔可动部分与固定部分之间，以防道岔转换时夹伤。

（9）控制始触区内，一般情况下不得安装任何线夹，有线夹时尽量移出。

【相关知识】

线岔的作用是在转辙的地方，当一组接触悬挂的接触线被受电弓抬高时，另一组悬挂的接触线也能同时被抬高，从而使它与另一接触线产生高差 Δh。高差随着受电弓靠近始触点而缩小，到达始触点时，高差基本消除而使受电弓顺利交接，以使接触线不发生刮弓现象。使电力机车受电弓由一条股道上空的接触线平滑、安全地过渡到另一条股道上空的接触线上，从而使电力机车牵引的列车完成线路转换运行的目的。

一、普通线岔

1. 普通线岔结构

接触网普通线岔也叫常规线岔，适用于速度为 160 km/h 以下区段。

其结构是用一根限制管将相交的两支接触线上下相互贴近，限制管的两端用定位线夹和螺栓固定在下面那根接触线上，如图 4-8-3 所示。如果是非正线相交，一般是交叉点距中心锚结或硬锚近者在下面；若是和正线相交，正线在下面。上面的接触线应能在限制管和下面接触线间活动。限制管一般用 3/8 英寸镀锌钢管加工而成，两端扁平，带有 $\phi 13$ 圆孔，限制管用方头螺栓和定位线夹固定在下面的接触线上。

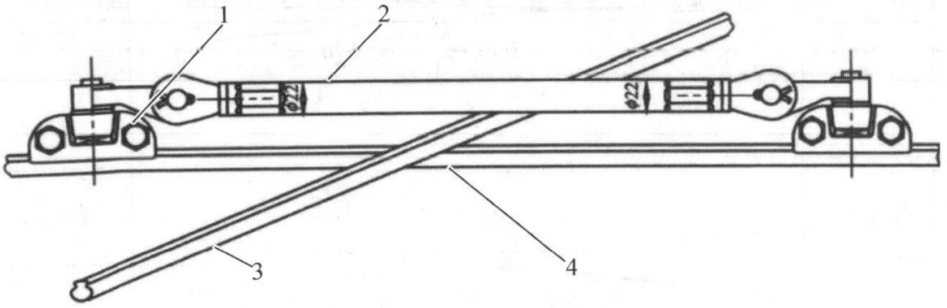

1—定位线夹；2—限制管；3—侧线接触线；4—正线接触线。

图 4-8-3　交叉线岔

由于接触线在温度发生变化时，有伸缩变化，就会引起在限制管内的两支相交的接触线的交叉点位发生变化。为了保证交叉点在接触线伸缩变化时，不出限制管的范围或防止交叉点过多偏向限制管一端，造成上面接触线磨损定位线夹或接触线卡死，故对限制管的长度进行合理选择。

一般情况下，交叉点到中心锚结（硬锚）的距离为 500 m 以下时，采用 500 型线夹；交叉点到中心锚结（硬锚）的距离超过 500 m 时，采用 700 型的线岔，线岔的类型及长度见表 4-8-4。

表 4-8-4　线岔的类型及长度

型号	适用范围	主要尺寸 L/mm	最大工作荷重/kN	破坏荷重/kN	质量/kg
JL49（500）-85	中心锚结到线岔接触线交叉处不大于 500 m	1 300	2.45	≥7.36	2.51
JL49（700）-85	中心锚结到线岔接触线交叉处大于 500 m	1 550	2.45	≥7.36	3.00

限制管在平均温度下安装时，限制管的中心应重合于两支接触线交叉点，若安装温度高于平均温度，应略偏于下锚方向；若安装温度低于平均温度时，应略偏于锚结方向。

2. 普通线岔定位

线岔定位是指两导线交叉点的投影点，在道岔导曲线两内轨轨距的位置，应使两支接触线的交点位于道岔区线间距为 350 ~ 700 mm 处。其位置与道岔类型有关，如表 4-8-5。

表 4-8-5　线岔和定位支柱位置　　单位：mm

道岔类型	道岔号	示意图	D	拉出值
单开道岔	$\frac{1}{9}$	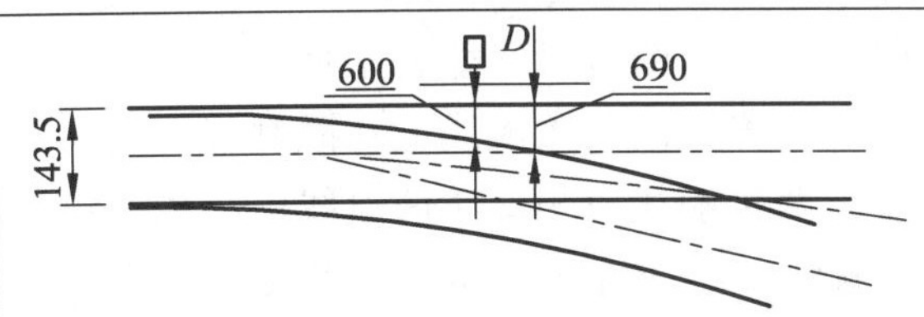（a）	1 164	375
	$\frac{1}{12}$		1 552	

续表

道岔类型	道岔号	示意图	D	拉出值
双称（双开）道岔	$\frac{1}{9}$	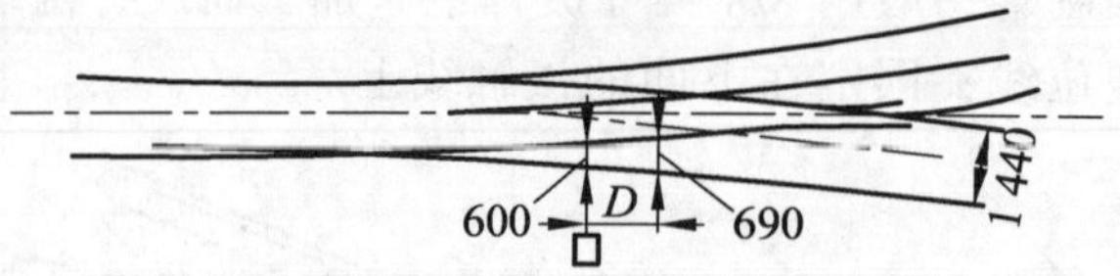 （b）	1 047	375
复式交分道岔	$\frac{1}{9}$	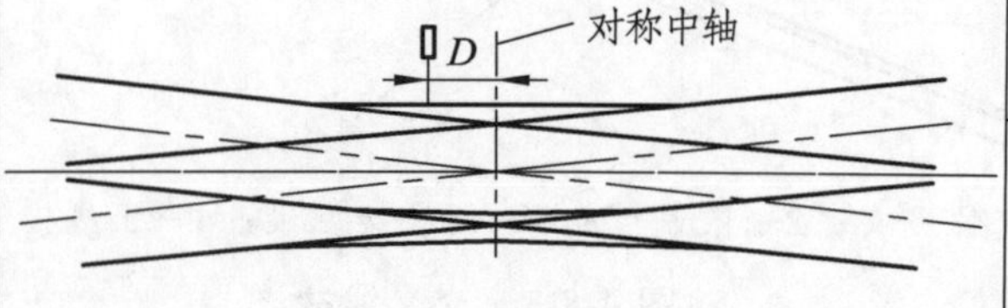 （c）	1 500	对直线
	$\frac{1}{12}$		1 500	

1）单开道岔

单开道岔处接触线的定位有两种形式，即标准定位和非标准定位。

标准定位是其交点处于最合理位置。对于单开道岔，标准定位时，两接触线相交于道岔导曲线两内轨距为 745 mm 处。标准定位的合理位置是由定位支柱决定的，而定位支柱应设在距接触线交点 1 000 ~ 1 500 mm 处，最好是在道岔导曲线两内轨距 835 mm 处，即两线路中心距离为 600 mm 处的位置上。处于标准定位时，接触线在支柱处的拉出值为 350 ~ 400 mm，通常取其平均值 375 mm。

非标准定位时，定位支柱位千道岔导曲线两内轨距 735 ~ 935 mm 处，即两线路中心距为 500 ~ 700 mm。

线岔定位的简单测量方法是，定位支柱位于工作轨距 600 mm 处，接触线交点位于两工作轨距 690 mm 处的横向中间位置。

2）对称和复式交分式道岔

单开道岔是铁路上使用最多也是最基本的形式，同样线岔也是这样。对于对称（双开）及复式交分道岔，其线岔的布置形式类似单开道岔，其标准定位的形式见表 4-8-5 中的图（b）、图（c）。复式交分道岔标准定位接触线应相交于道岔对称中心轴的上方。

3）交叉渡线

相邻的两条正线或主要站线用专设渡线连接起来的称为交叉渡线。它由两条线和四组单开道岔组成。对于接触悬挂则设五组线岔，如图 4-8-4 中的 a、b、c、d、e 所示。对常速道岔的要求：第一要使限制管嵌住的接触线能自由伸缩、纵向移动；第二是考虑到温度变化，在调整时，以平均温度计算，侧线接触线应在限制管中间；第三要考虑到限制管、线夹以及双悬挂的集中重量，两接触线应相交于两渡线中心线的正上方，且侧线接触线高出正线（或较重要线）的接触线 10 ~ 20 mm，非工作支要按照设计要求抬高。

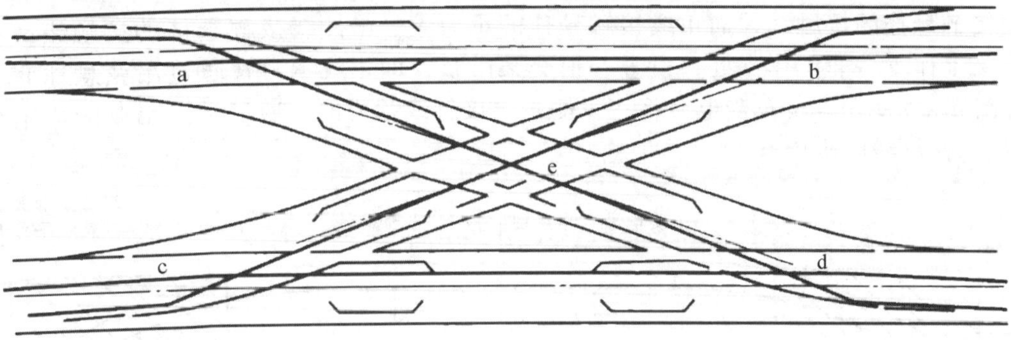

a，b，c，d，e—线岔位置。

图 4-8-4　交叉渡线的线岔定位

二、高速交叉线岔

高速交叉线岔主要应用于行车速度为 200 ~ 250 km/h 的线路，同时有较高侧向通过速度要求时采用。为防止接触线在温度变化时定位器偏移过大，高速交叉线岔通常将两支接触悬挂分别悬挂定位在两套腕臂支持装置上，同时下锚支接触线在交叉点处比正线接触线高 20 ~ 30 mm，非工作支应过渡一跨后再下锚。当温度变化时，腕臂和定位器均会发生顺线路方向的偏移，从而引起接触线高度、拉出值和线岔几何参数发生变化，对取流不利，所以高速区段一般有正线和侧线。衔接锚段的接触线和承力索材质应取一致，且两支接触悬挂的下锚方向应相同。同时采用在交叉点两侧 550 ~ 600 mm 处各设一组交叉吊弦的安装形式，来确保受电弓在始触区附近的两支接触线高度一致。

在高速接触网设计中，由于道岔侧向通过速度的提高，接触网在道岔处无论采用交叉式还是无交叉式，均有了更高的要求，因而不能再简单地利用“标准定位”和“非标准定位”方式对道岔处的支柱和悬挂进行布置，而应通过确定一些明确的概念来进行精确的布置。在设计中应该明确接触线、悬挂支持装置与受电弓的几何位置，从而保证受电弓在岔区安全、平滑、无障碍地通过。确定高速线岔的定位基本问题是确定道岔柱的位置、道岔柱各个定位点的拉出值、接触线的导高和抬升情况和始触区要求。为满足高速通过要求，高速线岔注重以下几个问题。

1. 始触区和无线夹区

始触区是指受电弓弓头圆弧部开始接触另一支接触线的区域，我国高速受电弓的始触区如图 4-8-5 中阴影部分所示，位于两接触线间距 500 mm 左右。

与始触区相对应的是接触线无线夹区，因弓头圆弧部接触另一支接触线时，弓头与接触线侧下方接触，安装于此处的零件存在打弓的可能，为消除这种情形，凡是处于始触区“空域”（图 4-8-6 阴影部分所示）内的接触线均不得安装任何零件（不得已时可安装吊弦线夹），这就是接触线无线夹区。

2. 交叉吊弦

在线岔交点两端，在辙岔区两工作支侧，正线接触线和侧线中心线距、侧线接触线和正线线路中心线距均在 550 ~ 600 mm，设置两根交叉吊弦，即将侧线接触悬挂的承力索悬吊正线接触悬挂的接触线，而正线接触悬挂的承力索悬吊侧线接触悬挂的接触线，在尖轨方向，一工作支一非工作支处，设置一根交叉吊弦，即正线承力索通过吊弦悬挂非支接触线，如图 4-8-7 所示。机车受电弓将正（侧）线接触线抬升时，通过交叉吊弦的作用可将侧（正）线的接触线同步抬升。

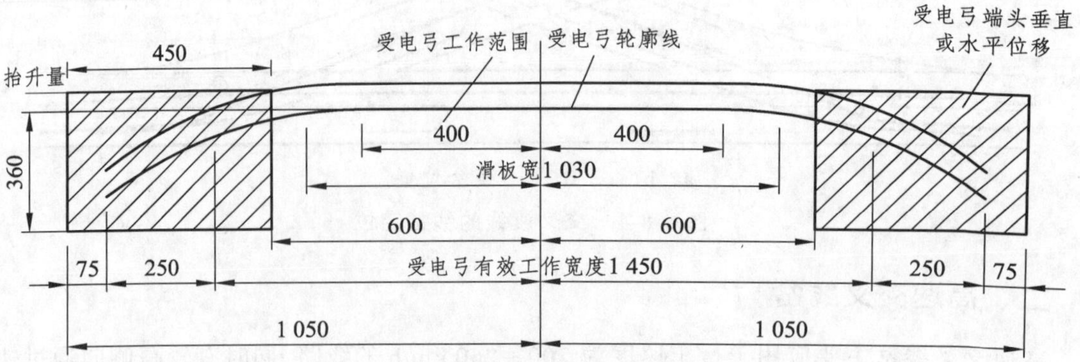

图 4-8-5　我国高速受电弓始触区

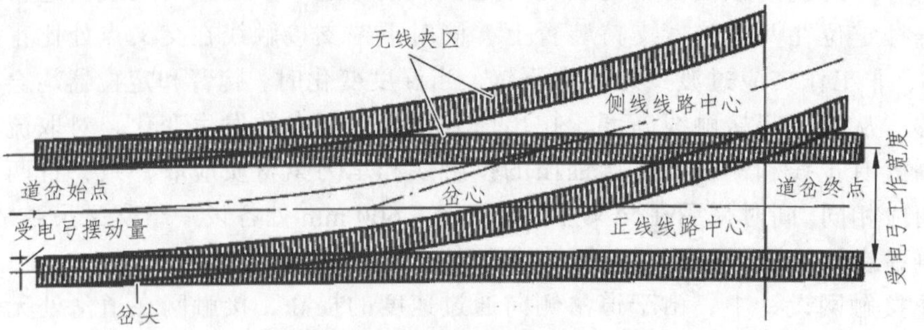

图 4-8-6　始触区在轨平面内的投影及接触线无线夹区

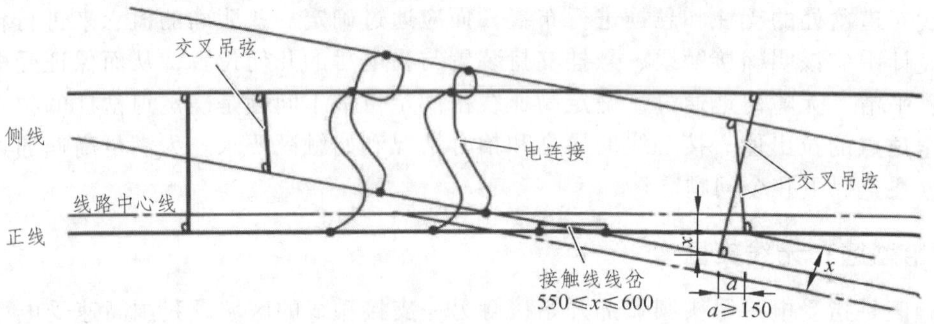

图 4-8-7　交叉吊弦

两组交叉吊弦的间距一般为 2 m。其安装位置应能保证在极限条件情况下，两吊弦间距不小于 60 mm。两支接触悬挂的承力索间距较小（小于 300 mm）时，应在两承力索上并接一段 400 mm 长截面积为 35 mm^2 的铜绞线，以避免动态放电。交叉吊弦的安装顺序应保证在受电弓从道岔开口方向进入时先接触到的为侧线承力索与正线接触线间的吊弦。

3. 始触区两接触线应处于受电弓同侧

在正线线路中心距离侧线接触线 600 ~ 1 050 mm 或侧线线路中心距正线接触线 600 ~ 1 050 mm 的道岔始触区范围内，正线、侧线的接触线必须在受电弓的同一侧，如图 4-8-8

所示。当两接触线处于受电弓中心线同侧时，弓网间压力使得受电弓向始触点处倾斜趋势，有利于诱导即将接触到的接触线。

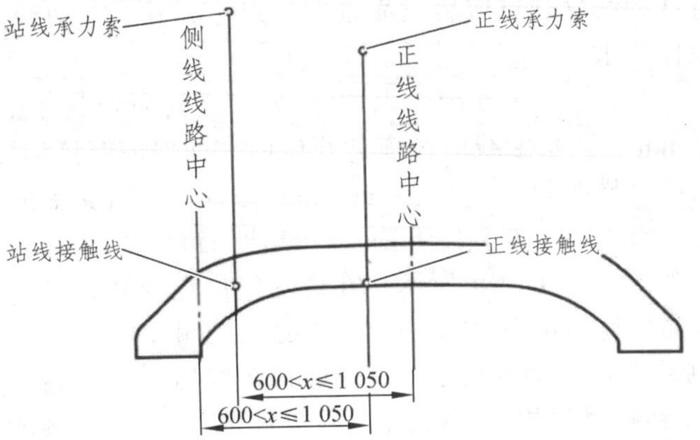

图 4-8-8　始触区两接触线应处于受电弓中心线的同侧

4. 高速交叉线岔的技术要求

接触网线岔是随线路条件决定的，在正线最高速度为 200 km/h、侧线最高通过速度为 140 km/h 的条件下，线路的最小曲线半径由过去的 300 m 变为 3 000 m，道岔的型号已由 $\frac{1}{9}$、$\frac{1}{12}$改为$\frac{1}{38}$、$\frac{1}{42}$。以$\frac{1}{38}$型道岔为例说明交叉线岔的技术要求。高速交叉线岔的平面布置如图 4-8-9 所示。

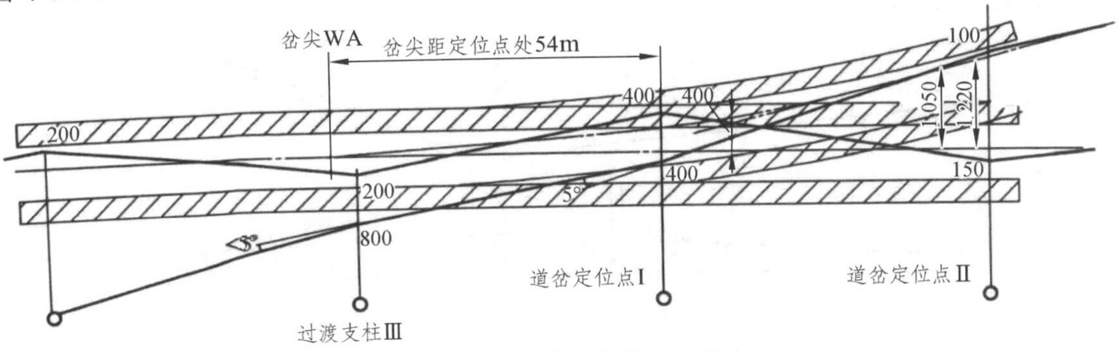

（a）高速线岔平面布置与无线夹

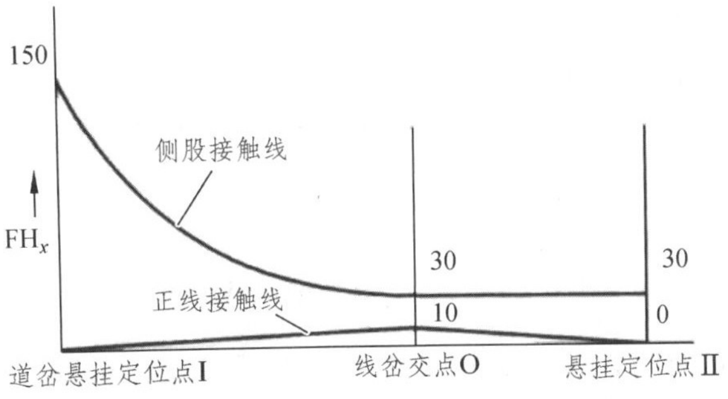

（b）道岔区接触线抬高示意图

图 4-8-9　高速交叉线岔

（1）道岔尖轨前的轨缝标记为道岔起点 WA，在距 WA54 m 处，立道岔定位点Ⅰ，道岔定位点Ⅰ应设在线间距 400 mm 以内。

（2）道岔接触悬挂的线岔交点应尽量靠近定位点Ⅰ，并位于两线路的中间位置。

（3）满足无线夹区要求。

（4）在定位点Ⅰ、Ⅱ（Ⅱ点设在距Ⅰ点 50 m 处）之间为受电弓驶入驶出区域，应保证在线间距 800～1 050 mm，两接触线应在道岔开口内，即保证两接触线在受电弓的同一侧。

（5）在交叉点两侧，导线间距为 550～600 mm 处各设一组交叉吊弦。

（6）侧线经过定位点Ⅰ后不能直接下锚，应延伸一跨后抬高 350～500 mm 下锚。

（7）立面要求：如图 4-8-9（b）所示，在道岔定位点Ⅱ处，正线股道接触网高度为标准导高，侧股接触线高度适当抬高 30 mm（对 Re250，侧股接触线抬高 150 mm）；线岔交叉点 *O* 处，侧线接触线在正线接触线之上，侧股接触线抬高 30 mm，正线接触线高度为标准导高（对 Re250，正线接触线抬高 10 mm）；在悬挂定位点Ⅰ处，侧线接触线抬高 30 mm，直股接触线高度为正常值。

三、无交叉线岔

1. 无交叉线岔的结构

无交叉线岔的道岔布置如图 4-8-10 所示。无交叉线岔的道岔柱位于正线和侧线的两线间距的 660 mm 处，正线拉出值约为 330 mm，侧线相对于正线的线路中心 999 mm，距侧线线路中心 333 mm，侧线接触线在过线岔后抬高下锚，*O* 点为道岔岔心，*O′* 点为理论岔心，*D* 点为道岔柱的位置。

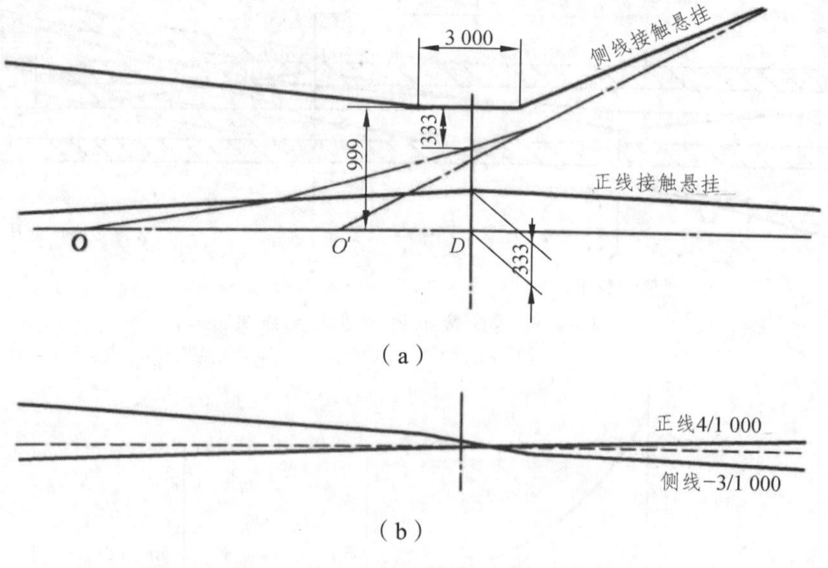

图 4-8-10 无交叉线岔的道岔布置

图 4-8-10（b）为立面图，用来表示垂直方向上接触线的布置。不相交的正线和侧线两支接触线在线岔过渡区不在同一水平面上。图中虚线为接触线正常高度水平线，正线接触线在理论岔心方向，比定位点处略低，在辙岔方向以 4/1 000 的坡度升高。而侧线相反，在

理论岔心方向抬高后去下锚，在其辙岔方向以一 3/1 000 的坡度降低。在定位处，两承力索高度也存在高度差，远离支柱的一支（不论该支是正线还是侧线），抬高量为 300 mm（相对于水平支承力索）。

2. 无交叉线岔的工作原理

无交叉线岔的最大优点是保证机车能从正线高速通过。机车从正线高速通过岔区时，在平面布置时，应使侧线接触线位于正线线路中心以外 999 mm。因为，机车受电弓一半宽度为 673 mm，考虑受电弓摆动 200 mm，富余量 100mm，即运行机车受电弓在侧线侧最外端可触及的尺寸限界为 673+200+100=973（mm），其值小于 999 mm，如果受电弓向侧线反向摆动 200 mm，则 673-200=473（mm），其值大于定位处拉出值 333 mm，因而机车从正线高速通过岔区时，与区间接触网一样受流，而与侧线接触悬挂无关系，如图 4-8-11（a）所示。

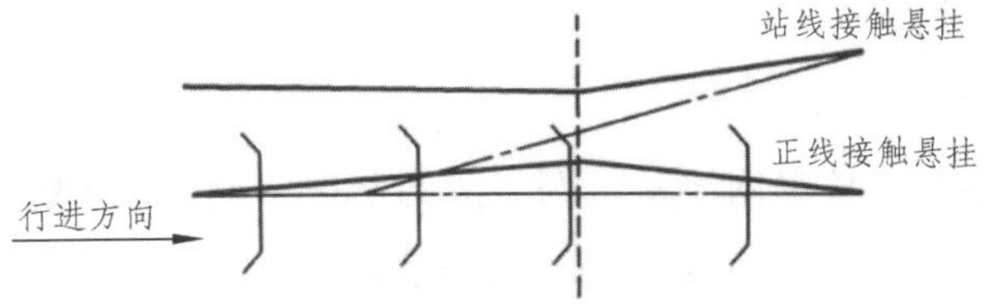

（a）正线高速通过

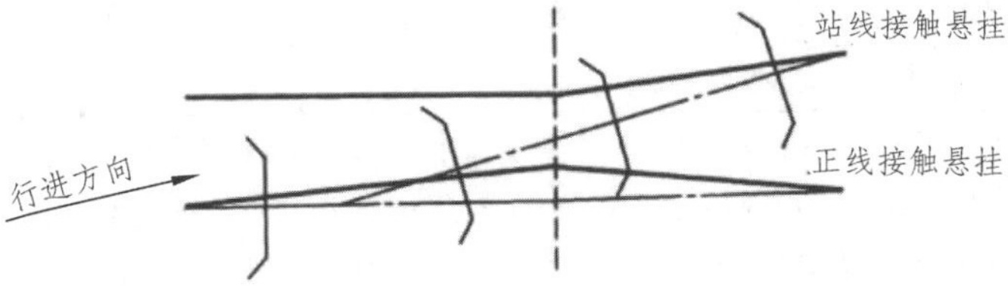

（b）由正线进入侧线

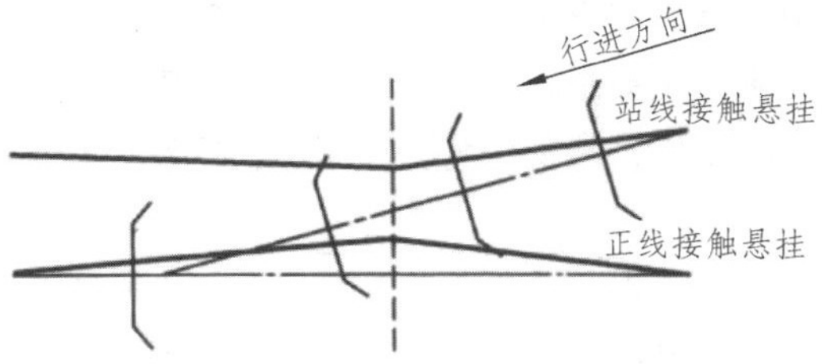

（c）由侧线进入正线

图 4-8-11　机车通过无交叉线岔时的过渡状态示意图

由于在悬挂布置时，已充分考虑了受电弓工作长度和摆动量，因此在正线通过时，可以保证侧线接触线与正线线路中心间的距离始终大于受电弓的工作宽度之半加上受电弓的横向摆动量，因而正线高速行车时，受电弓滑板不可能接触到侧线接触线，从而保证了正线高速行车时的绝对安全性，并且在道岔处不存在相对硬点。

当机车从正线进入侧线时，线间距 126 ~ 526 mm 为受电弓与侧线接触线的始触，如图 4-8-11（b）所示。此时，因侧线接触悬挂被抬高下锚，侧线接触线高于正线接触线，过岔时，侧线接触线比正线接触线高度以-3/1 000坡度降低，因而，受电弓可以顺利过渡到侧线接触悬挂。

在机车由正线向侧线过渡时，由于侧线接触线比正线接触线有较大的抬高，受电弓不会接触侧线接触线而从正线接触线上受流。随着机车的前进，由于在定位点处受电弓中心与正线接触线之间的距离较小，受电弓经过等高区后逐渐降低至正常高度。因而，受电弓可以顺利过渡到测线接触悬挂。

当机车从侧线进入正线时，线间距 806 ~ 1 306 mm 为受电弓与正线接触线的始触区，如图 4-8-11（c）所示。此时，因正线接触线比侧线接触线高 4/1 000 的坡度，过岔后，渡线被抬高下锚，正线接触线高度又低于侧线，因而，受电弓可以顺利过渡到正线接触悬挂。

在机车从侧线向正线开始过渡时，由于侧线低于正线，所以仍由侧线供电，受电弓进入正线接触悬挂的始触区，受电弓滑板的侧面与正线接触线开始接触。经过等高区以后，由于侧线接触线比正线接触线抬高，随着机车的继续前进，受电弓将逐步脱离侧线接触悬挂而平滑地过渡到正线接触悬挂。

【评价反馈】

通过考核，评价学员对接触网线岔检调方法的掌握情况，评价标准可参考表 4-8-6。

表 4-8-6　考核评价表

项目及配分		考核内容及评分标准	扣分因素及扣分	得分
作业程序	40 分	1. 测定拉出值、定位坡度、导高并判断是否达设计标准。漏测、错判每项每处扣 5 分		
		2. 检测线岔中心投影点位置是否达标（应在道岔导曲线两内轨轨距 630 ~ 1 085 mm 且在辙叉角角平分线上），不达标，确保拉出值在允许范围内，调整拉出值，使之达标。漏测、误判扣 10 分，调整方法不当扣 5 分		
		3. 用手扳动两线测定限制管是否卡滞、间距是否达标，不达标应调整：使工作支导高达标，调非工作支吊弦长度，使间距达标，复测定位管坡度。漏测、错判、调整方法不当每处扣 5 分		
		4. 线间 500 mm 处测量并判断是否达标（线岔两端在两工作支接触线间距 500 mm 处应处于高状态，线岔工作支与非工作支接触线间距 500 mm 处非工作支相对工作支抬高不小于 80 mm）。漏测、误判每项扣 5 分		
		5. 交叉吊弦安装正确，适应线索伸缩和弛度。未确认未检查扣 5 分		
		6. 检查承力索交越处，两支承力索间隙不小于 60 mm，不符合技术要求每 5 mm 扣 3 分		
		7. 检查电连接线、线夹，检查各部零件（不更换），未查每件扣 3 分		

续表

项目及配分		考核内容及评分标准	扣分因素及扣分	得分
质量	30 分	1. 故障调整后相关数据未复测 1 处扣 5 分		
		2. 故障调整未达标准 1 处扣 10 分		
		3. 偏移严重 1 处扣 5～10 分		
		4. 螺栓未紧，每处扣 5 分		
		5. 导线不平滑有硬点，每处扣 5 分		
		6. 交叉点应在限制管中部，不符合技术每偏移 100 mm 扣 3 分；两线有 1～3 mm 活动距离，无活动距离扣 10 分，活动距离每超 1 mm 扣 5 分		
工具使用	10 分	1. 工具、材料未带齐 1 件扣 5 分		
		2. 工具使用不规范 1 次扣 5 分，损坏扣 10 分		
安全及其他	20 分	1. 上下配合不当 1 次扣 10 分		
		2. 出现较重伤害，本项目停止考核，按零分计		
		3. 工具掉下或上抛 1 次扣 5 分		
		4. 安全带使用违章 1 次扣 10 分		
		5. 考核时间：20 min 其中准备 5 min，超时 1 min 扣 2 分，超时 5 min 停止考核		
合计	100 分			

任务九　补偿装置的检修

【任务描述】

接触网补偿装置，又称张力自动补偿器，它安装在锚段的两端，并且串接在接触线承力索内，它的作用是补偿线索内的张力变化，使张力保持恒定。因为在大气温度发生变化时，接触线或承力索会发生伸长或缩短，从而使线索内张力发生变化，这时就会使接触线或承力索的弛度也发生变化，因而使受流条件恶化。为改变这种情况，一般在一个锚段两端，在接触线及承力索内串接张力自动补偿装置后，再进行下锚。本任务主要以滑轮补偿装置的检修为主要任务，学习接触网补偿装置检调的作业方法及发现问题时的处理方法。

【任务目标】

（1）掌握滑轮补偿装置的组成及安设要求。

（2）掌握滑轮补偿装置检修标准及方法。

【任务实施】

一、准备工作

（1）人员：3 ~ 5 人。

（2）工具（见表 4-9-1）。

表 4-9-1　工具清单

序号	工具名称	型号	单位	数量	备注
1	个人工具（含扳手、螺丝刀、夹钳、安全带等）		套	1	
2	作业工具包（含卷尺、水平尺、扭面器、扭力扳手、木槌等）		套	1	
3	楔形紧线器		套	1	
4	卡线器		套	1	
5	断线钳		把	1	
6	手锤		把	1	
7	锉刀		把	1	
8	单滑轮		个	1	
9	皮尺		盒	1	

（3）材料（见表 4-9-2）。

表 4-9-2　材料清单

序号	材料名称	型号	单位	数量	备注
1	镀锌铁线	ϕ4.0	米	10	
2	棕绳		米	15	
3	绑扎线	ϕ1.8	米	10	
4	防腐油		瓶	1	

（4）资料：接触网平面布置图、支柱安装图。

二、技术标准

1. *a*、*b* 值

a 值：补偿绳回头末端至滑轮距离。*b* 值：坠砣底部距地面距离。

标准值：设计值。

标准状态：标准值±100 mm。

警示值：标准值±200 mm。

限界值：任何情况下 *a*、*b* 值均应大于 200 mm。

2. 坠砣

（1）坠砣无破损和裂纹，表面光洁平整，坠砣串排列整齐，其缺口相互错开 180°，并保证坠砣不被支柱或其他物件卡滞。

（2）承力索、接触线在补偿器处的额定张力应符合设计要求，坠砣串的重量（包括坠砣杆、坠砣抱箍及连接的楔形线夹重量）符合规定，允许误差不超过 2%，同一锚段两坠砣串相对误差不得大于 1%。

（3）坠砣杆顺直不弯曲，坠砣卡子紧贴最上面一块坠砣并与其缺口成 90°。

（4）坠砣块自下而上按块编号，其缝线应在一条直线上，同时在缝线旁边用白油漆画一条宽 100 mm 的线，其边缘应平整，并在白线上从底部开始标注 1-17-20-30 的黑色阿拉伯数字，坠砣编号应用模具喷绘，支柱两侧应标注线索的温度线。

3. 补偿滑轮组

（1）补偿滑轮完整无损、转动灵活（人力用手托动坠砣能上下自由移动），没有卡滞现象。油槽内有润滑油。定滑轮槽应保持铅垂状态，动滑轮槽偏转角度不得大于 45°。同一滑轮组的两补偿滑轮的工作间距，在设计最高温度情况下不得小于 1 500 mm。

（2）补偿绳不得有散股、断股、接头和锈蚀，异侧下锚补偿绳不得与下锚拉线摩擦；同侧下锚补偿绳不得与接触线下锚双环杆摩擦。镀铝锌钢绞线补偿绳表面应涂抹防腐油。

4. 限制器

限制器的安装位置应符合设计高度，其应满足坠砣串升降变化的要求，限制坠砣的摆动，并不得妨碍升降和侵入限界。限制器缺失的，须加装限界架或采取其他限制措施。

5. 其　他

（1）承力索和接触线下锚绝缘子应对应整齐，允许误差±150 mm。

（2）坠砣杆处补偿绳回头在双耳楔型线夹端面以上统一进行绑扎或盘圈。

（3）各部件受力良好，螺栓紧固并涂油。

三、作业程序

1. 坠砣检查

核对接触线、承力索补偿装置的坠砣块数量是否符合安装曲线的张力要求，坠砣块有无破损，安放是否整齐。

2. 检测 *a*、*b* 值

依次检测 a、b 值是否符合要求，检测动、定滑轮之间距离是否符合要求。

3. 其他检查

（1）检查坠砣升降是否灵活，滑轮组有无卡滞，轮槽是否注油。

（2）检查补偿绳有无断股、散股、锈蚀，回头是否绑扎良好。

（3）检查限界架的位置及状态，零部件除锈涂漆，紧固螺栓并涂油。

（4）检查滑轮是否保持铅垂状态，补偿绳是否摩擦滑轮轮缘、双环杆或下锚拉线。

（5）检查坠砣编号是否清晰、正确，补偿温度刻度线是否清晰。

（6）检查D型连接器选用型号是否正确，支柱侧是否存在缺少垫块的情况。

四、故障处理

1. *b* 值超标调整

（1）在适当的高度打上多功能紧线器并在其下方安装一个钢线卡子，防止紧线器打滑。

（2）将另一装有钢丝套子的紧线器装在坠砣杆上，必要时可卸掉1~3块坠砣，挂在手扳葫芦上。

（3）紧手扳葫芦，直到轮体脱离制动卡块，检查紧线器无滑动现象后卸开双耳楔形线夹，抽出补偿绳回头，根据实测值和计算值之比来放长或缩短补偿绳长度，重新做补偿绳回头。

（4）连接完毕后放开手扳葫芦，使补偿绳受力，检查无不良现象后卸下手扳葫芦，重新测量 *b* 值并与 *b* 标准值比较确定其是否符合标准。

（5）确定 *b* 值符合标准后卸下紧线器及钢线卡子，重新绑扎好回头，并将坠砣恢复原状。

（6）检查所有连接，并确认无误后，松开手扳葫芦，拆除紧线器和手扳葫芦。

2. 更换补偿绳

（1）分别在下锚杵环杆和支柱（下锚角钢下方）安装紧线器和钢丝套，将手扳葫芦连于两者之间。

（2）同时将坠砣串固定在支柱上。

（3）拉紧手扳葫芦使补偿绳卸载。

（4）拆除旧补偿绳，安装预制好的新补偿绳。

（5）松开手扳葫芦，解开坠砣串，使补偿绳受力，观察确认状态良好后，拆除所有工具。

3. 印制坠砣编号

对不清晰或缺失的坠砣编号进行重新印制，印制前对坠砣及支柱表面用钢丝刷清理，然后用毛巾将灰尘清理干净后用模板进行印制。

五、注意事项

（1）作业前，检查所有工具，材料是否良好。

（2）操作过程中不得用力过猛，安全带扎在可靠位置，严禁高空掉物。

（3）作业过程中随时检查受力零件的受力情况。

【相关知识】

接触网补偿装置，又称张力自动补偿器，它安装在锚段的两端，并且串接在接触线或承力索内，它的作用是补偿线索内的张力变化，使张力保持恒定。当大气温度发生变化时，接触线或承力索会发生伸长或缩短，从而使线索内张力发生变化，这时就会影响到接触线或承力索的弛度也发生变化，因而使受流条件恶化。为改变这种情况，一般在一个锚段两端，在接触线及承力索内串接张力自动补偿装置后，再进行下锚。

接触网补偿装置有许多种类，有滑轮式、棘轮式、鼓轮式、液压式及弹簧式等。

一、滑轮式补偿装置

1. 滑轮补偿器的结构

滑轮补偿器由补偿滑轮、补偿绳、杵环杆、坠陀杆、坠陀块及连接零件组成。补偿滑轮分为定滑轮和动滑轮（构造相同），定滑轮改变受力方向，动滑轮除改变受力方向外还可省力。滑轮一般都装有轴承，其结构如图 4-9-1 所示。补偿绳均选用 GJ-50（19 股）镀锌钢绞线制成。

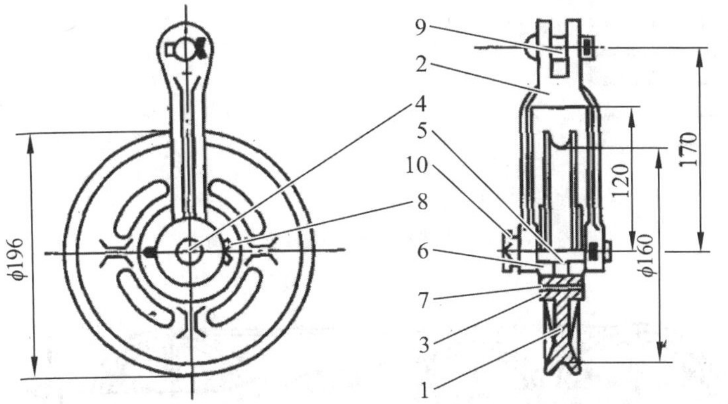

1—圆轮；2—框架；3—盖板；4—轴；5—滚动轴承；6—挡环；7—螺钉；
8—开口销子；9—销钉；10—注油盖子。

图 4-9-1　滑轮补偿器滑轮结构

坠陀块一般采用混凝土或灰口铸铁制成，每块约 25 kg，呈中间开口的圆饼状。坠陀杆一般由直径 16 mm 的圆钢加工制成，上端有单孔焊环，底部焊有托板。坠陀杆的型号规格，根据其放置坠陀块数量的不同分为 5 种：17 型、20 型、23 型、26 型和 30 型。型号中的数字表示坠陀杆所悬挂坠陀的数量。

我国电气化铁路早期常用的接触网补偿装置为可锻铸铁滑轮组。在结构上，可锻铸铁滑轮组采用单个滚动轴承，铸造工艺制造的 130 mm 小直径可锻铸铁滑轮，补偿绳为 50 mm^2 镀锌钢绞线，最大工作荷重为 124 kN。可锻铸铁滑轮组具有适用范围广、结构简单、造价低、安装方便等优点，但补偿轮半径较小，造成补偿绳容易因为弯曲疲劳而断股。

目前，铝合金滑轮补偿装置是可锻铸铁滑轮组的替代产品。铝合金滑轮补偿装置是由滑轮组、不锈钢丝绳、连接框架及双耳楔型线夹组成，备有 1∶2、1∶3、1∶4、1∶5 四种规格，可满足不同标准张力要求滑轮轮体按不同组合要求，其结构形式如图 4-9-2 所示。滑轮轮体按不同组合要求，备有 270 mm、205 mm、165 mm 三种直径，材质为 ZL114A 铝合金，制造工艺为国际先进的金属模低压铸造，轮体与轴连接采用 2 个滚动轴承，补偿绳为不锈钢丝绳。补偿滑轮最大工作荷重 1∶2 型为 12 kN、1∶3 型为 18 kN，1∶4 型为 22 kN，1∶5 型为 25 kN。

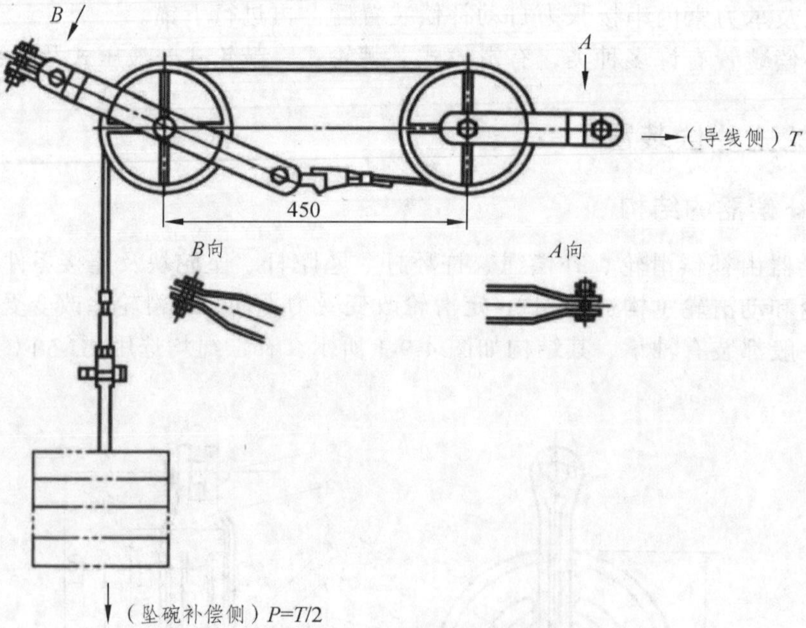

（a）1∶2 传动比补偿滑轮组

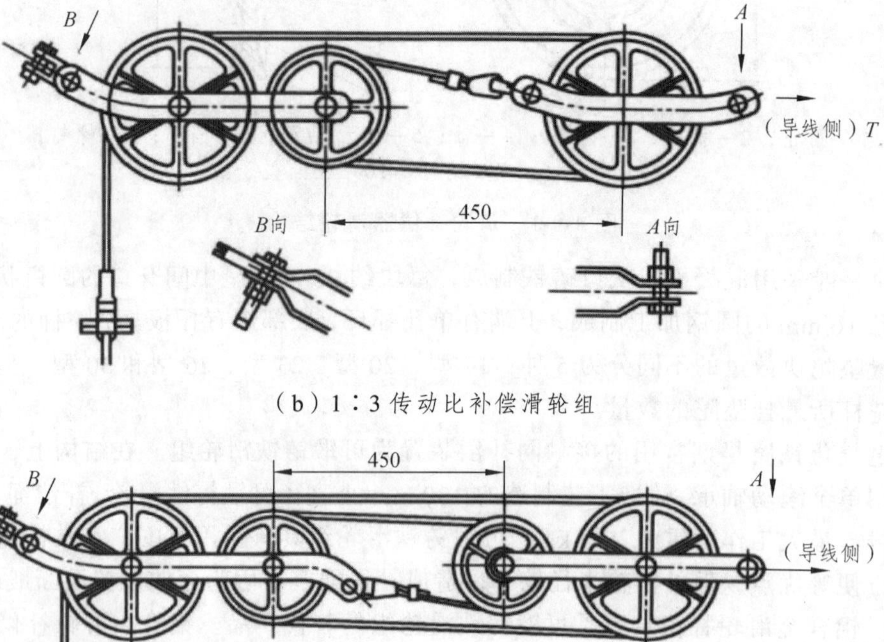

（b）1∶3 传动比补偿滑轮组

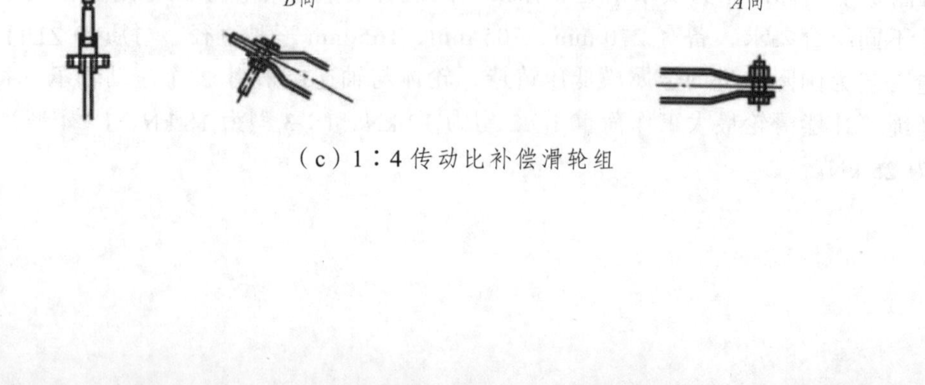

（c）1∶4 传动比补偿滑轮组

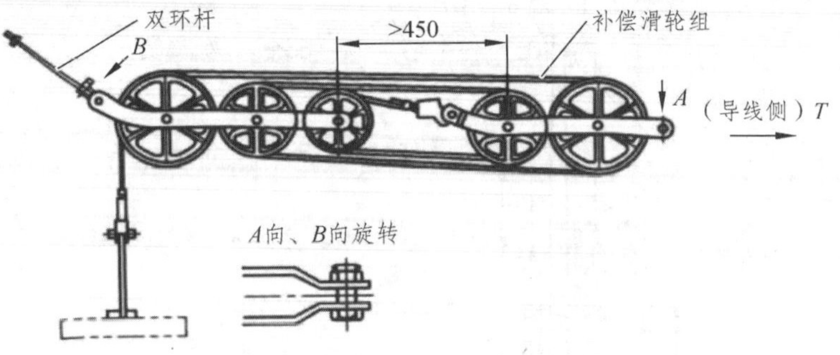

（d）1∶5 传动比补偿滑轮组

图 4-9-2　不同传动比补偿滑轮组

2. 补偿器的安设与要求

补偿器串接在锚段内线索两端与支柱固定处，根据接触悬挂类型的不同有不同的补偿器结构。

半补偿时下锚结构如图 4-9-3 所示，接触线带补偿器，多采用两滑轮组结构，滑轮组的传动比为 1∶2，即用两个滑轮使补偿绳的张力为接触线张力的一半，也就是坠陀块的重力为接触线标称张力的一半。传动比是坠陀串重量与被补偿线索张力之比。

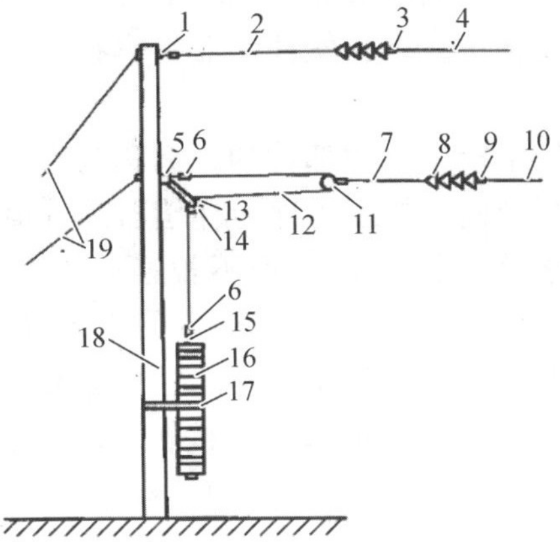

1—承锚角钢；2—多节杵环杆；3—杵座楔形线夹；4—承力索；5—线锚角钢；6—双耳楔形线夹；7—杵环杆；8—悬式绝缘子串；9—终端锚结线夹；10—接触线；11—动滑轮；12—补偿绳；13—叉型连接板；14—定滑轮；15—坠陀杆；16—坠陀；17—限界架；18—锚柱；19—下锚拉线。

图 4-9-3　半补偿下锚结构

全补偿时，接触线与承力索两端均带有补偿器接触线补偿器的安设与半补偿相同，全补偿下锚结构如图 4-9-4 所示。承力索补偿器则采用三滑轮组式，传动比为 1∶3。采用传动比较大的滑轮组时坠陀串块数减少了，这是有利的一面，但坠陀串上升和下降的距离也会成倍增大，这时要求支柱（铺柱）高度和容量要增加，既不经济也不利于施工和维修。在运营线路上，当接触线因磨耗其截面逐渐减小时，坠陀串块数也相应地减少，使接触线维持一定的张力防止出现断线事故。

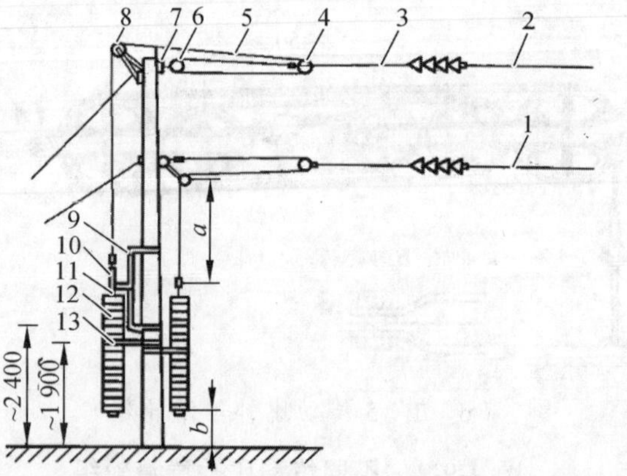

1—接触线；2—承力索；3—杵环杆；4—动滑轮；5—补偿绳；6—定滑轮；7—承锚角钢；8—定滑轮；9—补偿制动框架；10—断线制动装置；11—陀杆；12—坠陀；13—限界架。

图 4-9-4　全补偿下锚结构

3. 补偿器 *a*、*b* 值及其确定

1）*a*、*b* 值

补偿器靠坠陀串的重力使线索的张力保持平衡。当温度变化时，线索的伸缩使坠陀串上升和下降，当坠陀串升降超出允许范围时，如下降过多使坠陀串底部接触地面或上升过多使坠陀杆耳环孔卡在定滑轮槽中，都会使补偿器失去补偿作用。因此用补偿器的 *a*、*b* 值来限定坠陀串的升降范围。

补偿绳回头末端至定滑轮下沿或制动部件的距离称为补偿器的 *a* 值。由坠陀串最下面一块坠陀的底部至地面（或基础面）的距离称为补偿器的 *b* 值。补偿器 *a*、*b* 值随温度变化而发生变化，接触线和承力索补偿器的 *a*、*b* 值不相等。

为了使补偿器不失去补偿作用，对补偿器 *a*、*b* 值提出以下要求：

在最低温度时，*a* 值应大于零；最高温度时，*b* 值应大于零。《接触网运行检修规程》规定，补偿器 *a*、*b* 值的最小值不小于 200 mm，进行接触网设计时，规定 *a*、*b* 值不小于 300 mm。

2）*a*、*b* 值的计算及安装曲线

在不同温度时，补偿器 *a*、*b* 值不同，其计算方法如下：

$$a = a_{\min} + nL\alpha(t_x - t_{\min}) \tag{4-9-1}$$

$$b = b_{\min} + nL\alpha(t_{\max} - t_x) \tag{4-9-2}$$

式中　$a_{\min}$——设计时规定的最小 *a* 值，mm；

$b_{\min}$——设计时规定的最小 *b* 值，mm；

$t_{\min}$——设计时采用的最低气温，°C；

t_x——安装或调整作业时的温度，°C；

$t_{\max}$——设计时采用的最高气温，°C；

n——补偿滑轮传动系数（即传动比的倒数）；

L——段内中心锚结至补偿器间距离，mm；

α——线索的线胀系数。

为了施工和维修的方便，利用上述公式，根据不同的温度和中心锚结至补偿器间的距离，可以计算出多组 a、b 值，如图 4-9-5 和图 4-9-6 所示。将计算结果标注在图中，通过描点作图绘制出补偿器安装曲线，供施工和维修人员参照调整，以便准确控制坠陀串的高度。

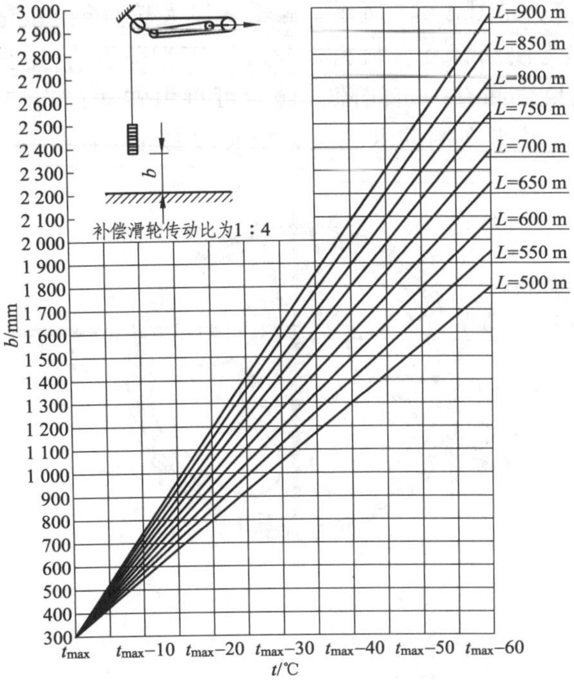

图 4-9-5　THJ-00 承力索补偿器安装曲线

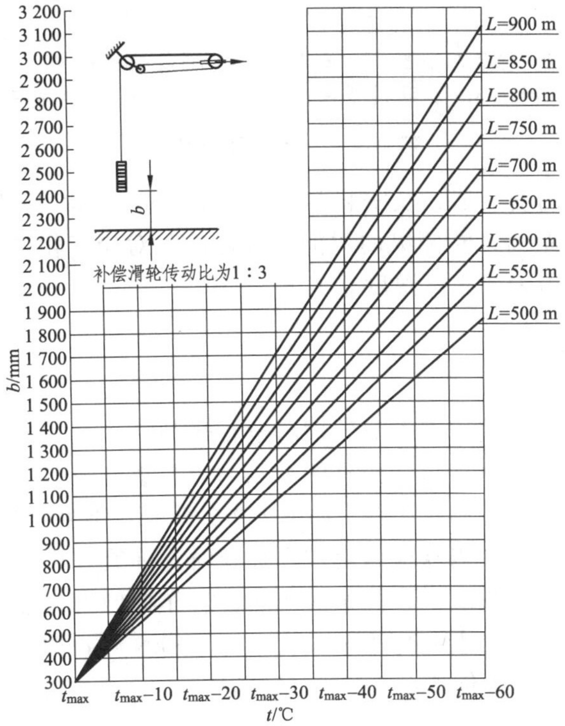

图 4-9-6　CTAH120 铜银合金接触线补偿器安装曲线

二、棘轮补偿装置

棘轮补偿装置由棘轮本体、框架、制动卡块、补偿绳、补偿坠砣等组成。棘轮和工作轮共为一体，占用空间少，如图 4-9-7 所示。棘轮本体大轮直径 566 mm，小轮直径 170 mm，传动比为 1∶3，补偿绳为浸沥青复合材料钢丝绳，工作荷重有 30 kN 和 36 kN 两种。在工作状态下，棘齿与制动块之间有一定间隙，棘轮可自由转动；当接触网断线后，棘轮和坠砣在重力作用下下落，棘轮卡在制动卡块上，能有效防止坠砣下落、缩小事故范围。

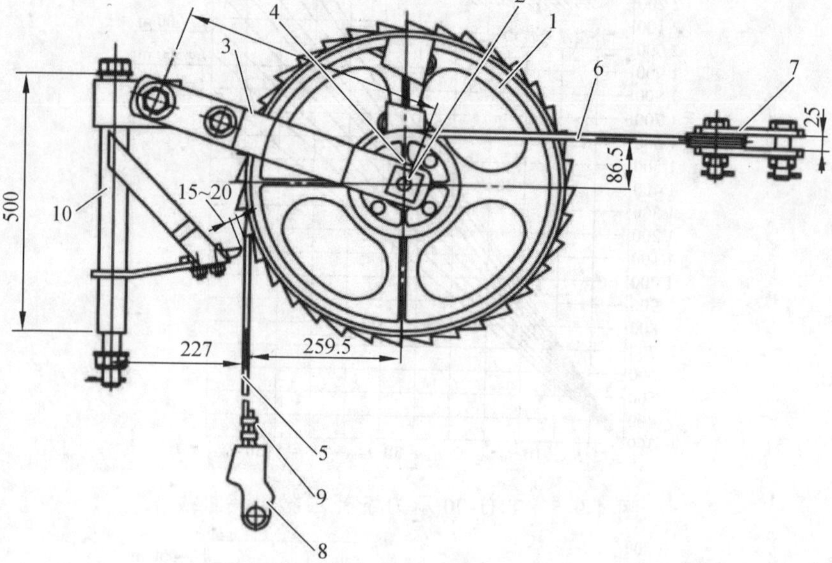

1—棘轮本体；2—棘轮轴；3—棘轮支架；4—圆柱滚子轴承；5，6—补偿绳；7—平衡轮（线索端）；8—双耳模型线夹（坠砣端）；9—绳头夹子；10—制动架。

图 4-9-7 棘轮补偿装置

棘轮补偿装置常见的安装形式及安装曲线如图 4-9-8 所示。图中，横坐标 300 ~ 800 m 为中心锚结到补偿器的距离，左侧纵向数据是补偿砣坠对应于相应温度的安装高度，右侧纵向数据为接触线或承力索的实际温度。

三、弹性补偿器

多年来，我国电气化铁道一直未对软横跨进行过补偿，在气温升高时，软横跨因此松弛，造成接触网下坠，或是钢柱承受额外的大张力，严重威胁接触网安全。弹性补偿器通常用于软横跨上下部固定绳的张力补偿，如图 4-9-9 所示。弹性补偿器内部定有一个弹簧，弹簧具有一定的初始压缩力。当软横跨定位绳伸长时，弹簧被释放，工作杆收回拉紧软横跨定位绳；当软横跨定位绳收缩时，弹簧被压缩，工作杆伸出，使软横跨定位绳的张力保持在一定范围内。目前，弹性补偿器有 0 ~ 3 kN、3 ~ 6 kN 两种型号。弹性补偿器具有结构简单、安装方便、价格低廉等优点。

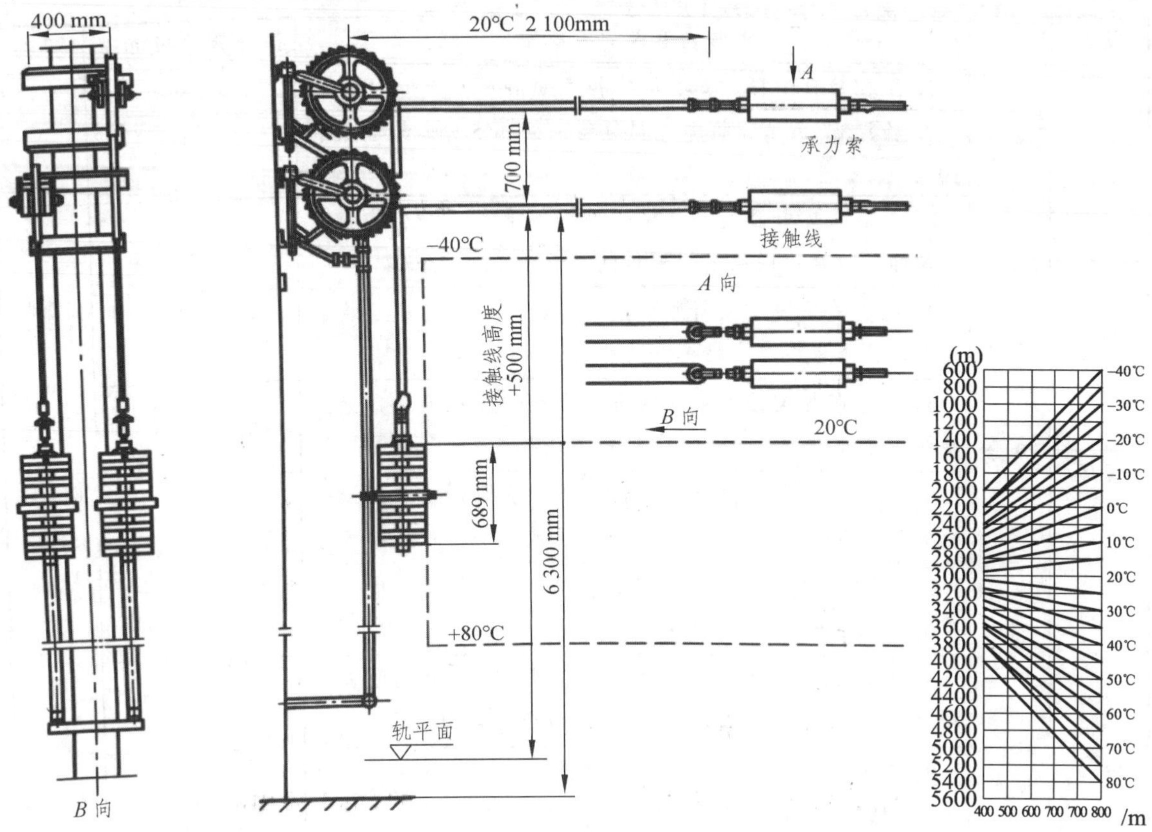

图 4-9-8　棘轮补偿装置及安装曲线

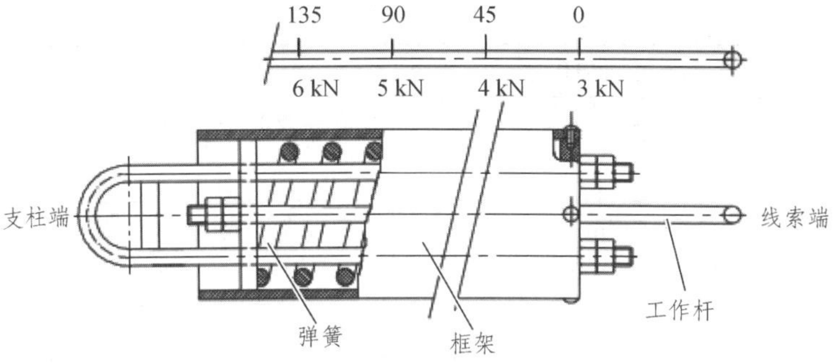

图 4-9-9　弹性补偿器

【评价标准】

通过考核，评价学员对接触网滑轮补偿装置检调方法的掌握情况，评价标准可参考表 4-9-3。

表 4-9-3 考核评价表

项目及配分		考核内容及评分标准	扣分因素及扣分	得分
作业程序	70 分	1. 坠砣检查不符合要求每处扣 5 分，未检查扣 10 分		
		2. 检测 a、b 值，检测过程每错一处扣 5 分，未检查扣 10 分		
		3. 检查坠砣升降是否灵活，滑轮组有无卡滞，轮槽是否注油，检查错误或未检查每处扣 5 分		
		4. 检查补偿绳有无断股、散股、锈蚀，回头是否绑扎良好，检查错误或未检查每处扣 5 分		
		5. 检查限界架的位置及状态，零部件除锈涂漆，紧固螺栓并涂油，检查错误或未检查每处扣 5 分		
		6. 检查滑轮是否保持铅垂状态，补偿绳是否摩擦滑轮轮缘、双环杆或下锚拉线，检查错误或未检查每处扣 5 分		
		7. 检查坠砣编号是否清晰、正确，补偿温度刻度线是否清晰，检查错误或未检查每处扣 5 分		
		8. 检查 D 型连接器选用型号是否正确，支柱侧是否存在缺少垫块的情况，检查错误或未检查每处扣 5 分		
		9. 能发现故障并且进行正确处理，根据实际情况每处扣 5~10 分		
工具使用	10 分	1. 工具、材料未带齐 1 件扣 5 分		
		2. 工具使用不规范 1 次扣 5 分，损坏扣 10 分		
安全及其他	20 分	1. 上、下配合不当 1 次扣 10 分		
		2. 出现伤害事故扣 41 分		
		3. 工具掉下或上抛 1 次扣 5 分		
		4. 补偿绳滑落扣 10 分		
		5. 安全带使用违章 1 次扣 5 分，其他一般违章扣 5 分，严重违章不得分		
		6. 作业时间 20 min，其中工具、材料准备 5 min，超时 1 min 扣 2 分，超时 5 min 停止考核		
合计	100 分			

单相设备安装检修

任务一　分段绝缘器的检修

【任务描述】

接触网分段绝缘器是供接触网实现供电分段的设备，通常与隔离开关配套使用。通过本任务的学习主要掌握接触网分段绝缘器（以（DXF-（1.6）Ⅱ）为例）检修的基本要求和操作方法。

【任务目标】

（1）掌握分段绝缘器的作用、类型。
（2）掌握分段绝缘器的检调方法和标准。

【任务实施】

一、作业准备

（1）人员：梯车人员不少于 12 人，作业车人员不少于 9 人（不含驾驶员）。
（2）工具（见表 5-1-1）。

表 5-1-1　工具清单

序号	名称	规格型号	单位	数量	备注
1	绝缘梯车		台	1	选用
2	接触网作业车		台	1	选用
3	绝缘滑轮	1 t	个	1	
4	绝缘绳	20 m	根	1	
5	锉刀		把	1	
6	扭面器		把	4	根据接触线型号选用
7	扭力扳手	0 ~ 100 N	把	2	
8	卡线器	3 t	套	2	
9	紧线器	3 t	套	1	

续表

序号	名称	规格型号	单位	数量	备注
10	测量工量		套	1	
11	防护工具		套	2	根据现场情况可增配
12	通信工具		套	1	

（3）材料（见表 5-1-2）。

表 5-1-2　材料清单

序号	名称	规格型号	单位	数量	备注
1	毛巾		张	2	选用
2	棉纱		kg	1	
3	中性清洗剂		瓶	1	
4	砂布		张	1	
5	调整螺栓	O ~ 150 mm	套	1	
6	螺母	M8、M10、M12	个	10	
7	平垫圈	M8、M10、M12	个	10	
8	弹簧垫圈	M8、M10、M12	个	10	
9	绑扎线	ϕ1.6 不锈钢	kg	0.1	

二、作业标准

（1）分段绝缘器的安装位置符合设计要求。安装处接触网结构高度不低于 800 mm。

（2）各绝缘部件主绝缘表面清洁，无裂纹、烧伤、破损和老化，主绝缘的绝缘强度符合要求，其单根表面放电痕迹应不超过有效绝缘长度的 20%。

（3）承力索分段绝缘子应采用重量较轻的有机绝缘子。承力索分段绝缘子中心与主绝缘器中心：在顺线路方向上，平均温度时应在同一铅垂面内，其他温度时，两者中心顺线路方向偏移应与该处承力索、接触线的伸缩差相等，误差不超过±150 mm；垂直线路方向，承力索与接触线应在同一铅垂面内。

（4）绝缘器中心应位于受电弓中心，一般情况下误差不超过 100 mm。

（5）分段绝缘器整体不扭曲，绝缘器工作面平行于轨面，最大误差不超过 5 mm，受电弓通过时过渡平稳，金属滑道无严重烧损。绝缘器引弧棒安装正确、无烧损。

（6）分段绝缘器相对于相邻的定位点或者两侧的吊弦点应具有 30 ~ 40 mm（列车速度 60 km/h $< v \leqslant$ 120 km/h），40 ~ 60 mm（列车速度 120 km/h $< v \leqslant$ 160 km/h），50 ~ 70 mm（列车速度 $v >$ 160 km/h）的负弛度。

（7）分段绝缘器接触线接头处连接可靠，过渡平滑，无硬点，接头处无异常磨耗。普速铁路区段磨耗不超过总截面积的 30%，高速铁路区段磨耗不超过总截面积的 20%。

（8）分段绝缘器悬挂吊索受力均匀，无异常磨耗和松弛，偏移符合安装曲线；调整螺栓必须安装锁紧钢丝。

（9）分段绝缘器不应长时间处于对地耐压状态，尤其在雾、雨、雪等恶劣天气时，应尽量缩短其对地的耐压时间，即当作业结束后应尽快合上隔离开关，恢复正常运行。

三、作业步骤

（1）检查安装位置及安装尺寸是否符合要求。

（2）检修绝缘器的接头处有无滑移，各部件的组装是否正确及有无损伤、锈蚀；检查所有的螺栓和螺母是否松动，校核螺栓紧固力矩。

（3）测量绝缘器中心与受电弓中心的距离偏移。

（4）检调绝缘器工作面与轨面连线是否平行，金属滑靴及绝缘滑靴工作状态。

（5）测量绝缘器两端相对两侧定位的悬挂高度符合要求。

（6）使用中性清洗剂清扫绝缘器及承力索的主绝缘部件，检查绝缘是否有开裂、裙边损坏、电弧烧伤、气泡老化的痕迹。

（7）检调绝缘器两端的电连接器状态是否良好。

（8）使用游标卡尺测量接头处接触线磨耗情况。

（9）用水平尺模拟受电弓从头到尾地进行滑动检查，应实现不打碰受电弓的平稳滑动。

四、处理方法

（1）各部螺栓松动：接触线回头线夹 M12 螺栓的紧固力矩为 50 N・m，吊弦线夹 M10 螺栓为 25 N・m。

（2）绝缘器工作面与轨面不平行：使用水平尺检查，通过绝缘器两面端吊弦调节螺栓来进行微调。

（3）金属滑靴及绝缘滑靴有放弧烧伤痕迹，绝缘滑靴支架裂纹或断裂：对有麻点的金属滑靴打磨光滑，更换有缺陷的绝缘滑靴及支架。

（4）接触线回头有硬点，磨耗超标：调整回头顶紧螺栓，实现回头处无硬点，避免回头处接触线异常磨耗。对磨耗超标的接触线重做回头。

（5）分段绝缘器相对于受电弓中心位置超标：调整相邻定位拉出值。

（6）绝缘器的工作面的调整。

① 曲线处外轨侧滑道与内轨侧滑道高差值 C 的确定：

$$C=（检查处绝缘器宽度/检查处对应的轨距）\times 外轨超高$$

② 直线处 $C=0$（水平状态）。

五、注意事项

（1）分段绝缘器不应长时间处于对地耐压状态，尤其是雾、雨、雪等恶劣天气时更应尽量缩短其对地耐压时间，即当作业结束后应尽快合上隔离开关，恢复正常运行。

（2）在运输、装卸和安装绝缘子时应避免发生冲撞，不得对其进行机械加工和热处理。

（3）耐张部件螺栓的拆卸和调整，必须先卸载后再进行。

（4）绝缘器在未加张力前或卸载后，不得负重。

【相关知识】

为了保证接触网供电的可靠性、灵活性，并能缩小停电事故的范围，需要对接触网进行电分段，电分段分为同相电分段和分相（不同相电）电分段。分段绝缘器用于接触网同相电分段处。

在同相电分段区域内，接触网电气上是独立的，并通过隔离开关连接。当某区段进行检修或发生事故时，可以打开相应的隔离开关实现停电作业，而不影响其他区段的正常供电。接触网电分段有横向电分段和纵向电分段两种。横向电分段是指接触网线路之间所进行的电分段，如在车站的装卸线、机车整备线、站场的正线与侧线间进行的电分段。纵向电分段是指接触网沿线路方向的电分段，如站场和区间连接处、区间遇有大型建筑物（长大隧道及长大下承桥）、接触网相邻锚段之间的电分段。

目前，现场常用的分段绝缘器有高铝陶瓷、菱形分段绝缘器和消弧分段绝缘器。在结构上既能保证机车受电弓平滑通过，又能满足供电分段的要求。

一、C-1200 高铝陶瓷分段绝缘器

高铝陶瓷分段绝缘器结构如图 5-1-1 所示。

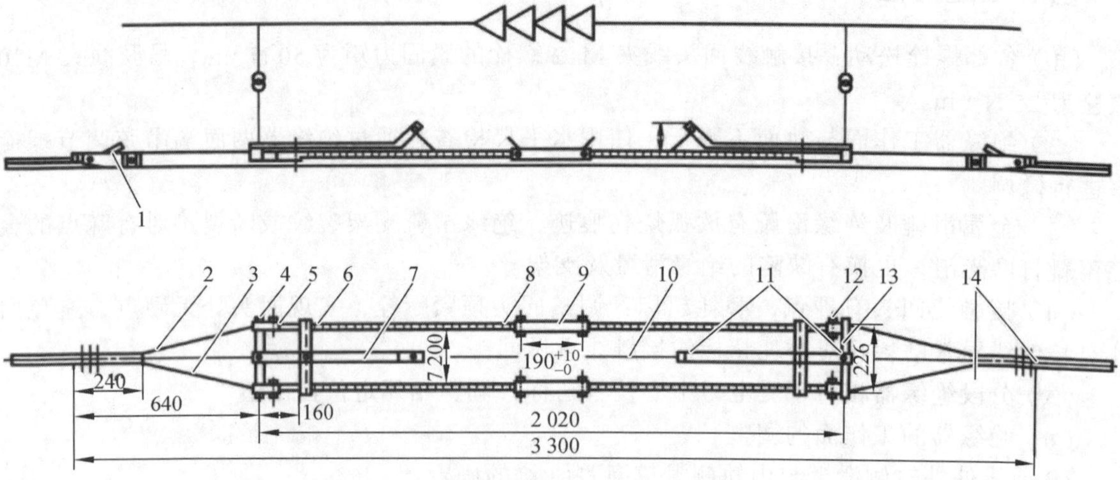

1—接触线接头线夹；2—导流框架Ⅰ；3—导流框架Ⅱ；4—销钉；5—接头；
6—横撑架；7—角钢支架；8—绝缘元件；9—辅助滑道；10—导流角隙；
11，14—螺栓；12—圆头销钉；13—横撑管。

图 5-1-1　高铝陶瓷分段绝缘器

其中，绝缘元件为高铝陶瓷绝缘棒，它由高强度玻璃纤维芯棒、高铝陶瓷护套、密封垫圈、灌封层和金属接头组成，长度为 600 mm，每侧用两根棒串接起来，总泄漏距离是 1 200 mm。高强度玻璃纤维芯棒，采用聚酯树脂或环氧树脂为胶黏剂的棒材，直径为 12 mm。

高铝陶瓷护套为 75 号氧化铝瓷，表面涂硅脂，有优异的耐磨和抗老化性能。密封垫圈起密封和缓冲作用，采用石棉垫和硅橡胶两种垫圈。硅橡胶垫圈在耐老化、抗漏电及工艺方面都优于石棉垫圈。

C-1200 型高铝陶瓷分段绝缘器的特点：

（1）采用高铝陶瓷护套克服了材质老化问题。

（2）绝缘件比滑道高 15 mm，工作时不与受电弓滑板接触，改善了绝缘件工作条件。

（3）绝缘件泄漏距离为 1 200 mm，提高了绝缘性能和防污染能力，增强了工作的可靠性。

（4）受电弓通过导流角隙时，利用拉弧工作原理，使导流角隙起导流和灭弧作用，并在此设置辅助滑道，保证机械上平稳过渡。

（5）可满足 70 km/h 行车速度的要求。

这种型号的分段绝缘器的缺点为，高铝陶瓷管容易受到受电弓冲击而破碎，受电弓滑板通过导流间隙易拉弧，不适合在通行速度较高线路上使用，属于淘汰产品，正逐渐退出应用。

二、滑道式菱形分段绝缘器

滑道式菱形分段绝缘器结构如图 5-1-2 所示。

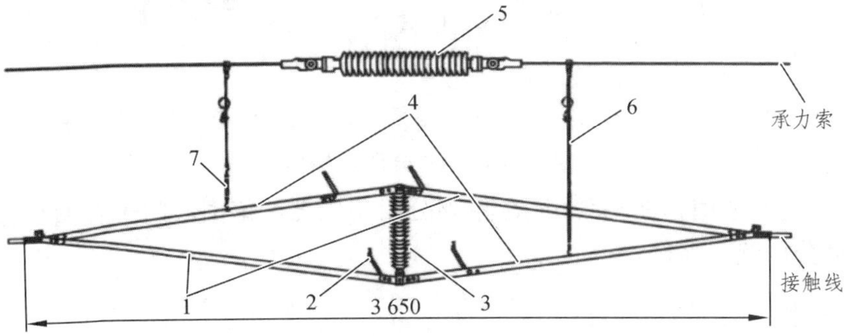

1—玻璃纤维树脂绝缘板；2—防闪络角隙；3—桥绝缘子；4—导流滑板；
5—复合悬式绝缘子；6—分段绝缘器吊弦；7—调整螺栓。

图 5-1-2　滑道式菱形分段绝缘器

受电弓通过分段绝缘器时，受电弓滑板与导流板和绝缘件同时接触。分段绝缘器绝缘件采用玻璃纤维树脂绝缘棒，具有较高的机械强度、绝缘强度和耐磨性。导流板用磷青铜制成，具有较好的导电性和耐磨性。桥绝缘子一般采用加强型玻璃纤维棒并覆盖硅橡胶或聚四氟乙烯护套，结构上起支撑和绝缘作用，桥绝缘子的伞裙下沿比滑道平面高。受电弓通过桥绝缘子下方时为防止在两导流板转换时拉弧，特设防闪络角隙，以保护桥绝缘子，角隙为 220 mm，采用不锈钢制成。绝缘泄漏距离 1 200 mm，当用于钢铝接触线时总长度为 3 058 mm，用于铜接触线时，因接头线夹不同总长度为 2 812 mm。滑道式菱形分段绝缘器具有结构简单、质量轻、便于安装与维护、防污性能好、可适应 160 km/h 的行车速度等特点，目前应用较广泛。

三、XTK 消弧分段绝缘器

XTK 消弧分段绝缘器是引进瑞士 AF 公司分段绝缘器的国产化产品，其基本结构如图 5-1-3 所示。XTK 分段绝缘器是滑道式分段绝缘器的一种，为非绝缘滑道式分段绝缘器。它在 20 ~ 30 kN 的工作张力下具有良好的可靠性和稳定性。爬距大于 1 600 mm，耐污能力强，消弧角隙不小于 300 mm，硅橡胶绝缘棒不与受电弓相磨。金属辅助滑道与接触线在同一平面，无硬点、磨耗低、重量轻、左右对称，安装调整采用负弛度，使接触压力较均匀，满足列车较高速度运行的要求

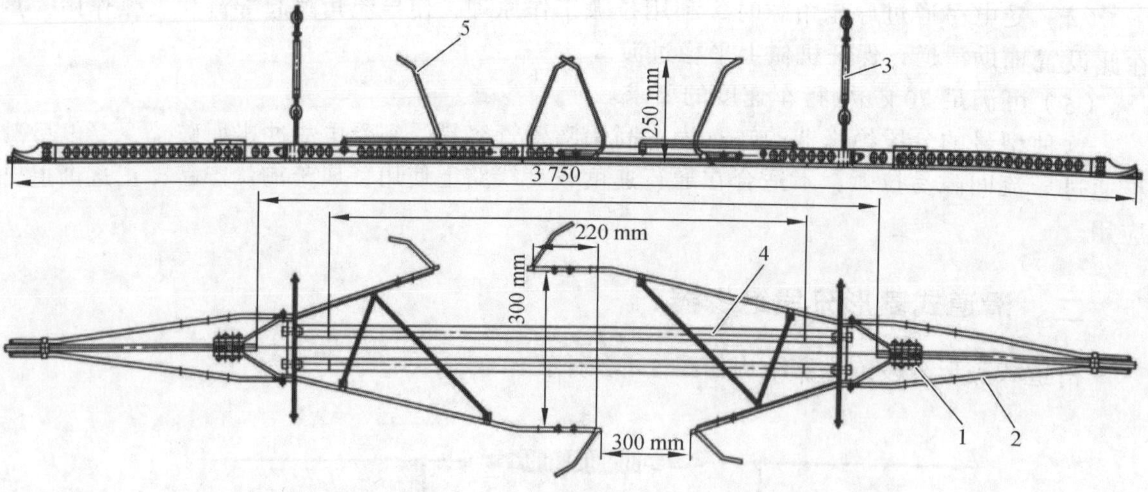

1—接触线线夹；2—滑板；3—调整螺栓；4—绝缘杆；5—消弧角。

图 5-1-3　AF 分段绝缘器

除此之外，还有法国吉斯玛公司 JG 系列分段绝缘器、德国西门子轻型分段绝缘器、德国 RE2000C 型分段绝缘器等。

【评价反馈】

通过考核，评价学员对接触网分段绝缘器检调方法的掌握情况，评价标准可参考表 5-1-3。

表 5-1-3　考核评价表

项目及配分		考核内容及评分标准	扣分因素及扣分	得分
作业程序	70 分	1. 检查安装位置及安装尺寸是否符合要求，漏测、错判每项每处扣 5 分		
		2. 检修绝缘器的接头处有无滑移、各部件的组装是否正确及损伤、锈蚀；检查所有的螺栓和螺母是否松动及各部螺栓紧固力矩，漏测、误判扣 10 分		
		3. 测量绝缘器中心距受电弓中心的距离偏移，漏测、错判、方法不当每处扣 5 分		
		4. 检调绝缘器工作面与轨面连线是否平行，金属滑靴及绝缘滑靴工作状态，漏判、误判每项扣 5 分		
		5. 测量绝缘器两端相对于两侧定位的悬挂高度符合要求，漏测、错判、方法不当每处扣 5 分		
		6. 清扫绝缘器及承力索的主绝缘部件，检查绝缘是否有开裂、裙边损坏、电弧烧伤、气泡老化的痕迹，漏测、错判、方法不当每处扣 3 分		

续表

项目及配分		考核内容及评分标准	扣分因素及扣分	得分
作业程序	70分	7. 检调绝缘器两端的电连接器状态是否良好，未检查扣3分		
		8. 测量接头处接触线磨耗情况，未测量或方法不当每处扣5分		
		9. 滑动检查正确，未检查或方法不当每处扣5分		
		10. 能发现故障及隐患并进行处理，漏判、误判、处理不正确每项扣10分		
工具使用	10分	1. 工具、材料未带齐1件扣5分		
		2. 工具使用不规范1次扣5分，损坏扣10分		
安全及其他	20分	1. 上下配合不当1次扣10分		
		2. 出现伤害事故本项目停止考核，按零分计		
		3. 工具掉下或上抛1次扣5分		
		4. 安全带使用违章1次扣10分		
		5. 考核时间：20 min，其中准备5 min，超时1 min扣2分，超时5 min停止考核		
合计	100分			

任务二　关节式电分相的检修

【任务描述】

接触网分关节式电分相是供接触网实现供电分段的设备，通常与隔离开关配套使用。通过本任务的学习主要掌握接关节式分相检修的基本要求和操作方法。

【任务目标】

（1）掌握关节式分相的作用、类型。

（2）掌握关节式分相的检调方法和标准。

【任务实施】

一、作业准备

（1）人员：梯车人员不少于12人，作业车人员不少于9人（不含驾驶员）。

（2）工具（见表5-2-1）。

表 5-2-1　工具清单

序号	名称	规格型号	单位	数量
1	绝缘车梯（作业车）		台	1
2	接触网多功能测量仪		套	1
3	绝缘滑轮		个	1
4	绝缘滑轮组		套	1
5	力矩扳手	M16、M17、M18、M19	把	2
6	五轮电车线校直器		套	1
7	扭面器（接触线拧面器）		把	2
8	温度计		个	1
9	工具包		个	2
10	钢卷尺	5 m	把	1
11	水平尺	600 mm	把	1
12	线坠		套	1
13	接触线平直度检测尺		套	1
14	游标卡尺		把	1
15	细砂纸		张	2

（3）材料（见表 5-2-2）。

表 5-2-2　材料清单

序号	名称	规格型号	单位	数量
1	整体吊弦	根据现场确定型号	套	10
2	锚支定位管卡子	1.5 寸	套	1
3	吊弦线夹		套	10
4	定位环	2 寸	套	2
5	定位环	1.5 寸	套	2
6	不锈钢丝	ϕ3.5	kg	5
7	螺母	M10、M12、M16	个	若干
8	防松垫片	M10、M12、M16	个	若干
9	接触线电连接线夹	根据现场确定型号	套	2
10	承力索电连接线夹	根据现场确定型号	套	2
11	电连接线	TRJ-95	m	5
12	导电膏		kg	1

（4）资料：旋转腕臂位置安装曲线图、关节式分相安装图、接触网平面图、接触网零部件安装及使用说明书等。

二、技术标准

（1）转换柱处两悬挂垂直距离、水平距离。

标准值：设计值。

标准状态：标准值±20 mm。

警示值：标准值±30 mm。

限界值：标准值±50 mm。

（2）中心柱处两悬挂垂直距离、水平距离。

① 接触线（承力索）垂直距离。

标准值：等高（设计值）。

标准状态：20 mm（标准值±20 mm）。

警示值：20 mm（标准值±30 mm）。

限界值：30 mm（标准值±50 mm）。

② 接触线（承力索）水平距离：同转换柱。

③ 中心柱处接触线等高点接触线高度不应低于相邻工作支吊弦点，允许高于相邻吊弦点 0 ~ 10 mm。

④ 五跨锚段关节中间跨为过渡跨，接触线等高点（屋脊处）宜在过渡跨跨中，高度比相邻定位点工作支接触线抬高 0 ~ 40 mm。

（3）两接触悬挂接触线工作支过渡处调整符合运行要求。

（4）转换柱处绝缘子串距悬挂点的距离符合设计要求，允许偏差±50 mm。承力索、接触线两绝缘子串上下应对齐，允许偏差±100 mm。

（5）任何情况下，两接触悬挂及定位支撑装置带电体各部分应满足空气绝缘间隙要求。

（6）关节式分相中性区和无电区长度符合设计要求。

（7）隔离开关宜安装在开口侧。

（8）锚支接触线在其垂直投影与线路钢轨交叉处，应高于工作支接触线 300 mm 以上，并持续抬升至下锚处。下锚角钢安装高度应符合线索延伸下锚抬升的需要。

（9）关节式分相内整体吊弦导流环回头应向外侧安装，不得因吊弦导流环回头过长而减小空气绝缘间隙。

（10）承力索和接触线分段绝缘子串至锚支悬挂固定（定位）点间的距离不小于 1 000 mm（包括回头长度在内），允许偏差±100 mm，且在距绝缘子串非下锚侧 500 mm 处应加装 1 根吊弦，任何情况下绝缘子下缘距受电弓大于 200 mm，承力索接触线绝缘子串对齐，允许误差±50 mm。

（11）正线下锚锚支偏角不大于 4°，困难情况下不大于 6°。

（12）中性区内两非支承力索交叉处间距不小于 100 mm，否则需在该处加装一组电连接。

（13）转换柱处当非支接触线位于工作支定位管上面时，其间隙应不小于 50 mm。关节内工作支与非工作支的吊弦应各自分开，不得交叉。

（14）电连接良好，各部零件安装紧固有油，定位管无卡滞。

三、作业步骤

1. 水平、垂直距离测量

（1）水平距离（间距）的测量。测量接触线及承力索定位点的拉出值，测量过程中测量仪始终在线路的同一钢轨侧测量并记录数据的正负，将两数值相减，绝对值即为此处两接触悬挂的水平距离。同一支柱处的两支悬挂定位点顺线路距离为 1 600 mm，为方便测量，现场测量完一支悬挂点后，另一支悬挂的测量点可选取在同一测量点垂直线路方向所对应的点进行测量，即检测仪两次测量不移动位置进行测量。

（2）垂直距离（抬高）的测量。测量接触线及承力索定位点的高度，将较高悬挂支数值减去较低悬挂支数值，即为此处两接触悬挂的垂直距离。在装配有锚支定位卡子的 A、C 柱定位点测量时，测量点应该选取在非工作支定位处测量。

2. 空气绝缘间隙测量

（1）关节式分相不同悬挂间的空气绝缘间隙测量。在关节式分相不同电位悬挂间找到测量点，以此点为测量基点，向其周边测量离其他悬挂的最近距离。这种测量方法，找准测量点是关键，测量点必须是离另一支悬挂最近的点，如定位线夹距另一支接触线最近距离的点、承力索距另一支悬挂腕臂最近距离的点等。

（2）关节式分相各部件距离最近接地体的空气绝缘间隙测量。此测量方法与空气绝缘间隙测量方法相同。测量点为关节式分相杆件端部距离最近接地体的点，顺隧道壁落锚的接触悬挂带电部分距离隧道壁最近的点。

3. 支撑、定位装置偏移检查

（1）关节式分相处于锚段末端，因而受温度变化影响也更为明显，所以应特别重视关节式分相处支撑定位装置发生的偏转。未按照温度曲线施工或是施工误差较大，更容易在关节外引起不同悬挂相互间空气间隙缩小及设备间相互磨碰。两支接触悬挂在温度降低时，均向各自锚段的中心锚结方向发生偏移，极限低温情况下，两悬挂间各部间距也降至最低。

（2）非工作支穿越工作支进行落锚，形成闭口端，闭口端两支悬挂交叉处的吊弦，在温度变化下会与另一支悬挂的承力索或吊弦相互磨碰。关节式分相检查中，应测量交叉处两支悬挂吊弦各零部件在温度变化情况下的相互距离满足要求。

4. 过渡平滑检查

（1）过渡点及过渡段。过渡点即受电弓由一支接触线过渡到另一支接触线的点，此处两支悬挂接触线至轨面距离相等。过渡点至非工作支抬高 150 mm 的过渡范围称过渡段。150 mm 为按受电弓动态包络线原则确定的接触线动态抬升量。过渡段内各吊弦应计算安装，确保过渡段内非工作支均匀抬高。

（2）过渡段吊弦抬升计算。根据现场过渡段内的吊弦根数，计算每根吊弦应该抬升的高度值，使过渡段内的吊弦平顺、均匀抬升过渡段内的非工作支。

（3）过渡平滑检查。当发现关节式分相过渡点处拉弧严重或是冲击值较大时，若过渡点处接触线无明显硬点外，都应该是过渡段内吊弦的长短及布置问题。检查步骤如下：

① 找到过渡点，测量过渡点两支接触线等高情况，应比相邻定位点有 0 ~ 40 mm 的抬高，不得低于相邻定位点。

② 检查过渡段内吊弦的抬升情况。通过测量找准过渡段，自过渡点至非支较工支抬升 150 mm 的范围。

③ 检查测量过渡段内吊弦的均匀抬高情况，确保过渡点两侧的每一个过渡段吊弦均匀地对非工作支进行抬高

5. 锚支定位卡子检查

（1）检查锚支定位卡子安装正确。

（2）检查其他各部件齐全，半圆管衬垫安装于锚支定位卡子中部，衬垫包边接缝位于线索非受力一侧，起到保护非支接触线的作用。

6. 终端锚固线夹检查

关节式分相采用楔套式终端锚固线夹。终端锚固线夹外观检查。分段绝缘子与线索连接处及各悬挂线索落锚处线夹进行外观检查，线夹本体无裂纹、变形、蚀伤。开口销掰开夹角为 120° ~ 130°。

四、注意事项

（1）检修关节式分相必须在中性区加挂接地线，以防止产生感应电。

（2）检修关节式分相和隔离开关时，应用不小于 25 mm^2 的等位线先连接等位后再进行作业。

（3）在电分段处作业，中性区及一旦断开开关有可能成为中性区的停电设备上均应接地线，但当中性区长度小于 10 m 时，在与接地设备等电位后可不接地线。

（4）分相两侧两供电臂未同时停电时，禁止进行分相检修。

（5）关节式分相处于曲线区段时，应注意测量跨中偏移值。

（6）当机车没有正常进行断合操作时，受电弓极可能拉弧烧伤接触网设备。因此，应在电分相装置范围内（从一端转换柱到另一端转换柱）详细检查承力索、吊弦和接触线有无烧伤痕迹，吊弦、承力索有无散股等异常情况。

【相关知识】

电气化铁道是单相牵引供电系统，为了平衡电力系统中的各相负荷，牵引变电所对接触网要实施换相供电，分相绝缘器用于接触网需要分相供电的电分段处。它一般安设在牵引变电所出口和两相邻牵引变电所供电分区之间。

分相绝缘器不但承受接触网不同相间电压外，同时承受一定的机械负荷。分相绝缘装置分为 5 种类型，即器件式分相装置、地面自动转换分相装置、柱上断载自动转换分相装置、车载断电自动转换分相装置和锚段关节式分相。

一、器件式电分相装置

器件式绝缘电分相在接触悬挂中串入分相绝缘器，实现两侧接触悬挂的电气分段，两侧机械上不分段，受电弓可以平顺地滑过分相装置。

1. 玻璃钢分相绝缘器

我国铁路早期采用玻璃钢器件式电分相，这种分相绝缘器一般由三块（或四块）相同的环氧树脂玻璃层压布（俗称玻璃钢）绝缘件组成，每块玻璃钢绝缘件长 1.8 m，宽 25 mm，高 60 mm，底面做成斜槽，以增加表面泄漏距离。其结构如图 5-2-1 所示。

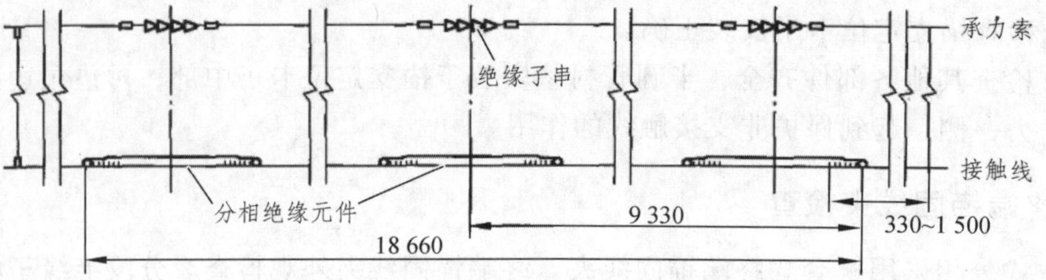

（a）三组件式

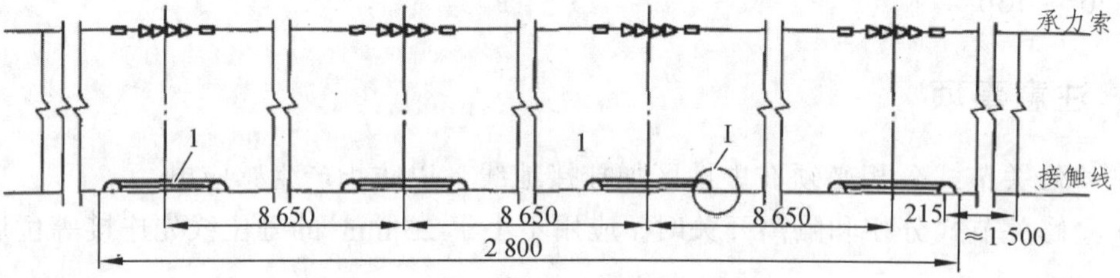

（b）四组件式

图 5-2-1　分相绝缘器安装结构

2. XTK 型分相绝缘器

XTK 分相绝缘器，是一种新型接触网分相设备，采用国内优质材料及先进工艺制作，具有优良的耐弧、耐磨性能，整体重量轻，T 型长度为 2 200 mm，GL 型为 2 300 mm，泄漏距离为 1 800 mm。XTK 分相绝缘器的安装结构如图 5-2-2 所示。

器件式电分相安装时要求接触线和绝缘件连接平滑可靠，不得形成硬点，应保持接触线原有张力，保证机车受电弓平滑通过。

3. 电分相线路标识

由以上安装结构图可以看出，相邻分相绝缘器之间形成一个无电的中性区，分相区段总长度为 30 m，考虑机车前后弓同时升起时也不至于发生相间短路事故，为防止受电弓通过分相绝缘器时，发生瞬间断电拉弧而烧损绝缘元件，造成断线事故。要求机车在通过分相区段前，应断开机车主断路器，不带负荷滑行通过分相区段，为此在分相装置附近的路肩上，应设置“禁止双弓”“断”“合”标识牌以提示司机，其安装位置如图 5-2-3 所示。

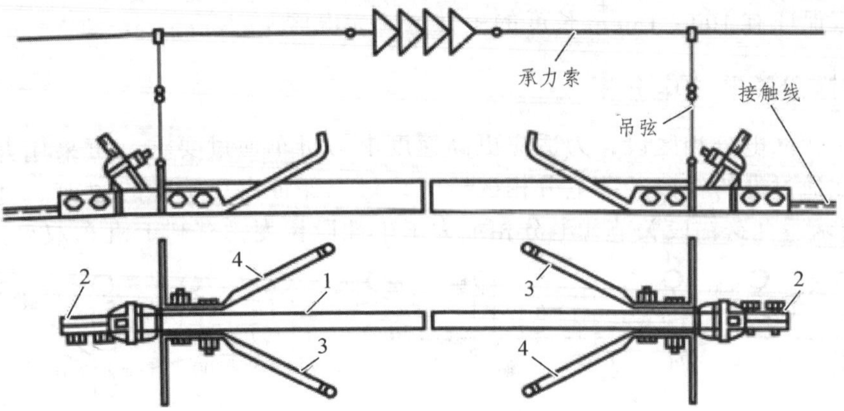

1—绝缘元件；2—接头角；3，4—导流角隙。

图 5-2-2　XTK 型分相绝缘器

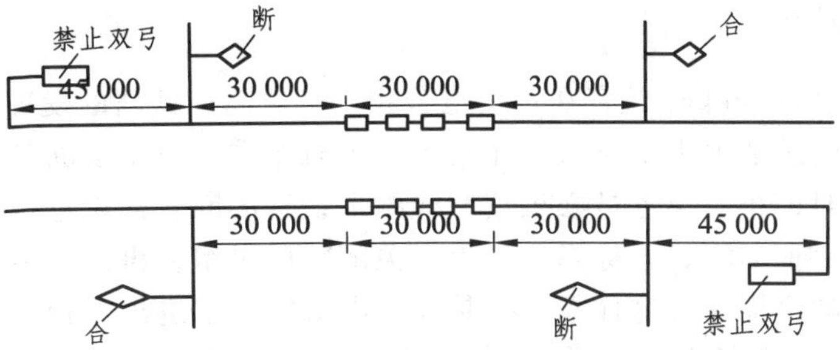

图 5-2-3　电分相线路标识牌安装示意图

二、锚段关节式电分相

在高速电气化铁道线路上，由于机车高速运行中，受电弓对接触线有较大的接触压力，普通常规带有绝缘滑道式（又称器件式）分相绝缘装置硬点现象严重，不仅造成接触线磨耗增加，而且会形成电弧烧损接触线和受电弓，无法满足机车高速通过的要求。为解决高速机车通过电分相区段，目前广泛采用锚段关节式电分相结构。

1. 七跨锚段关节式电分相

七跨锚段关节结构如图 5-2-4 所示。

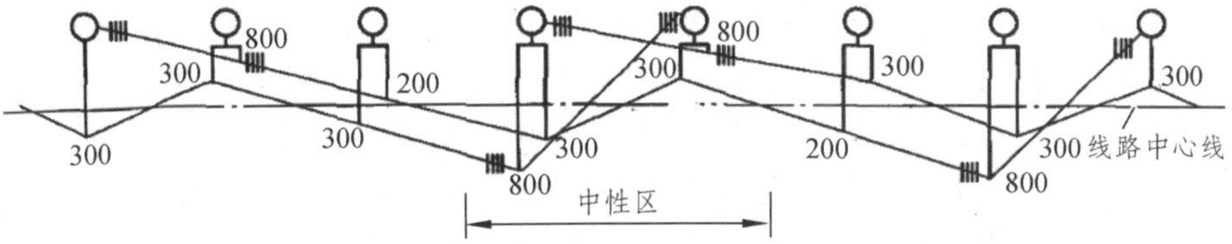

图 5-2-4　七跨锚段关节结构示意图（直线区段）

锚段关节式电分相的装配结构和绝缘锚段结构相似。由图可知，七跨锚段关节中，加入一个七跨长的中性嵌入线，中性嵌入线要保证在中间 5 个跨距内是绝缘的。该中性线从左侧第二根支柱起变为工作支到右侧第六根支柱后变为非工作支，其中有 3 个跨距处于工作状态，大概保证有 100 ~ 150 m 长度的中性区（无电区）。

2. 九跨锚段关节式电分相

在高速接触网电分相区段，为适应更高速度电力机车通过要求，可采用九跨锚段关节结构。机车在通过九跨锚段关节电分相区段时，可以保证有更平稳的过渡。九跨锚段关节如图 5-2-5 所示。九跨锚段关节式电分相加大了中性段长度，有利于机车双弓或多弓运行。

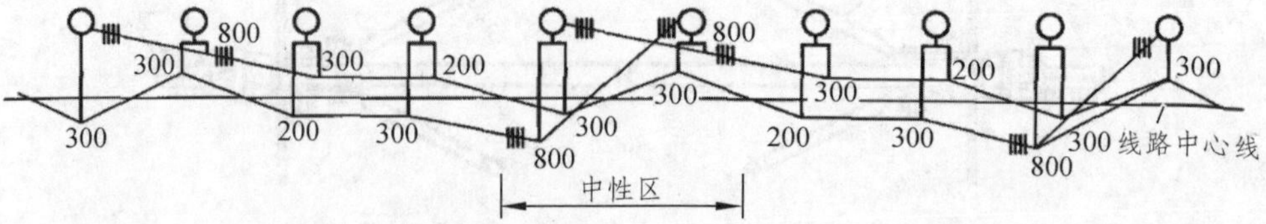

图 5-2-5　九跨锚段关节结构示意图（直线区段）

三、自动过分相

接触网上每隔 20 ~ 40 km 就存在一个电分相，随着高速铁路的发展，列车通过电分相的时间越来越短。传统的电力机车过分相技术是由机车乘务员手动断开机车主断路器，电力机车通过分相区时，机车乘务员必须按照线路上设置的断合标识进行操作。接近分相区时，先将机车操纵手柄回零，也称降流过程，关闭辅助机组，再断开主断路器，通过分相区后，再以相反的顺序操作。这样受电弓是在无电流情况下进出分相区的，从而保证了受电弓和接触网的寿命。但这种手动操作通过分相区的主要问题是：一方面影响了行车速度；另一方面不仅耗费司机精力，增加劳动强度，而且过多地分散了司机行车的注意力，行车安全完全依赖机车司机的注意力和技术水平，没有技术设备保障，对行车安全极为不利，稍有疏忽操作不当或瞭望不及时就会拉电弧烧损分相绝缘器甚至造成断线，直接危及设备及行车安全。对高坡重载区段，手动过分相会引起列车大幅降速，延长咽喉区段的运行时间，降低线路运营能力。目前，电力机车通过分相区时通常采用自动过分相技术，主要的实现方法有地面自动转换电分相装置、柱上断载自动转换电分相装置及车载断电自动转换电分相装置。

1. 地面开关自动切换过分相装置

地面开关自动切换过分相装置的工作原理如图 5-2-6 所示。图中 U 相接触网、中性段接触网、V 相接触网三者构成一个中性段的绝缘锚段关节式电分相结构。1JY、2JY 为中性段与两相接触网构成的绝缘锚段关节。1ZK、2ZK 为串接在 1JY、2JY 上的两台真空负荷开关，其控制设备安设在变电所内。1CG、2CG、3CG、4CG 是设置在线路上的机车位置感应器。

无列车通过分相区时，两台真空负荷开关均处于断开状态，中性段接触网无电。当机车从 U 相驶来到达位置传感器 1CG 时，使位置开关 1ZK 闭合，中性段接触网由 U 相供电。待机车进入中性段到位置传感器 3CG 时，1ZK 分断，2ZK 随即迅速闭合，使中性段由 U 相转为 V 相供电，机车司机不用进行任何操作，待机车驶离 4CG 后，2ZK 分断，中性段失电恢复原状。反向来车时，由控制系统自动识别，控制两台真空开关以相反顺序轮流闭合，实现列车自动通过接触网电分相区。

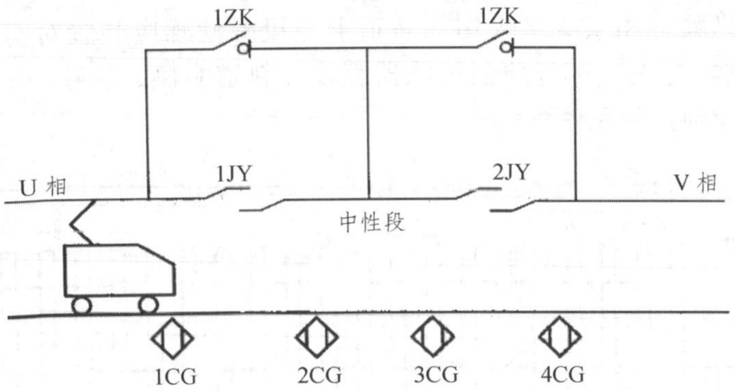

图 5-2-6 地面自动转换电分相装置

2. 柱上开关自动断电过分相装置

柱上开关自动断电方式原理如图 5-2-7 所示。

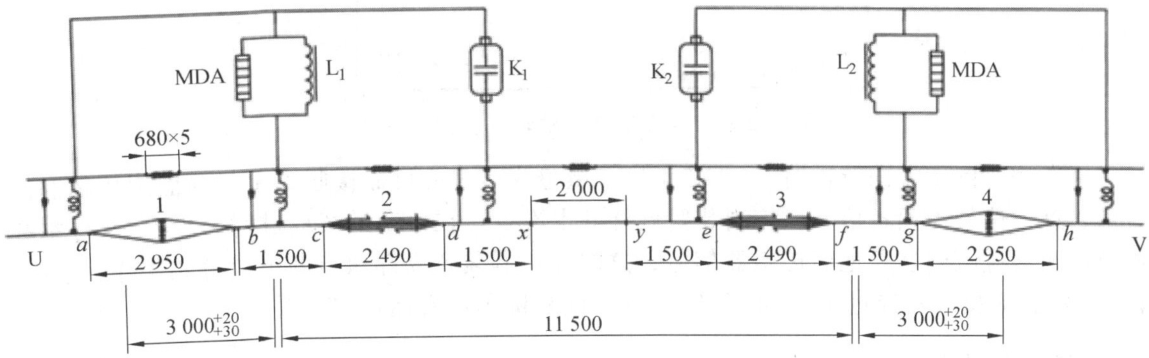

图 5-2-7 柱上开关自动断电过分相装置

图中 L_1、L_2 为磁控线包，K_1、K_2 为真空灭弧室，MDA 为过电压吸收器，*x-y* 段为滑道式分相绝缘绝器，2、3 为消弧绝缘器，1、4 为菱形分段绝缘器。承力索中采用 5 个复合悬式绝缘子绝缘。假使机车由左向右行驶，由 U 相驶入，依次经过 *ab*、*cd*、*xy*、*ef*、*gh* 各区段，进入 V 相。当机车行驶到 1-2 的位置，即进入线包受流区时，机车通过时磁控线包 L_1 受流，真空灭弧室 K_1 合闸，2-*x* 区段带电。当机车驶过 2 以后，离开了控制线包受流区，进入 K_1 供电的分断区，真空灭弧室分闸，机车断载。此时机车不带电过 2-3 间的电分相的 *x-y* 主绝缘区。过了 3 以后，机车通过 V 相的受流线包 L_2 得到 V 相的电流，经过 4 以后，由 V 相供电。机车反方向行驶时，同理，依次由 V 相过渡到 U 相。

3. 车载断电自动转换电分相装置

车载断电自动转换分相装置是在电力机车控制室内及电分相区域安装必要的装置和设备，实现电力机车自动转换的电分相装置。

车载断电自动转换电分相装置包括 4 部分：地面传感器安装在分相区域中的相应位置，用于判断机车与分相装置的相对位置；车载感应接收器安装在电力机车上，用于接收地感应信息；主电路设备用来实现电分相时的断开、分合主电路电源；控制设备用来实现自动化及智能化。

车载断电自动转换分相系统是采用在轨道上埋设磁性感应装置对分相区进行定位。以机车运行方向为基准，1 号、3 号地面传感器埋设在轨道右侧，2 号、4 号地面传感器埋设在轨道左侧。其埋设地点如图 5-2-8 所示。

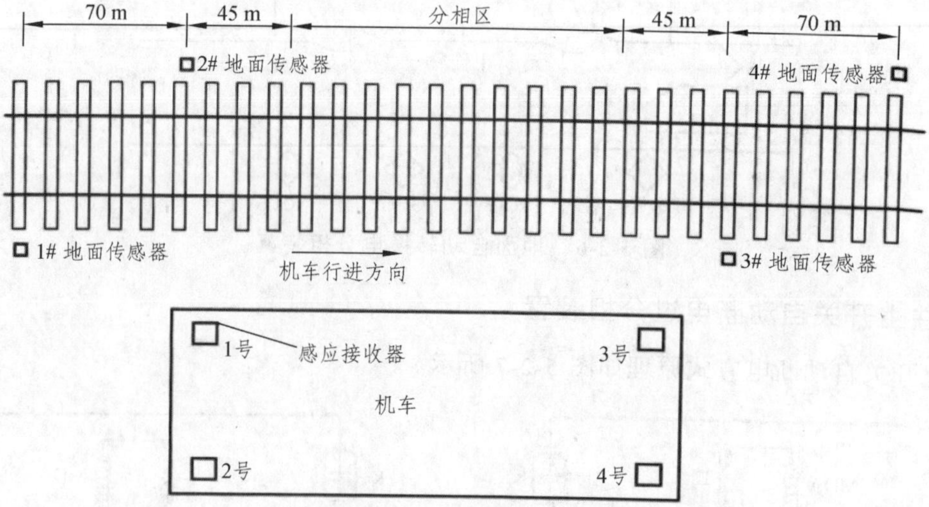

图 5-2-8 车载断电自动转换电分相装置

机车按照图示方向行进时，2 号、4 号车载感应装置应可靠接收到 1 号地面感传感器的信号，这个信号为预备信号，控制装置做好断电准备。在机车继续前进时，1 号、3 号车载感应接收器应收到 3 号地面传感器信号，这时，控制装置立即执行断电过分相动作；2 号、4 号车载感应接收器经过 3 # 地面传感器后，恢复机车正常运行。

【评价反馈】

通过考核，评价学员对接触网关节式电分相检调方法的掌握情况，评价标准可参考表 5-2-3。

表 5-2-3 考核评价表

项目及配分		考核内容及评分标准	扣分因素及扣分	得分
作业程序	70 分	1. 水平距离（间距）的测量方法正确，数据记录正确，错误或漏测扣 5 分		
		2. 垂直距离（抬高）的测量方法正确，数据记录正确，错误或漏测扣 5 分		
		3. 检查测量点的拉出值及导线高度测量方法正确，数据记录正确，错误或漏测扣 5 分		
		4. 空气绝缘间隙测量测量方法正确，错误或漏测扣 5 分		
		5. 过渡点确定正确，找准过渡段，测量过渡点至非支较工支抬升范围及过渡段内吊弦的均匀抬高情况，方法正确，错误或漏测扣 5 分		
		6. 锚支定位卡子检查方法正确，错误或漏检扣 5 分		
		7. 终端锚固线夹检查方法正确，错误或漏检扣 5 分		

续表

项目及配分		考核内容及评分标准	扣分因素及扣分	得分
工具使用	10 分	1. 工具、材料未带齐 1 件扣 5 分		
		2. 工具使用不规范 1 次扣 5 分，损坏扣 10 分		
安全及其他	20 分	1. 上下配合不当 1 次扣 10 分		
		2. 出现伤害事故扣 41 分		
		3. 工具掉下或上抛 1 次扣 5 分		
		4. 安全带使用违章 1 次扣 10 分		
		5. 作业时间 40 min，超时 1 min 扣 2 分，超时 5 min 停止考核		
合计	100 分			

任务三　隔离开关的检修

【任务描述】

隔离开关连通或切断接触网供电分断区间的空载线路，增加供电的灵活性，以满足检修和不用供电方式运行的需要。在接触网中，一般装设在大型建筑物（长大隧道、长大桥梁）两端、车站装卸线、专用线、电力机车库线、机车整备线、绝缘锚段关节、分区、分相绝缘器等需要进行电分断的地方。本任务主要学习隔离开关的作用，掌握隔离开关的安装方法、检修方法和标准。

【任务目标】

（1）掌握隔离开关的作用和类型。
（2）掌握隔离开关的安装方式。
（3）掌握隔离开关的检修和操作标准。

【任务实施】

一、作业准备

（1）人员：作业组人员不少于 9 人。
（2）工具（见表 5-3-1）。

表 5-3-1　工具清单

序号	工具名称	型号	单位	数量	备注
1	个人工具		套	1	含扳手、螺丝刀、夹钳、安全带等
2	作业工具包		套	1	含卷尺、水平尺、扭面器、扭力扳手、木槌等
3	绝缘车梯		台	1	

续表

序号	工具名称	型号	单位	数量	备注
4	作业车		台	1	
5	钢卷尺		把	1	
6	防护工具		套	1	含对讲机、防护信号旗等
7	测量工具		套	1	激光测量仪或测量杆
8	力矩扳手		把	2	配套筒
9	吊绳		根	1	
10	砂布		张	1	
11	除锈刀		把	2	
12	塞尺		把	1	
13	水平尺	550 mm	把	1	
14	锉刀		把	1	

（3）材料（见表 5-3-2）。

表 5-3-2　材料清单

序号	材料名称	型号	单位	数量	备注
1	弹簧销、开口销		个	若干	
2	垫圈		个	若干	各种型号都备有
3	螺栓		套	若干	各种型号都备有
4	不锈钢铁丝	ϕ3.5	米	若干	
5	防腐油		套	若干	
6	毛巾		根	1	
7	棉纱		套	若干	
8	乙醇（中性清洗剂）		瓶	1	
9	电力复合脂	ϕ1.6	米	若干	

二、技术标准

（1）开关托架呈水平状态，安装高度符合设计要求，瓷柱垂直，传动杆垂直与操作机构轴线一致，连接牢固，无松动现象；手动操作机构离地面的距离为 1 100 mm，允许误差 ±100 mm。

（2）隔离开关应动作可靠、转动灵活，合闸时触头接触良好，引线和连接线的截面与开关的额定电流及所连接的接触网当量截面相适应，引线不得有散股、断股和接头。主导回路开关引线宜设双引线，且用并联线夹并联，并联线夹应符合设计规定，双线驰度一致。

（3）隔离开关的触头接触面应平整、光洁无损伤，并涂电力复合脂。隔离开关合闸时触头接触紧密、接触压力均匀无回弹现象。用 0.05 mm×10 mm 的塞尺检查触头接触时，线接触者应塞不进去。面接触者的塞入深度：当接触表面宽度为 50 mm 及以下时，不应超过 4 mm；当接触表面宽度为 60 mm 及以上时，不应超过 6 mm。

（4）隔离开关的分闸角度及合闸状态应符合产品的技术要求。开关打开时应使其主刀闸转向线路反侧，对于 GW4 型隔离开关合闸时，刀闸呈水平状态，两刀闸中心线相吻合；分闸时刀闸角度为 90°，允许误差+1°；止钉间隙 1 ~ 3 mm。

（5）电动操作的隔离开关电动机转向正确，机械系统润滑良好，分、合闸指示器与开关的实际的分、合位置相符。

（6）隔离开关操作机构应完好无损并加锁，转动部分注润滑油，操作时平稳正确无卡阻和冲击。带接地刀闸的隔离开关，其主刀闸和接地刀闸一次操作时，分（合）闸过程中的瞬时间隙不小于 330 mm。

（7）引线及连接线应连接牢固、接触良好，零件无破损和烧伤。开关设备线夹与接线端子连接处涂一薄层电力复合脂。引线距接地体的距离应不小于 330 mm。引线的长度应保证当接触悬挂受温度变化偏移时，有一定的活动余量并不得侵入限界，引线摆动到极限位置对接地体的距离符合规定。

（8）具有引弧触头的隔离开关，主触头和引弧触头开、合顺序正确。分闸顺序：先分主触头，再分引弧触头；合闸顺序：先合引弧触头，再合主触头。带接地刀的隔离开关接地刀闸与主触头间的机械闭锁应准确、可靠。

（9）支持绝缘子应清洁，无破损和放电痕迹，瓷釉剥落面积不超过 300 mm^2。

（10）新安装的隔离开关在投入运行前应做交流耐压试验，运行中每年用 2 500 V 兆欧表测量一次绝缘电阻，与前一次测量结果相比不应有显著降低。

（11）FZW-27.5/2000-6.3 型户外高压交流隔离真空负荷开关的技术状态应符合下列要求：

① 动触头嵌入深度不超过 25 mm，止挡螺栓紧固。

② 主触刀刚合位置偏斜不大于 2 mm。

③ 主触刀压力应为（1050±100）N。

④ 触刀开距不小于 440 mm。

⑤ 操动机构手动额定操作力不大于 120 N，电操控制回路额定电压为 AC 220 V，机构输出力矩 300 N · m。

⑥ 各部螺栓紧固力矩符合要求。

（12）隔离开关接地电阻不大于 10 Ω。

三、作业步骤

（1）确认开关分、合状态，用不小于 25 mm^2 的裸铜软绞线短接开关两引线，带接地刀闸的隔离开关要同时短接接地刀闸。

（2）外观检查，开关是否严重锈蚀，严重烧损，绝缘子破损面是否超过 300 mm^2。

（3）将开关倒至分闸位置，测量分闸角度、分闸止钉间隙及触头接触情况；带接地刀闸的隔离开关应检查接地刀闸接触情况。

（4）开关倒至合闸位置，检查合闸是否呈直线、合闸止钉间隙及触头密贴情况。

（5）检查各电气连接部位的接触情况是否良好。

（6）测量一次操作隔离开关在分、合过程中带电体与接地部分的瞬时间隙。

（7）测量电连接线与接地体的距离。

（8）清扫支持绝缘子，紧固各部螺栓，铁件除锈涂漆，转动关节及螺栓涂油。

（9）检查完毕，恢复开关原位、加锁。

（10）检查接地装置连接状态。

四、处理方法

1. 主刀闸触头

（1）刀闸接触面有烧伤麻点及灰尘时，可用砂布、棉纱打磨擦净。

（2）接触面不密贴，可用扳手将刀片矫正或调整触头弹簧压力。

（3）合闸不呈直线时，先将开关倒至合闸位置，调整交叉连杆，使刀片合闸呈直线，然后调整合闸止钉间隙，最后调好交叉连杆的长度并与转动连板连接。

（4）触头与刀片（高差造成）旁击，可略扳动刀片直至合适，必要时可在瓷瓶与底座间加垫片。

2. 分闸角度

将开关倒至分闸位置后，先调整分闸止钉间隙，然后调整交叉连杆，直至分闸角度符合要求；可参照以下公式：

$$S=D+0.034\,9L \tag{5-3-1}$$

式中 D——主刀闸根部的距离，mm；

S——距主刀闸根部为 L 处刀闸间的距离，mm；

L——D 与 S 之间的距离，mm。

分闸角度必须满足：

$$D\leqslant S\,(D+0.0349L)$$

3. 合、分闸角度不符合要求

合闸呈直线而分闸角度不符合要求，或分闸符合要求而合闸不呈直线：主要是操作机构联锁止孔的位置不对，这种情况只能重新改变止孔的位置，才能满足要求；另外的原因是转动关节旷位大，只能设法消除旷位，才能解决。

4. 操作机构

操作机构不灵活时：

（1）可能由于传动杆弯曲，应进行矫正。

（2）活动关节缺润滑油，应涂油。

（3）上、下托架歪斜，应矫正或更换托架。

5. 接地刀闸

（1）接地刀闸合后不到位或合后过头：可调整接地刀闸传动拐臂的角度及接地连杆的长度，使其接地符合要求。

（2）刀闸接触不密贴或过紧，可调整触头弹簧的压力。

6. 接地电阻测量

电阻表的操作按仪表使用要求进行。

五、注意事项

（1）检修人员应站在开关非开合侧，高空作业时，安全带应系于安全可靠位置，便于操作。
（2）检修人员与地面辅助操作人员应呼唤应答，避免作业中伤人。
（3）使用塞尺时，应轻拿轻放，避免弯折。

【相关知识】

隔离开关的作用是连通或切断接触网供电分段间的电路，增加供电的灵活性，以满足检修和切换供电方式的需要。隔离开关一般装设在大型建筑物两端、车站装卸线、专用线、电力机车库线、机车整备线、绝缘锚段关节、分区、分相绝缘器等需要进行电分段的地方。

一、隔离开关的类型和结构

隔离开关按安装地点分为户内型和户外型；按触头运动方式分为水平回转式、垂直回转式、伸缩式和直线移动式；按有无接地刀闸分为有接地刀闸和无接地刀闸隔离开关；按隔离开关的极数分为单极和三极隔离开关；按隔离开关的操作机构，有手动和电动两种。户内型一般采用手动操作机构。对改变运行方式的隔离开关一般采用电动操作机构，以便实现远距离控制，其主要技术参数包括额定电压、最大工作电压、额定电流、极限通过电流、热稳定电流。

接触网采用电力系统中的35 kV单级隔离开关和电气化铁道专用耐污型单级隔离开关。基本结构由金属底座、绝缘瓷柱、导电刀闸、接地刀闸和操动机构组成，如图5-3-1所示。开关的分合时，是操作手动机构，经转动杆转动主轴上的瓷柱，并带动导电刀闸水平转动90°角，同时又通过交叉连杆使另一个瓷柱和导电刀闸转动90°角。

接触网常用隔离开关的型号及性能见表5-3-3。

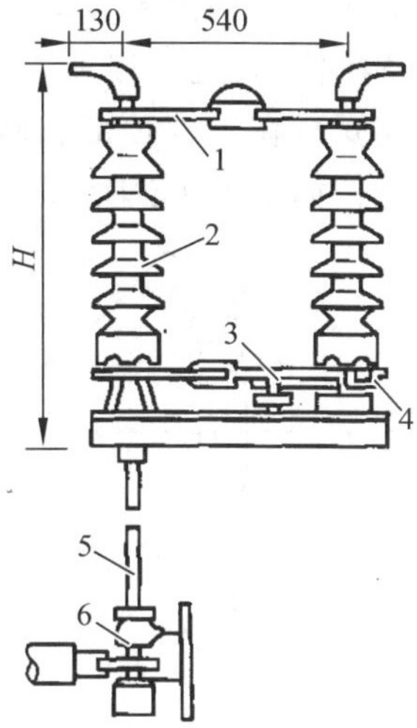

1—导电刀闸；2—瓷柱；3—交叉连杆；4—底座；5—传动杆；6—操动机构。

图5-3-1 隔离开关结构

表 5-3-3　常用隔离开关技术特性

型　号	额定电压/kV	最大工作电压/kV	额定电流/A	极限通过电流限值/kA	10 s 热稳定电流有效值/kA	破冰厚度/mm	母线最大拉力/N	每极质量/kg	配用操作机构
GW_1-$\frac{10}{400}$	10	11.5	400	25	10			20	CS8-1
GW_1-$\frac{10}{600}$	10	11.5	600	35	14			21	CS8-1
GW_4-35	35	40.5	600	50	10	5	490	65	CSll
			1 000	80	15				
GW_4-35D	35	40.5	600	50	10	5	190	68	CS8-6D
			1 000	80	15				
GW_4-$\frac{35}{60}$	35	40.5	600	50	10	5	490		CSll
			1 000	80	15				
	60	69.5	2 000	104	30				
GW_4-$\frac{35}{60D}$	35	40.5	600	50	10	5	490		CS8-6D CS15-D
			1 000	80	15				
	60	69.5	2 000	104	30				

常用的带接地刀闸和不带接地刀闸的隔离开关型号为 GW_4-35、GW_4-35D、GW_4-25/630T、GW_4-25/630TD。

符号的意义：G——隔离开关；W——户外型；4——产品序号；35、25——额定电压为 35 kV、25 kV；D——带接地刀闸；T——铁路专用；630——额定电流 630 A。

经常操作的隔离开关安装在车站货物装卸线、机车整备线和库线等处，选用带接地刀闸的 GW_4-35D 或 GW4-25/630D 型开关。当开关打开的同时，接地刀闸将接通停电侧刀闸，以保证装卸货物和检修机车人员的安全。不经常操作的隔离开关，安装在绝缘锚段关节、分相电分段和馈电线等处，采用不带接地刀闸的 GW_4-35、GW_4-25/630T 型开关。

上述 4 种开关的主体结构基本相同，只是带接地刀闸的开关多了一套接地刀闸和联动装置。隔离开关安装时，对于腕臂柱安装在支柱顶部，软横跨柱安装在支柱的 1/2 高度处，导电刀闸通过电连接线与接触网连接，如图 5-3-2 所示。

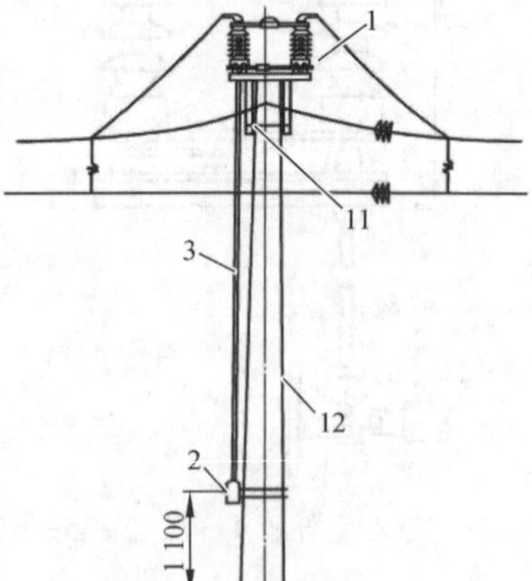

（a）隔离开关在钢筋混凝土柱上的安装

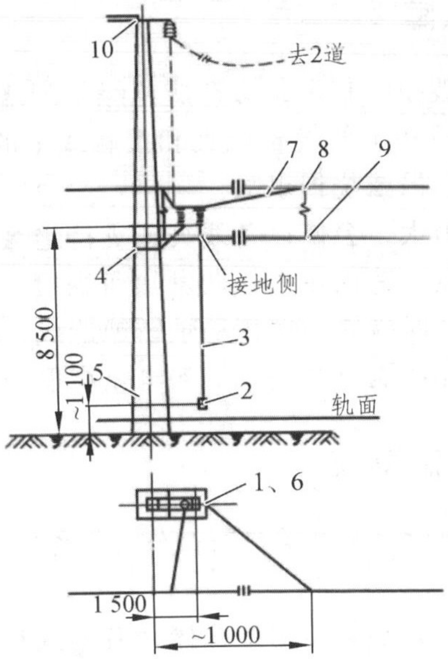

（b）隔离开关在软横跨柱上的安装

1—隔离开关；2—手动操作机构；3—传动杆；4—开关支架；5—操动机构支架；
6—铜铝过渡线夹；7—电连接线；8—电连接线夹；9—铜铝接触线电连接线夹；
10—跳线肩架；11—隔离开关托架；12—支柱。

图 5-3-2　接触网隔离开关的安装

GW_4-25/630T 与 GW_4-25/630TD 型为电气化铁道专用耐污型隔离开关，额定电压为 25 kV，额定电流为 630 A，其主要特点是瓷柱采用了耐污型支持绝缘子。

二、隔离开关的操作

从事隔离开关倒闸作业的人员，其安全等级应不低于三级。由于隔离开关触头外露，作业人员可以清楚地观察到它的开、闭状态，检修后应恢复原状。

凡接触网及电力作业人员进行隔离开关倒闸时，都必须有电力调度的命令。对车站、机务段、厂矿等有权操作隔离开关的单位，在向电力调度申请倒闸命令之前，要令人应向单位主管负责人办理倒闸手续。对遇有危及人身或设备安全的紧急情况，可以不经电力调度批准，先行断开断路器或有条件断开的隔离开关，并立即报告电力调度，但在闭合时必须有电力调度员的命令。

在进行隔离开关倒闸作业时，先由操作人向电力调度提出申请，经电调审查后发布倒闸作业命令，操作人受令复诵，电力调度员确认无误后，方可给命令编号和批准时间。倒闸人员必须戴好安全帽和绝缘手套，接到倒闸命令后，要迅速准确地进行倒闸，一次开闭到位，中途不得停留和发生冲击。

每次倒闸作业，发令人将命令内容等记入“倒闸操作命令记录”，要令人填写“隔离开关倒闸命令票”。操作完成后，操作人要立即填写“隔离开关倒闸完成报告单”。

三、隔离开关常见故障

（1）当隔离开关绝缘子破损、脏污，会造成绝缘子闪络或击穿事故。

（2）电连接引线与开关设备上的设备线夹和接触线上的电连接线夹接触不良，会引起接触线、承力索、电连接线、吊弦烧损事故。

（3）开关引线弛度小拉力大，会使设备线夹或支持绝缘子折断。

（4）开关主刀闸闭合不良，造成触头长期发热而烧损。

（5）开关长期不用又未及时检修，使传动轴锈蚀造成开关无法正常使用。

（6）在有负载的线路上操作隔离开关，引起电弧烧损开关或支持绝缘子爆炸。

四、操作隔离开关注意事项

进行维护和检修时，需要对隔离开关进行操作。操作时，必须规范，遵从一定的要求，否则会造成严重的后果。

（1）隔离开关开闭作业时，必须使用绝缘棒，有两人在场，一人操作一人监护。操作人员、监护人员必须有隔离开关操作合格证。

（2）操作前，操作人员必须穿戴规定的绝缘鞋和绝缘手套，使用前进行简略漏气试验，并确认开关及其传动装置正常，接地线良好，方准按规程操作。

（3）操作要准确、迅速，一次开闭到底，中途不得停留和发生冲突。操作过程中人体各部不得与支柱及其构件相接触。当雷电来临和雷电时间，禁止操作隔离开关。

（4）当发现隔离开关及其传动装置状态不良时，车站值班员应立即要求电力调度派人检修，如危及人身、行车安全时，在修好之前不得进行操作，严禁擅自攀登支柱自行维修。

（5）绝缘鞋、绝缘手套和绝缘棒要存放于阴凉干燥、不落灰尘的容器内，每 6 个月由各站、段送供电段检查并试验一次，每次使用后用干布擦净。

【评价反馈】

通过考核，评价学员对接触网隔离开关检调方法的掌握情况，评价标准可参考表 5-3-4。

表 5-3-4　考核评价表

项目及配分		考核内容及评分标准	扣分因素及扣分	得分
作业程序	70 分	1. 确认开关分、合状态，短接开关两引线和接地刀闸正确，方法不正确或漏做扣 10 分		
		2. 开关外观检查正确，方法不正确或漏做每处扣 5 分		
		3. 将开关倒至分闸位置，测量分闸角度、分闸止钉间隙及触头接触情况；带接地刀闸的隔离开关应检查接地刀闸接触情况，方法不正确或漏做每处扣 5 分		
		4. 开关倒至合闸位置、合闸止钉间隙及触头密贴情况，方法不正确或漏做每处扣 5 分		
		5. 检查各电气连接部位的接触情况是否良好，方法不正确或漏做每处扣 5 分		

续表

项目及配分		考核内容及评分标准	扣分因素及扣分	得分
作业程序	70 分	6. 测量一次操作隔离开关在分、合过程中带电体与接地部分的瞬时间隙，方法不正确或漏做每处扣 5 分		
		7. 测量电连接线与接地体的距离，方法不正确或漏做每处扣 5 分		
		8. 清扫支持绝缘子，紧固各部螺栓，铁件除锈涂漆，转动关节及螺栓涂油，方法不正确或漏做每处扣 5 分		
		9. 检查完毕，恢复开关原位、加锁，方法不正确或漏做每处扣 5 分		
		10. 检查接地装置连接状态，方法不正确或漏做每处扣 5 分		
		10. 能发现故障及隐患并进行处理，漏判、误判、处理不正确每项扣 10 分		
工具使用	10 分	1. 工具、材料未带齐 1 件扣 5 分		
		2. 工具使用不规范 1 次扣 5 分，损坏扣 10 分		
安全及其他	20 分	1. 上下配合不当 1 次扣 10 分		
		2. 出现伤害事故扣 41 分		
		3. 工具掉下或上抛 1 次扣 5 分		
		4. 安全带使用违章 1 次扣 10 分		
		5. 作业时间 40 min，超时 1 min 扣 2 分，超时 5 min 停止考核		
合计	100 分			

任务四　避雷器的检修

【任务描述】

避雷器安装在接触网支柱上，与接触悬挂相连接，可防止接触网遭受大气过电压、操作过电压侵害。通过本任务的学习主要掌握接触网避雷器检修的基本要求和操作方法。

【任务目标】

（1）掌握避雷器的作用、类型。

（2）掌握避雷器的安装方法。

（3）掌握避雷器的检调方法和标准。

【任务实施】

一、作业准备

（1）人员：接触网作业车作业不少于 9 人（不含驾驶员）。

（2）工具（见表 5-4-1）。

表 5-4-1　工具清单

序号	名　称	规格型号	单位	数量	备　注
1	接地电阻表		只	1	含测量用线和探针，可用钳形接地电阻测量仪替换
2	兆欧表	2 500 V	只	1	
3	砂布		张	1	
4	锉刀		把	1	
5	软铜绞线	25 mm^2	根	1	长度 4～6 m，带接地钩螺栓和并沟线夹
6	绝缘靴		双	1	
7	绝缘手套		双	1	
8	安全工具		套	1	
9	防护工具		套	2	可视现场情况增加
10	通信工具		套	1	每个作业地点

（3）材料（见表 5-4-2）。

表 5-4-2　材料清单

序号	名　称	规格型号	单位	数量	备　注
1	黄油		包	1	
2	设备线夹		套	1	根据避雷器型号选型
3	接地线夹		套	1	
4	承力索电连接线夹		套	1	根据承力索型号选型
5	接触线电连接线夹		套	1	根据接触线型号选型
6	导电膏		瓶	1	
7	食盐		克	500	
8	接地体		根	1	角钢或槽钢
9	螺母	各型	个	10	根据避雷器型号选型
10	平、弹垫	各型	个	10	根据避雷器型号选型

二、作业标准

（1）避雷器肩架应水平，底座安装牢固，防腐良好。各部件、零件应连接紧固，无破损、裂纹、烧伤等缺陷。避雷器绝缘外套不得有脏污、破损和放电痕迹，密封良好。

（2）绝缘护套无严重放电，不得有脏污、破损，瓷套管应光洁、无裂纹、无破损等，铁件无锈蚀。封口处的橡皮胶垫应良好、严密。

（3）避雷器及硅橡胶绝缘子泄漏距离不小于 1 600 mm。

（4）避雷器绝缘子应呈竖直状态，倾斜角度不超过 2°。瓷柱应清洁、无破损、无裂纹和无放电痕迹，瓷釉剥落面积不超过 300 mm^2。

（5）避雷器监测器应密封良好、无脏污、破损，动作可靠，安装前放电计数显示应在零位，安装位置要便于地面观察；避雷器监测器泄漏电流指针达到黄色区域时，应更换避雷器。

（6）引线用 TRJ-120 型裸铜软绞线制作，电连接及引线应连接正确、牢固、接触良好，无破损和烧伤。引线最低点应高于接触线 400 mm 以上，避雷器引线须通过支持绝缘子后，方可与避雷器进行连接。避雷器引线距接地体的距离应不小于 330 mm，距瓷瓶上裙边不小于 150 mm，引线的长度应满足接触悬挂温度变化时的偏移。

（7）脱离器的安装正确、无破损，保证脱离后不影响供电、不侵入受电弓的动态包络线。

（8）避雷器至高压侧的引线张力应适宜，避雷器带电部分与回流线等附加导线间距离大于 800 mm。极限条件下，高压侧引线对接地体之间距离大于 350 mm。

（9）避雷器接地线应安装正确，连接线的最小截面积为 50 mm^2（铜材质）；需要单独接地时，接地电阻不大于 10 Ω。接地极埋入地下深度不低于 800 mm，且呈“一”字形排列。

三、作业步骤

1. 避雷器本体外观检查

（1）检查避雷器本体无放电烧伤痕迹、主绝缘无破损、伞裙无龟裂、电气连接线夹无发热变色、烧伤现象。

（2）每次检查避雷器时，应使用清洁的抹布擦拭避雷器绝缘部分，对于使用复合材料的绝缘，不得使用有机溶液对其进行清洁。

（3）使用水平尺检查避雷器安装是否垂直，其底座肩架应水平安装。

2. 避雷器引线及空气间隙测量

避雷器的电气连接线为了满足其他设备受温度影响导致避雷器本体承受非正常张力，在安装电气连接线时就预留了一定的弛度。在测量避雷器空气间隙时，除避雷器本体与接地体间必须满足设计最小空气绝缘间隙外，其连接的电气线索（地线除外）必须考虑在最大风摆及线索最大偏移量时与接地体的最小空气绝缘间隙。

（1）避雷器引线的截面积及材质必须满足设计的最低标准。

（2）避雷器引线预留的裕度应满足被连接线索的温度变化曲线要求，且不得妨碍其他设备正常运行。

（3）避雷器引线不得有接头、断股、散股、烧伤等现象，股与股之间不透光，电连接线断一束（单丝 7 根）以上需进行更换。

3. 脱离器状态检查

脱离器是避雷器的一种附加装置，通常与避雷器串联（接在高压侧或接地侧）使用。

当避雷器正常运行通过瞬态电流泄放过电压能量时，脱离器应能承受，不会动作。当避雷器有故障时，脱离器应迅速动作，将与避雷器连接的高压线或接地线断开，使避雷器退出运行。脱离器动作后有明显的断开标识，便于迅速发现故障点。

（1）检查脱离器外观有无裂痕、龟裂、放电烧伤等情况。

（2）用万用表测量脱离器两端间的电阻，电阻值在 1 ~ 2 kΩ 为正常。

4. 监测器的检查

（1）检查监测器面罩有无破损，间隔绝缘部件有无裂纹、破损、烧伤等现象。

（2）检查监测器面罩有无裂纹、脏污、内部有无渗水等。

（3）监测器第一次投入使用 12 h 后，必须记录监测器的计数，以后每次检查均需记录。

（4）监测器带电侧的引线应使用带绝缘胶套，截面积 25 ~ 35 mm^2 的软铜绞线。其引线在支柱上应固定牢靠。H 型支柱应使用半圆卡子固定在预留孔的位置；等径圆杆使用不锈钢轧带每隔 1 500 mm 绑扎固定。

（5）监视器肩架安装在距离支柱基础面 1 800 mm 处，监测器面板所在平面与水平面之间的倾角应小于 85°，以免积水影响观测。

（6）避雷器投运前测量直流参考电压 U_{lm}A 值，其值不得小于 GB 11032 规定值。

（7）投运 3 ~ 5 年后，测量 U_{lm}A 值，其值与投运前所测值相比，变化不大于±5%。测量 $0.75U_{\mathrm{lm}}$A 下的泄漏电流，其值不得大于 30 μA。

5. 各连接零件检查

（1）各连接螺栓应采取防松措施（双螺母、防松螺母、螺母+开口销等形式）。

（2）肩架（托架）及避雷器本体的金属部件均应采取热浸镀锌或其他防腐措施。运行中的避雷器、肩架（托架）不得有锈蚀及变形现象。

（3）因施工或维修安装要求，需要重新钻孔或切割避雷器的肩架（托架），在切缝处必须采取防腐措施。

（4）每年汛期前应对避雷器的地线进行检查，主要检查其连接状态，接头处不得出现氧化锈蚀等现象。测量避雷器的接地电阻，其结果不得大于 10 Ω。

四、处理方法

1. 避雷器引线调整

避雷器引线受力过大时，会引起避雷器受力过大，甚至造成避雷器本体和肩架变形。可通过调整避雷器引线弛度，使引线不受到超过允许的外加应力。

（1）调整避雷器引线弛度，使引线连接端子不受到超过允许的外加应力。其他情况按照电连接器作业指导书检修。

（2）引线弛度过小，临时处理时可拆除引线，待新的引线按规定预制后，重新按标准进行安装。

（3）引线弛度过大，用铜承力索并沟线夹对引线在承力索侧进行并接，并注意观察弛度变化直至符合要求。

2. 计数器检测

计数器安装前其计数应在零位，如不在零位，需按以下办法调整：用 500 V 兆欧表对 600 V/10 F 的电容器充电稳定后；在保持兆欧表转速的情况下，断开充电回路；将充好电的电容器对计数器线圈两端放电 1 次，计数器计数应增加，连续试验 5 ~ 10 次，均能准确可靠动作，直至复零；如果动作指示不准确应及时更换。

3. 检查确认脱离器

热爆式脱离器损坏可能是避雷器本身故障所致，检查确认避雷器的状态不良时按照安装图更换避雷器，否则更换脱离器。

4. 检查接地连线

检查接地连线是否安装正确，接地线夹是否良好，连接是否牢固，紧固接地线夹螺栓并涂油。

5. 测试绝缘电阻

（1）先将引线拆除，用 2 500 V 兆欧表测量绝缘电阻值是否小于 10 000 MΩ（即兆欧）或与上次测量有无明显降低。记录 1 min 绝缘电阻值。

（2）用接地线对避雷器的两极充分放电。

（3）记录环境温度。

6. 测试接地电阻

用接地电阻测试仪测量接地极接地电阻。具体操作见接地电阻测量作手册。

五、注意事项

（1）避雷器不得任意拆开、破坏密封和损坏元件。

（2）安装时避雷器各连接处的金属接触表面应除去氧化膜及油漆，禁止使用有机溶剂和粗糙物擦洗避雷器的硅橡胶外套。

（3）避雷器引线连接不应使端子受到超过允许的外加应力。避雷器引线受力过大时，会引起避雷器受力过大，甚至造成避雷器本体和肩架变形。避雷器炸裂引线甩出后不得危及供电和行车安全。

（4）严格按照产品说明书要求安装脱离器，防止脱离器承受过大扭矩而损坏。

（5）氧化锌避雷器储存、运输时，应直立放置，不得倾斜、躺卧和受到冲击碰撞。安装使用前，应放在清洁、干燥的房间，不要受到腐蚀性气体或液体的侵蚀。

（6）雷电及避雷器带电运行时禁止相关作业。

（7）安装和检修时应避免硬物体碰击避雷器绝缘体表面。

【相关知识】

避雷器安装在接触网支柱上，与接触悬挂相连接，防止接触网遭受大气过电压、操作过电压侵害。大气过电压就是指接触网附近发生雷击时产生的过电压；操作过电压就是牵引供电设备（断路器分合、电容投撤等）操作时电磁波动产生的高电压。接触网上用的避雷器可分为氧化锌避雷器、管型避雷器和角隙避雷器等 3 种。

一、角隙避雷器

角隙避雷器由角形间隙、支持绝缘子、支持钢管及底座组成，并安装有动作记录器，其结构如图 5-4-1 所示。

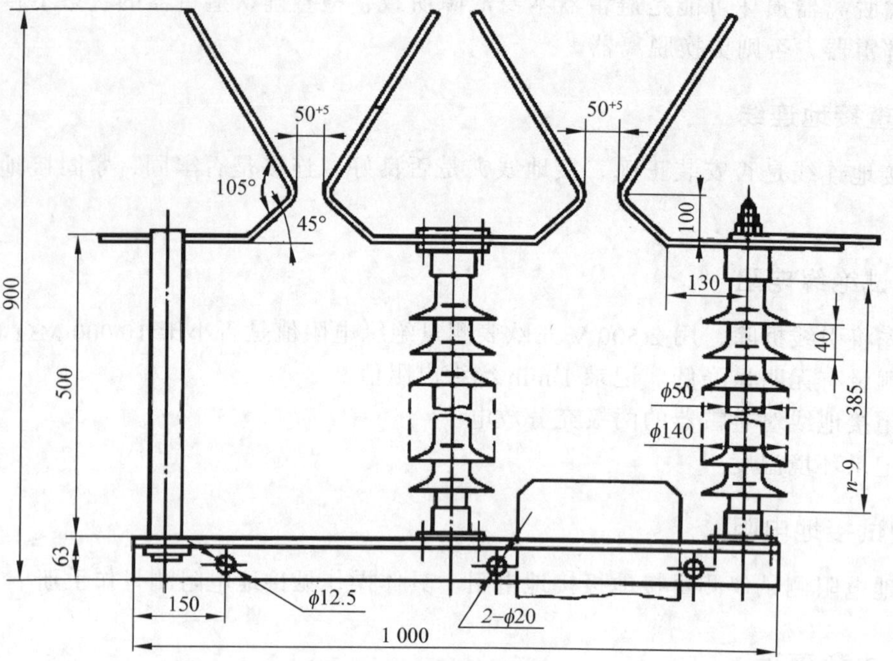

图 5-4-1　角隙避雷器结构

放电角形间隙是角隙避雷器的关键部分，它由两个串在一起的火花间隙组成，其中一个靠边的角固定在防污型支柱绝缘子上，用截面积不小于 25 mm^2 的钢绞线或 70 mm^2 的钢芯铝线将它连接到接触网，而另一个靠边的角则通过支持钢管和地线接到钢轨上（或架空地线上）。

当出现过电压时，角隙被击穿放电，电流被引入大地，此时角隙之间的电弧在电动力和上升的热气流作用下，自动沿着开放的角形导体向外拉长，弧柱迅速变细并在大气中冷却熄灭，使被保护设备（如接触网）恢复到正常工作状态。

角间隙避雷器一般安装在接触网支柱顶部，与线路成 45° ~ 90°形成一环线状，以便在放电时电动力效应得到充分发挥。也可安装在肩架上，其接地的角隙置于支柱侧，且避雷器与支柱间的距离不小于 1 m。

角间隙避雷器制作简单、安装方便、维护简便，使用寿命较长，但其保护效果不好，伏秒特性不易与被保护设备配合，动作后容易产生截波。

二、管型避雷器

管型避雷器由内部间隙、外部间隙和发生气体的管子组成。外部间隙由两个针尖相对的极棒构成，其作用是使避雷器在正常运行时，避免管子承受电压，防止管子表面长时间通过泄漏电流而引起破坏。其内部结构如图 5-4-2 所示，安装结构如图 5-4-3 所示。

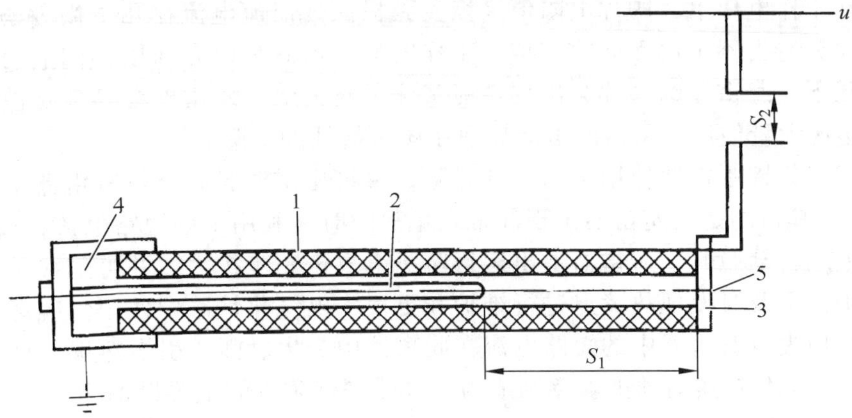

1—消弧管；2—棒电极；3—环形电极；4—储气室；5—开口。

图 5-4-2 管型避雷器原理结构

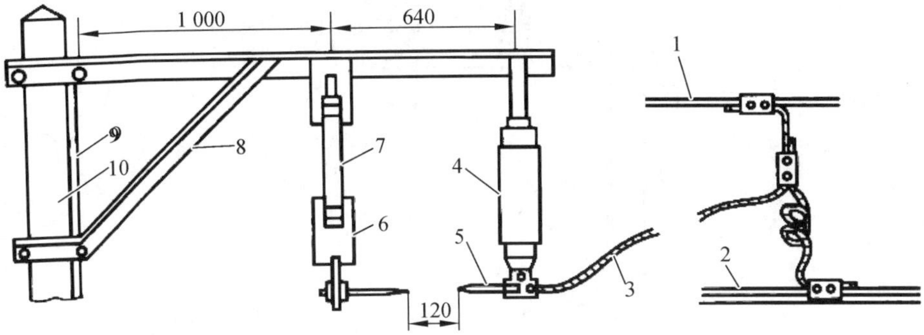

1—承力索；2—接触线；3—电连接线；4—棒式绝缘子；5—放电极棒；
6—棒调节极；7—管型避雷器；8—支架；9—地线；10—支柱。

图 5-4-3 管型避雷器的安装

管型避雷器内部间隙在管子里，由一个棒形电极和一个环形电极组成，管子是用棉花纤维制成的元棉纸加氯化锌胶液粘制成的，它一端封闭，另一端开有管口。当避雷器在大气过电压作用时，其外部间隙和内部间隙相继被击穿，在放电瞬间，强大的放电电流在内部间隙中产生高温电弧，管子内壁在高温电弧作用下融化，产生高压气体并从管口一端喷出，靠高压气体的流动将管内电弧吹灭，放电终止，使接触网恢复对地绝缘。因此管子和内部间隙的主要作用是灭弧，防止接触网 25 kV 的工作电压也通过避雷器而泄漏至大地。整个灭弧过程可 0.01 ~ 0.02 s 的时间内完成。

相比于角间隙避雷器，其具有吹弧能力，灭弧能力较强。但是其伏秒特性较陡，放电电压分散性大，不能与伏秒特性平直的变压器绝缘的绝缘配合，动作后也会产生截波。

三、氧化锌避雷器

氧化锌避雷器是性能优良的避雷器产品，由氧化锌非线性电阻阀片层叠而成。正常运行电压下，电阻片为高阻绝缘状态，使接触网对地绝缘；当避雷器上的过电压超过一定值时，避雷器阀片的电阻会变得很小，可以将雷电流导入大地，限制接触网上电压。当过电压消失后，在工作电压下，阀片电阻值又恢复到极大，泄流电流在几十微安级，不存在工频续流。氧化锌避雷器采用无间隙结构，工作时避雷器阀片没有和接触网通过气隙隔离，长期工作电压下，避雷器的阀片会出现性能劣化最终失效，避雷器会导致短路发生事故，这使得在重雷区大量使用避雷器时可能导致系统可靠性的下降。

为了规避氧化锌避雷器使用中的这种风险，可将避雷器脱离器与避雷器串联使用，如图 5-4-4 所示。其目的是当避雷器出现异常发生故障时，利用工频短路电流让脱离器动作，使脱离器接地端自动脱开，避雷器退出运行防止事故进一步扩大，并可形成可见性脱离标识，便于维护人员及时发现故障点进行维护和更换。电气化铁路中使用的脱离器多为热爆式脱离器，利用失效避雷器中的短路电流在脱离器中产生燃弧，引爆热爆元件来达到脱离的目的。因此，氧化锌避雷器能够逐渐成为电气化铁路防雷的主要设备。

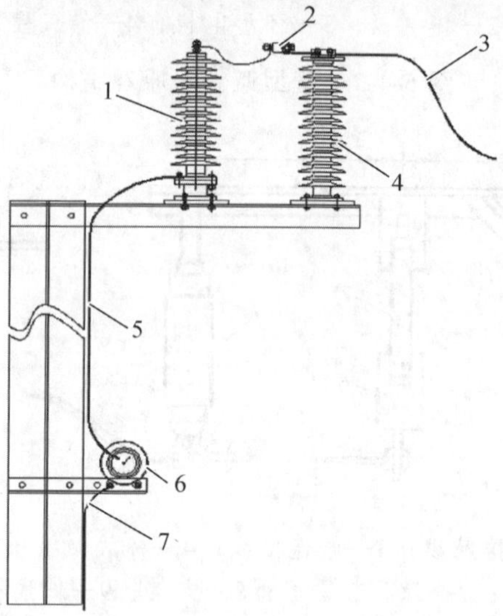

1—氧化锌避雷器；2—脱离器；3—避雷器引线；4—引线支持绝缘子；
5—监测器引线；6—监测器；7—监测地线。

图 5-4-4　避雷器脱离器与避雷器串联使用安装示意图

避雷器和脱离器的布置方式有水平布置和垂直布置两种。避雷器的底座上装设有辅助绝缘，其接地时通过中间法兰连接避雷器动作计数器后接地或接入综合接地系统。动作计数器在运行之前或运行 1 ~ 2 年后，应进行一次简易的检测，如测量直流电阻、动作性能等。

氧化锌避雷器具有优异的冲击大电流耐受能力、通流能力大、保护可靠、灭弧快、老化寿命长、免维护等优点，因而逐渐代替其他形式的避雷器，成为电气化铁路防雷的主要设备。

【评价反馈】

通过考核，评价学员对避雷器检修方法的掌握情况，评价标准可参考表 5-4-3。

表 5-4-3　考核评价表

项目及配分		考核内容及评分标准	扣分因素及扣分	得分
作业程序	70 分	1. 避雷器本体外观检查，方法不正确或漏做每项扣 5 分		
		2. 避雷器引线及空气间隙测量，方法不正确或漏做每项扣 5 分		
		3. 脱离器状态检查，方法不正确或漏做扣 5 分		
		4. 监测器的检查，方法不正确或漏做每项扣 5 分		
		5. 各连接零件检查，方法不正确或漏做每项扣 5 分		
		6. 测量避雷器的接地电阻，方法不正确或漏做扣 5 分		
		7. 能发现故障及隐患并进行处理，漏判、误判、处理不正确每项扣 10 分		
工具使用	10 分	1. 工具、材料未带齐 1 件扣 5 分		
		2. 工具使用不规范 1 次扣 5 分，损坏扣 10 分		
安全及其他	20 分	1. 上下配合不当 1 次扣 10 分		
		2. 出现伤害事故扣 41 分		
		3. 工具掉下或上抛 1 次扣 5 分		
		4. 安全带使用违章 1 次扣 10 分		
		5. 作业时间 40 min，超时 1 min 扣 2 分，超时 5 min 停止考核		
合计	100 分			

项目六

其他设备安装检修

任务一　绝缘子检修及清扫

【任务描述】

绝缘子是接触网中广泛应用的重要部件之一，用于悬吊和支持接触悬挂并使带电体与接地体保持绝缘。绝缘子在适用过程中承受的高电压、各种负载、振动以及环境污染等都会影响绝缘子的性能，因此要对绝缘子按周期进行检修。本任务的主要工作是按技术标准对绝缘子进行检查并对绝缘子常见故障进行处理。

【任务目标】

（1）掌握绝缘子的构造和分类。

（2）掌握悬式绝缘子和棒式绝缘子的规格型号。

（3）掌握绝缘子的检查和故障处理的方法。

【任务实施】

一、作业准备

（1）人员：6～8人。

（2）工、机具（见表6-1-1）。

表6-1-1　工、机具清单

序号	名称	规格型号	单位	数量	备注
1	兆欧表	2 500 V	台	1	
2	力矩扳手	0～100 N	把	2	配备对应套筒
3	断线钳	450 mm	把	1	
4	卡线器	3 t	套	2	
5	钢丝套		根	3	
6	滑轮		套	1	
7	工作绳	20 m	根	2	
8	毛巾		条	若干	

（3）材料、设备（见表 6-1-2）。

表 6-1-2 材料、设备清单

序号	名称	规格型号	单位	数量	备注
1	悬式绝缘子		片	根据工作量来定	
2	棒式硅胶绝缘子		根	根据工作量来定	
3	立柱式硅胶绝缘子		根	根据工作量来定	
4	绑扎线		kg	0.2	
5	承力索吊弦线夹		套	2	

二、技术标准

（1）接触网绝缘部件的泄漏距离，一般地区不小于 1 400 mm；污秽地区不小于 1 600 mm，当海拔超过 1 000 m 时上述泄漏距离要按规定加大。

（2）瓷绝缘子的瓷釉表面光滑，无裂纹，不应有缺釉、斑点、烧痕、气泡或瓷釉烧坏等现象。绝缘子表面无明显放电痕迹、无环状或贯通性裂纹，瓷釉剥落总面积不大于 300 mm^2。

（3）浇筑混凝土部分不得有松动和辐射状裂纹，金属连接件与瓷件结合紧密不松动，瓷件不得有裂纹。弹簧销弹力合适，厚度符合规定，有机绝缘部件无裂纹、破损，伞裙完好，连接件无电蚀。

（4）各悬式绝缘子间连接良好，弹簧销、开口销齐全。

（5）绝缘子本体线性良好，弯曲度不超过 1%。

（6）使用 2 500 V 兆欧表测量单片绝缘子的绝缘电阻不小于 500 MΩ。

（7）绝缘子裙边距接地体的距离应不小于表 6-1-3 中的数值。

表 6-1-3 绝缘子裙边距接地体的距离要求

绝缘子类别	距接地体距离	
	正常值/mm	困难值/mm
瓷及钢化玻璃悬式绝缘子	≥100	≥75
有机合成材料绝缘子	≥50	—

注：采用正常值确有困难时方可采用困难值。

三、作业步骤

（1）检查绝缘部件有无裂纹和破损，瓷绝缘子的瓷釉表面有无缺釉、斑点、烧痕、气泡或瓷釉烧坏等现象，瓷釉剥落总面积不大于 300 mm^2。

（2）绝缘部件的泄漏距离满足要求。

（3）检查绝缘子裙边距接地体的距离。

（4）检查绝缘子的连件部件状态是否良好，浇筑混凝土部分不得有松动和辐射状裂纹，金属连接件与瓷件结合紧密不松动，瓷件不得有裂纹。

（5）检查弹簧销弹力、材质、厚度是否符合规定。

（6）检查有机绝缘部件（硅橡胶绝缘子）有无裂纹、破损，伞裙破损，连接件电蚀的情况。

（7）检查绝缘子表面脏污情况。

四、处理方法

1. 清扫绝缘子

（1）瓷绝缘子表面脏污时，可用清水、中性清洗剂、毛巾擦拭干净。

（2）硅橡胶绝缘子脏污时进行检查、清扫，当有裂纹或破损时须更换。

2. 更换悬式绝缘子

（1）在绝缘子串两端适当位置安装好卡线器，连接钢丝套，收紧紧线器，使绝缘子串卸载。

（2）检查卸载工具受力正常后，拆除旧绝缘子串。

（3）安装新的绝缘子串或硅橡胶绝缘子。

（4）放松紧线器使绝缘子串受力，再次检查各部零件受力情况，紧固各部螺栓，拆除紧线器。

（5）更换横跨上下定位索分段绝缘子时，应注意对定位索的弛度调整。

（6）更换支柱上水平（铅垂）悬挂绝缘子时，在支柱（肩架）上打钢丝套，使用滑轮（组）或手扳葫芦进行卸载；作业车更换支柱上水平悬挂绝缘子时，作业平台升到合适位置，用顶杆顶到承力索座或勾头鞍子下部，使绝缘子卸载。

3. 更换支持绝缘子

（1）更换竖立安装的支持绝缘子时，将压线卡块及螺栓（绑扎线）卸下，抬出线索，拆卸绝缘子用绝缘绳将其放到地面。吊上新绝缘子并安装，将线索重新放入瓷柱顶上，有衬垫或预绞丝衬条的应先安装好，再安装压线卡块及螺栓（绑扎线）。

（2）更换侧面安装的支持绝缘子时，抬出线索后应用绝缘绳将其临时固定。其他步骤方法同上。

4. 更换棒式绝缘子

（1）更换作业时找准合适位置，用顶杆顶到承力索座或勾头鞍子下部，使绝缘子卸载。

（2）将棒式绝缘子穿钉及底座销钉卸掉，卸松压板螺栓。

① 平台上升顶出斜腕臂取出斜腕臂棒式绝缘子。

② 平台下降拉出平腕臂取出平腕臂棒式绝缘子。

③ 安装新棒式绝缘子，恢复承力索或接触线至初始状态，紧固各部螺栓。

五、注意事项

（1）高空作业时，操作人员安全带系在安全可靠的位置，不得系在需要卸载的物体上。

（2）更换供电线悬挂绝缘子时，操作人员不得坐在柱顶肩架上。

（3）作业平台由专人负责操作，向支柱侧旋转作业平台时应缓慢转动，平台不得紧靠支柱，距支柱不小于 200 mm。

（4）当曲线超高达 125 mm 及以上时，作业车原则上不得向曲线内侧旋转，必须向曲内转动时应采取车辆抓轨措施。

（5）绝缘子的连件部件不允许机械加工和热处理，不能敲击。

（6）硅橡胶绝缘清扫时，严禁使用带溶剂的各种清洗剂，可使用中性的清洗液（粉）。

【相关知识】

一、绝缘子的电气性能

接触网绝缘子一般安设在户外，其表面破损、脏污、受潮，受到各种机械力的作用以及绝缘子正常工作时承受着工作电压和各种过电压等，均会导致绝缘性能下降，产生沿表面的气体放电现象，通常称为沿面放电，这种放电发展到表层空气绝缘击穿时，称为闪络。绝缘子闪络会引起牵引变电所继电保护动作跳闸而中止供电。由于闪络后空气绝缘恢复，绝缘子瓷体尚未受到破坏，可维持使用，所以跳闸后往往能自动重合成功，恢复供电。但闪络后不及时处理则会引起绝缘老化，发生裂纹、渗水，使内部绝缘性能下降而引起再一次闪络。因而，绝缘子闪络后应及时清扫、更换。

绝缘子的电气性能常用干闪电压、湿闪电压、击穿电压和绝缘泄漏距离等表示。

（1）干闪电压：绝缘子表面干燥状态时，使其表面闪络所需的最低电压。

（2）湿闪电压：雨水降落方向与水平面成 45°角淋在绝缘子表面时，使其闪络的最低电压值。

（3）击穿电压：当绝缘老化，绝缘元件被破坏甚至炸裂完全失去绝缘性能称为绝缘子击穿。击穿电压是指绝缘子绝缘元件被击穿损坏而失去绝缘作用的最低电压。绝缘子击穿后应立即进行更换。

（4）绝缘泄漏距离：绝缘泄漏距离是指绝缘元件表面的曲线长度，即两电极间绝缘表面的爬电距离，俗称“爬距”。泄漏距离是反映绝缘子绝缘水平的重要参数，相同电压等级的绝缘子，其爬距越大，耐污性能越好。

接触网绝缘水平应符合如下规定：接触网的绝缘泄漏距离，轻污区不应小于 960 mm，重污区不应小于 1 200 mm；在实行 V 形天窗作业的复线电气化区段，上、下行正线间分段绝缘子串的绝缘泄漏距离可相应增大为 1 200 mm 和 1 600 mm；速度超过 300 km/h 的高速铁路，绝缘子选用泄漏距离一般不小于 1 400 mm。在有条件的车站，上下行正线间绝缘子串宜分段设置。在无确切污秽资料的条件下，应按重污区的要求设计。

二、绝缘子的结构及分类

1. 绝缘子的结构

绝缘子主要由钢连接件和绝缘部分组成，连接件为了方便和其他金具连接，有球头、球窝、单耳、双耳、圆管等多种类型。绝缘部分采用最广泛的是电瓷、钢化玻璃和复合材料。它们通过混凝土粘接或者压接的形式和钢连接件相连。

绝缘子除了起电气绝缘的作用，还要承受机械负载。在接触网中绝缘子承受接触悬挂的负载且经常受拉伸、压缩、弯曲、扭转、振动等机械力，在短路时又承受电动力，故在制造时其机械破坏负荷均应留有裕度，一般安全系数按 2.0～2.5 选取。

2. 绝缘子按结构分类

接触网常用的绝缘子按结构分成悬式绝缘子、棒式绝缘子及针式绝缘子三大类，按绝缘子表面泄漏距离又可分成普通型和防污型两种。

1）悬式绝缘子

悬式绝缘子使用最广泛，用量较多。悬式绝缘子主要用于绝缘承受张力的场合，如用于线索下锚、水平拉杆、软横跨绳索、隧道内悬挂、锚段关节以及馈电线、并联线等处的对地绝缘。

目前所采用的悬式绝缘子其机械破坏负荷分为 40 kN、70 kN、100 kN、160 kN 四级。电气化铁路中主要使用 40 kN、70 kN 级悬式绝缘子。悬式绝缘子结构如图 6-1-1 所示。

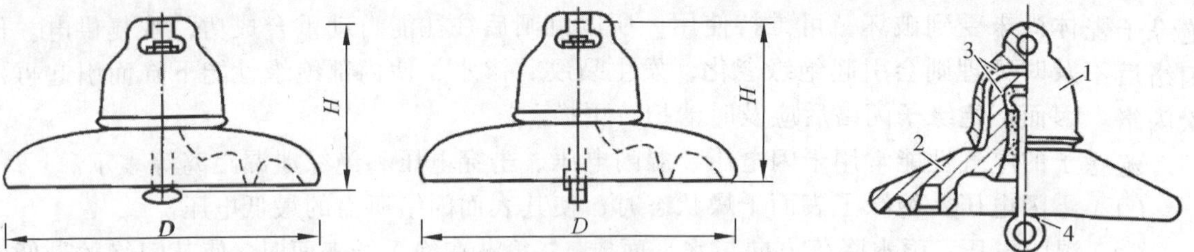

（a）杵头悬式绝缘子　　（b）耳环悬式绝缘子　　（c）绝缘子结构图

（d）绝缘子实物

1—钢帽；2—瓷体；3—混凝土浇筑物；4—耳环。

图 6-1-1　悬式绝缘子

2）棒式绝缘子

在需要承受压力、张力和弯矩的场合使用棒式绝缘子，电气化铁路接触网使用棒式绝缘子主要用于斜腕臂、压管、平腕臂及隧道定位和隧道悬挂等场合。绝缘子按安装方式分为悬挂、定位和腕臂支撑式三种。隧道用悬挂、定位式，区间、站场用腕臂支撑。

按绝缘子的使用环境又分为普通型和防污型两种。目前常用的棒式绝缘子为 QX、QB、

QXN、QBS、QBN 等几种型号。其型号表示方法如图 6-1-2 所示。

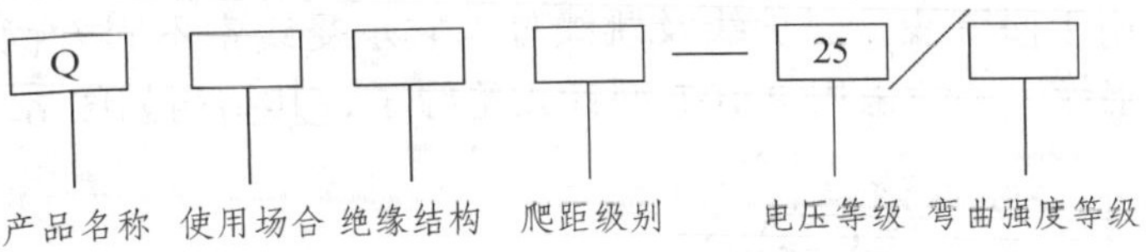

图 6-1-2　棒式绝缘子型号

符号含义如下：

产品名称：Q——交流电气化铁路用棒式瓷绝缘子。

使用场合：X——隧道悬挂；E——隧道定位；B——区间、站场腕臂支持。

绝缘结构：S——双重绝缘（单绝缘不表示）。

爬距级别：N——普通型，公称爬距 1 200 mm；J——绝缘加强型，公称爬距 1 400 mm；G——绝缘高度加强型，公称爬距 1 600 mm。

机械弯曲强度等级：无标注为 4 kN；8、12、16 分别表示 8 kN、12 kN、16 kN。金属附件内径均为 62 mm。机械强度较高的棒式绝缘子主要用于机械负载较大的高速电气化铁路。

例如，QBSJ-25/8 表示交流 25 kV 电气化铁路接触网腕臂双重绝缘普通型棒式瓷绝缘子，上金属附件管径为 62 mm，弯曲破坏负载为 8 kN。

棒式绝缘子结构如图 6-1-3 所示。

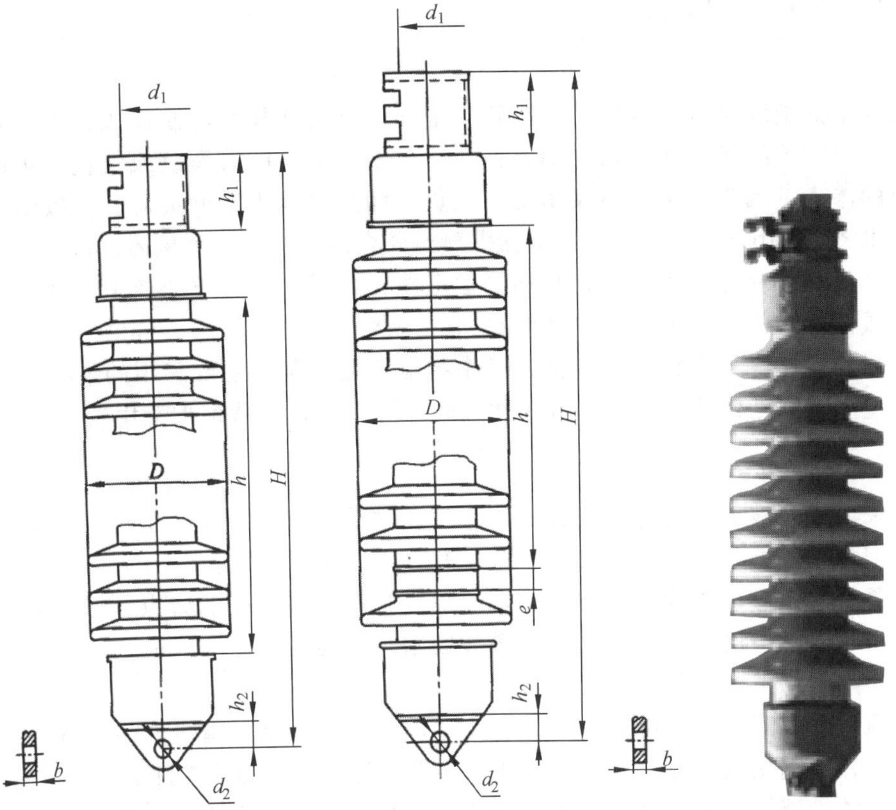

（a）普通绝缘　　（b）双重绝缘　　（c）绝缘子实物

图 6-1-3　棒式绝缘子外形示意图

3）针式绝缘子

针式绝缘子多用于回流线、保护线及跳线处，它承受线索不同方向的负荷，将线索固定，并对地起电气绝缘，一般采用 P-10T 型针式绝缘子，其结构如图 6-1-4 所示。

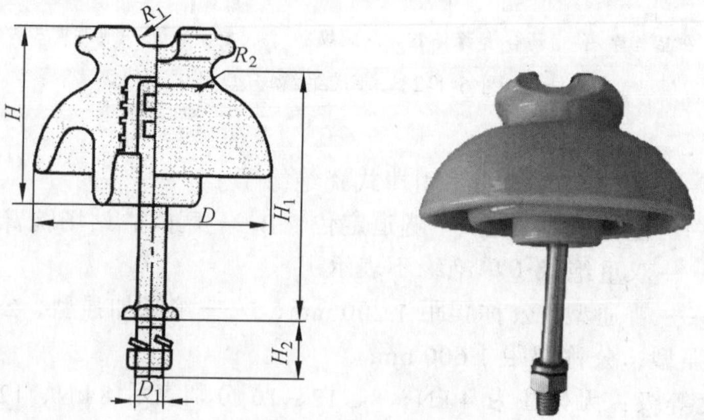

图 6-1-4　针式绝缘子

3. 绝缘子按材料分类

绝缘子按照材料进行分类主要有瓷绝缘子、钢化玻璃绝缘子与合成绝缘子三种，在我国电气化铁路中都有不同程度的应用。

1）瓷绝缘子

瓷绝缘子的绝缘材料是电瓷，即在瓷土中加入石英和长石烧制而成，表面涂有一层光滑的釉质。要求绝缘子质地紧密均匀，任何一个断面上不能有裂纹或气孔，表面涂釉后可防止水分的渗入。因为绝缘子不仅承受电气负荷而且要承受机械负荷，所以绝缘子的钢连接件和瓷体之间应用不低于 525 号硅酸盐混凝土胶合剂粘接成一个整体，以增加其机械强度。

电瓷材料具有良好的化学稳定性和热稳定性，几乎永不变质和老化，具有良好的电气性能和机械性能，是制造绝缘子的理想材料。绝缘子生产成本低，价格便宜，有良好的绝缘性能，耐热性能好，运行经验丰富，是中国电气化铁路中主要采用的绝缘子类型。其缺点是重量过重，缺乏弹性，防污和可靠性方面有待提高，运营维护费用较大。

2）钢化玻璃绝缘子

近年来，钢化玻璃悬式绝缘子在我国电气化铁路中有所应用。这种由铁帽、钢化玻璃绝缘件和钢脚组成，并用混凝土胶合剂胶合为一体，其特点如下。

（1）零值自破、便于检测：钢化玻璃绝缘子具有零值自破的特点，即当绝缘子失去绝缘性能或机械过负荷时，伞裙就会自动破裂脱落，容易发现，可及时进行更换。无须蹬杆逐片检测，降低了工人的劳动强度。

（2）耐电弧和耐振动性能好：在运行中，玻璃绝缘子遭受雷电烧伤的新表面仍是光滑的玻璃体，并有钢化内应力保护层，因此，它仍保持了足够的绝缘性能和机械强度。

（3）自洁性能好、不易老化：玻璃绝缘子不易积污、易于清扫，人工清扫的周期比瓷绝缘子长，降低了维护费用。对典型地区线路上的玻璃绝缘子定期取样测定运行后的机电性能，统计数据表明 35 年后的玻璃绝缘子的机电性能与出厂时的基本一致，未出现老化现象。

（4）主容量大，成串电压分布均匀：玻璃的介电常数可达 7～8，使玻璃绝缘子具有较大的主电容，成串的电压分布均匀，有利于降低导线侧和接地侧附近绝缘子所承受的电压，从而达到减少无线电干扰、降低电晕损耗和延长玻璃绝缘子寿命的目的。

限制钢化玻璃绝缘子推广使用的主要原因是其自爆率较高（0.02%～0.04%），会影响线路运行的可靠性。

3）复合绝缘子

复合绝缘子是较为理想的新型绝缘子。这种绝缘子的基本绝缘部分由芯棒和伞套组成，芯棒用玻璃纤维束经树脂浸渍而成，具有很高的抗拉强度；芯棒外部的护套和伞裙一般由硅橡胶或乙丙橡胶材料制成，护套包覆在芯棒外表面，一方面提供良好的绝缘性能，另一方面保护芯棒免受大气侵蚀。复合绝缘子在电气化领域按适用方式分为抗拉型的悬挂、耐张用和抗弯型的腕臂支撑用两种类型，分别称为复合棒形悬式绝缘子和复合棒形柱式绝缘子。其外形如图 6-1-5 所示。

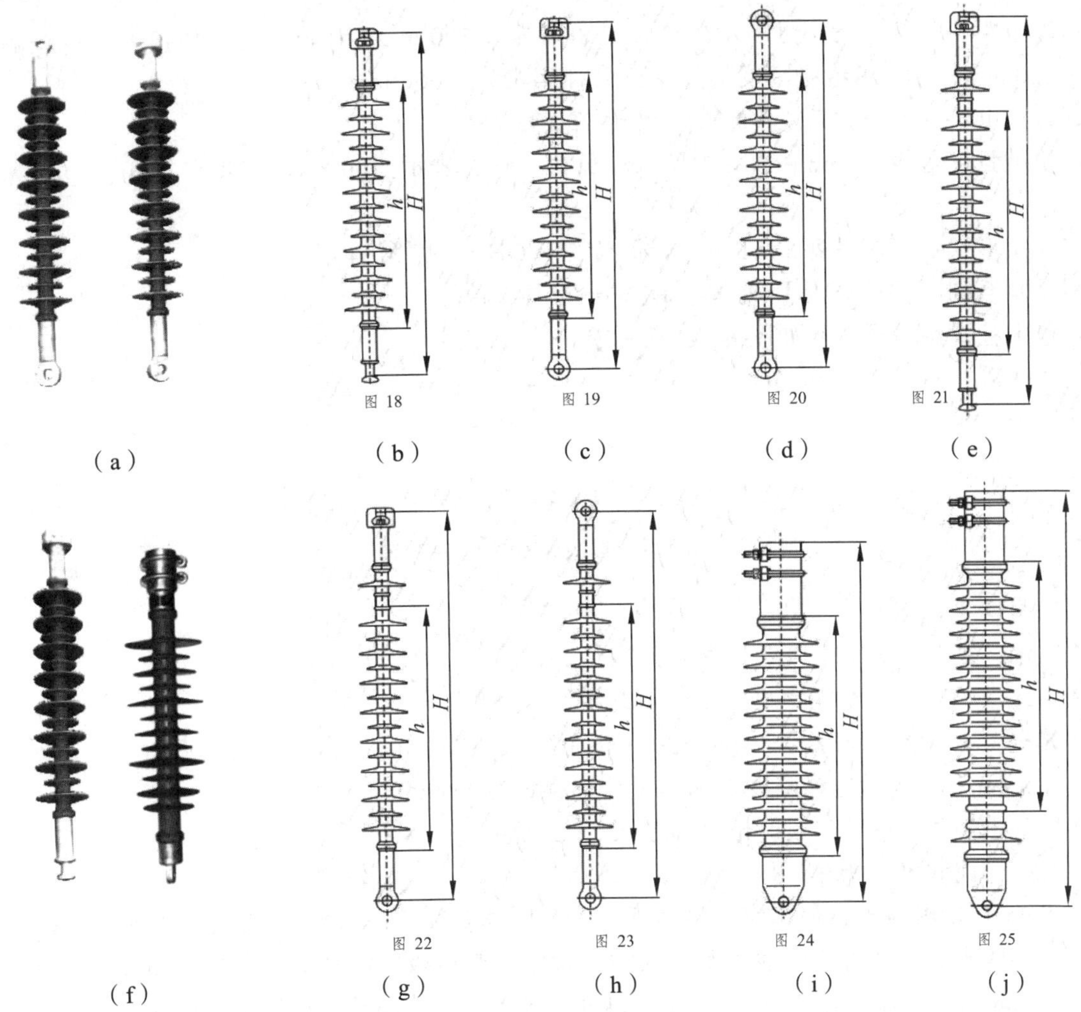

图 6-1-5　复合绝缘子

复合棒形悬式绝缘子的型号如图 6-1-6 所示。

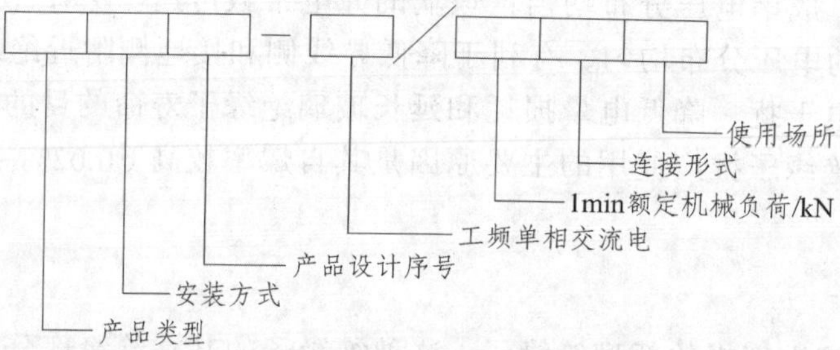

图 6-1-6　复合棒形悬式绝缘子型号

符号含义如下：

产品种类：F——复合材料；Q——电气化铁路用绝缘子。

安装方式：X——悬挂、耐张式；D——隧道定位式。

绝缘结构：单绝缘无字母表示，双绝缘用 S 表示。

爬电距离等级：无字母表示公称爬电距离为 1 200 mm；J 表示绝缘加强型，公称爬距为 1 400 mm；G 表示绝缘高度加强型，公称爬距为 1 600 mm。

标称电压：25——工频单相交流电压 25 kV。

机械强度等级：1 min 额定机械拉伸负荷，100 表示 100 kN，主要有 100、120、160 三级。

连接形式：球窝系列，QT——帽窝-球头；QH——帽窝-单耳。

单耳系列，HH——单耳-单耳；HY——单耳-圆管。

棒形柱式绝缘子型号如图 6-1-7 所示。

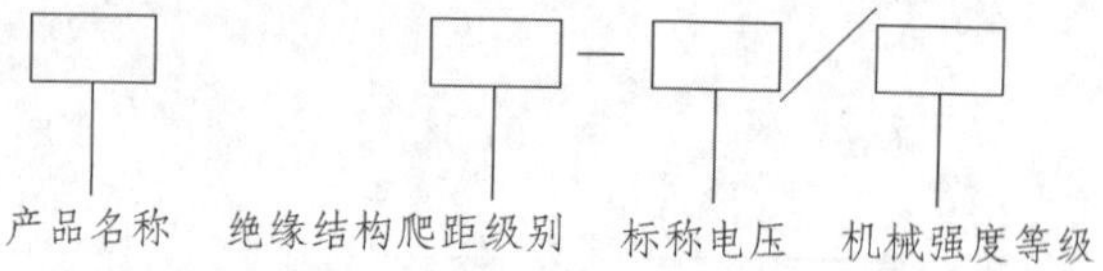

图 6-1-7　棒形柱式绝缘子型号

符号含义如下：

FQB：复合材料，电气化铁路腕臂用绝缘子。

绝缘结构：单绝缘无字母表示，双绝缘用 S 表示。

爬电距离等级：无字母表示公称爬电距离为 1 200 mm；J 表示绝缘加强型，公称爬距为 1 400 mm；G 表示绝缘高度加强型，公称爬距为 1 600 mm。

标称电压：25——工频单相交流电压 25 kV。

机械弯曲强度等级——8、12、16（kN）。

当 FQB 型绝缘子在腕臂应用中处于拉伸状态时，为了防止腕臂抽脱事故的发生，需要在靠近绝缘子金属附件安装插孔断口处的 U 形卡箍凸压板的内侧带有直径为 14 mm 长度不小于 5 mm 的圆锥体销钉，在 12 kN、16 kN 绝缘子上，使用长圆销钉来连接。

三、绝缘子的防污

绝缘子表面污秽的主要原因有：环境污染，货物装载运行中煤、炭、化学粉尘，内燃电力混合牵引时内燃机排放的烟尘，列车闸瓦磨损产生的金属屑等。接触网绝缘子表面污秽造成闪络的事故频繁发生，而接触网中绝缘子安设高度又比一般输电线路低，污染就更严重，绝缘子污闪问题已成为影响接触网供电可靠性的重要因素。

目前，为了解决污闪问题主要措施如下。

（1）采用防污绝缘子，对减少绝缘子污闪事故效果显著，如目前大量推广采用的 XWP-60 型防污绝缘子（又称双伞绝缘子）、NGK 防污绝缘子和 LXWP 型钢化玻璃绝缘子都具有良好的防污闪性能。其结构分别如图 6-1-8 所示，主要技术特性见表 6-1-4。

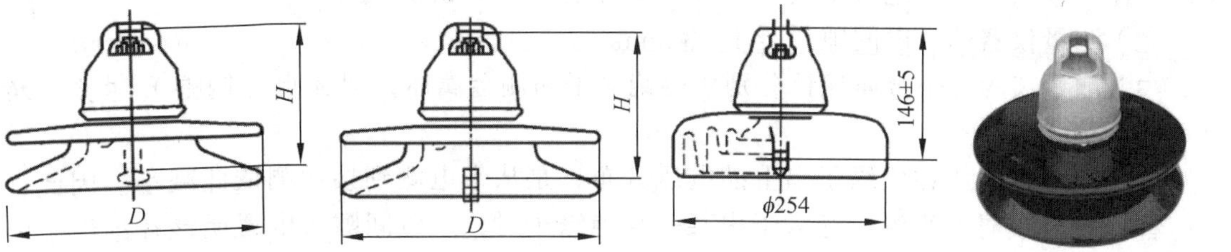

（a）杵头式绝缘子　（b）耳环悬式绝缘子　（c）NGK 悬式绝缘子　（d）悬式绝缘子实物

图 6-1-8　防污绝缘子结构

表 6-1-4　防污绝缘子主要技术参数

型号	工频闪络电压有效值/kV		工频击穿电压有效值/kV	50%全波冲击闪烁电压（幅值）/kV	机械负荷/kN		泄漏距离/mm	质量/kg
	干	湿			1 h	破坏		
XWP_2-6	90	45	110	130	45	60	400	5.5
XWP_2-6T	90	45	110	130	45	60	400	5.5
NGK 普通	75	45	110	120	57	70	292	
NGK 防污	90	50	135	135	68	80	432	

（2）采用半导体釉绝缘子，可以大幅延长绝缘子清扫周期，提高供电的可靠性，试用效果良好。但也存在泄漏电流较大、半导体釉面易腐蚀等缺点。

（3）采用新型复合绝缘子。

（4）在绝缘子表面涂憎水性油脂，如硅橡胶防污涂料等。

（5）除以上措施以外，增加绝缘子表面的泄漏距离（爬距）、片数，合理安排清算周期等都可以有效提高绝缘子绝缘可靠性。

四、绝缘子电压分布测量

绝缘子的电气性能随着使用时间的推移，其绝缘强度会逐渐下降。因此，在使用中每年至少应进行一次绝缘子电压分布测量，以检查绝缘子绝缘性能是否正常可靠，方法如图 6-1-9 所示。

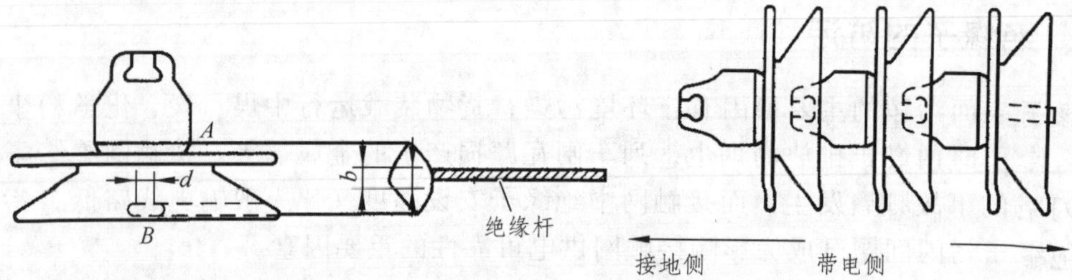

图 6-1-9　绝缘子电压分布测量示意图

电压分布测量要求：

（1）用电压分布测量仪器进行，绝缘杆要有足够的绝缘长度，其长度不得小于 1 000 mm，保证人体（包括所持非绝缘工具）距带电设备不得小于 600 mm。

（2）测量仪器的放电间隙调至 1 ~ 3 mm。

（3）测量仪的 2 个金属探针分别接触绝缘子两侧金属体，即 *A* 点（钢帽）、*B* 点（杵头或耳环）。

（4）接触网电压在绝缘子串上的电压分布，是从带电侧到接地侧依此减小。因此，放电声音也相对减弱。当测量绝缘子串某一片绝缘子时，放电间隙放电说明该片绝缘子电气性能合格；在《绝缘子电压分布记录》的“电压分布”栏填写“合格”。否则为不合格，在“电压分布栏”填写“不合格”。《绝缘子电压分布记录》格式见表 6-1-5。

表 6-1-5　绝缘子电压分布记录

支柱（隧道及悬挂点）号	绝缘子类型	电压分布（自接地侧依次）/kV				
		1	2	3	4	5

（5）测量绝缘子串电压分布时，应从接地侧依此向带电侧测量，当 3 片一组中有 1 片，4 片一组中有 2 片绝缘子无间隙放电时，即停止测量，以保证设备运行和测量人员的安全。

五、绝缘子清扫方法

在潮湿天气情况下，脏污的绝缘子易发生闪络放电，所以必须清扫干净，恢复原有绝缘水平。一般地区一年清扫 1 次，污秽区每年清扫 2 次（雾季前进行 1 次）。

1. 停电清扫

停电清扫就是在线路停电以后工人登杆用抹布擦拭。如擦不净时，可用湿布擦，也可以用洗涤剂擦洗。如果还擦洗不净，则应更换绝缘子或换合成绝缘子

2. 不停电清扫

一般是利用装有毛刷或绑以棉纱的绝缘杆，在运行线路上擦绝缘子。所使用绝缘杆的电气性能及有效长度、人与带电部分的距离，都应符合相应电压等级的规定，操作时必须有专人监护。

3. 带电水冲洗

带电水冲洗有大水冲和小水冲两种方法。冲洗用水、操作杆有效长度、人与带电部距离等必须符合业规程要求。

【评价反馈】

通过考核，评价学员对接触网绝缘子检调方法的掌握情况，评价标准可参考表 6-1-6。

表 6-1-6　考核评价表

内容	评分标准	操作情况	扣分情况	备注
时间	规定时限 40 min，每超时 1 min 扣 1 分，超过 5 min 失格			
料具准备（10 分）	要求工具符合要求，用前需做绝缘摇测，否则扣 10 分			
质量要求（60 分）	1. 绝缘子外观检查内容完整、正确，每缺一项扣 5 分			
	2. 检查泄漏距离、裙边距接地体的距离，漏检或方法不正确每项扣 5 分			
	3. 检查连件部件状态，漏检或方法不正确扣 5 分			
	4. 检查弹簧销弹力、材质、厚度，漏检或方法不正确扣 5 分			
	5. 检查有机绝缘部件（硅橡胶绝缘子）有无裂纹、破损，伞裙破损，连接件电蚀的情况，漏检或方法不正确每项扣 5 分			
	6. 清扫绝缘子方法正确，漏扫或方法不正确扣 5 分			
	7. 更换悬式绝缘子方法正确，方法不正确扣 5 分			
	8. 更换支持绝缘子方法正确，方法不正确扣 5 分			
	9. 更换棒式绝缘子方法正确，方法不正确扣 5 分			
	备注：扣完配分失格			
安全（20 分）	1. 作业中出现一般违章现象每次扣 5 分			
	2. 作业时用手及其他金属物件短接绝缘测量杆有效部分扣 20 分			
	3. 测量时短接轨道电路每次扣 5 分			
文明作业（10 分）	1. 作业时必佩戴的个人工具、劳保用具、安全用具每缺一件扣 5 分			
	2. 作业中出现不文明语言或动作每次扣 5 分			
	3. 作业完毕，料具有一件不归位扣 2 分			
总分				

任务二　接触网附加导线的检修

【任务描述】

附加导线在接触网中只起电气连接作用而无机械状态和空间位置的变化，但是附加导线为完善牵引供电系统，提高供电系统起着非常重要的作用。本任务的主要内容就是根据技术标准的要求对供电线、保护线、正馈线、架空地线、接捷线、加强线、回流线等接触网的附加导线进行检查和常见故障处理。

【任务目标】

（1）掌握解接触网附加导线的类型及作用。
（2）掌握常用附加导线的技术标准。
（3）掌握常用附加导线的检修方法及作业程序。

【任务实施】

一、作业准备

（1）人员：车梯作业不少于 12 人，作业车作业不少于 9 人（不含驾驶员）。
（2）工、机具（见表 6-2-1）。

表 6-2-1　工、机具清单

序号	工具名称	型号	单位	数量
1	作业车（车梯）		台	1
2	力矩扳手		把	2
3	单滑轮		套	1
4	钢卷尺	3～5 m	个	1
5	皮尺	50 m	个	1
6	激光测量仪		台	1
7	油刷		个	2

（3）材料（见表 6-2-2）。

表 6-2-2　材料清单

序号	材料名称	型号	单位	数量
1	绑扎线	ϕ1.6	kg	0.5
2	弹簧销		个	5
3	开口销		个	5
4	销钉		个	5

续表

序号	材料名称	型号	单位	数量
5	螺母		个	5
6	垫片		个	5
7	试温片		版	1
8	防腐油		包	2

二、检修标准

1. 通用标准

（1）附加线索肩架、底座槽钢（横担）、柱顶肩架等应按设计位置安装牢固，安装完毕呈水平状态，允许偏差为+50 mm。

（2）张力和弛度符合安装曲线的要求，误差不大于±10%。支柱同一侧悬挂为不同线径及材质的导线时，导线的弛度应以其中弛度较大的导线为准。

（3）跨越铁路和一、二级公路以及重要的通航河流时，导线不得有接头。不同金属、不同规格、不同绞制方向的导线严禁在跨距内做接头。跨越或接近铁路、公路、电力线、弱电线路、河流时应符合电业部门的有关规定。

（4）接头及损伤。

①高速铁路区段：

a. 跨越铁路，一、二级公路，重要通航河流时，附加导线不得有接头。不同金属、不同规格、不同绞制方向的导线严禁直接进行接头。

b. 一个耐张段内接头不得超过 1 个。耐张段长度不超过 150 m 时，严禁接头；超过 500 m 时，接头距悬挂点的距离应大于 500 mm。

c. 一个耐张段内接头、断股和补强线段的总数量不得超过下列规定。

标准值：0 处。

标准状态：0 处。

警示值：2 处。

限界值：4 处。

d. 附加导线不得跨越屋顶为易燃材料的建筑物；对耐火屋顶的建筑物也要尽量避免跨越，若必须跨越时，其距建筑物的距离要符合本条第（四）项的规定，且跨越的跨距内不得有接头、断股和补强。

e. 附加导线不得散股，损伤断股标准如下。

标准值：无损伤。

标准状态：无损伤。

警示值：无断股。

限界值：断股。

铝导线断 3 股及以下时，可用预绞丝接续条或铝绑线绑扎补强，缠绕方向与被接续导线外层绞向一致，绑扎长度超出缺陷部分 30～50 mm；断 3 股以上时，应重新制作接头或更换。

钢芯铝绞线的钢芯断股或损伤时应重新制作接头或更换。

钢芯铝绞线与绝缘子或金具的固定处缠绕铝包带时，应密贴缠绕，不得重叠，绕向与导线绕向一致，绑扎长度为 200 mm。

f. 附加导线在接头、下锚和补强处所采用预绞丝护线条时，预绞丝护线条的型号、规格应与附加导线材质相匹配，缠绕方向与附加导线绞向一致。接续时，其缠绕长度、机械性能符合设计要求，接续点处导电性能不低于被接续导线。

② 普速铁路区段：

a. 跨越铁路，一、二级公路，重要通航河流时，附加导线不得有接头。不同金属、不同规格、不同绞制方向的导线严禁直接进行接头。

b. 一个跨距内一根导线的接头不得超过 1 处。一个耐张段内附加导线接头、断股和补强线段的总数量不得超过下列规定，且接头距悬挂点的距离应大于 500 mm：

耐张段长度在 800 m 及以下者。

标准值：0 处。

标准状态：0 处。

警示值：2 处。

限界值：4 处。

耐张段长度超过 800 m 者。

标准值：0。

标准状态：0 处。

警示值：4 处。

限界值：8 处。

c. 附加导线不得散股，损伤断股标准如下。

标准值：无损伤。

标准状态：无损伤。

警示值：无断股。

限界值：断股。

铝绞线和钢芯铝绞线的铝线断股、损伤 3 股及以下时，可用预绞丝接续条或铝绑线绑扎补强，缠绕方向与被接续导线外层绞向一致，绑扎长度超出缺陷部分 30 ~ 50 mm；当断股、损伤 3 股以上、7 股以下时，应采用同材质导线进行补强；当断股、损伤 7 股及以上时，应重新制作接头或更换。

钢芯铝绞线的钢芯断股或损伤时应重新制作接头或更换。

钢芯铝绞线与绝缘子或金具的固定处缠绕铝包带时，应密贴缠绕，不得重叠，绕向与导线绕向一致，绑扎长度为 200 mm。

d. 附加导线在接头、下锚和补强处所采用预绞丝护线条时，预绞丝护线条的型号、规格应与附加导线材质相匹配，缠绕方向与附加导线绞向一致。接续时，其缠绕长度、机械性能符合设计要求，接续点处导电性能不低于被接续导线。

（5）附加导线不得跨越屋顶为易燃材料的建筑物；对耐火屋顶的建筑物也要尽量避免跨越，若必须跨越时，其距建筑物的距离要符合本款第（7）项的规定，且跨越的跨距内不得有接头、断股和补强。

（6）附加导线不得有散股、硬弯和烧伤，安装牢固。导线采用钢芯铝绞线时，其钢芯不许折断。铝绞线和钢芯铝绞线的铝线断股、损伤截面积不得超过铝截面的 7%，且载流量和机械强度能满足要求时，可将断股处磨平用同材质的绑线扎紧，绑扎长度超出缺陷部分 30 ~ 50 mm；当断股损伤截面为 7% ~ 25%时，应进行补强；当断股截面超过 25%时，应锯断做接头或更换。

（7）附加导线对地面及相互间的距离在任何情况下不应小于表 6-2-3 的数值。

表 6-2-3　附加导线对地面及相互间的距离　　单位：mm

序号	有关情况		供电线、正馈线、捷接线、加强线	保护线、回流线、架空地线
1	导线在最大弛度时距地面高度	居民区及车站站台处	7 000	6 000
		非居民区	6 000	5 000
		车辆、农业机械不能到达的山坡、峭壁和岩石	5 000	4 000
2	导线距离峭壁挡土墙和岩石	无风时	1 000	500
		计算最大风偏时	300	75
3	导线跨越铁路时	跨越非电化股道（对轨面）	7 500	7 500
		跨越不同回路电化股道（对承力索或无承力索时对接触线）	3 000	2 000
4	不同相或不同供电分段两导线悬挂点间距离	水平排列	2 400	—
		垂直排列，上方为供电线，下方为供电线或回流线	2 000	—
5	与建筑物间的最小距离	导线与建筑物间最小垂直距离（计算最大弛度时）	4 000	2 500
		导线对建筑物最小水平距离（计算最大风速时）	3 000	1 000

（8）绝缘距离符合表 6-2-4 要求。

表 6-2-4　附加导线绝缘距离　　单位：mm

附加导线类别	标准值	安全值	限界值
供电线、加强线、捷接线、正馈线带电部分距接地体的最小距离	设计值	≥300	≥240
回流线、保护线、架空地线距接地体或桥梁及隧道壁的最小距离	设计值	≥150	≥75

当海拔高度超过 1 000 m 时，上述距离应按规定加大。

（9）当附加导线与接触网同杆合架时，其供电线、加强线、正馈线带电部分与支柱边沿的距离应不小于 1 m；回流线、保护线、架空地线应不小于 0.8 m。不同相或不同供电分段两导线悬挂点间水平距离不小于 2 400 mm，垂直排列时，上方为供电线，下方为供电线或回流线，垂直距离不小于 2 000 mm。

（10）并沟线夹、电连接线夹、设备线夹与导线连接面平整光洁，不得有烧伤和损坏，并涂有一层电力复合脂，连接应密贴牢固，螺栓紧固力矩应符合设计要求。肩架安装位置正确、安装牢固、呈水平状态。肩架位置的误差为+50 mm。

2. 单项工艺标准

1）供电线（AF 线）

供电线肩架上（或供电线上）应安装供电臂名称标识牌，安装应牢固可靠，防止因一端脱落短接绝缘子或造成绝缘距离不足。

2）吸上线

（1）吸上线安装位置应符合设计要求。电缆截面应满足回流要求，外露部分电缆护管应无损伤。吸上线埋入地下时，埋深不少于 300 mm。穿过钢轨、桥台时应采取防护措施。

（2）吸上线电缆与回流线（保护线）、扼流变压器（或空心线圈 SVAC）连接处应连接牢固，接触良好，并涂电力复合脂，粘贴示温片。

（3）吸上线电缆沿地面、支柱的敷设必须密贴、牢固。

（4）吸上线与回流线（保护线）连接时，距悬挂点的距离应符合设计要求。

（5）全自动闭塞区段，吸上线下端必须通过扼流变连接，半自动闭塞区段，严禁吸上线下端与钢轨直接相连，宜通过空扼流变进行连接。

3）架空地线

架空地线安装位置规定如下。

（1）无法安装接地极独立接地的位置，如桥梁钢柱的接地。

（2）轨道电路区段。

（3）独立接地经常被盗的处所。

三、作业步骤

1. 供电线检查

（1）检查供电线是否有断股、散股、烧伤，各导电连接部分是否明显松动，有无发热现象；绝缘子是否有闪络和破损。

（2）目测供电线与铁路、公路、电力线、弱电线路、河流、地面、树木、建筑物、山坡、峭壁、岩石、接触网及杆塔的最小距离是否符合规定。

（3）检查供电线弛度是否符合要求，接头个数是否超标。

（4）检查连接线夹处测温片是否变色。

（5）检查供电线悬挂方式是否符合要求（原则上，供电线悬挂应尽量采用悬吊式），检查悬挂部分，防腐涂油是否良好，金具有无锈蚀、烧伤，绝缘子是否清洁、有无破损。

（6）检查线索本体有无锈蚀、断股。

（7）检查螺母及销钉是否齐全，螺栓紧固力矩和开口销安装符合要求。用力矩扳手按标准力矩检查各部螺栓。

（8）检查供电臂标识是否齐全，供电臂名称是否与实际相符，安装是否牢固。

2. 回流线检查

（1）检查回流线是否有断股、散股、烧伤，各导电连接部分是否明显松动，有无发热现象；绝缘子是否有闪络和破损。

（2）目测回流线与铁路、公路、电力线、弱电线路、河流、地面、树木、建筑物、山坡、峭壁、岩石、接触网及杆塔的最小距离是否符合规定。

（3）检查回流线弛度是否符合要求，接头个数是否超标。

（4）检查连接线夹处测温片是否变色。

（5）检查支持部分，防腐涂油是否良好，金具有无锈蚀、烧伤，绝缘子是否清洁、有无破损、松动。

（6）检查线索本体有无锈蚀、断股。

（7）检查螺母及销钉是否齐全，螺栓紧固力矩和开口销安装符合要求。用力矩扳手按标准力矩检查各部螺栓。

（8）检查回流线跳线与下锚拉线的空间距离在动态情况下是否满足要求。

3. 吸上线检查

（1）检查设备线夹是否悬空（是否被道砟或其他杂物顶住，防止列车通过时振动损坏设备线夹）。

（2）检查设备线夹与钢轨连接是否稳固，是否有烧伤痕迹。塞钉线有无烧伤、断股，与钢轨及设备线夹是否连接可靠。

（3）检查吸上线电缆是否完好，有无损伤。

（4）检查并沟线夹紧固力矩是否符合要求，有无裂纹、锈蚀。

（5）采用接地极进行回流线接地的方式，每年进行一次接地电阻的测试，接地电阻不大于 10 Ω。

4. 架空地线

（1）检查各部金具有无磨损、锈蚀、变形。

（2）检查架空地线与接触网部件连接部件是否良好。

（3）架空地线集中接地极连接良好，每年测试接地电阻 1 次。

（4）检查线索有无锈蚀、断股及烧损现象。

（5）检查线索接续处有无接触不良发热现象。

（6）检查线索弛度是否适当。

（7）检查各种交叉跨越、平行接近距离是否符合规定，注意架空地线附近是否有危树。

四、处理方法

（1）铝绞线和钢芯铝绞线的铝线断股、损伤面积小于铝截面的 7%时，可将断股处磨平并用铝线扎紧。

（2）断股、损伤面积达 7%～25%时，要进行补强。附加导线补强人员对断股位置进行绑扎、补强，先把散股的索线按原来绕向重新缠绕后，再用铝绑带绑扎，将预制的补强线与其紧贴后，在断头两侧分别正反安装补强线夹各 2 个，用铝绑线带将补强线的两端头分别与附加导线进行绑扎。在作业机具受限制情况下，人员可上支柱放下附加悬挂线索，直至线索完全落地。

（3）断股、损伤面积超过 25%时，必须切断做接头或更换。需要局部更换，弛度调整时：

① 根据做两个接头的需要，用手扳葫芦收紧，使要切断部分卸载，切断旧线。

② 把线索搭接部分和钳接管内壁清洗干净，并涂上导电膏。

③ 将新旧线索从钳接管两端插入（并嵌入相应规格的铝压条），线索的两端头必须分别露出管外 20 mm。

④ 铝绞线时，用压接钳从钳接管的一端开始，上下交错地压向管的另一端，钢芯铝绞线时，从管的中间开始，依次上、下交错地压向一端，压完后再压向另一端，如图 6-2-1 所示。

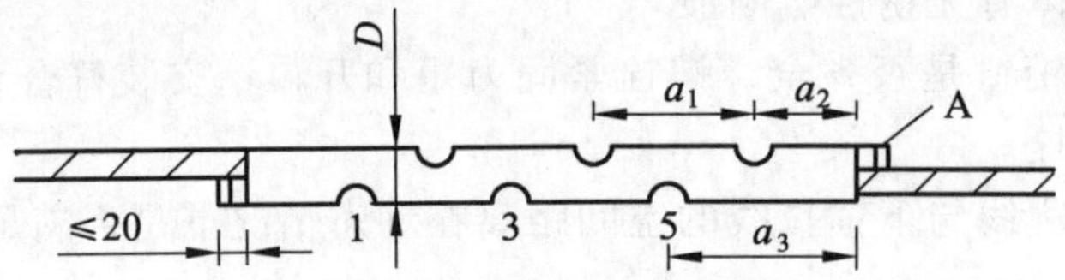

（a）铝绞线及铜绞线

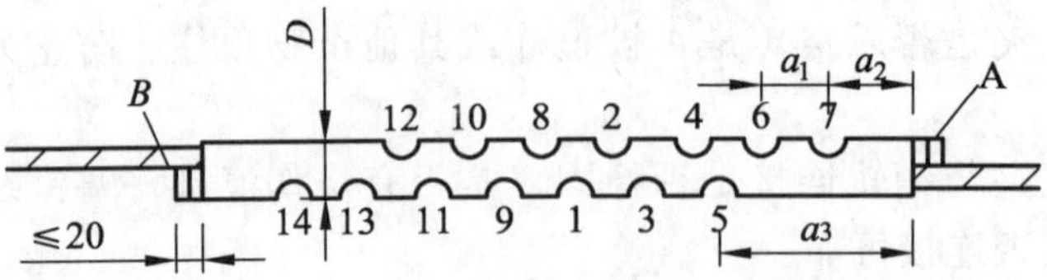

（b）钢芯铝绞线

图 6-2-1　直线连接管钳压操作示意

⑤ 钳接管两端的第一个压坑必须在线索的短头侧，钢芯铝绞线短头侧应压 2 个坑，压接后管的两端涂红丹漆。

⑥ 钳接管在压接发生弯曲时，其弯曲度不得大于 1%，如弯曲度在 1%～3%时用橡胶锤轻轻敲击校直，敲击时必须垫木垫，禁止用锤直接在钳接管上敲打，如弯曲度已大于 3%或压接后与压弯校直后钳接管发生裂纹时，必须切断重接，钳接管两端的线索不得有鼓包。

⑦ 松开手扳葫芦，检查压接部分有无抽脱，确认良好后，将线索恢复至相应的附加悬挂固定点。

（4）回流线被盗的临时处理措施：回流线被盗后，为防止支柱倾倒，应在被盗跨距内的 2 根支柱上加装拉线；同时，检查飞起的断头是否存在侵界可能，如可能侵界，应进行绑扎。

五、注意事项

（1）吸上线原则上均应停电检修，单线区段，吸上线与钢轨连接部分的检修可采用远离作业方式进行，但必须设置旁路措施（短接线应采用不小于 25 mm² 软铜绞线），且操作人员必须戴绝缘手套。

（2）V 形天窗检修吸上线、回流线（含架空地线与回流线并用区段）时不得开路，如必须进行断开回路的作业，则必须在断开前使用截面积不小于 25 mm^2 裸铜软绞线短接线先进行短接后，方可作业（具体见 V 停作业指导书）。

（3）在变电所、分区亭、AT 所处进行吸上线检修时必须利用垂直天窗。吸上线与扼流变中性点连接点的检修，不得进行拆卸，防止造成回流回路开路。确需拆卸处理时，必须采取旁路措施，必要时请电务部门配合。

（4）作业人员在检修附加导线作业时，杆上人员应将安全带打在牢固的构件上，防止高空坠落。

【相关知识】

接触网的附加导线包括供电线、保护线、正馈线、架空地线、捷接线、加强线、回流线等。各种附加导线并不同时出现在一种供电方式中，而是因供电方式的不同以不同的组合形式出现。附加导线的特点是工作时只起电气连接作用而无机械状态和空间位置的变化。有些线只有在事故状态下才起作用。附加导线是为了供电系统的完善、有利于供电质量的提高和减小对相邻系统的不良影响而设置的，是保证供电系统可靠运行和维持良好的供电质量不可缺少的组成部分。

一、供电线

供电线有时又称馈电线，用 F 表示，它是牵引变电所、分区所、开闭所与接触网连接的线路。其作用是将牵引变电所的电能输送到接触网上，一般送至接触网电分相两侧。供电线与接触网同杆架设在支柱田野侧，当有正馈线和回流线同杆架设时，供电线悬挂在最高处。

供电线的截面积要根据通过电流的大小来决定，目前常采用 LJ-150 和 LJ-185 两种铝绞线。供电线损伤面积小于标准截面的 7%时，可将断股处磨平并用铜线扎紧；断股损伤面积在 7% ~ 25%时，要局部补强，用并沟线夹将同材质线索在损伤处两侧夹持；断股破损面积大于 25%时，必须更换或截断做接头。

二、保护线（PW 线）

保护线用于 AT 供电区段，保护线经保护跳线与接触网绝缘子接地端相连，因此当绝缘子发生闪络或击穿时，保护线会给短路电流提供一个良好的金属通路，使变电所继电保护装置迅速动作，达到及时反映和排除故障的目的。

保护线的电压一般为 200 ~ 300 V，短路故障时可达 3 000 V 左右。因为保护线不流过牵引电流，只有在发生短路故障时，保护线才流过短路电流，所以保护线采用钢芯铝绞线。郑武线采用的是 LGJ-70 线，既满足电流要求，也保证了机械强度。

AT 供电区段保护线与正馈线、接触网设备同杆架设，而且保护线经保护跳线与正馈线、接触网接地端连接，所以在安装保护跳线时要充分考虑与正馈线之间的距离，防止因跳线与正馈线之间空气绝缘间隙不够，造成放电，烧断正馈线。根据《技规》规定：接触网带电部分至固定接地物的距离，不小于 300 mm，再考虑风力偏移，一般考虑保护跳线与正馈线间的间距为 350 mm。

三、正馈线（AF 线）

正馈线用于 AT 供电区段，AT 供电方式的一个特点是有一根与接触网电压（27.5 kV）相同的正馈线。AF 线采用 LJ-185 硬铝绞线，AF 线与 PW 线同时悬挂在支柱田野侧（AF、PW）线肩架上，PW 线靠支柱侧、AF 线靠田野侧，在停电作业时，AF 线和接触线的地线同时接钢轨，而 PW 线经接地柱接大地。

四、架空地线

在 AT 供电方式中，在基本站台或中间站台上，为了人身安全，除设置保护线外，还在支柱顶部架设了一段架空地线（GW 线）。架空地线在站台的两端外侧下锚，并每端各打一个接地，直接固定在支架上，且与钢柱相连。所以 GW 线是保证站台上人身安全、使站台钢柱有双保护的一根架空地线，一般用 CJ-50 线，但为了与 PW 线线材统一，减少备料等原因，郑武线 GW 线采用 LGJ-70 钢芯铝绞线。

五、捷接线

在线路弯曲、坡度较大且运输繁忙区段上，由于接触网通过的电流较大，路径较长，易造成电压损失较大，影响电力机车正常工作。为了提高供电臂末端电压，一般在接触网迂回弯折的最近处，设置捷接线以缩短电流的流动路径。捷接线的架设与供电线基本相同，其跨距较大，对导线的机械强度要求较高，一般采用 LGJ-120 型钢芯铝绞线。

六、并联线

由电工原理可知，并联电路可以减小线路阻抗，减小线路的电能损耗和线路上的电压降，也就提高了末端并联点的电压。在供电臂较长、坡度较大的线路上，为了减小线路阻抗，有时采用并联供电的方法提高接触网的末端电压。并联线为一相一地的架空电力线路，采用钢芯铝绞线为连接导线，截面积以线路具体情况经计算选择。

七、加强线

当铁路线比较平直时，采用架空电力线路形式的并联线就不经济了，可改为沿接触悬挂架设，将腕臂长度适当延长，末端以钩头鞍子悬挂导线使其位于承力索的上方，称为加强线。加强线可以沿线路多设并联点，更好地起着并联线的作用。在坡度大的双机（或多机）牵引区段，接触线的载流量不能满足要求时，加强线也是能起到分流作用的较简便方式。

加强线也采用钢芯铝绞线，截面规格根据所需的分流量或应补偿的接触网电压损失值经计算而定，同时要满足线路架设本身对机械强度的要求。

加强线的缺点是由于负荷的增加，对支持装置和支柱容量的要求提高了，使接触网结构复杂，给施工及维修增加困难。

加强线的分段与接触悬挂相同，但下锚在转换柱上，此时转换柱应采用带拉线的锚柱。加强线为硬锚、不装补偿器。在两转换柱之间是利用两根接触线导电的，加强线下锚支与接触网下锚支之间应加设电连接。

一般由于承力索下锚在锚柱处，而加强线下锚在转换柱处，往往造成（加强）线（承力）索交叉下锚的现象，线索交叉应该是“立体交叉”，而不应该是“平面搭接”，在极限情况下，应保证有 150 mm 的间隙，否则会造成线索机械磨损，尤以加强线磨损为甚。同时，线索交叉处，应装有良好的电连接，使加强线、承力索、接触线通过电连接接在一起，保证等电位，以免发生“搭接”现象而造成电火花，从而使线索发生电损伤。由于装设加强线区段往往是大负荷电流区段，这个问题更应该引起重视。

八、回流线

在 BT 供电方式中，电流的回路是牵引变电所—馈电线—接触网—电力机车—钢轨—回流线—牵引变电所。回流线的作用是将牵引电流回送到牵引变电所从而减少乃至消除接触网线路对通信线路的干扰。

回流线一般采用 LGJ-185 型或 LGJ-150 型钢芯铝绞线，并架设在接触网支柱的田野侧。同时，每隔一定距离（1 ~ 2 km）用吸上线将钢轨和回流线进行连接，以保证回流线的作用和防护效果。

吸流变压器的变比为 1∶1，当牵引电流流经吸流变压器原边时，副边反向流过同样大小的电流。实际上这部分电流是通过吸上线在钢轨及大地回流中取得的。这部分电流由回流线流回牵引变电所，于是吸上线到牵引变电所间的钢轨和大地回流近似为零。

【评价反馈】

以供电线的检查为主，评价反馈供电线的检查项目掌握情况，具体可参考表 6-2-5。

表 6-2-5　考核评价表

内容	评分标准	操作情况	扣分情况	备注
时间	规定时限 40 min，每超时 1 min 扣 1 分，超时 5 min 失格			
料具准备（10 分）	按技术标准及作业要求选择工具，工具应符合绝缘和机械强度要求，否则扣 10 分			
质量要求（60 分）	1. 检查供电线是否有断股、散股、烧伤，各导电连接部分是否明显松动，有无发热现象；绝缘子是否有闪络和破损，漏检一项扣 5 分			
	2. 目测供电线与铁路、公路、电力线、接触网等的最小距离是否符合规定，漏检扣 5 分			
	3. 检查供电线弛度是否符合要求，接头个数是否超标，漏检扣 5 分			
	4. 检查连接线夹处测温片是否变色，头个数是否超标，漏检扣 5 分			

续表

内容	评分标准	操作情况	扣分情况	备注
质量要求（60 分）	5. 检查供电线悬挂方式是否符合要求（原则上，供电线悬挂应尽量采用悬吊式），检查悬挂部分，防腐涂油是否良好，金具有无锈蚀、烧伤，绝缘子是否清洁、有无破损，漏检一项扣 5 分			
	6. 检查线索本体有无锈蚀、断股，漏检扣 5 分			
	7. 检查螺母及销钉是否齐全，螺栓紧固力矩和开口销安装符合要求；用力矩扳手按标准力矩检查各部螺栓，漏检一项扣 5 分			
	8. 检查供电臂标识是否齐全，供电臂名称是否与实际相符，安装是否牢固，漏检一项扣 5 分 备注：扣完配分失格			
安全（20 分）	1. 作业中出现一般违章现象每次扣 5 分			
	2. 作业时用手及其他金属物件短接绝缘测量杆有效部分扣 20 分			
	3. 测量时短接轨道电路每次扣 5 分			
文明作业（10 分）	1. 作业时必佩戴的个人工具、劳保用具、安全用具每缺一件扣 5 分			
	2. 作业中出现不文明语言或动作每次扣 5 分			
	3. 作业完毕，料具有一件不归位扣 2 分			
总分				

任务三　接触网接地装置检修

【任务描述】

接触网保安装置和标识是接触网系统的重要组成部分，部分是为保证设备安全而设置，部分是为保证行人以及作业人员安全而设置。本任务主要是了解接触网保安装置和标识的主要检修内容。

【任务目标】

掌握接触网保安装置、标识的调整和更换方法。

【任务实施】

一、作业准备

（1）人员：6 ~ 8 人。

（2）工具（见表 6-3-1）。

表 6-3-1　工具清单

序号	名称	规格型号	单位	数量
1	钢卷尺	5 m	把	1
2	工具包		个	2
3	接地电阻测量仪		台	1
4	接地线并勾线夹		套	1
5	专用扳手	客专线防盗螺栓使用	把	2
6	安全工具			
7	防护工具			

（3）材料（见表 6-3-2）。

表 6-3-2　材料清单

序号	名称	规格型号	单位	数量
1	不锈钢铁线	ϕ3.5	kg	5
2	接地线夹		套	1
3	接地线并勾线夹		套	1
4	防腐油		kg	1
5	防腐漆	ϕ1.6	kg	1

二、作业标准

1. 接触网接地规定

（1）接触网支柱和金属支撑装置以及距接触网带电部分距离不足 5 m 的所有金属结构均须装设地线。所有地线要连接牢固、防腐良好。

（2）接地线在无信号轨道回路区段可串接火花间隙后接至钢轨，在有信号轨道回路区段应采用架空地线或者接扼流变压器线圈中性点。

（3）全线采用综合接地方式接地。

① 工作接地。

a. AT 供电区段接触网支柱或隧道内，吊柱利用 PW 线作为闪络保护的集中地线。PW 线采用非绝缘安装方式，腕臂底座与 PW 线连接。

直接供电区段采用双重绝缘利用回流线兼作闪络保护地线接地。

b. 当成排的支柱不悬挂 PW 线或回流线时，增设架空地线实现集中接地。零散的接触网支柱单独设接地极接地。架空地线下锚处及长度超过 1 000 m 的锚段中间单独设接地极或就近接入综合接地系统。

② 安全接地。

a. 距接触网带电体 5 m 以内的金属结构（桥栏杆、水鹤、信号机等）均单独设接地极实现安全接地或就近接入综合接地系统。

b. 开关、避雷器等设备的底座单独设接地极或就近接入综合接地系统实现安全接地。

c. 高柱信号机，必须满足其对接触网带电部分 2 m 的安全距离。

③ 接触网支柱基础均采用带接地钢筋的接地基础，支柱基础与贯通地线连接。

（4）与接触网同杆架设的架空地线支柱其接地方式应符合设计规定；钢柱和接地线的连接处应露在基础帽外面。

（5）沿支柱敷设的接地线原则上安装在支柱田野侧，上下部地线应安装在支柱同一侧。

2. 接地极接地

（1）距接触网带电体 5 m 以内的金属结构（如桥栏杆、水鹤、天桥、信号机、防护栅等）及隔离（负荷）开关、避雷器、附加导线远离铁路的支柱、无架空地线及回流线区段的零散支柱及行人多的地方和站台上的支柱、架空地线两端下锚处等均应按设计要求设接地极。接地极的接地电阻值不得大于表 6-3-3 的规定。

表 6-3-3　接地极的接地电阻值规定

项　目	接地电阻值/Ω
距接触网带电体 5 m 以内的金属结构	30
隔离（负荷）开关、避雷器	10
架空地线	10
附加导线远离铁路、行人多站台上的支柱	30
避雷线	10

（2）接地装置宜采用钢材，接地装置的导体截面应符合热稳定和机械强度的要求。

（3）接地极埋入地下深度不低于 600 mm，且呈一字排开。

（4）垂直接地体应垂直打入，并与土壤保持良好接触；水平接地体应平直，无明显弯曲，地沟底面平整，不应有石块或其他影响接地体与土壤紧密接触的杂物。除接地体外，接地体的引出线应为镀锌 ϕ12 圆钢；接地极宜使用镀锌扁钢。

（5）接地线（体）的连接应采用搭接焊，其焊接长度必须满足以下要求。

① 扁钢宽度的 2 倍（且至少 3 个棱边焊接）。

② 圆钢直径的 6 倍。

（6）接触网上的避雷器的接地极距通信、信号电缆应在 3 m 以上，在地形条件限制达不到 3 m 时，应加绝缘防护，但最小距离不得小于 1 m，接地体扁钢与通信电缆无法避免交叉时，交叉垂直距离不得小于 0.5 m，并应加绝缘防护，交叉角为 90°。

3. 架空地线

（1）最大驰度时距地面最低高度：居民区不小于 6 m，非居民区不小于 5 m。

（2）接地体埋设于建筑物构筑物的距离一般不应小于 1.5 m。

（3）接地极扁钢与通信电缆无法避免交叉时，交叉垂直距离不得小于 0.5 m。交叉角度为 90°，接触网上避雷器接地极距通信电缆应在 3 m 以上，在地形条件限制达不到 3 m 时，允许加绝缘防护，最小距离不得小于 1 m。

（4）架空地线与带电体间的距离满足安全距离，注意架空地线附近不得有危树。

4. 综合接地系统

1）一般规定

（1）综合接地系统主要高速铁路使用，由贯通地线、接地装置及分支引接线等构成。以沿线两侧敷设的贯通地线为主干，充分利用沿线桥梁、路基地段构筑物设施内的接地装置作为接地体，形成低阻等电位综合接地平台。

（2）距接触网带电体 5 m 范围以内的金属构件和需要接地的设施、设备均应接入综合接地系统。

（3）在综合接地系统中，建筑物、构筑物及设备在贯通地线接入处的接地电阻不应大于 1 Ω。

（4）接触网、电力等强电设备、设施接地连接线不得进入通信信号槽内。

（5）接触网支柱基础内的接地装置利用结构物中的非预应力结构钢筋作为自然接地体。

（6）接地装置通过结构物内预埋的接地端子与贯通地线可靠连接。接地端子直接浇筑在混凝土结构内，表面与结构面齐平。

（7）接触网回流线（或 PW 线）接入综合接地系统。

（8）接地系统测试要求。

① 每处接地端子单点对地电阻应小于 4 Ω，困难时应小于 10 Ω。

② 全线贯通地线敷设后，贯通地线、接地端子任意一处接地电阻不得大于 1 Ω。

③ 全线贯通地线应保持贯通，无断点情况。

2）路基段支柱接地

（1）基础施工时，在基础垂直线路方向两侧面预制 2 个接地端子，接地端子的连接钢筋要求与基础内的 2 根结构钢筋和至少 2 颗地脚螺栓可靠焊接；接地端子通过接地引接线与通信信号电缆槽内的接地端子连接，接地引线与贯通地线同材质同截面，接地引线长度 500 mm。

（2）地引接线配套 2 个线鼻子，2 个 M16 防盗螺栓，每个螺栓配平垫圈和弹簧垫圈各 1 个。

3）桥梁段支柱接地

（1）基础施工时，用于综合接地的纵向和横向钢筋可利用原位置或附近的梁体非预应力结构钢筋，用于接地系统的梁体结构钢筋应在对接焊缝处进行搭接焊处理。

（2）所有接地钢筋之间连接均要采用 ϕ16 钢筋 L 形焊接，焊接长度单面焊 200 mm，双面焊 100 mm，焊接厚度至少 4 mm。

（3）每个接地端预埋接地端子，并设有 M16 的内螺纹。为保证端子焊接质量，接地端子必须采用长制标准件。

（4）综合接地系统钢筋与梁体钢筋或支座板钢筋相碰时，可当移动接地钢筋。

（5）防护墙施工时，防护墙钢筋与设置在防护墙顶面线路侧的纵向钢筋采用 L 形焊接，桥面板中预埋的防护墙钢筋与防护墙搭接钢筋部分焊接牢固，用于接地的防护墙钢筋和横向梁体钢筋采用每段防护墙中无过水孔（或过人槽口）端部的钢筋，梁体横向钢筋与防护墙下的梁顶纵向钢筋采用L形焊接。

（6）梁上设置接触网支柱时，用ϕ16 钢筋将纵向接地钢筋与设置在接触网支柱基础底层预埋钢板焊接牢固，同时每个接触网支柱基础锚栓均应与底层钢板施以饱满焊接。

（7）梁顶接地端子组在距梁端 850 mm 处与横向钢筋相连。

4）避雷器的接地技术要求

避雷器应引出 20 m 外接地，其接地体的安装方式及接地电阻值应符合下列规定。

（1）桥梁区段。

避雷器引下接墩台接地端子，墩台承台钢筋接地网作为避雷器单独的接地极，该墩台不接入综合接地系统（接地电阻不大于 10 Ω）；并同时外引单独接 10 Ω 接地极。接触网避雷器单独采用双引下线引下。

（2）路基区段。

避雷器接接触网基础的综合接地端子，该处接触网基础综合接地电阻 1 ~ 2 Ω（接入点保证距离其他专业设备接地大于 15 m）；并同时引出路基，单独接 10 Ω 接地极。如接入综合接地点不满足电阻值 1 ~ 2 Ω 要求，单独引出路基设 2 处 10 Ω 接地极单独接地。

三、作业步骤

（1）检查支柱地线状态、各部连接螺栓状态，安装位置是否符合要求。

（2）在有轨道电路区段，检查火花间隙状态。

（3）检查埋在道砟下的接地线以及穿越信号回路钢轨的绝缘套管有无破损、开裂现象。

（4）检查接地线与钢轨连接处安装位置是否正确、螺栓是否紧固。

（5）检测接地极的接地电阻。

（6）综合接地系统还需检查以下内容。

① 检查接触网支柱等设备是否按规定纳入综合接地系统。

② 检查避雷器是否按规定单独接地。

③ 检测安全接地装置的接地电阻。

四、处理方法

在电阻系数较高的土壤（如岩石、砂质及长期冰冻的土壤）中，满足规定的接地电阻是有困难的，为降低接地电阻可采取下列措施：

（1）采用电阻系数较低的黏土、黑土及砂质土代替原有电阻系数较高的土壤，一般换掉接地体上部 1/3 长度，周围 0.5 m 以内的土壤。

（2）对含砂土壤可增加接地体的埋设深度。埋设还可以不考虑土壤冻结和干枯所增加电阻系数的影响。

将接地极挖出 1 m 深后，在接地极附近使用降阻剂，直到接地电阻符合要求为止。

（3）选取电阻系数较低的土壤另做一根接地极且与原接地极并接。

五、注意事项

（1）支柱地线的安装应平直并与支柱紧贴。

（2）在隧道中的地线要与悬挂点隔开 1 m 距离（以免减少带电部分绝缘距离）、与隧道壁紧贴，并且预埋杆件安装防松螺母，以防地线脱落。

（3）所有地线应除锈后涂底漆，表面涂面漆，埋入地下部分涂沥青，但连接部分不涂，以免增大接地电阻。

（4）地线与钢轨的连接必须注意信号的轨道电路，支柱地线须接在牵引轨上。

（5）雷电、雨、雪和雾天气，禁止在接触网有电的情况下进行更换或补装火花间隙的作业。

（6）架空地线需登杆进行架空地线检查时，必须一对一监护，登杆人员及机具与带电体必须保持足够的安全距离，并系好安全带。检查人员不得接触断口至设备处的地线。避雷器处、锚柱以及其他有附属带电设备的支柱严禁检查人员攀登检查，需在停电作业时做好接地等安全措施后方式进行检查。进行接地电阻测试时，必须先用不小于 25 mm^2 的软铜绞线与钢轨短接或与临时接地极短接后，方可拆开设备与接地极的并沟线夹。恢复时需安装好接地极再撤除短接线。

【相关知识】

一、接触网接地的作用

我国交流电气化铁道接触网对地额定电压为 25 kV（AT 区段为 27.5 kV），接触网带电部分和接地部分经绝缘元件（悬式绝缘子、棒式绝缘子）绝缘。绝缘子虽然起绝缘作用，但是在通常情况下总有微弱的泄漏电流经绝缘元件流回大地，这样的泄漏电流，一般对设备和人不会造成伤害。随着绝缘元件的老化，严重脏污或出现裂纹或浸水，绝缘强度下降，这时泄漏电流就会相应增加。当支柱对地有较大的接地电阻时，泄漏电流在支柱上形成较大过渡电压，严重时会危及人身安全。同时，较大的泄漏电流经支柱（混凝土柱）内部金属部分（钢筋）时会发热，使金属软化造成支柱强度下降，拉断支柱，危及设备安全。另外，当绝缘元件残缺及遭到击穿时，会形成短路电流。但是，由于支柱本身电阻、基础电阻、基础至钢轨过渡电阻以及接触电阻值较大，在短路电流经过这些电阻时，无疑限制了短路电流值，造成短路电流不足以使继电保护动作，而在短路点处形成长时间的连续电弧，烧损设备。为了避免上述情况的发生，接触网应设立接地装置，将接触网设备中非带电的金属部分与钢轨（牵引轨）经地线直接相连。

接地根据其作用不同可分为工作接地和保护接地。为保证设备安全运行而设置的接地称工作接地，如混凝土柱、钢柱接地和避雷器接地侧接地等。以防护为目的而设置的接地称为防护接地，如桥的铁栏栅等。站台上钢柱双接地，一方面是工作接地，另一方面是出于防护目的。

通过接地线而接于牵引轨，由接地线（接地体）及接地部件组成的接地设备，称为接地装置。接地装置（包括接地线和接地体）均应有可靠电气连接。

在通常情况下，无信号轨道回路区段，支柱的接地线直接接钢轨；有信号轨道回路区段，支柱的接地装置应加设击穿电压不大于 800 V 的火花间隙或保安器。在正常情况下，火花间隙以保证支柱与钢轨之间的绝缘，使绝缘子因老化等原因形成的泄漏电流不能直接泄向轨道。一旦绝缘子发生闪络或击穿，火花间隙上出现高压，间隙击穿，这样就把支柱和牵引轨接通。

根据《铁路电力牵引供电设计规范》：接触网钢柱、金属支持结构及距接触网带电部分 5 m 以内的所有金属结构均应接地。

二、支柱接地

1. 分散接地

支柱接地可分为分散接地和集中接地，分散接地是指每根支柱单独设置接地极的接地形式，普速接触网的支柱接地常用此种方式。

1）钢筋混凝土支柱接地

钢筋混凝土支柱地线安装如图 6-3-1 所示，地线分上中下三部分。拉杆（平腕臂）底座到腕臂底座为上部地线；腕臂底座至支柱底部为中部地线；支柱底部至钢轨为下部地线。当钢筋混凝土支柱内有预埋地线时，则可省去上中部地线，下部地线直接同支柱内预埋地线的地线孔相连，另一端固定在钢轨上，与钢轨相连接的地线不得采用焊接的方式。

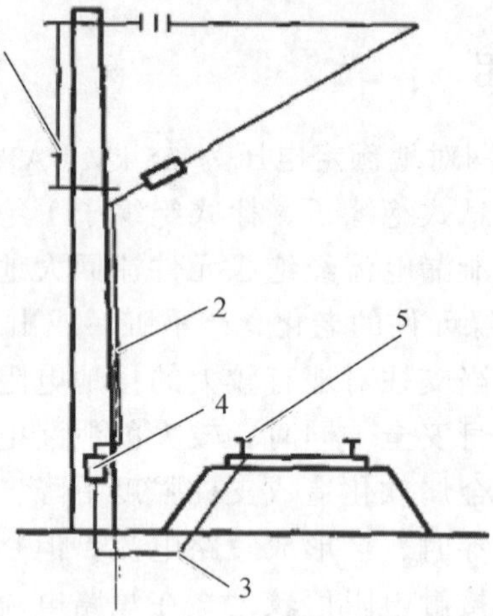

1—上部地线；2—中部地线；3—下部地线；4—接地线连接夹；5—钢轨。

图 6-3-1　混凝土柱地线安装

2）钢柱接地

对于钢柱，地线直接接在钢柱根部的螺栓孔上，另一端固定在钢轨或接地极上，如图 6-3-2 所示，与钢轨相连的地线不得采用焊接方式。

接触网地线除钢筋混凝土支柱的上中部地线用 $\phi 10$ 的圆钢外，其余均采用 $\phi 12$ 圆钢制成。连接端应制成圆环状便于安装，安装时应接在牵引轨上，注意不能短接两根钢轨，造成短接信号，出现接钢轨（接地极）红光带、信号误动作。

在高速铁路中，考虑到泄漏电流或短路电流对信号系统的影响，支柱接地应纳入综合接地系统。

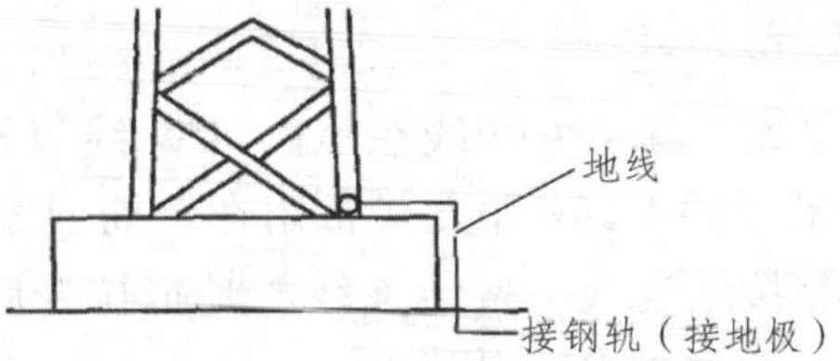

图 6-3-2　钢柱地线安装

2. 集中接地

集中接地是针对有架空地线或保护线的支柱而言的，所有支柱的非带电部分金属用金属导体互连后再与同杆架设的架空接地线或保护线连接，每隔一定间距，架空接地线或保护线分别接接地极或贯通地线。

1）绝缘 AT 保护线方式（双重绝缘方式）

所谓绝缘 AT 保护线方式，即保护线（PW 线）悬挂在钢柱上时的闪络保护方式，如图 6-3-3 所示。

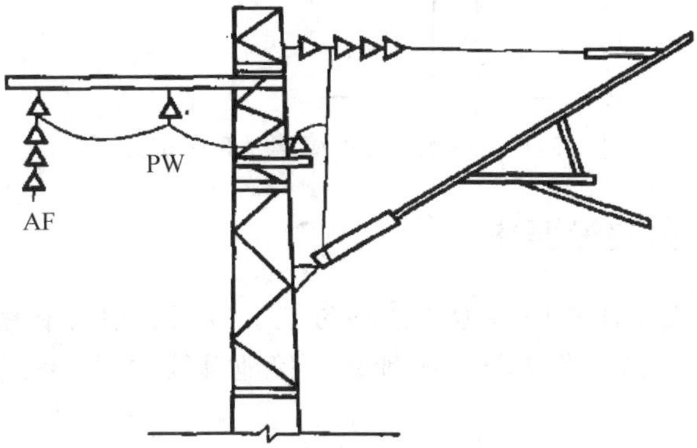

图 6-3-3　钢柱绝缘保护线方式

采用这种接线方式时，肩架固定在钢柱上，PW 线经一个悬式绝缘子悬挂在肩架上，所以 PW 线对钢柱是绝缘的支撑接触网拉杆处的一串悬式绝缘子，或压管处棒式绝缘子以及腕臂根部棒式绝缘子，在接地侧各连接一处接地跳线，此接地跳线接 PW 线上。接地跳线支柱侧对悬式绝缘子串增加了一个悬式绝缘子，并使用双重绝缘棒式绝缘子。钢柱绝缘 AT 保护线方式接地跳线安装在棒式绝缘子主绝缘瓷体与附加绝缘瓷体之间。这样拉杆或腕臂处接地跳线与钢柱也是绝缘的。同时，正馈线（AF 线）及供电线（F 线）在肩架上悬挂时，接地侧也增加了悬式绝缘子，接地跳线对 AF 及 PW 线肩架也是绝缘的，对钢柱软横跨的软横跨接地侧绝缘子串，在接地侧也增加了一个悬式绝缘子，软横跨上的接地跳线对钢柱也是绝缘的，故称绝缘保护线方式。

当绝缘子闪络或击穿时，其闪络或击穿电流不经过钢柱和肩架，也不经钢轨和大地回路回牵引变电所（开闭所、分区所），而是经接地跳线流至保护线，再经保护线流至牵引变电所（开闭所、分区所）内，致使有关的保护设备动作。这样闪络或击穿电流就不会使钢柱带电，保证了人身安全。也避免了对信号轨道电路的干扰。

2）不绝缘 AT 保护线方式

所谓不绝缘 AT 保护线方式，就是 PW 线在 AF、PW 线肩架（AP 肩架）上悬挂时，不经悬式绝缘子而直接挂在悬吊零件上。这种方式常用在钢筋混凝土支柱上，如图 6-3-4 所示。这种方式没有接地跳线，只有接地连线，接地连线就是把拉杆底座、腕臂底座 AP 肩架、固定角钢等接触网设备中非带电金属部分，用 $\phi 10$ 圆钢接地线连接起来。当接触网绝缘子或 AF 线绝缘子串闪络或击穿时，短路电流直接从金属底座经零件、肩架流入 PW 线，从 PW 线回牵引变电所（开闭所、分区所），使保护动作。短路电流不会使钢筋混凝土支柱带电，也不会顺着支柱入地或流入钢轨，效果与绝缘 AT 保护线方式相同。

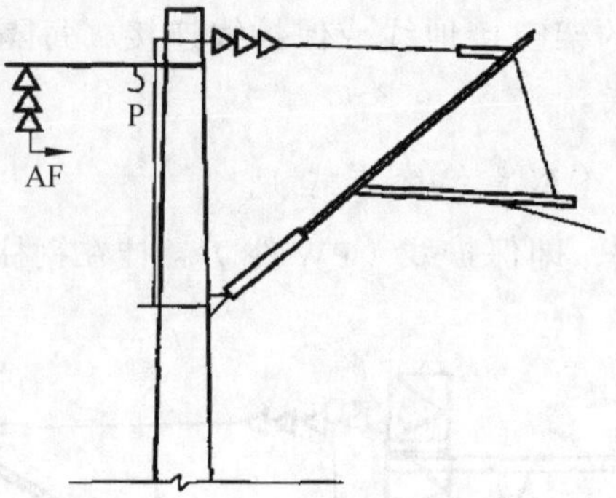

图 6-3-4　混凝土柱不绝缘 AT 保护方式

三、隧道内地线的安设要求

隧道内接触网地线宜采用集中接地（接地母线）方式，也可利用回流线（直接供电方式）或保护线（AT 供电方式）作闪络保护地线。接地母线的引下线宜采用嵌入隧道壁内方式设置。

接地母线应每隔约 500 m 接一次钢轨，小于 500 m 的隧道宜在中部有一处接钢轨。在无信号轨道回路区段可直接接钢轨，在有信号轨道回路区段可直接接扼流变压器线圈中性点或串接火花间隙后直接接钢轨。

接地母线接至隧道口处，按上述要求接钢轨同时在洞口处打接地极，接地极接地电阻不得大于 10 Ω。

四、接地极的安装

接地极又称接地体，它是深埋地中并直接与大地接触的金属导体。接触网接地一般直接接至钢轨或保护线上，但是有些需接到接地极上。采用接地极的地点有：安有隔离开关、避雷器、吸流变压器的支柱；位于行人较多的站台上的支柱；需要进行双接地的支柱以及远离钢轨的支柱等。

1. 接地极的形式

接地极根据使用材料不同可分为角钢接地体、钢管接地体、圆钢接地体等，如图 6-3-5 所示。

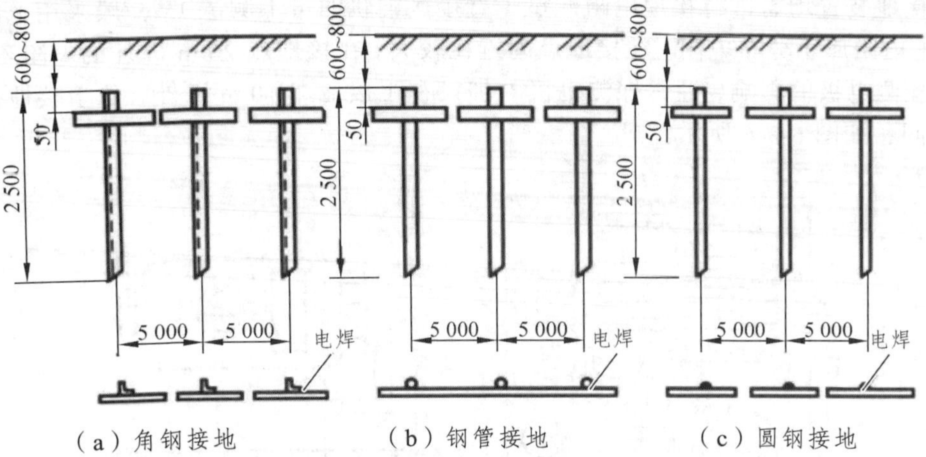

图 6-3-5　接地极形式

2. 接地极的安装

在杆上地线安装完毕后，要进行接地极的安装。接地极安装方法：

（1）挖接地极沟，沟深 0.8 ~ 1 m，底宽 0.5 m，上宽 1 ~ 1.5 m，从支柱开始一字形开挖（有四根接地体角钢的也可以支柱为中心挖成闭合形沟）。

（2）将接地极扁钢理顺直，摆在沟边；从支柱向远离支柱方向依次将接地体角钢垂直打入沟底正中，扁钢与接地角钢焊接，角钢头露出 50 ~ 60 mm。

（3）回填、夯实。ϕ12 圆钢露土部分应能与支柱上地线搭接，用接地电阻测试仪测试接地电阻，电阻值应小于 10 Ω。若接地电阻达不到要求时，可接长接地极网络，每增加一垂直接地体角钢时，水平接地体扁钢相应加长 5 m，直至接地电阻达到要求。对土壤电阻率高的地方可采用如下方法：增设接地体射线根数和长度，采用外引接地体和土壤中加食盐、化学处理土壤、更换土壤等方法。

（4）将接地极用 ϕ12 圆钢与支柱上地线用接地线夹连接起来，接触面去漆并涂凡士林。

3. 接地电阻测试

接触网中的各种接地装置是保证接触网设备安全运行、维护人员及行人人身安全的重要设施，各种接地电阻值要越小越好，不得超过设计规定值，见表 6-3-4。

表 6-3-4　接触网设备及相关接地装置的接地电阻值

序号	接地装置名称	接地电阻设计值	说明
1	管型避雷器接地装置	4 Ω 以下	最大≯10 Ω
2	阀型避雷器接地	4 Ω 以下	最大≯10 Ω
3	吸流变压器台接地装置	10 Ω 以下	最大≯30 Ω
4	隔离开关支柱接地装置	10 Ω 以下	最大≯30 Ω
5	站台支柱接地装置	10 Ω 以下	最大≯30 Ω
6	一般支柱接地装置	30 Ω 以下	

各种接地装置均需进行接地电阻测试（直接接钢轨的可不测试），一般采用电阻测试仪测量。接地电阻属于分布电阻，在接地点附近比较大，在接地点 20 m 以外的电阻不再增加，为了消除探测电极的影响，通常探测电极 P 埋设在距接地点 10 m 以外，位于接地点与辅助电极 E 之间，如图 6-3-6 所示。

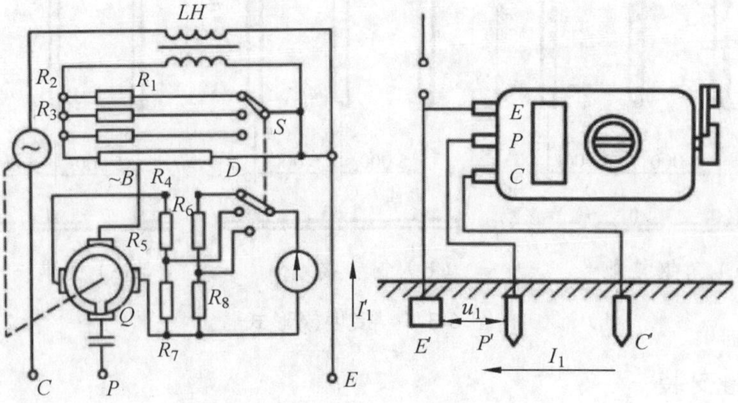

图 6-3-6　接地电阻测试仪原理

五、综合接地系统

将铁路沿线的牵引供电回流系统、电力供电系统、信号系统、通信及其他电子信息系统、建筑物、道床、站台、桥梁、隧道、声屏障等需接地的装置通过贯通地线连成一体的接地系统，称为高速铁路的综合接地系统，结构如图 6-3-7 所示。

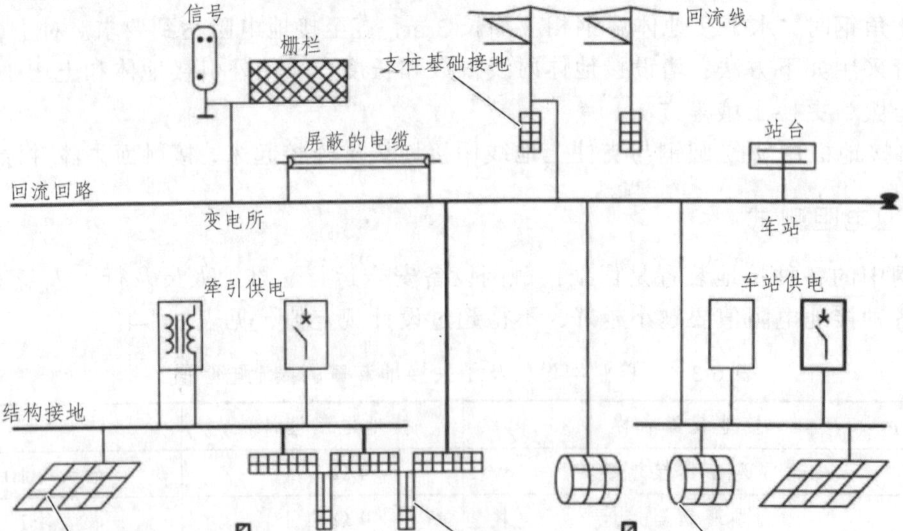

图 6-3-7　交流接触网综合接地系统结构

回流回路是钢轨和贯通地线，综合接地系统中的接地电阻应不大于 10 Ω，贯通地线采用带覆盖层的铜导线。交流电气化铁路中的回流回路是连到接地系统上的。其接地系统包括大面积的接地体，如建筑基础、桥梁和高架桥基础、隧道钢筋及沿线路的接触线支柱的桩基础。这些系统之间通过回流线互相连接形成了铁路系统的接地，并与中压保护接地、低压保护接地、通信与信号接地和雷电保护设备接地等接地系统相连。图中顺线路方向的电力电缆，当采用三芯电缆时，屏蔽层应该采用两端接地方式。当采用单芯电缆时，根据电缆敷设长度、屏蔽层感应电压的大小确定其接地方式，可能是单端接地、单端接地另一端接保护器、中间接地、两端接地加护套交叉互联等多种形式的接地措施。10 kV 电力贯通线多采用单芯电缆，金属护层多采用在线路一端或中央部位单点直接接地方式，电缆金属护层连续长度不宜大于 3 km，且电缆线路的金属保护层上任一点的正常感应电压最大值不大于 60 V，否则应该增加中间接地箱。单芯馈线电缆多采用一段接地方式，接地端一般设在上网点处，在变电所 27.5 kV 的 G1S 柜端接电缆保护器或者悬空，悬空时注意保持接地线和其他接地体间的绝缘距离。

在路基地段，接触网基础、级配碎石填筑完成后，开挖路肩通信信号电缆槽基础，人工挖出宽 20 cm、深 20 cm 的纵向沟槽，在槽底铺设 5 cm 厚中砂后敷设纵向贯通电缆，并在接触网基础位置预接分支电缆，以其基础钢筋作为接地极。在桥梁地段贯通地线敷设于两侧电缆槽内（用砂防护），通过预埋接地端子连接，将梁部接地、墩身接地、基础接地三者组合构成桥梁接地极，桥上金属部件通过梁体非预应力结构钢筋与贯通地线连接。隧道地段贯通地线敷设于两侧电缆槽内（用砂防护），每个台车位均设接地极，利用隧道底板下层钢筋、钢筋环接的锚杆作为接地极，并以专用接地钢筋连接至电缆槽侧壁纵向结构钢筋（也作纵向接地钢筋），再采用分支电缆和端子将各部分连接为一体，隧道内基础槽型滑道通过隧道衬砌内的钢筋连接到接地系统上。隧道内电缆槽侧壁每 50 m、底部每 100 m 设 1 个接地端子，综合洞室设 2 个端子。隧道内金属构件接地等，视需要与贯通地线等电位连接。

【评价反馈】

本任务以各类检查为主，评价学员对接触网接地装置检调方法的掌握情况，评价标准可参考表 6-3-5。

表 6-3-5　考核评价表

项目及配分		考核内容及评分标准	扣分因素及扣分	得分
作业程序	70 分	1. 检查支柱地线状态、各部连接螺栓状态，安装位置是否符合要求，方法不正确或漏检每项扣 5 分		
		2. 在有轨道电路区段，检查火花间隙状态，方法不正确或漏检每项扣 5 分		
		3. 检查埋在道砟下的接地线以及穿越信号回路钢轨的绝缘套管有无破损、开裂现象，方法不正确或漏检每项扣 5 分		
		4. 检查接地线与钢轨连接处安装位置是否正确、螺栓是否紧固，方法不正确或漏检每项扣 5 分		

续表

项目及配分		考核内容及评分标准	扣分因素及扣分	得分
作业程序	70分	5. 检测接地极的接地电阻，方法不正确或漏检每项扣5分		
		6. 综合接地系统还需检查内容各相正确无误，方法不正确或漏检每项扣5分		
		7. 能发现接地装置的各种故障及隐患并进行处理，漏判、误判、处理不正确每项扣10分		
工具使用	10分	1. 工具、材料未带齐1件扣5分		
		2. 工具使用不规范1次扣5分，损坏扣10分		
安全及其他	20分	1. 上下配合不当1次扣10分		
		2. 出现伤害事故扣41分		
		3. 工具掉下或上抛1次扣5分		
		4. 安全带使用违章1次扣10分		
		5. 作业时间40 min，超时1 min扣2分，超时5 min停止考核		
合计	100分			

任务四　接触网保安装置及标识检修

【任务描述】

接触网保安装置及标识是接触网的组成部分，是与行车组织、施工安全专业接口衔接的重要设备，直接服务于施工和行车。本任务主要掌握接触网标识外观检查、参数测量检调与更换等内容。

【任务目标】

掌握接触网保安装置及标识的外观检查标准、参数测量要求、检调与更换工艺。

【任务实施】

一、作业准备

（1）人员：不少于3人。

（2）工具（见表6-4-1）。

表 6-4-1　工具清单

序号	工具名称	型号	单位	数量	备注
1	个人工具		套	1	含扳手、螺丝刀、夹钳、安全带等
2	作业工具包		套	1	含卷尺、皮尺、钢丝刷、毛刷、排笔等
3	防护工具		套	1	含对讲机、防护信号旗等
4	铁锹		把	1	

（3）材料（见表 6-4-2）。

表 6-4-2　材料清单

序号	材料名称	型号	单位	数量	备注
1	螺栓		套	若干	各种型号都备有
2	绑扎线	ϕ1.6	M	若干	
3	不锈钢铁线	ϕ3.5	m	若干	
4	防腐油		套	若干	
5	油漆		套	1	含油刷、油桶
6	各类标识		套	1	根据具体情况定

二、作业标准

1. 支柱号码牌

（1）接触网支柱Ⅰ型号码牌适合于一般支柱，采用固定肩架式；Ⅱ型号码牌适合于 H 型钢柱和等径圆杆，采用强力胶直接粘贴，超强级反光膜制作无铝板。

（2）Ⅰ型号码牌底板采用 3 mm 厚的铝板，双面均设字体；Ⅱ型号码牌采用反光膜，单面设字体粘贴到支柱上。两种号码牌的安装、字样、尺寸如图 6-4-1 所示。

（3）安装位置。

Ⅰ型号码牌（钢支柱）：固定在支柱田野侧，距离地面 7.5 m。

Ⅱ型号码牌：每根支柱共设 2 块号码牌，一块设在支柱的行车方向，另一块设在支柱的线路侧；号码牌直接粘贴在支柱上，不得二次粘贴，安装前需清理支柱上的杂物，并在粘贴处刷涂底胶。

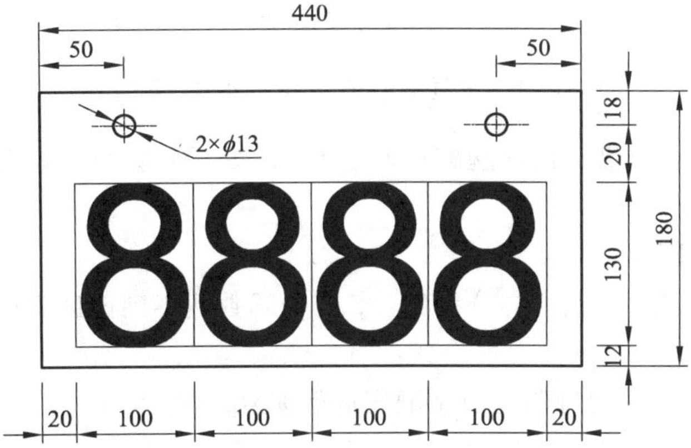

（a）Ⅰ型号码牌

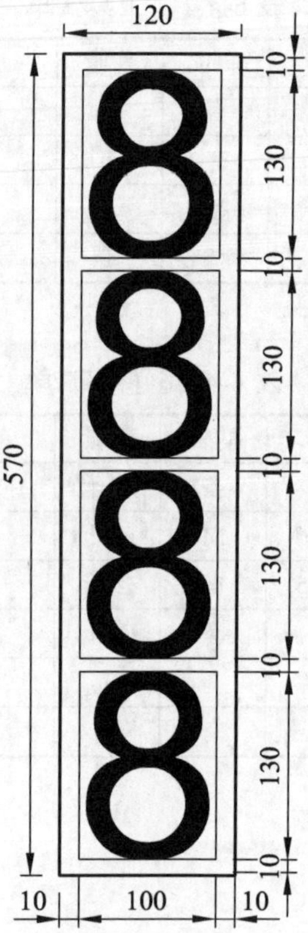

（b）Ⅱ型号码牌

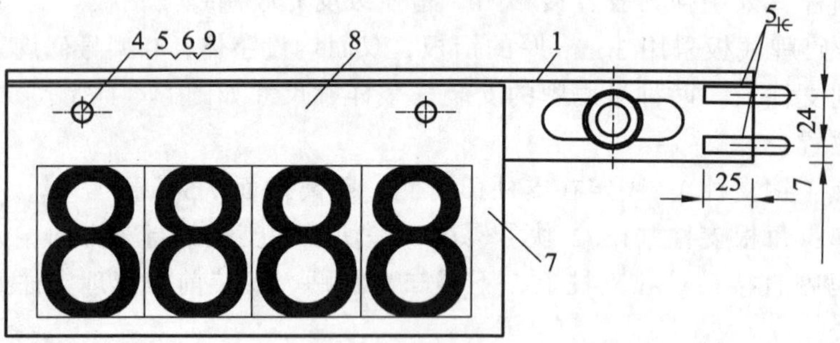

（c）安装样式

图 6-4-1　支柱号码牌安装、字样、尺寸图

安装高度为号码牌上沿距离斜腕臂底座 300 mm 处。隧道内安装高度参照区间安装高度进行安装。

（4）支柱编号原则。

① 每个区间、车站、隧道均应分别编号，若号码数达不到该区间或站场最大数字位时，以“0”补充前面空位。

② 单线区间、站场支柱号码按数字顺序进行编号。

③ 复线区间、站场支柱号码按下行为单数、上行为双数进行编号。编号方向与线路公里标一致。

④ 车站两端锚段关节处支柱号码编入车站。

⑤ 回流线、供电线、货物线、专用线等支柱均应在号码前冠以“H”（回流线）、“G”（供电线）等字样。

（5）隧道内号码牌。

① 每个隧道的号码牌单独分上、下行编号，如 Z1、Z2，Y1、Y2。

② 号码牌安装在吊柱的上、下腕臂底座中间，一块设在吊柱的行车方向，另一块设在吊柱的线路侧。号码牌直接粘贴在吊柱上。

2. 高压危险标识

接触网每根支柱上，在距轨面标准线 1.5 m 高处、安全挡板或细孔网栅上以及特殊设计的检修登梯旁，均要有涂以白底用黑色书写“高压危险”字样和用红色画出闪电符号的警告标识。涂刷采用调和漆刷制。涂刷要求如下：

（1）钢筋混凝土支柱涂刷在平行于线路侧的支柱翼缘上。

（2）钢柱涂刷在平行于线路侧的两根主角钢上面，或者采用悬挂“高压危险”牌；在安全挡板或细孔网栅上悬挂“高压危险”牌。

3. 轨面标准线

1）隧道外红线

（1）轨面标高线（俗称“红线”）基准为支柱相邻轨（曲外柱为高轨，曲内柱为低轨）的轨面高度，轨面高度以红线下缘为准。一般情况红线标在支柱的线路侧面上；若支柱位于站台上，轨面标高线标在相邻侧的站台挡墙上。

（2）格构式钢柱，红线标注在线路侧的小里程主角钢侧面上。

（3）红线规格：线条颜色为红色，线条宽度为 10 mm，长度为 200 mm（格构式钢柱以布满主角钢为宜）。

2）隧道内红线

（1）轨面标高线（俗称“红线”）基准为隧道壁相邻轨的轨面高度，轨面高度以红线下缘为准。轨面标高线标在吊柱处相邻侧的隧道电缆槽线路侧挡墙上，线条颜色为红色，线条宽度为 10 mm。

（2）红线规格：线条颜色为红色，线条宽度为 10 mm，长度为 200 mm。

4. 分相标识

（1）高速铁路区段。

在接触网电分相前方设断电标，如图 6-4-2 所示；在接触网电分相后方设合电标，如图 6-4-3 所示。

图 6-4-2　断电标

图 6-4-3　合电标

断电标设置在电分相中性区段起始位置前第 2 根支柱上（该支柱距电分相中性区段起始位置不小于 80 m）；合电标设置在电分相中性区段终止位置后 400 m 处附近的接触网支柱上（该支柱距电分相中性区段终止位置不小于 400 m）。设置位置如图 6-4-4 图所示。

线路反方向按上述规定设置断电标、合电标。

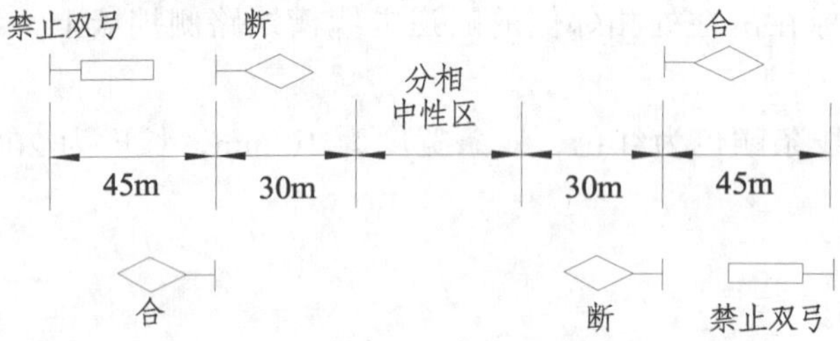

图 6-4-4　断电标、合电标设置位置示意图

（2）普速铁路区段。

在电气化区段接触网电分相前方，分别设断电标（图 6-4-5）和禁止双弓标（图 6-4-7）。

对于最高运行速度大于 120 km/h 的旅客列车、特快货物班列及最高运行速度为 120 km/h 的货物列车、快速货物班列运行的线路，在断电标的前方增设特殊断电标，如图 6-4-6 所示。在接触网电分相后方设合电标，如图 6-4-8 所示，设置位置如图 6-4-9 所示。在双线电气化区段，在“合”“断”电标背面，可分别加装“断”“合”字标，作为反方向行车的“断”“合”电标使用。

图 6-4-5　断电标

图 6-4-6　特殊断电标

图 6-4-7　禁止双弓标

图 6-4-8　合电标

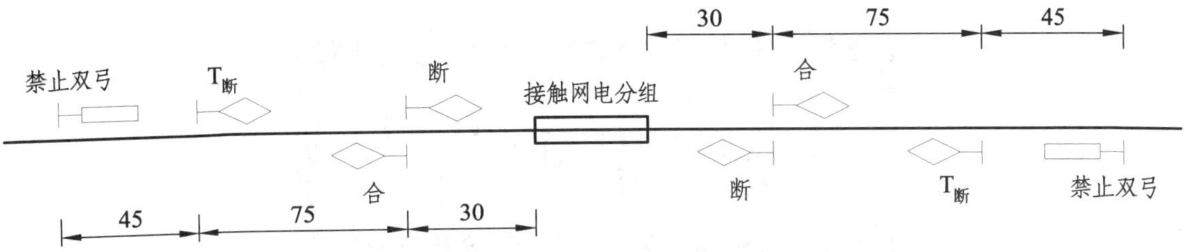

图 6-4-9　“断”“合”标设置位置（单位：m）

（3）现场设置的分相标识应综合考虑该区段运行的不同时速列车需要。

（4）分相标识牌应采用反光标识牌，标识牌安全稳固，靠列车前进方向的左侧（双线区段均立于支柱侧）安装，标识面向列车运行方向，标识牌外廓距线路中心距离不小于 3.1 m，并不应被支柱遮挡。

（5）“断”标、“合”标、“禁止双弓”标标识尺寸、安装高度如图 6-4-10 所示。

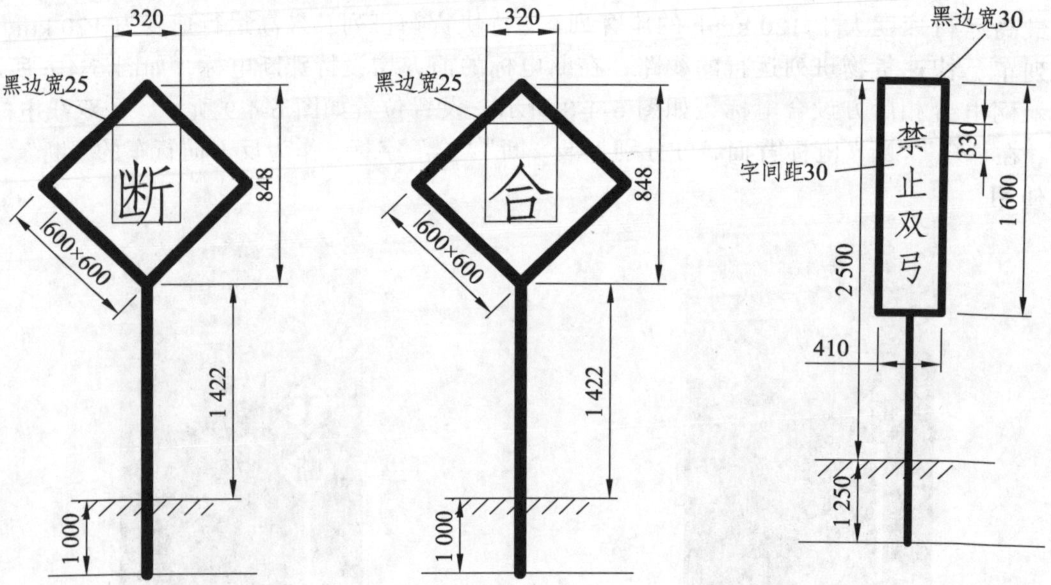

图 6-4-10 “断”标、“合”标、“禁止双弓”标标识尺寸、安装高度（单位：mm）

（6）隧道内的分相标识牌须安装牢固且满足限界要求，考虑隧道内列车高速通过时产生的风压，标识牌宜采用“三角形”安装或对标识牌进行打孔处理。

5. 接触网终端标识

在接触网终端应装设“接触网终点”标。“接触网终点”标应装设于接触网锚支距受电弓中心线 400 mm 处接触线的上方；标识均为白底黑框，黑字黑体，标识装设位置及规格符合《技规》《铁路电力牵引供电施工规范》等规定，如图 6-4-11 所示。

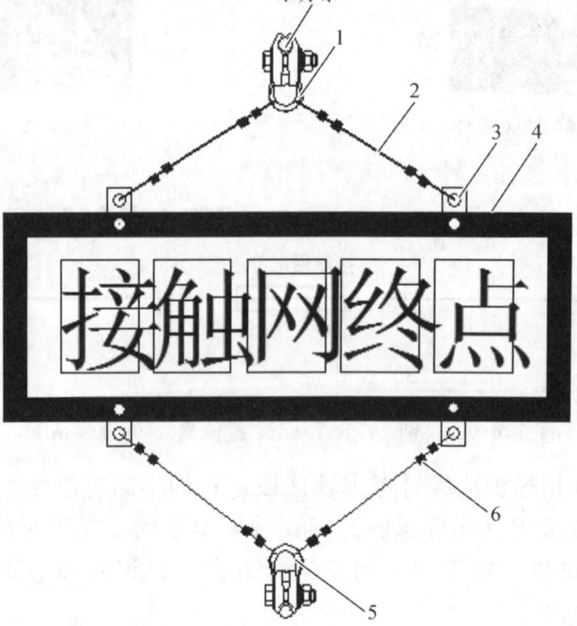

（a）安装式样 1

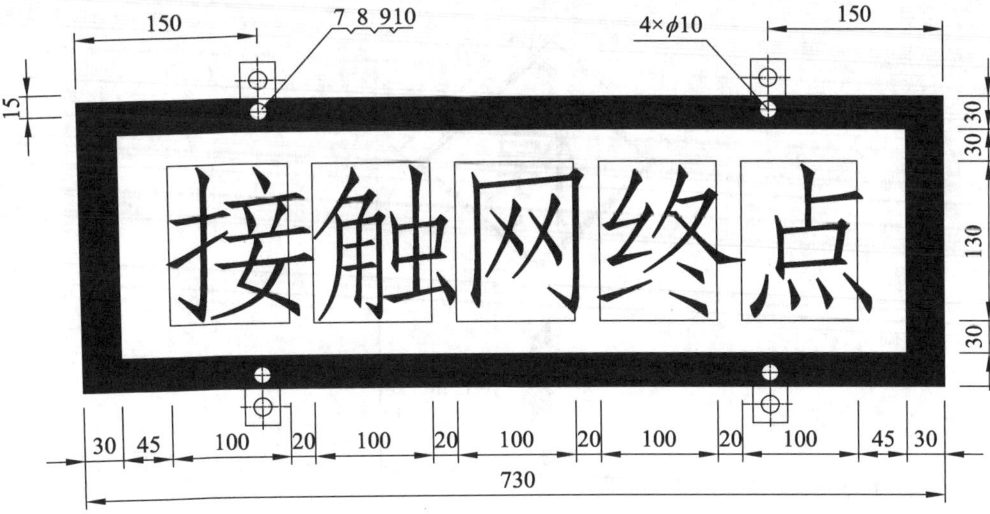

（b）安装式样 2

1—承力索吊弦线夹；2—ϕ7.0 不锈钢绞线；3—安装角钢；4—标识牌；
5—接触线吊弦线夹；6—钢丝绳夹；9—电力机车禁停标。

图 6-4-11　接触网终点标识

6. 电力机车禁停标识

为避免电力机车在起电分段作用的绝缘锚段关节处停车时，受电弓短接绝缘关节，烧断接触网线索，应在绝缘锚段关节作为接触网电分段处装设“电力机车禁停”标识牌。

1）设置标准

禁停标采用双面反光牌，白底、黑框、黑色“停”字、红色斜杠。柱身和底座用 63 号槽钢制成，柱身正面按图漆成黑白相间的条纹，禁停标反面漆成白色。“电”“力”两字字高 125 mm、宽 100 mm，两字间距 100 mm；“停”字高 350 mm、宽 280 mm，在“停”字上打红斜杠，水平夹角 45°，红斜杠宽 30 mm、长 400 mm；表示间距的数字“××”字高 80 mm、宽 64 mm，表示间距单位的“m”字高 60 mm、宽 48 mm。施工埋深 0.8 m，混凝土封固。其规格及安装要求如图 6-4-12 所示。

2）安装规定

禁停标识安装于转换柱至锚柱跨距内距转换柱 2 m 处，靠列车前进方向的左侧（双线区段均立于支柱侧），标识面向列车运行方向，距线路中心距离应不小于 3.5 m，反向设置与正向标准一致。遇特殊情况不能按此标准设置时，可根据现场情况适当缩短，但禁停标必须设置在两接触线的垂直距离大于 300 mm，且便于司机瞭望处。

7. 拉线警示标识

（1）公路边上、货场、站台上、道口附近（不超过两个跨距）的接触网下锚拉线，须安装反光拉线警示标。

（2）安装要求：红白相间的反光警示管，其长度不低于 1 m，每根拉线安装 1 根该规格的拉线标识，安装位置为拉线的根部。

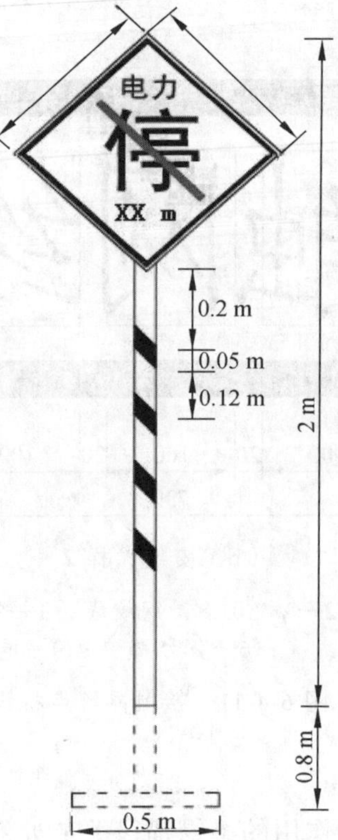

图 6-4-12 电力机车禁停标识牌

注：××m 表示禁停区域长度。

8. 坠砣标识

先整好坠砣：堆码整齐并完好无缺失，在对应的钢轨侧的坠砣上印制白底红字。白底：宽度 100 mm 的直线。红字：对应每一块坠砣白底中间喷刷，编号用支柱参数的模板印制。由下至上的数字顺序编号。编号为 5 号的坠砣不印制坠砣号，印制"第××锚段：××××mm"即该区间或站场锚段编号及长度；编号为 5 号的坠砣的打白底长度为 300 mm。

9. 限界门标识

（1）在机动车辆、兽力车通过的平交道口处铁路两侧的公路上，设置限界门。限界门应设在沿公路中心线距最近铁路的线路中心不小于 12 m 的地方，限界门支柱埋深为 1.8 m，特殊情况按设计要求埋设。

（2）在限界门至铁路之间的公路两边各装设不少于 6 根防护桩，桩距不大于 1.4 m，防护桩埋深不小于 0.8 m。支柱在距路面 1.5 m 的高度开始，涂黑白相间的油漆，间距 200 mm，涂 5 道黑，4 道白，防护桩地上部分亦涂黑白相间油漆，间距为 200 mm。

（3）限界门下拉索（杆）应呈水平状态；限界门的宽度不得小于平交道口处公路路面的宽度，限界门的吊板应为活动吊链，吊板要平齐，吊板下缘距地面的高度为 4.5 m，并悬挂"4.5 m"限高标识，如图 6-4-13 所示。

图 6-4-13 “4.5 m”限高标识

（4）在限界门处应按《电气化有关人员电气安全规则》的规定悬挂安全揭示牌。安全揭示牌设于限界门汽车前进方向右侧的立柱上，距路面高 2.5 m。

10. 其他标识

（1）跨线桥网栅上、渡槽网栅上应安装“高压危险”牌标识，安装位置位于网栅中央。距离地面高度 1.5 m 以上。

（2）临时升、降弓标识：接触网故障或故障抢修先行送电开通时，按《技规》规定在故障地点两端设置临时升、降弓标。距事故地点 1 000 m 设降弓标、2 500 m 准备降弓标，升弓标设在事故终了地点后 200 m。

（3）在装卸线、电力机车整备线的作业区范围处，按“电气化有关人员电气安全规则”，装设“安全作业标”，如图 6-4-14 所示。

安全作业标的安装位置及规格尺寸应符合设计要求。

① “安全作业区”标应设在分段绝缘器内侧 2 m 处，距线路中心 3.5 m（以不侵限为原则）面向相对向相对而立，如图 6-4-15 所示。

② 白底黑字黑框，要求使字体在底色反光膜上达到醒目的效果。

③ 字体尺寸为 140 mm×100 mm。

（4）货物线、行人密集地等处所的支柱设置“高压危险，禁止攀登”字样的标识牌。

（5）限速标：运行速度不小于 200 km/h 区段应配备各种限速标识牌。

各种标识和揭示牌应完整无损、安装牢固、字迹清晰、便于瞭望，并不得侵入限界，与行车有关的标识应设于列车运行方向的左侧。

三、作业步骤

1. 外观及状态检查

（1）外观检查，检查各类标识牌表面是否清洁、字迹是否清晰。

（2）样式核对，检查各类标识牌固定是否脱落、倾斜、破损等现象，检查各类标示牌固定铁丝和固定绑扎带是否有锈蚀、松动和断裂等现象。

2. 参数测量

（1）位置距离测量，检查、测量人员利用目测及钢卷尺、水平尺或激光测量仪等测量工具对标识牌安装位置进行测量，检查、测量人员将检查结果、数据超标处所及测量数据报告给工作领导人，按设计要求进行统一调整。

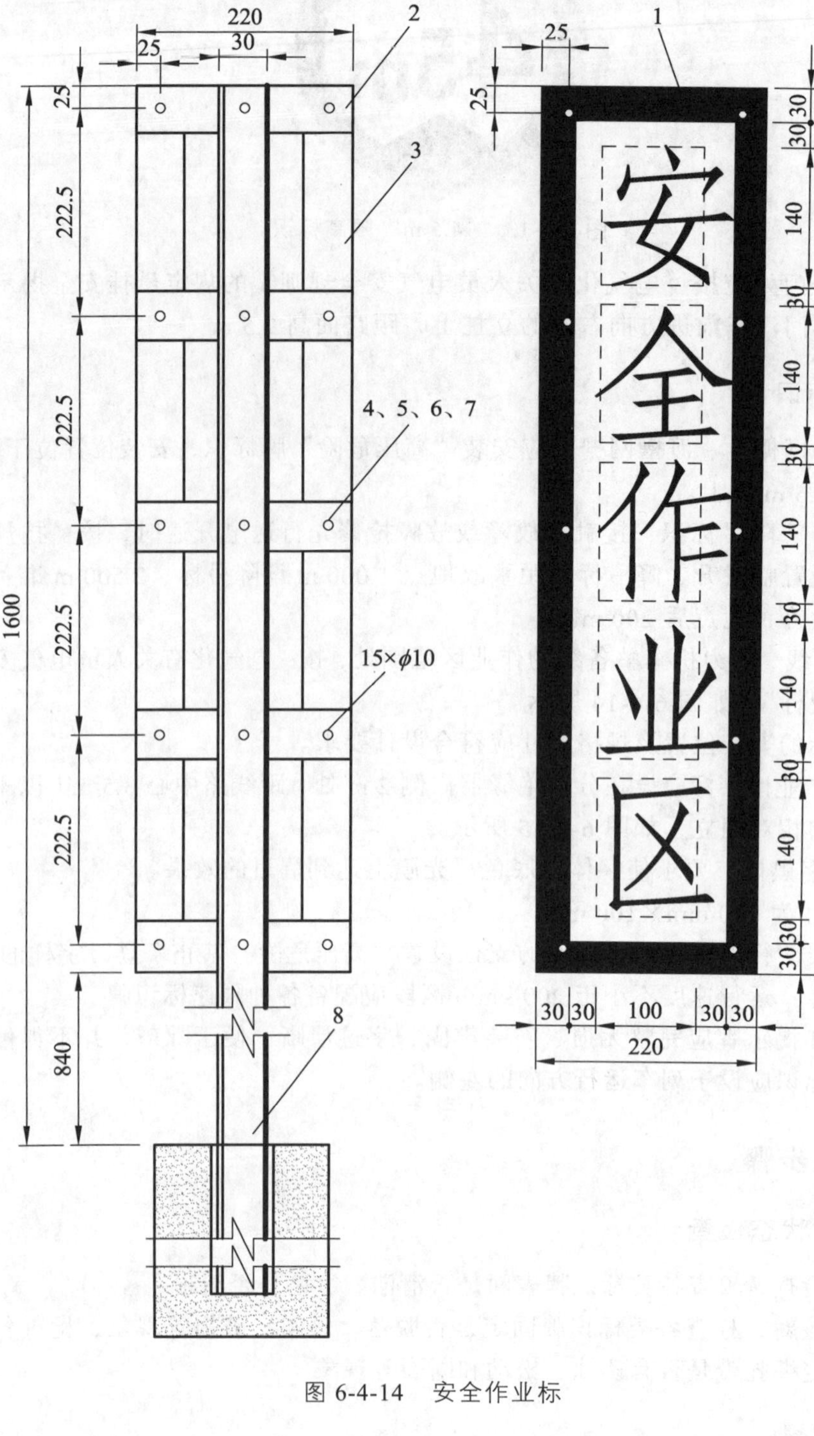

图 6-4-14　安全作业标

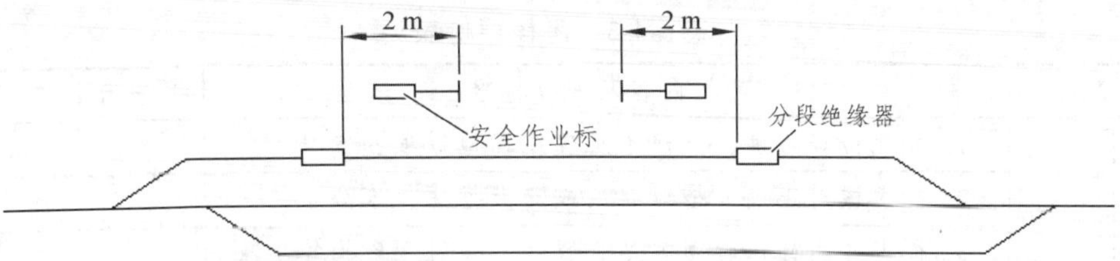

图 6-4-15　安全作业标的安装位置

（2）外观尺寸测量，测量人员利用钢卷尺对各类标识牌进行外观尺寸测量，发现测量超标及不符合技术参数的处所进行调整或更换。

（3）标识牌限界测量。

① 检查各类标识牌安装是否满足行车限界要求，不小于 3.1 m。

② 检查各类标识牌安装是否满足行电气化铁路安全要求，任何情况下距带电体不小于 350 mm。

③ 检查各类标识牌悬挂位置不侵入受电弓动态包络线。

开口销、螺栓检查：检查各连接部件螺栓安装正确，螺母、垫片无缺失，螺栓力矩是否符合要求。开口销不得缺失，掰开角度 120°～130°，螺栓是否有锈蚀现象。铁丝绑扎处是否牢固、是否生锈、是否有松动现象。

3. 检调与更换

标识牌脏污清扫：检查发现标识牌脏污时，使用抹布、清水或清洗剂进行清扫，保证各类标识牌清晰可见。

标识牌出现脱落、丢失、破损问题：检查发现标识牌脱落、丢失、歪斜时，进行更换。

支柱号码牌松动、歪斜问题：检查发现标识牌松动、歪斜时，进行紧固或重新绑扎。

四、注意事项

（1）高空作业时，人员将安全带系在安全可靠的地方（高挂低用），车梯、作业车应有防滑、防溜措施。

（2）对于支柱参数标识、补偿装置标识、拉线标识、分相标识的安装及检修作业纳入点外作业范畴，其他如支柱号码牌、隧道号码牌、限界门等应纳入点内作业范畴。

（3）对于支柱攀登作业，攀登支柱时要手把牢靠，脚踏稳准，尽量避开设备并与带电设备保持规定的安全距离。用脚扣和踏板攀登时，要卡牢和系紧，严防滑落。

【评价反馈】

本任务以各类标识的检查为主，评价学员对接触网各类标识检调方法的掌握情况，评价标准可参考表 6-4-3。

表 6-4-3　考核评价表

项目及配分		考核内容及评分标准	扣分因素及扣分	得分
作业程序	70 分	1. 外观检查正确，方法不正确或漏检每项扣 5 分		
		2. 样式核对正确，核对有误或漏做每项扣 5 分		
		3. 检查各类标识牌固定是否脱落、倾斜、破损等现象，方法不正确或漏检每项扣 5 分		
		4. 外观尺寸测量，测量方法不正确或漏检每项扣 5 分		
		5. 位置距离测量，方法不正确或漏检每项扣 5 分		
		6. 标识牌限界测量，测量方法不正确或漏检每项扣 5 分		
		7. 检查各类标识牌安装是否满足行电气化铁路安全要求及不侵入受电弓动态包络线要求，方法不正确或漏检每项扣 5 分		
		8. 各连接部件安装情况检查，方法不正确或漏检每项扣 5 分		
		9. 能发现标识牌故障及隐患并进行处理，漏判、误判、处理不正确每项扣 10 分		
工具使用	10 分	1. 工具、材料未带齐 1 件扣 5 分		
		2. 工具使用不规范 1 次扣 5 分，损坏扣 10 分		
安全及其他	20 分	1. 上下配合不当 1 次扣 10 分		
		2. 出现伤害事故扣 41 分		
		3. 工具掉下或上抛 1 次扣 5 分		
		4. 安全带使用违章 1 次扣 10 分		
		5. 作业时间 40 min，超时 1 min 扣 2 分，超时 5 min 停止考核		
合计	100 分			

参考文献

[1] 吉鹏霄，张桂林，等. 电气化铁路接触网[M]. 北京：化学工业出版社，2015.

[2] 董昭德. 接触网[M]. 北京：中国铁道出版社，2010.

[3] 朱申，谢奕波. 接触网[M]. 北京：中国铁道出版社，2008.

[4] 李伟. 接触网基础知识[M]. 北京：中国铁道出版社，2009.

[5] 于万聚. 高速电气化铁路接触网[M]. 成都：西南交通大学出版社，2003.

[6] 徐富春. 接触网[M]. 成都：西南交通大学出版社，2015.

参考文献

[1] [illegible] 2015.

[2] [illegible] [M]. [illegible] 2010.

[3] [illegible] [M]. [illegible] 2008.

[4] [illegible] 2009.

[5] [illegible] [M]. [illegible] 200[illegible]

[6] [illegible]